艺林人物琐记

郑逸梅 著
郑有慧 编

西泠印社出版社

目 录

瓣香一片拜南田 / 001
俞樾及其曲园 / 002
赵㧑叔书画双绝 / 013
任伯年诞生一百五十周年 / 028
沈石友与吴昌硕、曾孟朴 / 039
风雅巨商周湘舲 / 040
著《海上繁华梦》的孙玉声 / 049
周梦坡的书法 / 060
黄宾虹生平 / 061
先师胡石予先生 / 071
胡石予先师的画梅 / 080
孙伯南桃李遍吴中 / 093
记程瑶笙 / 097
章太炎迁居苏州的曲折 / 106
书联一万四千件的唐驼 / 108
如皋冒鹤亭珍藏文物的公开 / 109
吴昌硕画派的继承人赵子云 / 112
医术传世丁福保 / 116
民族诗人钱名山 / 126

江翊云喜画竹 / 138

江南三大儒之一高吹万 / 140

朴学大师胡朴安 / 150

访吴待秋故居 / 160

天虚我生与陈定山父子 / 161

李叔同的卓绝人格 / 174

叶恭绰的收藏 / 181

"三吴一冯"之冯超然 / 194

苏局仙的手稿本《常谈》 / 206

谈沈尹默 / 208

画佛数十年的钱化佛 / 210

词章名手王西神 / 219

樊少云艺术世家 / 231

丹阳画家吕凤子 / 243

大画家李毅士的一生 / 245

杨令茀诗书画三绝 / 255

欧阳予倩与《新桃花扇》 / 257

马公愚及其弟子施剑翘女杰 / 259

目录

贺天健诗书画三绝 / 268

铁线篆圣手陈季鸣 / 271

画坛寿星朱屺瞻 / 280

从陶瓶说到裴石民 / 295

老同学颜文樑 / 297

汪亚尘的画艺与品德 / 309

吴湖帆精于鉴赏 / 317

回忆梅兰芳 / 329

范烟桥及其邻雅小筑 / 331

陶冷月与新中国画 / 333

艺术大师刘海粟 / 343

陆丹林的遗嘱 / 345

造型创新画家潘天寿 / 354

书法大家林散之 / 363

邓粪翁、邓国治父女 / 371

缘缘堂主人丰子恺 / 381

记朱大可、朱其石昆仲 / 393

我也来谈张大千 / 408

南北两大藏石家 / 418

谢玉岑与王春渠 / 433

章草巨擘王蘧常 / 443

艺术大师朱复戡 / 459

刘公鲁家藏双忽雷 / 470

一代词宗夏承焘 / 480

谢闲鸥待友热情 / 490

胡亚光为弘一大师画像 / 499

江南苹画从陈师曾 / 500

我和赵眠云 / 512

难忘的赵景深 / 520

晤老画家陶寿伯 / 522

我很欣赏周碧初的油画 / 524

马万里的艺坛生涯 / 526

殷明珠的晚年生活 / 533

凋零了两位绝艺老人 / 535

逝者如斯施叔范 / 537

目 录

张大千和陈巨来的友谊 / 539

微雕元老薛佛影 / 541

相见恨晚说寒月 / 543

谈申石伽画竹 / 545

记云间白蕉 / 546

艺坛多面手钱君匋 / 554

张充仁为吴湖帆塑铜像 / 562

胡蝶与《明星日报》/ 564

吴中老画家张辛稼 / 566

吴青霞善烹饪 / 575

赵冷月的书艺 / 577

运刀如笔,浑成自然 / 579

陈从周与纽约明轩 / 581

先后两位程十发 / 583

后 记 / 584

瓣香一片拜南田

有清一代以来，作书的大都宗董香光，绘花卉虫鸟的，什九取法恽南田，明丽秀雅，称之为恽派，影响是很大的。直至目前，凡画花卉虫鸟，还是脱不掉他的蹊径。我便是恽画的爱好者，珍藏了一小幅，珍为球琰，奈后来失去。不得已，乃物色一些恽氏的影印画册，聊以慰情，可是东鳞西爪，很难得其大成。一昨出于意外，获得这本《恽寿平书画集》一巨帙，煌煌奕奕，蔚为大观。南田名寿平，常州人，所以恽派亦称常州派。主编这本集子的，便是常州书画名家承名世，他一生奉恽氏为师表，鉴赏恽氏作品，在数量上，海内无出其右，且复研究恽氏其人其事，一篇概论，洋洋若干万言，发前人所未发，道前人所未道，并把恽氏的印鉴、款识、别号、室名及年表，包括了恽氏艺术的一生，钩沉索秘，花了数十年的精力，才得有此伟大的成就，策勋论功，是不容把他湮没的。

在这本集子中，所有花卉虫鸟，都是彩色影印，春烟芍药，秋水芙蓉，极绰约秾郁之概；那山水更多于花卉虫鸟，造境夐远、流宕溯洄，这一点是非常突出的。原来恽氏与王翚为挚友，都是画山水的，恽氏让王氏独步，他分道改画花卉虫鸟，因此恽氏的山水，流传在外的，寥如星凤，此集罗致如此宏富，真是谈何容易啊！加之恽氏的山水，题识中往往涉及画理，尤足为度世金针。最后附恽氏书法多帧，腴润华滋，和他的画，统一条贯，耐人赏析。我得此集，为之喜而不寐，藏诸纸帐铜瓶室，奉为十大长物之一。

俞樾及其曲园

从上海到苏州是很方便的，乘火车两三小时即能到达，可是我笔墨劳形，杜门罕出，不到苏州已有数十年了。记得前次回乡，程小青七秩寿辰，曾晤周瘦鹃、范烟桥、蒋吟秋所谓"苏州四老"，在松鹤楼举行丰盛的宴集，握手言欢之余，又到瘦鹃的紫兰小筑，观赏盆景。迄今回忆，不胜感慨系之，原来四老先后谢世，紫兰小筑半已荒芜了。

这次我在媳妇高肖鸿陪侍之下，乘母校草桥中学的校车直驶吴中公园路，参加八十周年校庆。我和叶圣陶、颜文樑、顾廷龙都是老校友，奈圣陶远在北京，文樑不胜步履，廷龙适赴他处开会，都不能去，我就无佛处称尊，居然为名列首座的老校友了。

校庆的次日，校车载我游览，承谢孝思君见邀，说曲园举行开放一周年纪念，陈列许多俞樾的手迹，我当然很高兴参与其盛了。曲园在马医科巷，那是清季御医马培之设诊之所，具有些历史掌故，吴中妇孺往往误呼为"蚂蚁窠"，抑何可笑。曲园我徒闻其名，从没有身涉其境。这又是老话了，当星社中秋雅集，假庞蘗裳的鹤园，醉月飞觞，直至午夜始散，于密篁丛石之隙，见乔木出垣者，蘗裳指为曲园之所植，相去是很近的，这是曲园给我缥缈的印象。直至最近，始得一探其胜，这是值得把它记述下来的。曲园，载入《中国历史文化名城词典》，略云：

  曲园，俞樾故居，以园地形曲故名。在《曲园自记》中谓：曲园者，一曲而已，强被园名，聊以自娱者也。俞樾，字萌甫,号曲园,浙江德清人,庚戌进士,授翰林院编修,为清季著名学者。久寓吴中,赁马医科潘世恩旧第,后其母来归,以寓居狭隘,谋迁地为良,适马医科之西头有潘氏废地求售,乃购得,筑三十余楹。其后尚有空地,乃相度成园,有春在堂、乐知堂、认春轩、艮宦、达斋、曲水亭诸胜。园占地五亩,建筑朴素而典雅。

我曾览及汪正禾的《曲园记》,知俞樾在吴中一再徙居,初赁饮马桥屋,未几,即迁金狮巷石琢堂殿撰的五柳园,园有微波榭、眠云精舍、鹤寿山房等,确是吟咏啸傲的好所在。奈洪杨之役起,俞樾避难他处,再度来苏,五柳园已被毁。旋应李鸿章之聘,主紫阳书院,书院在黄鹂坊桥,即寓书院中。翌年,辞书院,以钱千贯,典得马医科巷潘世恩旧第东宅。他有一柬致王补帆云:"屋不甚多,而厅事便坐,颇亦具体。内屋五间,尤为轩敞,鹪鹩巢林,暂焉栖息。"俞樾母姚氏随樾兄壬甫宦居闽省,同治十二年(1873),壬甫卒,樾老赴闽料理其丧,奉母来苏,母嫌屋小,遂购得潘氏已废的西宅,并经营曲园,樾老有自叙诗以志喜:

赁庑吴中梁伯鸾,忽思手自创门阑。

兔葵燕麦秋风里,买得荒区数亩宽。

樾老两袖清风,怎得有这样的局面,那是靠着当时的显达和门生故旧的资助,他的《曲园记》谈及其事,如云:"余本窭人,半生赁庑,兹园虽小,成之维艰,其助我草堂之资者,李筱荃督部、恩竹樵方伯、英茂文、顾子山、陆存斋三观察,蒯子范太守,孙欢伯、吴焕卿两大令。其买石助成小山者,万小庭、吴文乐、潘芝岑三大令。赠花木者,冯竹儒观察。备书之,矢勿谖也。"此外,据我所考，尚有彭雪琴所赠方竹，又其日本弟子井上陈政，以樱四树，由海舶寄赠，寄到时，花适怒放，老人有诗咏之：

  曾闻海外有樱花，竟自东瀛寄到华。

  莫惜移根栽未活，也曾一月赏奇葩。

盖当时花开颇茂，以移植不得法，一月后枯萎而死。日本村山节南氏及白须领事，复赠樱以弥遗憾。又江建霞赠以粤东鹦鹉。又肃亲王所赠"太史有书能著录，子云于世不邀名"的刻联，李瀚堂所赠湖南永顺出产的凤滩石，铭为"曲园著书之砚"，徐花农、张小云赠以《曲园图》《曲园著书图》，真所谓百朋之锡。

谈到中日文化交流，樾老已提倡在前，他虽没有浮海而东，但和日本诗人学者有所交游。当樾老七十华诞，那位日本弟子井上陈政，为之广征诗文，得诗四十八首及胜海舟《和歌》，老人辑之为《东海投桃集》。又有小柳司气太，蒐辑老人事迹，辑成一专书，分为六章：一曲园世系，二曲园出处，三曲园著述，四曲园与我国文学，五曲园与曾李二公，六曲园杂事。光绪九年（1883）冬，日本诗人岸田国华辑其本国诗一百七十家，请老人为之选定。老人有诗记之：

  平生浪窃是虚名，老去声华久不争。

  隐儿坐方学南郭，寓书来又自东瀛。

  吴中病榻鸡皮叟，海外骚坛牛耳盟。

  百七十家诗集在，摩挲倦眼看难明。

翌岁夏，选定四十卷，及补遗四卷。且每读一集，略记作者的出处概略、学术渊源，附于姓氏之下，成《东瀛诗纪》二卷。

曲园虽占地无多，但芥子须弥，即小见大，而老人异想天开，巧于设施,如看到吴俗八月十八日石湖串月,是夜,月色皎洁于石湖行春桥,看湖中倒映的月影,叠相贯串,成为奇观。人皆莫悟其理,老人于辛卯(1891)二月十五夜,于春在堂中,设置镜屏,居然看到串月,一如石湖,家中人无不讶诧,老人作《镜屏串月歌》。其歌序云:"春在堂西偏设一镜屏,月望前后数夕,于月当午时,从镜中仰视天上月,化一为五,竟如一串,但末后稍淡耳。"又有人工的山泉,其《曲园即事》有云:

> 修浮梅槛,浚曲水池,装置流泉,筑曲水池桥,于曲水亭设玻璃门。所谓装置流泉者,仿佛喷水泉,盖盛水于缸,置山石间;以竹筒引水而下,激之使上,流入池中。其诗曰:"竹筒引水作流泉,滴沥清声到耳边。"曲水池桥之成,使曲水亭与回峰阁相通,且桥之所在,晚间得月较早。

此外又有小浮梅槛。浮梅槛的名称,见于厉樊榭的《湖船录》,那是一种简易的小舟,位置几席,旁及彝鼎罍洗、茶铛棋局之类,荡漾湖上,极逍遥闲适之乐。老人主讲西湖诂经精舍,春秋佳日,时至湖上,提议浮梅槛的复制,奈事不果行。及曲园筑成,便在曲池间,截木为桴,饰以朱栏绿幕,阔四尺,长五尺,名之为小浮梅。每届夏日,辄与姚夫人坐桴纳凉,撰《小浮梅闲话》一编。

老人的奇思妙想,运之于纸素,集字象形,刊《墨戏》一册,"福寿双修",草书,如两人相对。"南山之寿",草书,如寿星像。"大悲",篆书,呈环状。"曲园长寿",草书,如携杖老者。"曲园对月",如人凭栏望月。"曲园写竹",篆草杂糅,如竹石交错。"曲园礼佛",篆草杂糅,如人拜于蒲团前。"曲园课孙",草书,如课读。共二十幅,把文字和图画打成一片,耐人玩索。

又有移棋之戏，褚稼轩的《坚瓠集》移棋相间法，以黑白各三子，三移而黑白相间，自三子至十子皆然，多一子则多一移，老人和姚夫人季兰推广之，自十一子至二十子。我友徐润周，为当代围棋家，著有《围棋故事诗》二三百首，我把老人移棋之戏，写给了润周，润周收入《围棋故事诗》中，惜《故事诗》正待整理付印，而润周遽尔逝世了。

花木也是老人所喜爱的。园中植有梧桐、芙蓉、玉兰、梅、杏、桃、桂、牡丹等，应时着花，芳菲满畦，他顾而乐之。凡名贵之种，如串珠山茶、并蒂石榴、日本樱、日本松、浙藩所赠的琼花等，均赋诗专咏。老人把琼花和聚八仙混而为一，丁松生以明人杨端所辑《琼花谱》示老人，才知有别，为之绘图立说，成《琼英小录》。又瓶梅结实，榜其东轩为"瑞梅"。园中柳竹特蕃，因有"后园杨柳前园竹，两处轩窗一样凉"之句。所谓前园，指增建的小竹里馆而言，时在光绪五年（1879），其姚夫人病卒，姚夫人没有目睹这个新建筑，老人又发异想，写了一封《与亡室姚夫人》，焚之以通九泉。这个行径，为前人所未有，这个书札，亦属空前之创例，我固是不惮烦的，录之以飨读者：

一别之后，五月有余，惓惓之情，不以生死有殊，想夫人亦同之也。自夫人之亡，吾为作七言绝句一百首，备述夫人艰难辛苦，助我成家，而吾两人情好，亦略见于斯，已刻入《俞楼杂纂》，流布人间矣。兹焚寄一本，可收览之。葬地已定于杭州之右台山，葬期已定于十月二十五日，今择于十月九日发引，先一二日在苏寓受吊，即奉夫人灵车同至湖上，仍住俞楼，届期躬送山丘，永安窀穸。吾即营生圹于夫人之左，同穴之期当不远矣。日前曾梦与夫人同在一处，外面风声猎猎，而居处甚暖，有吾篆书小额曰：温爱世界，斯何地也，岂即预示我墓隧中风景乎！苏寓大小平安，勿念。西南隅隙地，已造屋三间，屋外竹篱茅舍，亦楚楚有致，俟落成后，夫人可来与吾梦中同往观之。

老人擅联语，所筑到处留题，如云：

且住为佳，何必园林穷胜事；
集思广益，岂唯风雨助清谈。

小圃如弓，竹林前一曲，柳阴后一曲；
浮生若梦，登第五十年，成婚六十年。

三多以外有三多，多德多才多觉悟；
（三多谓多福、多寿、多男子）
四美之先标四美，美名美寿美儿孙。
（古时以仁、义、忠、信为四美）

一水穿花红近砌，
万松飞雨绿当门。

老人生平有几大可喜事。早年应试，曾国藩以礼部侍郎充阅卷官，赏其文，更赏其诗之首句"花落春仍在"，擢为进士第一，因以春在为堂名，且请曾氏为书，曾氏并加跋语："荫甫仁弟馆丈，以春在名其堂，盖追忆昔年廷试落花之句，即仆与君相知之始也。二十载重逢，书以志之。曾国藩。"钤有二印，上阴文"臣印国藩"，下阳文"大学士章"。又一喜事，其母姚太夫人寿臻九秩，蓬岛春长，萱堂日永，称觞设帨，冠盖如云。又其孙陛云（阶青），于光绪戊戌（1898）应试为探花，授编修，和夏同龢、夏寿田为三鼎甲。而孙媳彭见贞，为彭雪琴之孙女，以贤淑称，融融曳曳，甲第增辉。这当然使老人掀髯色喜的了。又孙女庆曾，适宗舜年，舜年于丁亥（1887）秋登贤眷，冬即入赘，老人制"金榜题名洞房花烛"八大金字，分悬乐知堂的两壁，一时传为佳话。又老人于望八二岁，孙陛云育子僧宝，宴祝添丁，同堂四代。

老人晚年，扶杖而行。这杖高过于人，刻有"扶掖大雅楷柱名教"八字，盘桓泉石间，大有陶渊明盼庭柯以怡颜之概。及足力不济，特制篮舆，使人舁之，既而加以改制，于座椅下配着轮轴，运转甚便。直至光绪三十二年（1906），中庭降鹤，促驾归真，而神智很清，撰了《别曲园》诗：

小小园林亦自佳，盆池拳石手安排。

春风不晓东君去，依旧年年到达斋。

达斋在园后，为老人起居之室。又撰了自挽联：

生无补乎时，死无关乎数，辛辛苦苦，著二百五十余卷书，流播四方，是亦足矣。

仰不愧于天，俯不怍于人，浩浩荡荡，数半生三十多年事，放怀一笑，吾其归欤！

自谦又复自傲，非能手不办。

我这次来访曲园故居，门牌标四十三号，蒙主持人殷勤招待，赠以苏州市文物保护管理所编的《曲园》一小册，图文并茂，俾得按图索骥，我是很为铭感的。园荒芜多年，老人曾孙俞平伯教授捐献给公家，1983年起，经公家把主体建筑部分加以整修，于1986年10月起正式开放。所称曲园，在住区之西北，呈曲尺形，还有其他居室，被居民占用，尚未收回，所以我访曲园故居，涉足的仅属一部分，真正的曲园，没有眼福享受，未免引为遗憾。

现在我所看到的，小竹里馆，陈列着用照片放大的老人画像，朝衣朝冠，对之肃然起敬。墙壁间又有老人生平事迹图，凡八幅。玻璃柜内，有老人亲笔家信及零星遗物，手泽流衍，足资欣赏。春在堂为会客讲学之所，基本按照当时原来之形式，正中为一大炕床，屏门上为老人所撰《春在堂记》，由吴大澂篆，刻上版面，涂以石绿粉末，非常悦目。堂额还是曾国藩所书，废置已久，此次为了恢复原状，费了很多周折，才复制悬上。旁边书箱若干具，陈列老人平生著述及《春在堂全集》的木刻版片，据云版片不完全，但所缺不多。壁间挂着当年老人在江浙一带主讲的诸大书院，及其故乡和寓居之处的遗址照片。堂内两侧，有石屏和明镜，这镜就是照月幻成串形的东西。堂的屏门后为认春轩，当年是三间畅屋，现暂修成一小室，俟今后园址收回，再予恢复，一番手续两番做，是没有办法的。庭除间一古桔，俗呼白皮松，高逾屋檐，犹蓬勃有生气，或谓出于老人手植，也有人说这是原有之物，那便难以确定。总之树龄百年，也属稀贵的了。

春在堂之东，为乐知堂，这堂额原来不知为谁所书，现则出于上海图书馆馆长顾廷龙（起潜）手笔，篆文很古雅。中间悬着山水大幅，佐以联对、抱柱对，由吴中名书家钱太初所书，这天太初亦在座，他和我神交有素，一旦把晤，快慰难以言喻。此外又和神交张寒月觌面，他是著名的金石家，承蒙刻了石章见贶，这次相逢，自当表示谢忱。又张辛稼，他主持国画院，数十年睽违，白头相见，几不认识了。又晤吴待秋老画师的哲嗣吴羧木，在吴中也成为老画师，享着盛誉，不在乃翁之下。凡此种种，都属良会，来苏三日，可谓不虚此行。堂中有天然几、供桌，太师椅左右对列，又汉铜鼓各一。壁间大理石屏，具有天然图画，装上红木框子，古色古香，典雅肃穆。故居尚有二物，一琴石，我曾看到，实则一巨型之砖，中空，上面刻着琴弦，扣之清越作声。一赛金花所弹的旧钢琴，我却未寓目，当时也忘掉没有索观。我对此存着怀疑，洪文卿有状元第，不可能借寓曲园，洪氏不借寓，赛金花更不可能到曲园，置琴为娱。直至阅读汪正禾的这篇《曲园记》才恍然有悟。其原文云：

　　往访曲园，园居巷之西口，门南向，成衣者居焉。而德清俞太史著书之庐之匾犹存。跨门而入，为轿厅三间，陛云探花及第之额，金碧辉煌。西侧版架叠积，先生著述之版片也。叩门入乐知堂，有洪太太者出而招待。洪太太者，洪文卿状元之侄媳，赁居俞氏屋已三十余年矣。

可知赛金花云云，乃洪文卿侄媳之误传。原来赛金花为洪氏的如夫人，亦称洪太太。两位洪太太，未免有所混淆。汪正禾此记，未标年月，但可确定为民国时期，原文尚有涉及曲园荒圮情况，今日可资考鉴，如云：

　　取钥启乐知堂西侧门而入，即至春在堂，堂中满置杂具，几不容足，而尘积寸厚，堂前四桂尚茂盛，而认春轩之北，所谓曲园，则一片荒秽，曲折山径不复可辨，山石欹侧欲堕，亦不敢登，循西廊行，达曲水亭，亭接曲水池，亭中尚有琴桌，瓦凳二，回峰阁除一额以外，不复有长物，廊尽抵达斋，由达斋东折循廊至艮宦，皆有人居其中，不便入内，曲水池桥既不知所在，即课孙石亦遍觅不得。

又云：

小竹里馆，小屋三间，残竹数竿而已，屋已改作祖先堂。春在堂前，有一板似匾，覆洗衣木盆上，掀视之，赫然一团和气刊其上，想当初必经髹刷，今则已成一片白木板，且用以为涤具矣。

览此不觉令人起荒榛断梗、琼蕤玉树之感。

老人所居，曲园外，尚有杭州之俞楼和右台仙馆，我所收藏的老人手札，笺纸什九自制，即有曲园图、俞楼图、右台仙馆图，朱色图纹，都由许祐身手绘。曩年，阳羡储南强曾贻我老人所用印章一枚。

老人诸曾孙，乳名均有一"宝"字，如僧宝、庆宝、琏宝、珉宝、琳宝、玫宝等。上文谈到四代同堂的僧宝，推算为平伯的乳名。平伯和我通过几次信，为我写一尺页，我把它压在案头的玻璃板下，得以随时欣赏，又蒙录示他和许宝驯夫人结婚纪念诗，伉俪之笃，溢于言表，可是不久，许夫人逝世，他是很悲悼的。我很喜读其作品，如"月朦胧，鸟朦胧，帘卷海棠红"，那是多么饶有情趣啊！

那本苏州市文物保护管理所编的《曲园》，附载老人《枫桥夜泊》诗碑，有云：

清代光绪三十二年（1906），江苏巡抚陈夔龙（筱石，贵州人）重修寒山寺，因代文徵明所书的唐代张继《枫桥夜泊》诗碑已破损模糊，特请俞樾重书，老人欣然命笔，时年已八十六岁，为我们留下了这一遒劲秀逸的书法珍品。但时仅三月，老人逝世，此碑遂成为这位学者的绝笔。

这个诗碑，制铜版，登载在该刊上，字迹尚清晰可辨。

吴湖帆，画家，苏州人，关心故乡文献，可是他寄寓上海嵩山路，多年不涉虎阜狮山、灵岩天平之胜，认为寒山寺那块老人所书的《枫桥夜泊》诗碑已毁损，他就托濮一乘转请当代的张继（溥泉）重写唐代张继的诗，即请在苏的黄怀觉就地庀材刻碑树立，成为双包案，溥泉写这碑，仅一天即卒，也是绝笔之作。去年，黄怀觉来舍，我问这块碑的下落，他说："碑尚存在，可是俯仆在地，没有把它竖起来。"

老人治学，是多方面的。经史诗文训诂考据外，也不鄙弃戏曲小说，作有杂剧《老圆》，又把《三侠五义》说部，润色增葺，成为《七侠五义》，流传广泛，京剧评弹，付诸粉墨弦索，很受社会欢迎。

赵㧑叔书画双绝

记得是1984年吧，举行过赵㧑叔的一百周年纪念，1989年，又举行了大规模的一百六十周年纪念，不但上海书画社要纪念他，杭州西泠印社要纪念他，甚至日本，也有纪念活动（8月间）。两个纪念，为什么跨度这样大，原来赵㧑叔生于1829年，卒于1884年，享寿仅五十六岁。一百周年是纪念他的忌日，一百六十周年是纪念他的诞辰。凡社会人士，对于名流之有文有艺者，总是垂念不忘，选择那诞辰或忌日具有整数的一年，俎豆馨香，祀奉一番，这是很有意义的，况㧑叔多才多艺，是位了不起的杰出人物！

《中国美术家人名辞典》载：

  清，字益甫，号㧑叔、铁三、冷君、憨寮、悲庵、无闷、梅庵，会稽人，咸丰己未（1859）举人。官江西鄱阳、奉新知县。书法颜真卿，后专意北碑，篆隶师邓石如，加以融化，自成一家，能以北碑写行书，作花卉木石及杂画亦以书法出之，宽博淳厚，水墨交融，能合徐渭、石涛、李鱓而独具面目，为清末写意花卉之开山。性兀傲，有心所不慊之人，虽雅意相乞，终不能得其片楮。印师邓石如，工整秀逸。尝语人曰："生平艺事皆天分高于人力，唯治印则天五人五。"然至江西后誓不奏刀，至江南后，画亦不多作，卒年五十六。有《二金蝶堂印谱》《悲庵居士诗剩》《六朝别字》《补寰宇访碑录》。西泠印社集其书画为十集，曰《悲庵剩墨》。

其他如《中国画家大辞典》《寒松阁谈艺琐录》《清朝书画家笔

录》《近代六十名家画传》《缉雅堂诗话》《清画家诗史》《榆园画志》等，均涉及赵氏而称誉其艺。

我在《近代野乘》撰有《赵撝叔与李莼客两贤相厄》一文。我喜搜罗近贤书札，又是好事之徒，因他们有失和气，便把赵、李二家的尺牍合装成册，俾起些调和作用，这是多么可笑啊！今录该文于下：

吾友会稽赵俊民，善作花卉，古茂沉雄，戛戛独造，偶作绥山桃熟，得当年撝叔遗韵。询之，始知撝叔乃其族伯，因受撝叔影响甚深也。撝叔怀才负奇，博通今古。与周白山友善，以文字相切磋。所为文，玮丽恣肆，浅学者，无从句读。家贫，局蹐为童子师，不获温饱。通籍后，游京师，时潘文勤公祖荫居宣武城南，所谓滂喜斋者，鸿儒谈笑，风雅所归，撝叔足迹，亦时抵其门。文勤金石考证，辄就商于撝叔，而于诗文，则殊佩越缦主人李莼客为不可及。故文勤于撝叔、莼客，倚之为左右手者也。然撝叔与莼客，以学术上之争执，几如水火之不相容。文勤春秋佳日，往往招集名流，觞咏为乐。撝叔知莼客在座，避不来，莼客知撝叔列席亦不至，参商不相见者有年。某春，滂喜斋头海棠盛开，如台岭分霞，蜀宫裁锦，意态妩媚，占断风流，文勤设宴于花前，知撝叔、莼客之两贤相厄也，招撝叔谓莼客未之约，招莼客谓撝叔不参与，俾同至后，拟于杯酒之间，以释嫌隙。是日，莼客先莅，既而撝叔来，撝叔既见莼客，返身欲行，文勤力挽之，谓："既来则安，岂得如此。"撝叔不得已而暂留，但默不作声。及席散，两人于堂前破口大骂，经文勤劝解乃罢。撝叔平素鄙薄满吏之庸愚，有牛鉴者，为皇室贵胄，请㧑叔绘扇，㧑叔画一瓦盆，插牛郎花一枝，而瓦盆故作欹斜，绝类溺器，所以讽之也。未几，㧑叔官江西奉新，携眷至任，㧑叔无子，嗣其侄寿佺为后，而寿佺性殊躁暴，殴女佣之子，女佣诉之于主，不得直，愤而自经死。㧑叔下车伊始，而衙署发生命案，有玷官声，且碍前程颇大，深引为虑。卒由诸士绅代为掩蔽，而恤以重金，厚葬始已。

这些都是赵俊民见告的。俊民，别署苦禅，善画桃及桃实，桃实尤具特色，鲜艳异常，闻其作画时，于将干未干之顷，反复涂染之。我曾藏有彼之画桃扇面，今仅留其残札一通。其时，他设一学校于沪西，自己主持校政，和我常相往来。撰《赵㧑叔传记长编》未竟而死。我所收藏㧑叔画，亦失去，手头所留的，有赵士鸿的花卉扇一柄。士鸿和㧑叔为兄弟行，字雪侯，花卉善摹乃兄，书亦似之。虽粗枝大叶，不背神理，题识亦高雅，不落恒蹊。

上海文史馆同馆馆员赵而昌，和我很稔熟，他是㧑叔的族侄。㧑叔的遗稿，即由而昌为之整理，他绩学劭闻，多文彬雅，对于㧑叔的遗佚事迹，广撷博采，蔚为大观。这一大堆的掌故资料，我见了简直如贫儿之见晋璧楚珩，能不为之眼花缭乱啊！

㧑叔不是自号悲庵吗？所悲为何？得先解答一下，㧑叔年十九，即娶绍兴道墟范璥为妻，范璥字敬玉，长㧑叔一岁。就其父默庵读，七年遍五经，喜为诗，书宗欧体。及从㧑叔，她不主张其夫在科名图幸进，要在学术上开先路。岂料咸丰十一年（1861），㧑叔襆被离家，而太平军至，夫人死于扰攘之中，他有诗云：

我妇死离乱，文字无一存。

唯有半纸书，依我同风尘。

又刻了对章以纪念其妻，印面为"如今是云散雪消，花残月缺"和"俯仰未能弭，寻念非但一"，有《亡妇范敬玉事略》三百七十余字边款。这年壬戌（1862）始号悲庵。过了十二寒暑，继配陈氏，年方二十。

二金蝶堂，乃㧑叔斋名，有"二金蝶堂"印，及"金蝶投怀"印。据而昌纪述，"二金蝶堂"印，早于颠沛乱离中失去，1862年，客闽重刻，愈益宝爱。同时，其族叔赵古欢亦为刻"蝶庐"印。至于《二金蝶堂印谱》，为傅栻所辑，凡四卷，辑者评之曰："疏密巧拙，丰煞屈伸，各善用其长，间虽有失，失而不害，反复观之，无一字一笔不可人意。"光绪三年（1877）成书，每页一印，附拓侧款。光绪九年（1883），有《西泠六年印存》，也是傅栻手辑的，㧑叔为篆扉页。此外，有朱子复所辑《二金蝶堂癸卯以后印稿》一册（㧑叔也为丁敬辑《龙泓居士刻印集》）。谈到二金蝶的由来，那是带有些神话色彩的，而昌谓：

明代，㧑叔七世祖赵伯宁，字万全，甫离襁褓，其父游学远方，及长，值兵连祸结，频年灾荒，父客死异地，万全念父不归，出外寻访，越七载，抵大同，遇见其父之弟子某，告墓地所在，因同赴墓，墓启，有金蝶二自墓内飞出，投万全怀，万全负乃父骸骨返，人称赵孝子，事见《省志》及张宗子《三不朽图赞》。光绪三年（1877），㧑叔之叔祖赵晴初重刻《思亲录》，㧑叔广为征文。吴让之也给㧑叔刻"二金蝶堂"印。

"仰视千七百二十九鹤斋"，这个室名，不经解释，也是令人莫名其妙的。况鹤是稀少的珍禽，哪里有许多呢？原来是个梦境，借以讽世的。㧑叔说是大病之后，在梦中趋山腰的磐石上，听得空中烈风猎猎，抬头仰视，则群鹤翔舞而出，再俯瞰水中之影，那些翔舞着的，却是鹤、鹅、鸡、凫皆有之，甚至还杂着螳、虬之属，其为鹤者，百不一焉。其意为在当代一般腾达的官吏中，厥品为云中鹤的寥寥无几，其他都是凡羽众虫而已。㧑叔在江西南昌编辑《江西通志》时，曾陆续刊刻《仰视千七百二十九鹤斋丛书》六集四十篇目，其中《张忠烈公年谱》及《勇庐闲话》两种，乃㧑叔自己的笔墨。后人以书名太累赘，简称之为《鹤斋丛书》，收入《四部丛刊》《丛书集成》《美术丛书》中。当时谭复堂的《复堂日记》有云："赵刻《鹤斋丛书》，自序托之于梦，盖以詈居达官之位，以属吏县令有此数。"那么不仅以讽官吏之庸，亦所以斥冗员之多哩。

《鹤斋丛书》中，不是有《勇庐闲话》一书吗？这个书名，也带些怪诞性，使人骤视不知其所谈为何。及开卷有云：

　　鼻烟来自大西洋意大利亚国，明万历九年，利玛窦泛海入广东，旋至京师献方物，始通中国。初西洋人屡以入贡，朝廷颁赐大臣率用此。

才知是专谈鼻烟的。㧑叔喜吸鼻烟，认为鼻烟有明目辟疫之功，晨间和晚上，必出一瓷瓶，以象牙为小匙，取烟倾之碟，就而吮吸以为常，日久成瘾。有时囊空，无钱购鼻烟，瘾不能解，竟至向人转乞，有一札云："转乞令亲处鼻烟少许，极少八九钱，一两更好，一两外更感。"人们与之，刻印章为报，俨然把鼻烟权充作刻印润资了。《酉阳杂俎》："鼻神一名勇卢。"如此僻典，当然很少人知道了。

他和李莼客不相容，其为人确有些恃才傲物处，无怪张鸣珂的

《寒松阁谈艺琐录》谓其"盛气难近",可见一斑。但鸣珂却又下一转语:"遇名实相副之人,亦虚怀相接,无少异也。"

在他的朋好中,以潘祖荫为最深挚。他居京师,经周星誉引介,得与潘祖荫相过从,凡潘氏所用名印及闲章,颇多出于㧑叔之手。那潘氏"滂喜斋"巨印,可作代表。而《滂喜斋丛书》,㧑叔为之题耑。潘氏刻李赓芸《炳烛编》,㧑叔为之校正。又㧑叔访得胡仁圃《虞氏易消息图说》、叶润臣《桥西杂记》等稿本,祖荫都搜采入《滂喜斋丛书》。㧑叔纳资捐同知衔,祖荫力助之。

最早的金石之交,当推胡澍,字荄甫,㧑叔非常推重,尝谓:

> 我朝篆书,以邓顽伯为第一,顽伯后近人唯扬州吴熙载及吾友绩溪胡荄甫。熙载已老,荄甫陷杭城(太平军之役),生死不可知,荄甫尚存,我不敢作篆书。

又与川沙沈树镛(均初)相投契,沈精鉴别、金石考古,颇多收藏。董北苑山水珍迹,竟得其二,㧑叔为作"宝董室"印,树镛为吴湖帆外祖,树镛卒,此印入湖帆手。有闽人沈剑知者,善画工诗,著《懒眠庵诗文稿》,喜蓄董香光书画,颇多精品,湖帆即以"宝董室"印赠之,亦一佳话。又树镛慕《小蓬莱阁石经》,渴欲得之,是年岁除,竟以高价购得,㧑叔元日早起,为刻"汉石经室"印,及"如愿"印,侧款云:

> 均初求《熹平石经》一年,风雨寒暑,几忘寝食,除夜书来,知已得之,因依故事,刻石志贺。

又和仁和魏稼孙具相当友谊,同治四年(1865)天寒地冻的小除夕,稼孙忽发雅兴,仿王子猷访戴故事,到绍兴去访赵㧑叔。据赵氏《家乘》,赵家本在嵊县,自明代迁往绍兴的。清后,分居城内大坊口、观音桥、广宁桥三处，其中以观音桥赵为最富庶，连楹大厦，绮户华轩，人称赵园，为赵氏之代表。后经大火，付诸荡然，复由赵省园重修，故又称省园。平步青有《游省园坐秀皋斋怀泊鸥吟社诸老》诗，可见是一风雅之薮。《县志》载："自宋时沈园（陆游赋钗头凤处）而后，越城胜景，以此为最。"我友赵而昌是广宁桥赵，㧑叔是大坊口赵。稼孙当时投宿在大坊口㧑叔家，家中忙着度岁，可是㧑叔、稼孙他们两人，却兴致勃然，去访禹陵。光绪七年（1881），得稼孙噩耗，乃有"不意金石之交，不获金石之寿"之叹！

又和翁松禅、李若农相往还。《松禅日记》有一则记与潘祖荫同为胡荄甫饯行，有云："同座者，赵益甫（即㧑叔）、沈均初、李若农。"李若农字仲约，督学江西，㧑叔为《九经学》作跋，有云："同治庚午（1870），顺德李仲约学士视学江西，余乞学士访南城王聘吾《贞吾遗书》，仅得《解诂》刊本而已。"稍后，刘坤一重修《江西通志》，㧑叔任编辑，若农则任总纂。及若农在南昌得《汉西岳华山庙碑》，㧑叔为补其所缺之九十六字。越年装成，复为题记。

又有一至交周白山，字双庚，号四雪，余姚诸生，诗文奇诡怪特，不肯作一凡语。工书法，善刻石，出姚燮门下，而不愿附弟子列。奇穷，丐食沪滨，僦西园一弓地，垂帘卖卜，㧑叔常济其困。嗣冒籍应试，获隽，为士子攻讦被褫，郁愤死。㧑叔又以白山故，识任竹君，工写兰亭十三行。

杭州有邵芝岩笔墨庄，实则确有邵芝岩其人，犹诸胡开文、曹素功即以人名名其所设的铺号，我便珍藏一锭曹素功本人所制之墨"挥毫落纸似云烟",为向迪琮家物。㧑叔与邵氏稔,三十前后,喜用羊毫笔,取其浑厚腴润,中年后,则笔用羊、狼合制,取其刚柔得势,无不由邵氏循㧑叔意为之配成。笔端刻有"武林邵芝岩为㧑叔先生精制笔"字样。甚至所用宣纸,亦托邵氏代办,曾绘一扇,几个灵芝,一拳岩石,切合其名,作为酬报。㧑叔殁,营墓杭州丁家山,和邵氏墓相傍。

又与傅节子相识亦较早,为傅氏作篆书《说文解字序》屏幅,又书"小黄香簃"额,又刻"大兴傅氏""华延年室""以礼审定"诸印,更作"华延年室收藏校订印",侧款:"同治丙寅(1866)二月转赴台州,傅子出佳石索刻,为迟两日行,成。"

又王闿运将由京师回籍,朋好置酒饯行,㧑叔亦与其盛,且刻印贻之。《湘绮楼日记》云:"㧑叔赠予名印,同人以为奇遇。"

又戴望,字子高,声誉藉甚,㧑叔为刻印颇多。乙丑(1865)于厂肆得《景祐六壬神定经卷》,戴为作跋,后刊入《鹤斋丛书》中。客金陵时,戴又有赠诗。

又参缪承梓幕,与同僚王晋玉、胡培系,稽考辨难凡数年。其他如江弢叔、沈霞西、刘铨福等,都是他的"金石俊侣"。

他生平作联,多不可计,联语又极隽妙,据我所见,有:

> 气蕴风云,身负日月;
> 牢笼天地,弹压山川。

> 竹间小径通萤过,
> 雨后轻云学水流。

涧草岩华自无主,
砖炉石铫行相随。

江上飞云来北固,
潮连沧海欲东游。

扫地焚香得清福,
粗茶淡饭足平安。

秋草独寻人去后,
水云初起雁来时。

诚悬书法同归正,
子野风情一往深。

别有狂言谢时望,
但开风气不为师。

野蒿得雨长过树,
白石攒沙小似蚶。

至他临终,他的故友张鸣珂撰给他一挽联,也是妙绝的:
    西汉文章,北朝书法;
    南城仙吏,东浙通人。

㧑叔于光绪十年（1884）十月初一，以肺气肿哮喘导致心力衰竭而卒于南城官署。

他的画，以花卉蔬果为夥，师承青藤、八大、南田、白阳，而融会贯通。且家藏宋李公麟画十页、八大精品十余件，均失诸兵燹中，当然是深惜的。一次为友人画屏幅，题云："游豫章，得饱观八大山人画，遂用其稿，虽未为神，似亦不必逊之也。"可见他自负之高。花卉设色以秾丽胜，他用色的讲究，亦非他人所能及。赵而昌知之甚详，谓："凡颜色，严冬隔五日，炎夏隔宿，都摒弃不用，唯恐时间久了会影响质量，前年我在钱君匋先生家里，看到从伯（㧑叔）所作的巨幅牡丹，以大红大绿和焦墨三种重色调和渲染，虽经百数十年而仍色泽如新，这当和用色道地有关。又如用粉，也不惜工夫，常用乳钵调研，研而漂，漂而蒸，至少数十次，务使粉质纯净，不腻不蚀。闻父辈传说，从伯在家乡曾存有密封所藏白粉数瓷盎，后被山阴某画家购去。"

钱君匋的金石书画，颇受㧑叔的影响，且藏㧑叔的画多幅，曾出其所藏，制版登载《上海画报》上，并加以论识，谓：

这《巨石紫藤》，画面上半部，约达四尺的面积，几乎给一块大而且黑的石头塞得满满的，另外只用几笔稚藤嫩叶和一行浓重的款字稳定了。再看《太华峰头玉井莲》的白莲，主要的花和叶及题款，都集中在画面上半部，支持花叶的三根荷梗，长达四尺以上，都以一笔出之，劲挺有致，可谓功力弥满。那幅《墨梅》，构图奇绝，用笔用墨，精湛爽利，无出其右，两行长跋，如此逗人喜爱，这是赵氏的绝招。

赵氏不但画常人所画的，也画常人所不画的。如温州的箬兰、百子莲、一树数百枝的夹竹桃、瑞安的铁树及高二丈的仙人掌，又芋花、夜来香，也入诸丹青，一经点染，无不韵味酣足。

他刻有两方饶有表态意识的印，凡被强迫画的，钤印"㧑叔不高兴"；喜为人画的，钤印"㧑叔高兴"。他的治印，高人一等，曾谓："古印有笔尤有墨，今人但有刀与石。"有人称之"为六百年来抚印家立一门户"，是极推重的。

赵氏还有旁艺，擅围棋，入能品，一度为弈友明斋画扇，有题云："明斋二兄精于弈，在吾浙居第二品，慕其名久矣。俗事倥偬，不获求教，顷将远行，程耀庭来为兄索画，复不克相见作手谈，记之以俟他日。"他的《行略》载云："同治二年（1863），棋僧秋航，今年百一岁矣。入都相见，赠之以诗。"并拟把清以来的国弈手以及三、四手的名姓艺术，撰成《善弈记》，但未成书。又善鼓琴，泛泛入古。至于他的治讼，清廉善断，所撰判牍，往往洋洋千言，以朱笔书之。吴昌硕尝藏㧑叔为万氏族人因墓地争讼的朱批堂判一轴，昌硕题诗其上，有云：

无闷宰南城，吏才若卓卓。

风流文采余，心细能析狱。

亲亲仁民训，优士复优学。

粹然儒者言，足以振颓俗。

凡文人学士，大都喜自制墨锭，一以自用，一以赠人，如陈鸿寿有"种榆仙馆墨"，杨沂孙有"咏春磨盾墨"，吴大澂有"铜柱墨"，俞曲园有"春在堂墨"，等等。那著《清名墨谈丛》的周绍良，他家即藏有"绩溪胡甘伯会稽赵㧑叔校经之墨"，识语云：

胡澍（即甘伯）、赵之谦皆金石名家，胡氏早卒，故享名不及赵氏之盛。二人曾联名制墨，所制为收藏家所珍视。此墨有复制品甚多，论者纷纭，已难鉴定何者为原制。墨式全同，箧中所存凡五种，作碑形，正面作两行"绩溪胡甘伯会稽赵㧑叔校经之墨"楷书阳识，背面亦两行"同治九年（1870）正月初吉"，篆书阴识。一种侧款为"鉴莹斋珍藏"。另一种为松烟墨，一侧"和鹿角胶捣十万杵法制"，一侧"鉴莹斋藏"，顶有"松烟"二字，俱楷书阳识。又一种背面额间一珠，与上笏同式，唯顶无"松烟"二字。又一种有穿孔迹，漆面，无侧款。又一种有穿孔迹如上式，无漆面，侧款"徽州休城胡开文制"楷书阳识。或以为墨面背诸字，乃赵氏所书，实则不然。胡、赵二人本同门，字形极相似，此盖胡之手笔。

又云：

此墨制于同治九年（1870），时二人均在北京，又同时研治经学，胡为四十六岁，正卒前二年，赵则四十二岁。

赵尚有"三生石上赠答之墨"，这是和丁兰叔合制赠人的，作于东瓯学舍。墨面为篆书，外间较少见。

他又有自铭文的臂搁，作古琴式。

赵之谦制墨的四十二岁那年，又请杨憩亭为他画一个半身像，自撰题识，滑稽可喜，如云："群毁之，未毁我也，我不报也。或誉之，非誉我也，我不好也。不如画我者，能似我貌也。有疑我者，谓我侧耳听，开口笑也。"此像石刻，留杭州西泠印社，赵而昌为题《减字木兰花》词一阕，亦传诵于时。

日本人倾折于㧑叔备至，必须一提的，为河井仙郎（荃庐），他研究篆刻和书法，和长尾甲同隶我国的西泠印社。1945年在东京举办赵㧑叔逝世六十周年纪念展，惜所有作品都在那年三月轰炸中被毁，连河井本人也付诸牺牲。河井的高足小林庸浩，也是推崇㧑叔的，为了㧑叔逝世一百周年，又在日本展出㧑叔作品一百八十件，复刊印了《赵之谦纪念展作品选》。又日本东方书店出版的《赵之谦书画集》，包括我国和日本的藏品。小林来沪访问了赵而昌，与之良晤，而昌告给小林："㧑叔卒于江西任所，葬杭州丁家山，由于年久失修，墓碑上的字早已斑驳不能辨认。可是，某日，管墓人发现墓碑被髹漆一新，经探听，始知前来谒墓的，乃西泠印社之社友，其中有一位是穿和服的。这件事远在六十多年前，可能穿和服的便是河井仙郎哩。"相与叹息。又㧑叔有友韩佛生，沉湎于酒，劝之不听。㧑叔为绘醉酒图，丑化其状态以为戏，闻这幅画，现尚藏日本人家。又日本人西川宁的《猗园杂纂》，其中也谈到赵墓，谓："河井仙郎到丁家山，是西泠社印叶品三陪同的。当时在墓畔发现六月雪（花名）开得很茂盛，便掘了些带回来，借以繁荣，作为纪念赵㧑叔。"西川宁家园中，也种植了六月雪。

据我所知，㧑叔的墓志铭，出于程秉钊手笔，载闵尔昌所辑的《碑传集补》。秉钊，字蒲孙，号公勖，安徽绩溪人，光绪庚寅（1890）翰林，与文廷式、王聘三、夏穗卿同科。我吴陈志衡，藏有秉钊所撰㧑叔墓志铭手稿，并有徐世昌为程秉钊所撰程秉钊墓志铭手稿，何其巧合如此。

赵㧑叔之后，又有苏㧑叔，这也是赵而昌见告的：

苏世杰，生于1882年，书法初宗欧阳询，一日在某处看到㧑叔所书屏幅《琴赋》，驻足不忍离去，终以重值购下，从此日事临摹，因取斋名为"宝赵室"，又请罗叔重为治"赵斋大利"印。承朋好资助并各出所藏，刊印《㧑叔墨迹第一集》，均属《悲庵剩墨》所未采。世杰逝世前，曾在香港举办其个人书法展，时人誉其作品为岭南北碑第一，尊他为苏㧑叔。

世杰晚年有两个夙愿：一、编写《赵㧑叔年谱》；二、刊印《㧑叔墨迹第二集》。可是却没有成为事实。赵而昌却撰了《赵之谦先生年表》，载香港出版的《书谱》杂志。

叶恭绰家和㧑叔家有些世谊，附带一提，㧑叔幼女寿玉，为叶公超之继母。公超为英国剑桥大学文学博士，先后任教于北大、台大等高等学府。擅书画，工诗词，通梵文，我曾见公超手札："外祖㧑叔公四女，即公超继母。公超幼时，继母抚责甚严，读书问字，得有今日之学，继母管教功也。外祖处世立身、治学、从政、研艺，公超弱冠以还，无时不奉为圭臬，且引以为姻娅之荣。外祖文章书法，一代宗师，无庸赘词。"寿玉卒于1979年，黎祖森撰有《叶母赵寿玉太夫人纪念文》。且知公超之子叶炜博士，为俄国文学权威，所著《俄国十八世纪大诗人普希金之研究》一书，莫斯科大学采之为教材。凡此种种，㧑叔在天之灵，定必掀髯色喜哩。

我所目见的《赵㧑叔手札》影印本凡二种：一、群学社本，仅一册，且附《杨海琴尺牍》，标明收藏家归鸿馆，印行者则山簶。一、有正书局本，分上下二册，有署憨寮者，有署之谦者，笺纸大都用太仓钱听邠所制。涉及人士为张公束、汤乐山、朱振采、熊松之、宋绵初、李文同、周尚文、林中钰、顾长龄，以及觉轩、粲英、子英、恭甫、松溪、梨州等。函中语如："《明斋小识》六本，《三台述异记》一本，乃小说家言之非空疏也。"又："因妇病日危，终朝问医药，心绪恶劣，故久不作书。顷奉委南城，又非佳缺，而水路极迂曲，不能不去，不能即去，正大为难。"指的是范敬玉夫人的病。而南城赴任非其乐为。正本中，有一长信，计六纸，不署上款，叙述其家庭变故，牵及嗣子肇祸事，种种纠纷，非局外人所得而知之。

我又目睹王谘臣所藏书牍，由浙江古籍出版社影印为《清代名人信稿》，首冠《赵㧑叔宰奉新堂谕》附跋。《堂谕》为朱笔，亦套印朱色，灿然夺目。

又我友潘景郑藏有㧑叔手书《越中藏书家故实》四纸，制版载诸《岭南书艺》中，写作俱佳，尤为难得，景郑且题一词，调寄《破阵子》，复附一长跋，略谓：

赵㧑叔手书《越中藏书家故实》四纸旧粘附先郑庵从祖所辑《明清藏书家遗闻》册中，戊申之役，藏笈尽失，此四纸偶遗在丛残中，检得即装成一册，以免散落。㧑叔越人，于家乡故实所闻至为翔实，自明季迄清同治、光绪间，越中藏书授受源流，可补叶鞠裳《藏书纪事诗》之遗。

又云：

㧑叔与先郑庵从祖深契，为从祖所作书画甚多，函札往还盈帙。吾家藏印数十石，皆㧑叔手镌，存先兄博山处，曾绘读书岩图一幅，为其精心之作，先兄逝后，侄辈以斯图及刻印，售诸上海博物馆。其他书画尺牍，未知流散何所。余留此鳞羽四帧，弥足珍视矣。

郑庵，即潘文勤公祖荫，一署伯寅。

任伯年诞生一百五十周年

1990年为大画家任伯年诞生一百五十周年纪念,中国美术家协会丁羲元继《虚谷研究》之后,撰写了《任伯年年谱》一书,附论文、珍存、作品。我撰写一序,涉及任氏掌故,爰摭录于下:

沪上园林,饶有水木清嘉之美,当推豫园为首屈一指。我曩时赁庑城南,辄徜徉疏散其间,深觉冬蕴春敷,夏茂秋瑟,四时各有景色,迄今投老残年,杜门不出,但园林的机趣曲邃,纳爽开襟,犹萦之于怀。尤其点春堂上高悬一幅任伯年的《观刀图》,给我印象更为鲜明,那线条的流畅,神情的英俊,确非大手笔不办。

三任画派,影响后代较大。所谓三任,乃任熊(渭长)、任薰(阜长)、任颐(伯年),从辈分而言,伯年较晚,可是他别辟畦径,识者的评价,却以伯年为最突出。

当我居阜民路时,屋主孙子山,和伯年的哲嗣堇叔为莫逆之交,因得闻伯年的往事。子山喜谈人往风微的故事,偶而谈到任伯年,我欣然命笔,写入我的《小阳秋》中,略云:伯年为人,不修边幅,画人物花卉,仿北宋人法,纯以焦墨勾勒,赋色秾厚,颇近老莲。后得八大山人画,更悟用笔之妙,虽极工细之作,必悬腕中锋,自言作画如颐,差足当一写字。间作山水,沉思独往,忽而有得,疾起捉笔,淋漓挥洒,气象万千。书法亦参画意,奇劲异常。寓沪城三牌楼附近,称且住室,卖画为活。

邻有张紫云者，善以紫砂抟为鸦片烟斗，时以紫云斗称之，代价绝高，为工艺名品。伯年见之，忽有启发，罗致佳质紫砂，为作茗壶酒瓯，以及种种文玩，镌书画款识于其上，更捏塑其尊人淞云一像，高三四尺，须眉衣褶，备极工致。日日从事于此，绘事为废，几至粮罄，无以为炊。妻怒，尽举案头所有而掷之地，碎裂不复成物。仅得留存者，即淞云像一具耳。伯年徐徐曰："此足与陈曼生争一席地，博利或竟胜于丹青也。"

吴昌硕学画于伯年，时昌硕年将大衍矣。伯年为写梅竹，寥寥数笔以示范，昌硕携归，日夕临摹，积若干纸，请伯年正定。伯年视之，则竹差得形似，梅则臃肿大不类，伯年曰："子工书，不妨以篆隶写花，草书作干，变化贯通，不难得其奥诀也。"昌硕从此作画甚勤，每日必趋伯年处请益。伯年固性懒，因此画件常搁置，无暇再事挥毫，妻又恚甚，欲下逐客令，伯年一再劝止之，始已。世俗认为昌硕和伯年的关系为友而师，实则伯年颇喜奖掖后进，不以师道自居，那么关系是师友了。伯年精绘人物，尤多写像，曾为其翁淞云画了多帧，又为昌硕画《酸寒尉》《饥看天图》《蕉荫纳凉图》，传神阿堵，为其生平得意之笔。

此外并喜画粉黛婵娟，或谓伯年画仕女有欠姿媚，我却别有所见，费晓楼、改七芗着笔纤柔，其美在容，伯年涉笔浑朴，其美在骨。或有以伯年画罕有题识为憾，我又认为伯年画，其布局中充溢着诗的情趣，不须再赘韵语。我家所藏伯年的花卉，着墨不多，而轻微澹远，耐人玩索。

我和作者丁羲元的订交,亦可资谈助。当时鉴赏家钱镜塘尚在世,藏伯年画很多,卜居慕尔鸣路159弄,楼头轩爽,回壁都是书画,琳琅满目。且悬画按着季节,时常变易,如春梅盛放,就是悬着许多梅幅,都是明清人的杰构(有一次,悬伯年画梅,设色很冶丽)。他又在庭院中杂栽盆花,把绿萼梅、胭脂梅等供置几案,使画中的花和盆中的花相映生辉,顿使一室充满着芳郁的青春气息。到了夏秋,递及寒冬,也就把荷菊松竹及山茶等的盆栽,配着应景的丹青妙迹,幽秀之致,使人挹之不尽。羲元是镜塘家的座上客,我去观赏,恰和羲元相值,一见如故,握手欢然,此后频通音问。他曾在中国美术研究院攻读中国美术史,研究任伯年,致力很深,著有《谈任伯年的艺术道路》《任伯年艺术论》等,又经十多年的暝书晨抄,搜讨追溯,撰成这部《任伯年》一书,载画约100帧,多有从未发表者,煌煌炳炳,蔚为巨册,这是艺术界的一大贡献。

任伯年,清道光二十年(1840),生于浙江山阴县(今绍兴)。初名润,后改名颐,字伯年,一作柏年,号次远,谓仅次华亭画家胡公寿,公寿名远,以《云山无尽图》著名。又号小楼,追摹乌程费丹旭的仕女图。丹旭,字子苕,号晓楼。伯年十四岁到上海,即署小楼,因遭晓之子费余伯非议,遂不复用。晚署山阴道人、山阴行者、山阴道上行者。伯年父淞云,名鹤声,能画像,从山阴迁萧山,经营米业,喜读书,设肆临街,且读且贾,不以喧嚣辍止。尤善写真术,伯年画人物,耳濡目染,实植基于此。伯年曾为父画像,由任堇叔题识,此轴现藏故宫博物院。淞云所居,为萧山航坞山(今坎山镇),离萧山东北45里,为三县交界处,称为三不管，徐悲鸿所著《任伯年评传》云："任伯年，浙江萧山人，后辄署名山阴任伯年，实其祖籍也。"又伯年为胡公寿画《横云山民行乞图》，公寿自题"萧山任柏年写"，伯年作柏年，仅此一见。

淞云的写真术，是有地方传统关系的，原来山阴、秀水等处，颇多以传神写真为生的，为明末清初曾鲸之派系，或评曾画，谓："写照如镜取影，妙得神情，每画一像，烘染数十层，必匠心而后止。"曾字波臣，因称波臣派；淞云远绍其画法，伯年十岁，即授以写真术。堇叔有云："垂老，值岁歉，乃以术授先处士。"伯年幼慧，不数年，即传其衣钵，客来访淞云不值者，能寥寥数笔，图来客的神态，淞云即知来客为谁，不必问其姓名。其熟察默记功能之强，从幼即练就了。

伯年十三岁在田陌间观两牛相斗，归绘斗牛图。

据王一亭所述："伯年父卒，六岁即转徙上海，尝作折扇书任渭长假款于街头地上售之，适遇任渭长过，询问良久，终介绍伯年赴苏，随任薰（阜长）学画。"但传说颇有出入，或谓伯年遇渭长，不在上海，而在萧山。王伯敏所著《中国绘画史》，则谓伯年十四岁到上海，原在扇庄当学徒，一说"胡公寿代觅古香室安设笔砚"，那么所谓扇庄，即古香室了。总之，种种疑问，以年久难以证实，即《年谱》也是模棱两可，难下断语。"伯年二十二岁，去诸暨包村逃难，在战乱中卷入太平军（拉夫）。"任堇叔题其父伯年四十九年像，附记其往事，载上海《美术界》第三期，如云：

先处士年十六陷洪杨军，大酋令掌军旗，旗以纵衾二丈之帛连数端为之，几如儿臂之干，傅以风力，数百斤物矣。战时麾之，以为前驱。既馁，植干于地，度其风色何向，乃反风趺坐，隐以自障，敌阵弹丸，挟风嗤嗤，汰旗掠鬓，或缘干堕，堕处触石，犹能伤人。尝一度弹猝至，及旁坐者额，血濡立殪，先处士无恙。军行或野次，草块枕藉，露宿达晨。嬴粮蓐食，则群踞如蹲鸱，此岭表俗也。年才愈立，已种种有二毛。嗜酒病肺，捐馆前五年，用医者言，止酒不复饮。而涉秋徂冬，犹咳呛哕逆，喘汗颡泚，则陷赭军时道途霜露，风噎所淫且贼也。此影盖四十九岁所摄，孤子堇敬识。

堇叔所记，其父十六岁时，即1855年，此际太平军尚未进入浙江，堇叔所记年岁有误，当属1861年。

堇叔又题伯年的《仕女图》云："逊清咸同之交，先处士归自贼中（指太平军），襆被萧然，由吴会而甬而沪，凡三易厥居。"这幅有题识的《仕女图》，现藏上海朵云轩书画社。

伯年曾从任牧父刻印，传世之作有"颐庵"白文印，藏上海博物馆。又"任润"白文印，则牧父为伯年刻。

一度客镇海方樵舲家，樵舲之父本好客，优礼之，伯年亦不言谢，半年后将离去，谓当为主人画像，伸纸泼墨，寥寥数笔，成背面形，见者皆谓神似。伯年云："吾襆被投止时，即无时不留意于主人之举止行动，今所传者，在神不在貌也。"

他在镇海，一度馆姚梅伯家，曾为姚小复绘《小浃江话别图》，亦属精品，姚梅伯为旧时著名的红学家，小复，其子也。

伯年来上海，乃1868年冬，因陋就简，假豫园一椽而居，下为饲养之所，伯年倚窗观羊借以写生，绘有《苏武牧羊图》，为成功之作。附近多鸟肆，举凡鹦鹉、绣眼、百灵，无不俱有，伯年伫立观望，久之，尽得鸟之刷羽饮啄之态。其邻为春风得意楼茶肆，日往品茗，茶客之喧嚣，游女之妖冶，悉入其笔底，益复生动。

胡公寿寓居三牌楼，伯年亦移居其处，公寿为介绍古香室笺扇庄为其收件处，公寿主持钱业公会，为伯年延誉，不数年，画名乃大盛。为父淞云画像，公寿为补树石，盖纪念其父死于战乱中。其女任雨华出生，雨华亦擅画，敝箧尚藏有其一小幅。徐悲鸿题伯年之《西施图》，涉及雨华事，如云："吴君仲熊之祖火卿酷爱伯年画，继配伯年先生之女雨华。伯年既卒，遗鹄皆入吴家，及仲熊与余相善，知余笃嗜，遂悉举以赠，因在夙昔所藏精品之外，中多未竟之作，此幅为西施，清澈雅逸，前无古人，心感为何如耶！"那《西施图》《梅妃图》《三侠图》三帧，均藏徐悲鸿纪念馆。雨华名霞，适吴兴吴氏，侨居沪上，人物花卉，得父真传，唯颇矜惜，不轻为人作，故流传甚少，载《中国画家人名大辞典》。吴仲熊为吴氏后人，居新闸路清凉寺后，屋宇轩畅，室壁以巨幅玻璃为主，晶莹洞澈，别有气象。周瘦鹃和吴仲熊相交有素，瘦鹃编《紫兰花片》，仲熊出其所藏潘稚声所绘之十二帧彩色仕女，艳冶精致，作为十二期封面，我由瘦鹃介绍，频在吴家做客，仲熊擅画花卉，且曾为我画纪念册。

伯年曾客吴中，时任阜长亦在苏，为阜长画像，款称阜长二叔。又为胡公寿作肖像，又公寿夫人像，亦出伯年手。后皆归徐悲鸿。在苏与沙馥交往颇密，尝向沙馥习画草虫，时沙氏年三十有九，小像一帧，亦伯年所绘。沙馥，字山春，画宗改玉壶，与阜长各占一席地于吴门，伯年画风，颇受其影响。影响更大的，则为胡公寿，初次卖画，客订购山水巨幅，伯年无把握，晚去胡家，胡指点助其成幅，因此，公寿有寄鹤轩，伯年以倚鹤轩为斋名。伯年与虚谷相稔，公寿为之作介。

中日文化交涉，伯年为先进人士，日本冈田篁所之《沪苏日记》，一再称述胡公寿、张子祥、任伯年。

伯年又喜欢搜罗西洋人物风景画片及明信片，为数累千，以资参考。

《海上墨林》称："伯年年未及壮，已名垂大江南北，后得八大山人画册，更悟用笔之法。"此八大山人画册，乃高邕之所藏。高邕之以书名，为高树森长子。参李鸿章幕，家富收藏，尤喜八大之作，伯年与邕之商交，获观八大画甚多，得益良深，且为邕之写像，现藏上海博物馆。

伯年作画，求其快速，有类于今之所谓流水作业，我同学颜文樑之尊人颜元，号纯生，摹有《任伯年画稿》，曾谓：

> 伯年极注重写生，平时外出，必备一手折，遇有可写之人物花鸟之类，辄笔录之，夜于灯下勾画成稿，故画室画稿山积。且其作画法，是日画桃花燕子，则均画桃花燕子，明日或均画白头翁，其画艺娴熟，触处生巧。

又伯年对于己作，颇自矜重，钤印"任千秋"，以示必传无疑。有时却随意赠人，客有见其挥毫，赞不绝口，画成，即举手贻之，题款有时作蠡城伯年，或斋名颐颐草堂。

为戏剧作画，前有沈泊尘，后有关良，不知伯年尤为始创，绘有《辛安驿》，神情毕肖。

近代以画虎驰誉者，有胡郯卿、容大块、张善孖，伯年亦有虎幅流传，吴昌硕题之云："山石荦确，河水汤汤，虎将渡耶？抑将有所畏耶？惜不能起伯年翁问之。"此图藏西泠印社。

绝有趣者，其友章敬夫以活鸡二馈之，伯年喜，画双雏以为赠，着笔工细，设色秾丽，当时沈景修且以之比美宋代梅行思之梅家鸡。伯年卒，章氏付诸装池，不意装铺疏检，被鼠残一鸡首及上款，怅恨久之，乃携图商补于钱吉生，吉生展卷，惊为绝作，欣然操笔，顿复旧观。敬夫作诗题之，以示弥补之喜。

又《吴昌硕印谱》有"画奴"一印，伯年常用之，昌硕款识云："伯年先生画得奇趣，求者踵接，无片刻暇，改号画奴，苦自比也。"

又《年谱》载，伯年为玉声作《顺风大吉图》，款署光绪丙戌（1886）十一月长至节，山阴任伯年写应玉声主人之嘱。玉声乃前辈著《海上繁华梦》之孙漱石，我犹及追随其杖履，我在彼处，曾见李伯元为刻孙玉声印，此印却未目睹。

又《海上画语》载伯年趣事云：

粤商索画，屡候不遇，值其自外归，随之入，伯年即登楼，返顾曰："内室止步，内室止步。"

又《新语林》云：

任伯年，绘人物有声，求画者踵接，然性疏懒，且染烟癖，稽于濡毫，倍送润资，犹不即伸纸，绢素山积，未尝一顾。一日，戴用柏与杨伯润过其门，见一学徒倚门而泣，戴问故，曰笺扇铺主人命送画资任先生家，请其作画，数月未就，铺主疑我没收润资，今日又命我取件，云如不得，必将处罚，故泣耳。戴闻之，甚愤，曰："画家可若是乎？受人资，不为人画。"遂与伯润同入，任方卧榻，吞吐为乐，力责之，任不得已，即起执笔，戴与杨一人为伸纸，一人为调颜色，画顷刻立就，戴以付学徒，欣谢而去。

又一日，胡公寿对吴昌硕说："你学画似乎太迟了！"当时任伯年在座，即云："胸中有才华，笔底有气韵，迟些又有什么关系。"

又伯年小名和尚，昌硕为刻"任和尚"朱文印，任画蔬笋为报，昌硕为题印款云："和尚堕地三尺长，小名呼惯唯爷娘。人来仍学行脚装，不知者笑和尚狂，知者愿识任氏郎。和尚睡醒天昏黄，画禅自悦春灯旁……"是印收入《吴昌硕印谱》。

又为岑铜士画像，亦足资谈助，铜士跋云："去腊客沪城，与任伯年煮雪夜谈，伯年乘兴为我写照，时漏下二鼓，烛已见跋，乃折纸蘸油燃火，左手执之，右手运笔，不顷刻而成，见者咸谓得神似云。"铜士名锡光，与翁铜士为别一人，图尚存上海博物馆。时徐棣山筑双清别墅于沪北唐家弄，俗称徐园，有十二景，伯年与诸同道常雅集其间，曾为棣山画《猫石图》。我与棣山哲嗣徐凌云友善，尤为我谈及是画，且谓美商雍松一度放映电影短片，为电影传入我国之始，伯年为目睹最早电影之一人，时在1896年。

又伯年与倪墨耕一段因缘，见我友丁健行之《墨林挹秀录》云："倪墨耕在扬州，为王小某画铺之学徒，善画马，深得小某赞扬。后因伪造小某《豆棚闲话图》，被小某所责，墨耕惭，即日渡江走上海，先在豫园萃秀堂前席地鬻艺，适伯年过而见之，遂招之至家，为之引誉，墨耕受任画影响，参用其法，水墨竹石，设色花卉，腴润遒劲，擅胜于时，并工山水，于沪垂三十年，其画价倍于小某。"

又，王一亭十八岁师事伯年，任作有墨竹一幅，一亭画吴昌硕像于其中，且题云："修竹数竿，任先生遗画，清风习习，亟貌缶翁于其中，距先生落墨时，已廿易寒暑矣。回首师门，清泪盈睫！"缶翁亦有题诗，缶翁者，昌硕也。

又《芥子园画传》，伯年为增列名家画谱，作山水八帧，如《富春高隐图》《女娲炼石图》等。

伯年于乙未（1895）十一月二日病逝上海，年五十有六。究促其寿命，有一原因，盖伯年素病肺，前一年，曾将历年鬻画所积二三万金，托其表姊夫在绍兴购置田产，以耀祖荫，不料其表姊夫妇好赌博，将款挥霍殆尽，而以假田契付交伯年，后经发觉，伯年悲苦欲绝，从此惮于作画，绝笔为《洗耳图》，高邕之为题，有句云："近来怕听伤时表，终年遗留洗耳图。"是图藏故宫博物院。

伯年后人任堇，字堇叔，曾梦至一处，琼宇玉楼，奇花异草，有羽士告以前生为第四嫩凉洞天第十二院院长，醒而异之，故自号嫩凉居士，工书，作孩儿体，益复有致，又自号能婴，间或作画，其最得意之作为《倚竹图》，在其弟子陈涵度处。我有伯年无款画，堇叔为题，上书"无量寿佛"，旁题云："先处士手泽，偶搜故箧得之，庚午长夏，酷暑，持赠冰生老友。"钤任堇叔朱文印。旁题云："一苇而来，只履而去，既要西行，何苦东渡？毕竟疲于津梁，不如蒲团少往。丁丑仲秋，真逸借天池题佛像句。"达摩御朱红袈装，席地而坐，笔墨浑纯古朴，虽小幅，亦殊可珍。伯年卒，堇叔只十五岁，伯年呼之为小和尚，1946年夏，亦患肺疾，殆传染所致。堇叔有一女野平，因婚姻不遂意而自尽。堇叔所撰诗文，未刊，其弟子吕万为录遗稿凡四册，分《嫩凉文存》《嫩凉诗存》《嫩凉词存》《嫩凉杂著》，涉及当时之朋好，如吴趼人、俞语霜、钱太希、张聿光、时慧宝、钱瘦铁、马企周、陈端友、李怀霜、俞逸芬、李祖韩、商笙伯、钱化佛、唐吉生、周新庵、张石园等。

上海豫园有任伯年为小刀会所作之《观刀图》。实则不然，我亦误信之，据丁羲元考订，实与小刀会无涉，盖小刀会起事，其时伯年仅十三岁，尚在萧山。点春堂曾为小刀会城北指挥部，只十八个月。原来之点春堂在1855年已半毁于火，《上海县续志》云："点春堂在豫园东北隅，咸丰十年（1860），被西兵所占，改造洋房，风景荡然，事后谋恢复，同治四年（1865）告竣。"因此，任伯年所谓点春堂，已非从前，且款中所云宾日阁，既非点春堂之正屋，更与早毁于火之小刀会办公室毫无联系。又伯年居三牌楼，离豫园为一箭之遥，且得月楼等处，为沪上画家聚会之所，此图应附设园中之花糖公会之商人所邀，作图以补壁，取名《干莫炼剑图》，非观刀图，与小刀会绝不相干。据钱镜塘云，伯年别有一幅《干莫炼剑图》，藏故宫博物院，与为豫园所作，布局不同。

沈石友与吴昌硕、曾孟朴

沈石友其人，是很有来历的。他是常熟的一位杰出艺术家，工诗文，擅书画擅篆刻，又为琢砚能手。

吴昌硕和他相交数十年，在昌硕的《缶庐诗存》中，一再提到他；甚至昌硕的诗，也请他修润。石友多画友，昌硕外，尚有张子祥、吴秋农、蒲作英、陈伽庵等，都属一时名家。

石友画以梅花为多，其他像松、菊、葫芦、佛像，以及偶然画马，用笔都很古朴。

邓散木的老师赵石农（古泥）印刻和绘画，都学沈石友。赵石农原来是药店学徒，晨昏临摹碑帖，为店主所恼，才被斥逐，赵却得到沈石友的赏识，留宿家中，指导金石书画，并介绍吴昌硕，拜之为师，培植熏陶，他的作品也就呈现石友、昌硕两人的面目了。常熟陈端友以九龟荷叶砚驰誉南北，砚藏上海博物馆，也是经过石友启迪的。他的《西泠觅句图》就出于吴秋农之手，翁松禅为此画写了引首，朱古微题诗其上。

同邑曾孟朴，为《孽海花》作者，家有虚廓园，本明代钱岱小辋川故址，沈石友于丁酉上巳佳辰，与曾孟朴、曾虚白父子及友好修禊其间，以比之于兰亭往事。他的诗中，有《悼黄慕韩》之作，慕韩清狂不羁，恋人安定君逝世，曾作四百言长联为挽。他有卢同癖，昌硕赠以云雾茶，庞树柏赠以滇南茶，他诗兴为之飚举。慕韩、树柏都是南社同文。他得彭雪琴、吴大澂所制墨，贻俞金门，金门备巨蟹盆菊，以供持赏。

风雅巨商周湘舲

数十年前,上海有两位具有风雅性的巨商,一位是周湘云,一位是周湘舲,不知者往往误两人为昆仲,实则各不相涉,且籍贯也各不相同。

周湘云,是浙江宁波人,在上海经商,长袖善舞,颇有资财,辟一园林于福煦路,名为"学圃",所栽树木,以西洋种为多。湘云有弟纯卿,也辟一园于海格路,作为游憩之所。传湘云有第一号汽车,实乃其弟周纯卿所有。当时犹太商欧爱司·哈同的汽车司机执照为第一号,哈同颇想获得第一号汽车,以成双璧,任何代价,在所不惜。奈纯卿有的是钱,坚决不让,成为僵局。纯卿恐被恶势力夺取,便把这第一号汽车封锁在家,安置在汽车间里不再驶用。

这是专谈周湘舲的,闲话少说,言归正传。周湘舲,名庆云,字景星,一字逢吉,湘舲是他的号。三十三岁,始署梦坡。这是有来由的,他在十月十五日夜,忽梦见苏东坡,与他十年前所得蕉叶白砚背镌之苏像面目正同,晤谈间似曾相识,问山水以何处为胜?答曰:"金焦雄浑。"醒而识之,遂署梦坡。浙江吴兴县南浔镇人,他是清代候选通判加监提举周味诗的儿子,同治三年甲子(1864)十一月二十九日,生于上海城内旧教场旅舍,兵乱避难来此。

他家的旧宅,在吴兴南栅华家桥畔,后临鹧鸪溪,名怡园,有梅花仙馆、华萼楼、清远楼及友石亭,亭以曾藏徐山民紫藤花馆石刻得名。

他先从金筱庭读书,筱庭名恩绶,工骈文,下笔迅速,有名邑中。这时塾中，湘舲年最幼，聪颖诚笃，得筱庭期许，湘舲的号就是筱庭为他取的。因长洲人钱棨，字振威，号湘舲，乾隆时乡会殿试皆列第一，授修撰，御制"三元诗"纪瑞，无非预祝他将来在科举上得以腾达夺魁的意思。十三岁，毕五经。十五岁，楚楚能文。此后又从张质人孝廉及严珊枝游。应院试，学政工部侍郎张霁亭宗师取入县学，诗题《十里秋风红菡萏》得秋字，大为宗师所赏识。十八岁完婚，娶张氏，为震泽张博文次女。及赴省试，有《夜泊新市》诗，诗留集中，这是起始。后刻《梦坡诗文词存》《晨风庐唱和集》等行世。所谓晨风庐，为沪居梅白格路三百十三号的斋名。友人蔡晨笙幼年，犹见其门庭废址。

当年刊有《晨风庐丛书》，沧海遗珠，尽登珊纲，在文献上厥功是相当大的。晨风庐地处市中心区，交通便利，文人墨客，联翩来临，顿成风雅之薮。他就该处，更辟息园，藏金石书画为梦坡室，藏典籍为阅古楼，又有宝斯堪、五松琴斋，为墨客觞咏之所。汤邻石为绘《晨风庐图》。一次举行琴会，来会者一百多人，操缦者三十余人，史量才和沈秋水夫妇同莅，量才子咏赓年仅九岁，独奏《文王操》，湘舲奏《沧海龙吟》。越日，又举行操缦小集，郑觐父、吴浸阳以琴瑟合谱《鸥鹭忘机》。湘舲称琴为盛世和平之乐，手订《琴史》。时曹宗稷精音律，著《琴学丛书》，凡三十余卷，湘舲赠刻资得以问世，绘琴契图。又辑刊《琴史补》《琴史续》。某年，叶璋伯假苏州怡园开琴会，邀湘舲参与其盛，他携其所藏宋徽宗松风琴去，品为第一。又癸丑消寒第一集，设宴晨风庐。湘舲出所藏任邱边袖石诗稿征题。消寒第二集，时值齐卢之战，湘舲诗有"兵气未消年易尽，扁舟难买宋梅春"之句。因超山有宋代古梅，湘舲在该处筑有宋梅亭，不胜系念哩。己巳岁，邀叶恭绰、冒鹤亭、王西神、陈苍虬、袁伯夔、李拔可、朱古微、潘兰史、陈三立、文公达、姚虞琴诸名宿于晨风庐，举行海上诗钟社集。沤社一再举行集会，参加者大都为词人。一次调限锦帐春，赋沪上春暮，有"一样亭台，两般温冷，怕依旧阴晴难定"，为时传诵。又一次，调限澡兰香，和梦窗韵，也多佳句。息园为晨风庐的一部分。书邮往还，什九商订文字，如吴昌硕、金粟香、张荫梧、李孟符、李梅庵、汪渊若、缪荃孙、左孝同、钱溯耆、李桔农、吴子修、冯梦华等，湘舲把它选为石刻，拓成《息园尺牍存真》。

他五十九岁和夫人张氏合作六十寿（张夫人长彼一岁），有诗云"借得余龄弥我缺，平分六十与眉齐"，妙语似珠，载诸报刊。

湘舲于癸酉（1933）十二月七日寿终，年七十。五月患湿瘵，遂渐蔓延，又转肺炎，致不治。丧墓设晨风庐，择日奠祭。其讣告的精美赡备，为从来所未有。宜纸印凡四大册，外装布函。第一册为《吴兴周梦坡先生讣告》，叶恭绰题签，林森题"龙泉翳采"四字。遗像为侧面微笑状，戴眼镜。科头有须（四十岁即蓄须），蔼然可亲。像赞出于吴敬恒手。行状为刘锦藻撰，叶为铭书。铭诔者，有于右任、叶楚伧、陈石遗、蔡元培、李浩然、陈直、陈其采、林鹍翔等，挽诗有胡朴安、杨千里、王西神、沈尹默、徐乃昌、吴用威、王一亭、恽毓龄、张宗祥、喻长霖、张继、居正、林子有等，写作俱佳，乃便刻石拓印，黑底白字，宛似一部碑帖。第二册为《吴兴周梦坡先生墓志铭》，王西神题签，扉页鄞县赵叔孺署。墓表于右任书丹，吴敬恒篆额，吴县唐仲芳刻石。墓志铭，谭泽闿题，章太炎撰文，褚德彝书丹，王福庵篆盖，吴县周梅谷刻，也是拓印本。第三册为《吴兴周梦坡先生年谱》，戴传贤、张人杰作序，由其哲嗣周延礽撰述，仿宋字印。第四册为《梦坡画史》，王一亭题签，庞元济作序，所有画都用珂罗版印，梦坡上款，如王一亭的探梅图、吴石仙的蓬山雅集、黄山寿的钓台假寐、潘雅声的南湖载酒、俞明震的焚香写经、林屋散叟的灵峰补梅、何诗孙的祀苏图、倪墨耕的留园放鹤、冯超然的淞滨结社、溥忻的理安建塔、陆廉夫的愚园修禊、金拱北的居庸远眺、庞元济的东湖返櫂、溥雪斋的草堂蘋荐、林琴南的超山访梅、赵叔孺的天童开径、郭兰枝的文澜补阙、冯超然的阜溪寻源、吴待秋的天目建桥、吴湖帆的沤社填词，均游踪雅举纪实之作，和陈夔龙的水流云在图相仿佛，但夔龙之图，未免涉意簪缨，此则超然物外，似乎更胜一筹。当时凡来吊唁的，每人赠送一部，因为这部讣告编印得太讲究了，一般和湘舲生前素不相识的，为了获得这份精品，纷纷致送丧仪。这样骤增数字，抱向隅之叹者大有其人，不得已，只得登记姓名和地址，添印后补送，讣告"重版发行"，也是一个创举。此后旧书铺奇货可居，每部售二十元，合两石大米之价。

  我和湘舲素无往来，可我的斋头，居然具备这部精雅的讣告，说来有趣。一天，我在附近书店随便浏览，不料有一恂恂儒雅的青年向我打招呼，问我："您是不是郑逸梅老先生？"我回问他："您怎么认识我？"他见告：在电视《文化生活》片中看到了我，又在我所出版的书上看到我的照相，所以确定了是我。我回答他是的，彼此攀谈，知道他为徐浩然。他知道我的居址，隔了数天，托人送来一信和书一大包，其中几本是我的作品，要求我签名盖印。其他便是这份倾炫心魄的大讣告，信上并说："这份讣告藏了数十年，为仅存的硕果。"他知道我注意文史掌故，即把这书为赠。

湘舲平生的游踪雅举，有图留作鸿雪，据我所知有《留园放鹤》，留园在苏之金阊门外，占地三十亩。明嘉靖间，太仆寺徐泰时置东西两园，西园后成为戒幢律寺。东园搜罗奇石，延周时臣筑假山，清嘉庆间改建为寒碧庄，并集太湖石十二峰于园内。光绪初重建，扩大范围，为刘氏所有，称刘园，后让给盛宣怀的父亲盛康，改称留园，取其谐声。民国后，园一度荒芜，湘舲和友人偶驻游踪，园已无主，有二鹤守樊笼，很困瘁，便与同游者开笼放之，鹤冲霄远奋，一去不还。《愚园修禊》，那是丙辰上巳，恰值清明，修禊沪上愚园，愚园在静安寺相近，建于光绪十六年（1890），所筑假山，大都从松江的啸园搬来。这次修禊，有张石铭、缪荃孙、潘兰史、章一山、张让三、陶拙存等，湘舲用杜工部《丽人行》韵成长歌，又赋《满庭芳》词纪事，同社多和作。他又参加淞社，癸丑上巳，修禊徐园，徐园一名双清别墅，本在沪东唐家弄，后移至康脑脱路，有鸿雪轩、桐荫旧馆诸胜。这天到了二十余人。淞社人才济济，湘舲辑《淞社同人小传》，稿寄李审言订正，未几审言归道山，稿佚未梓。仅刊《淞滨吟社甲乙集》。光绪丙申（1896），他和黄子言、张宝善等七人，乘舟至七里泷，登严子陵钓台、谢皋羽西台，归泊云栖，云栖多竹，更绘竹林七贤图。又在癸亥之冬，作天童之游，陟太白峰，宿宏法寺，以幽邃艰险，雇工辟径，印光法师为记，刻于石上。他屡游广陵，一再谒梅花岭史可法祠，见铁炮一尊，有崇祯甲申年（1644）数字，他藏有史可法《答摄政王》手稿，拟镌刻其上。撰了《旬日纪游》一卷。丙寅仲春，他自杭州乘车至天目山，先游东天目，宿昭明禅寺一叶轩，有乱石坡，湘舲易之为碎玉坡。继游西天目，住禅源寺大树轩，有庵临半月池，没有名，他榜其门为半月盦，作篆体书，并署岁月。归成《天目游记》一卷，潘兰史作序，称其"从大处落墨，从空处传神，幽险离奇，引人入胜"。他又抵镇江，游焦山，登枕江阁，过焦公祠，深惜六朝柏被伐去。进膳自然庵，适佛楼改建三层，涤心住持索撰楹联，湘舲仓促成句曰：

绀宇重添，世尊徒倚三层阁；

碧螺中峙，天堑分流九派江。

他又曾到曲阜谒孔林，至衍圣公府观圣履，那是复制品，原履光绪间毁于火，唯商周彝器、历代礼服犹存。他每逢夏日，喜避暑莫干山，便在那儿筑蘧庐，竹林多石，有峰在竹林深处下有崖，石刻篆文"甲寿岩"三字，因这年他正六十岁。复建应虚亭，戴高皋为撰一联：

既然有山，不可无竹；

时或涉水，亦当有亭。

他又就蘧庐旁地，筑六月息园，宅边有流水，题之为天与泉。又捐金创莫干山疗养院，俾病家分享清福。此间夏凉而冬暖，湘舲有诗："地迥山高夏日凉，十分暖意小春阳。"成《莫干山志》十三卷，分疆域、城市、山水、桥梁、寺庙、局所、祠墓、胜迹、金石、物产、人物、艺文、杂识，自作序文。我师胡石予先生，某岁游莫干山，晤湘舲。贻师《莫干山志》，我因得阅之。

姚虞琴为述超山梅花之盛，胜于邓尉香雪海。他动了游兴，山有报恩寺，寺外老梅数十本，中有一树横斜，交枝垂地，干皮作鳞状，苔藓斑驳，呈青绿色，传是宋梅，且色浅绛，办六出，确与他卉不同，拟构亭其旁，归请吴昌硕绘宋梅，刻于寺壁。

湘舲又创春音词社，推朱古微为社长，参与者有徐仲可、陈倦鹤、王西神、叶楚伧、夏敬观、庞蘗子、袁伯夔等，第一集在初夏，以樱花命题。秋集春音词人于双清别墅，湘舲携所藏宋徽宗松风琴和赵松雪风入松琴，为抚数弄，即以二琴征题。时高太痴创希社，他和姚东木、邹翰飞、潘兰史等一同参加，以豫园寿晖堂为社集，每月举行文酒之会。

一度游灵峰，住持莲溪出示阳湖杨蕉隐的《灵峰探梅图卷》，为咸丰己未（1859）所绘。及洪杨之役，万树梅花，摧残殆尽，令人慨叹系之，杨雪渔太史有句云："补梅绘咏更何年，山灵日日望我辈。"湘舲有感于衷，乃自寺外至半山补栽三百本，即就寺的西偏，筑补梅盦、来鹤亭，疏泉曰掬月，依泉建掬月艇，并葺罗汉廊、度经室，凡游憩之所皆备。经一年才成。湘舲有言："山水胜地，非人力可擭而私有也。凡我所营，当舍诸寺中，吾至且主，吾去则来，游者尽主人也。是葺是保，则有赖于后之好事者耳。"越年刊《灵峰志》，分山水、名胜、人物、艺文为四卷。既而得贝叶经二百有七页，舍诸灵峰寺，有题咏册。己未上巳，与诸贞壮、高鱼占、楼辛壶、杨见心、高白叔等，修禊灵峰，并以所藏宋易庆之，元赵松雪、王孟端，明沈石田、唐六如及清恽、王、吴、戴诸画幅，悬诸掬月艇，以供共赏。

他收藏很富，除上面涉及外，尚有苏东坡虎跑泉诗墨迹，唐韩滉八骏西来图卷，宋李咸熙层峦积雪图轴，又山涧古佛轴，徽宗麻姑采药图卷，刘松年盥薇雒诵图轴，李希古人物轴，钱舜举蓼汀双凫图轴，元赵文敏临颜鲁公帖卷，赵仲穆涂山大会图轴，明姚云东画石小立幅，徐中山诗轴，等等。又三代古器，辄延褚礼堂、邹适庐等考释，颇多刘铁云、马秋药家旧物。又陆放翁、张即之、薛毅夫、杨涟、左光斗等书札及黄九烟《离骚》跋、王渔洋诗册、张春水梦影庵图册。又藏封泥百数十枚，其中有四十五枚精品，有拓片，复拓存陶片，周秦汉魏六朝皆备。

他又做了两件名重翰苑的事：其一，"文澜阁"的《四库全书》经兵燹，所缺颇多，湘舲乃与张菊生、沈冕士等群策群力，筹款补抄，共四千四百九十七卷，复将丁丙所抄择要重校五千六百六十卷，自是《全书》完备。其二，购杭州西溪秋雪庵址，舍入灵峰为下院。庵后附设历代两浙词人祠堂，提倡词学，使之不替。编《西溪秋雪庵志》及《历代两浙词人小传》十六卷，自唐至清季，浙籍词人暨方外、闺阁、宦游、流寓等，都一千一百四十余人。

他多才艺，能书，早从柳公权入手，中年习汉隶，又临摹北魏诸碑。五十后，融冶各家，更于褚河南有心得，而出以变化。六十后，作小楷尤精，由唐人而上溯晋贤。又因考释三代金文，进而为大小篆，旁及殷墟文字，所得愈宏。能刻，奏刀砉然，后辍铁笔，嗜收印谱。又习绘事，随意为山水竹石，无不雅逸有致。时金蓉镜主其家西席，蓉镜擅文人画，辄相互观摩为乐。曾为丁辅之、汪憬吾画扇，墨荷墨梅，各极其妙。又知医理，他和吴吉庭相交有素，吉庭擅岐黄，于内外科，均有心得，由其指导，于医道亦窥门径。又谙古琴，曾从山阴俞瘦石、蜀中李子昭学习，凡操缦安弦之法，志言尽善之原，尽得其旨。又辑流传世间琴谱，考其正变，明其得失，即久佚的，也留心搜访，自周代迄清季，得三百数十种。缪荃孙称谓："探正乐之本原，以合元音，辟俗乐之支离，以卫大道。"

所刻的书甚多，如《南浔志》《浔雅》《南浔诗文词征》《盐法通志》《金玉印痕》《梦坡室获古丛书》《梦坡室所藏琴书提要》《琴书存目》《乐书存目》《琴操存目》《东华尘梦》《南浔撷秀录》《海岸梵音》《周氏延芳集》《泰西新史揽要》《四库阙简纪录》《玉溪碎锦集》《京江避寿记》《逆旅同声集》《历代金石诗录》《家乘》《之江涛声》《其犉集》《敝帚集》等，所费刊资，在所不计。

凡探奇览胜，会客刊书，罗致金石，贮藏字画，以及点缀景迹，挖扬风雅，在在需钱，那么湘舲一介书生，怎能具此资力，这就得引温故斋主的《年谱》序言：

先生家世业儒，壮岁从贾，本其所学，以运盐则国课足，以筑路则行旅便，以采矿则宝藏兴，以治丝则贸易昌，凡所经营，务期远大，用能腾声江海，载誉乡邦。晚岁以文字自娱，以布施利众，淑人自淑，可谓兼至。

诵此数语，可知湘舲既具经世之才，复擅贸迁之术，利国利民，赡家赡身。即艺事方面，又登峰造极，兼货殖、儒林而一之。

湘舲逝世后若干年，诸诗翰纷纷散出，我曾在沪东福州路的传薪书店购得一小部分，大都裱成单页，且有湘舲画像一帧。当时我友蔡晨笙，他购得较多，蒙以见让，补我遗憾，现尚藏诸纸帐铜瓶室中，偶出展赏，足以遣兴。这许多诗翰，有吴庆坻、徐仲可、严载如、陶葆廉、邹适庐、恽毓珂、杨钟羲、王西神、潘兰史、陈倦鹤、姚虞琴、刘翰怡、冯梦华、徐乃昌等，大都为淞社、沤社、春音社中词人，尤以金蓉镜为较多，蓉镜且借用六月息园笺，往日风流，留此遗韵，能不瑰宝视之。

著《海上繁华梦》的孙玉声

清末民初的小说家，我认识好几位，尤其突出的有常州漱六山房和海上漱石生，二人署名都有一"漱"字，往往有人误而为一，实则漱六山房其人为张春帆，以《九尾龟》著名，漱六山房是他的斋名。可是，他竟以斋名为笔名，下面不加主人字样，即致人手札，亦署"漱六山房鞠躬"。平襟亚好诙谐，见之即呼："危险！危险！这座屋子鞠躬，岂不要倒下压死人吗？"

海上漱石生原名孙家振，"漱石枕流"出于《晋书·孙楚传》，日本名作家有夏目漱石，孙因喜读夏目漱石小说，便取漱石为别署，又取金声玉振意，字玉声。著有《海上繁华梦》数百万言，隐名警梦痴仙，又有《退醒庐笔记》上下卷，也很脍炙人口。所谓退醒庐始于三十五岁，盖以世事倥扰，浮生若梦，乃绝意进取，处处作退一步想，不为物役，随时得以猛醒，无非消极观念也。

我喜收罗稗史笔记，孙玉声先生的作品，我十有八九，后剩十之一二，却检得《退醒庐笔记》和玉声婿郁葆青之《餐霞集》二书，尚完整无缺。

玉声有二婿，都是知名人士，一郁葆青，工诗善书，继玉声后，任鸣社社长。家饶于资，居城南，设郁良心药铺，铺有牌楼，木雕绝精细，髹以金彩，灿然照眼，为海上所少见。又在西郊辟味园，植牡丹甚盛，凡鸣社词人之下世者，设栗主其中，供春秋二祭。葆青哲嗣元英，著有《茧迁吟草》，崇古礼，父死庐墓，三年如一日，晚年寓居台北，元英女慕洁著《浣月簃诗草》，真可谓一门风雅。玉声第四女展云,适吴兴陆子冬,留美有年,归国为金融界权威,展云有《寄外诗》为人传诵。

我虽生于清光绪乙未年(1895),但其时报坛与说林诸耆宿已不及奉谒,一亲其春风杖履,玉声却都与之有旧,且为述其往事,如著《官场现形记》的南亭亭长李伯元,时沪上报馆只《申报》《新闻报》《字林沪报》寥寥三四家,李独辟蹊径,创《游戏报》于大新街之惠秀里,风气所趋,各小报纷纷崛起,李遂为小报界鼻祖。又设《繁华报》《官场现形记》即排日登在该报。继而玉声亦创《笑林报》于迎春坊,与惠秀里望衡对宇,二人得朝夕过从,李喜金石篆刻,玉声之"漱石"二字印,即出李手镌。又著《海上花列传》的云间韩子云,别署太仙,主《申报》笔政,称大一山人为太仙二字之拆字格,复有一笔者花也怜侬。

辛卯秋,玉声应试北闱,乃识韩于松江会馆,二人一见如故,后南旋,又同乘招商局轮船,长途无聊,出其所著之《花国春秋》已成二十四回,玉声之《海上繁华梦》已成二十一回,舟中乃易稿互阅,韩拟改书名为《海上花》,玉声谓《海上花》通体用吴语,恐阅者不易了了,不如改易通俗白话。韩不赞同,及出版,则《海上花列传》销数远不及《海上繁华梦》,盖吴语限于一隅所致。

玉声与我佛山人吴趼人发善,深赞其所著《二十年目睹之怪现状》文章奔放不羁,有长江大河之概。而深惜韩之穷年不遇,郁郁以没。

又主《申报》笔政之黄式权,别署晚香留梦室主,玉声一度延之为鸣社社辑,著有《粉墨丛谈》《沪事谈屑》,时姚民哀主《世界小报》笔政,转载《沪事谈屑》误黄已作古,加上"遗稿"二字，黄知之，戏咏《生卟诗》遍征和作，越年果逝世，年七十三。

又与《申报》编辑高昌寒食生何桂笙为翰墨交，得识何之两高足，一高太痴，创希社，名重一时，喜观剧，赏识京伶余玉琴，因署侣琴，原名翀，字悞轩，废之不用，擅作绮语，间撰稗史。

玉声与伶界名流颇多往来，辛亥秋，与伶人汪仲贤、任调梅等相约作东渡游历，经长崎、马关、门司、神户、东京、西京各地，又遍历琵琶湖的胜迹，著有《东游日记》，考察了戏院及游乐场所，时国内尚无此种新建筑，归国后颇多贡献，自己也办过戏院，编《梨园公报》。某次，姚民哀在《京报》上为文得罪了伶界人士，伶界声明要惩戒他，民哀吓得不敢露面，结果由玉声为和事佬，带领民哀到梨园公所向伶界祖师老郎菩萨叩头认罪，其事始寝。

黄楚九是有手腕善于经营的一个社会名流，他附庸风雅，和天台山农、孙玉声甚为熟稔，楚九办大世界游艺场，和新世界相竞争，他处处好胜，新世界有《新世界报》，他就拉拢了天台山农（刘介玉）、孙玉声办《大世界报》，时山农鬻书，市招什九出他手笔，玉声印刊《海上繁华梦》说部，都是红极一时的。楚九对他们两人优礼有加，每月付出一笔款项给他们两人支配，什么编辑费、稿费都包括在内，销售的报资，也归二人所有，设馆址在大世界内寿石山房，当然不付租金，好在他们两人交游很广，拉了几位笔墨朋友，经常写稿的，如陆澹安的《黑衣盗》，曹痴公的《品花新鉴》，刘醉蝶的《海上销金窟》，又朱大可、许月旦、贾粟香、陆律西、陈亦陶等，都是义务写稿。凡写稿的赠送大世界入场券，可以随时来玩大世界，什么雀屏、鹤庚、小蓬莱、大观楼、寿石山房诸胜，以及京剧、评弹、电影、魔术、滑稽，都可不花钱。逢到夏夜，在那儿纳凉品茗，舒适得很。一般写稿朋友，也就乐此不疲了。这时坤伶粉菊花登红氍，曹痴公大为捧场，做了花团锦簇的诗文，连篇累牍在该报上披露，也够热闹。那位梅花清梦庐主尤半狂，翩翩公子，偶自苏来也捧粉菊花，一般流氓拟敲他的竹杠，半狂觉得了，即和玉声晤谈，玉声立派诸役者暗暗围护，流氓始散去，不敢轻举妄动。

又萍社为海上规模最大的灯谜集团，初设于文明雅集（茶馆名），玉声和山农都是萍社中人，不久即移至大世界报社张灯悬谜，当时的步林屋、况蕙风、王均卿、姚涤源、曹绣君、施济群、徐行素、谢不敏、朱染尘（别署七子山人）、王毓生等都是射谜能手，都来大世界，报上且辟《文虎台》一栏，写稿阵容越发强大，玉声复聘徐行素的父亲及朱大可为助手，销数由场内而及场外了。如是若干年，玉声信任一孙姓会计，一切经济由彼掌握，不料，其人携款潜逃，报社方面受到相当损失。旋一某氏为清举人，充楚九文牍，楚九以玉声仅一秀才，以科第论，次于某氏，对玉声礼数较疏，玉声大不悦，拂袖辞去。

我和玉声相识，订为忘年交，即开始于我编《金钢钻报》时，他老人家，备有私人包车，经常来报社闲谈，身颀然瘦长，不蓄髭须，组织无须老人会，为人和蔼可亲，既没有名士气，也没有老作家架子，又复博闻广见，和什么人都谈得拢，我主编《钻报》他大力支持了我，如《沪壖话旧录》每天一篇，排日登载，时令风俗、名胜古迹、戏馆曲院、大小报刊、书画金石、人物佚事、饮食服饰、物价变迁，什么都有，确属洋洋大观，登了一年有余，又撰《旧上海新上海竹枝词》，且附识语，新旧对照，耐人寻味，他撰了若干篇，便交给我，他是不留底稿的，叮嘱我将罄即打电话给他，他即续撰不使中断，可惜这些没刊成单行本，今则搜罗《金钢钻报》是很难得的了。《钻报》花样翻新，辟有《小金钢钻》，又《金钢扶轮会》，由我和孙玉声、陆澹安、朱大可、黄转陶、陆士谔、陈蝶衣、范烟桥、施济群、张恂子、俞逸芬、金季鹤、卢溢芳、顾佛影等轮流主编，无非借此地盘，各具机杼而已。玉声又在《金钢小说集》上，写了《退醒庐著书谈》，约有数万言。当玉声七十诞辰，同文为他祝寿，我亦参加，设宴于九江路的太和园菜馆，是日觥筹交错，非常热闹。我撰一寿联，惜已失忆，未曾录底，记不起来了。

《繁华杂志》出了六期，是玉声主编的，由锦章书局出版，封面是沈泊尘的水彩画，内容分图画部、文艺志、谈薮、译丛、魔术、锦囊、滑稽魂、吟啸栏、小说林、新剧潮流、菊部记余、游戏杂俎，许指严、陈秋水、谈老谈等为他写稗史。

玉声有几位弟子：钱香如，归安诸生钱荷青之子，寓居沪南，擅英语，又从玉声学诗文，又习游戏科学，著有《香如丛刊》《魔术讲义》，《繁华》的魔术栏，即由香如主持。汪仲贤，别署优游，从事新剧，《繁华》的新剧栏，仲贤的笔墨为多。仲贤著章回小说回目，辄由玉声代撰。孙雪泥，也是玉声的弟子，办生生美术公司，刊行《俱乐部》杂志，聘玉声为主编，封面是田清如绘的，长篇小说有顾明道的《黛痕剑影录》，笔记有拙著《南社遗韵志》，其他如陈大悲、徐卓呆、范烟桥、天虚我生、许月旦等都有短文点缀，颇受读者欢迎，奈只出一期，即行停刊，原因是郑光汉作了一幅漫画《树倒猢狲散》触犯了当局，被取缔了。

玉声又曾主编《时事报》所办之《图画日报》，嗣以《舆论日报》，归并于《时事报》，改名《舆论时事报》，玉声仍任主编，但不久即以笔墨太忙辞去。

玉声著述，以小说为多，处女作乃《仙侠五花剑》，作于二十九岁，署名海上剑痴，此后又作《如此官场》《还魂茶》《三百五》《一线王》《孤鸾恨》《破蒲扇》《机关枪》《金钟罩》《匦中人》《怪夫妻》《樟柳人》，集社会、滑稽、探险、哀情、政治、军事、武侠、侦探、家庭、神怪，合为《退醒庐十种小说》。又有《十姊妹》《戏迷传》《指迷针》《一粒珠》《海上燃犀录》《九仙剑》《嵩山拳叟》《呆侠》《夫妻侠》《金陵双女侠》《恶魔镜》。别有《长笛声》仿《燕山外史》体裁，自始至终，如青俪白，以耦句成之。其他尚有《漱石生游记》《上海沿革考》，其婿郁葆青辑《沪渎声集》集鸣社诸家诗，玉声的《退醒庐诗》亦列多首。

1936年，上海有一周报《五云日升楼》，玉声为撰《掌心雷》武侠小说，及第二期出版，玉声忽患病逝世，则此成为绝笔了。年七十七，朱大可挽之云：

  同辅文，放翁诗，施耐庵史，六十年驰骋坛场，硕果天留唯此老；

  秦淮雨，隋堤月，西子烟波，廿余载追陪杖履，少微星殒更何人！

综计以上作品，要以《海上繁华梦》为其代表巨著，初载《笑林报》三集作一结束，凡三十回，二集又三十回，再作结束，三集四十回，作一总结束，玉声以书中涉及曲院情事，其中颇多隐秘，迷惑王孙公子，为局外人所不了解，他就探身其中，量珠聘天香院主苏氏为小星，苏氏和盘托出，揭发殆尽，著书时得以鞭辟入里，淋漓尽致。玉声自谓：

> 其书于当时曲院情形，堪云无微不显，读之得以胸中彻悟，知烟花之不可留恋，急思跳出迷途。然余则挥手万金，盖已掷之于无何之乡，而化为此书之代价，乃思此书之成，虽由阅历得来，不啻金钱所买，与他书夐乎不同。

此书为社会小说，赌场险恶，亦不得不揭，自谓：

> 余少年尝误交损友，好作方城戏，新正时更作三十二张之嬉，不意同侪中有衣冠败类之李某，竟暗招赌棍入局，致雀战必负，而牌九更所负不赀。后幸此棍首周四，因他案被人告发，余始知当时之实受其骗，亦欲附诉控追，彼恳人竭力调停，愿还五百元寝事。余以《繁华梦》中，正需痛揭赌场弊害，因姑许之，而令其直陈赌牌九之种种伪法及种种手法与切口，密为记出，一一笔之于书。至于四君子戏，余为门外汉，乃得之另一赌徒，其极灵巧之吸铁石，能于桌下吸动灌铅之骰子，余亲见其历试不爽，爰采录入书，为世之嗜赌者告。

《繁华梦》共三集，均由笑林报馆出版，后以《笑林报》出盘与人，此书无发行之处，乃致中辍。一夕，黄楚九宴客，席间晤夏粹芳，询此书何以停售，玉声以实告，夏问版权是否可让？玉声允之，谓只有版权可让，书则悉数售罄，仅存铅版二木箱（当时尚无纸版），夏谓一切均无需，当重排为洋装式，既而谈及稿费，玉声与夏为素稔，且其时尚无出让版权之例，致嗫嚅不能答，卒由楚九询及字数，知约七百万言，即以廉价七百元为代价，归乐群书局发行，乐群并入商务印书馆，此书遂为商务所有。

既而应文明书局约稿，撰《续海上繁华梦》一百回，亦分作初二三集，得酬二千余元，内容务求真实，其时适佐西律师尤尼干办理文牍，遇一赌案，爰得悉伪金砖及赌具之飞钱等伎俩，曲折叙来，底蕴毕露，是书既完成，即付手民。不意印刷所之比邻，忽不戒于火，致遭殃及，虽已排者制成纸版，未排者原稿俱在，幸由手民冒着烈焰抢出，唯适在发排之五回，不及携取，付诸焚如。文明当局主持人沈骏声往访，奈玉声著书素不留稿，骏声奉笔资百金，以补撰为请，书出版于民五之二月，及夏已再版，可见销数之宏。

席子佩办《新申报》，约撰《新海上繁华梦》，润资千字三元，版权归作者，奈仅成初集时，玉声在福州路杏花楼比邻办上海图书馆，不暇涉笔，二集仅成引首一诗云：

　　再将影事续新书，曲折传来岂尽虚。
　　似假还真凭结撰，瞻前顾后费踌躇。
　　迷楼花好仍似旧，孽海波狂不比初。
　　入梦既深难遽醒，最多幻境是华胥。

又成第一回即辍，初集便由上海图书馆刊印。书馆由书业老手俞幼甫理其事，其时我尚未识玉声老人，即由俞幼甫介绍，拙作《梅瓣》及所集之《小说集》《双云记》，归上海图书馆出版。陆士谔初来沪上，设诊所于此，后遂成名医。

《海上繁华梦》共二百余回，全书之主人翁凡二，一谢幼安，一杜少牧，也联络一气，一叙其醒悟时，一叙其迷恋时。凡当时社会出现之洋龙会、张园之四大金钢、广肇山庄之建醮、西人之赛马、双清别墅仙霓社所演之昆剧（仙霓社之名，即玉声所题）均属上海掌故，足资参考。近来坊间纷纷重印民初通俗小说，鄙意此书绝版已久，大可翻印一下，与世人相见。

他老人家写稿，喜于更深人静时为之，尤其夏夜，启窗牖，开电扇，一驯猫卧于案左，他一手执笔，一手抚猫，文思泉涌，顷刻千言，引为乐事。原来他爱猫成癖，蓄有一头三色猫，更博主人欢，与之同寝，不以为秽，每阅书作文，辄相伴案头，不离左右，共十有五年，猫垂死，向主人悲鸣，玉声为之泪下。

玉声有极伤心之事也叙述在小说中，即光绪癸巳年（1893），沪上喉痧剧发，其长子麟书，有一未婚妻项氏患此疾，遣女佣前往问候，竟至沾染而归，延及麟书及姊蘋仙，亦相继夭逝，麟书年十五，嗜学甚勤，蘋仙十八岁能书善画，玉声大为痛悼。不料己亦传染病发，天香院主苏氏，急为延名医曹侯甫，服麻黄发汗，始得告痊。苏氏侍奉汤药，数昼夜不息，遂继之病发，虽仍由曹医诊治，竟无回天之术。玉声不仅以此见诸小说，别撰《退醒庐伤心史》详记其始末，且从这文中，得悉其夫人为姚姓，尚生有四女展儿，五女芸儿早殇，六女阃儿，此外我尚知其有子志冲、志飞、志超，别有铁佛，留寓香港，数年前曾来见访。

又玉声有南北二居处，一在城内，一在成都路山海关路口，距我所居，仅数十步。他喜种花，每遇花开必遣车夫朱济才邀我往赏，复喜葫芦清供。一度居住爱多亚路之步留坊。又一度为避嚣计，卜居江湾，盖其时，友人徐卓呆辟淘圃于此，颇不寂寞。玉声某子与卓呆女徐縶每晨必御自行车赴沪治事，二人齐驱并驾，相与谈笑，致结为爱侣，行将结婚，无奈卓呆大为梗阻，以玉声某子供职警察局，其时称为巡捕房，认为凡巡捕房任职者，什九染有习气，行为不端，对此婚姻，大为反对，玉声乃赴卓呆办事之报社，与卓呆情商，俾得玉成其事，无奈卓呆反对甚为坚决，似乎没有转环余地，玉声愤激之下，向卓呆下跪，卓呆亦愤激下跪，越日小报载之称为《新探亲相骂》，且绘漫画，引人发笑。此后卓呆竟与女绝，徐綦特结一绒线衫给父亲，卓呆不受，并与玉声亦不相往来。

又玉声谈及吴昌硕，谓昌硕卜居北山西路升吉里，与予家相隔咫尺，以是暇辄谈晤，由是可知玉声亦曾居于此。

又他在笔记中，自谓：燕子营巢，年无定所，而先人之敝庐则在沪南篾作街，为历三百余年之老屋，两次邻居失火，幸未殃及。彼乃别居跑马厅后面马立斯马安里，先后迁移，难于悉记。

玉声藏有合璧纨扇，他非常珍视，当光绪间盛行纨扇，明月入怀，清风在握，人争喜之。他请金粟（蟾香）作双面画之仕女图，一面为正相，一面为背影，而在日光或灯光下照之，正背各成章法，且起笔及收笔处不差累黍，诚为巧不可谐。蟾香固《吴友如画宝》之名画家，是扇绘一少女倚栏立梧桐树畔，凝眸望月，若有所思，正面视之，梧桐与月在右，反面乃在左，人则亭亭玉立，飘飘欲仙，玉声认为有此妙画，惜无双面字之妙题以成合璧。一日，其谱弟葛鸿翔茂才顾访，见扇愿作句以题，题为七言二句："亭亭小立玉阑干，月上梧桐金井寒。"反视之，则成"月上梧桐金井寒，亭亭小立玉阑干"，毫无牵强。

又其子志飞藏有明代文徵明、唐六如、仇十洲、沈石田所作书画折扇，此种扇面，什九以越年久，敝旧裱为册页，此则犹在扇骨上，可供挥拂，其为难得，我友朱大可犹见及之。

我知有杨柳楼台，却未身列其境。玉声有文记之：

仓山旧主袁翔甫祖志，为随园老人之孙，著作等身，才名遍大江南北，晚年赁庑沪北四马路之胡家宅，适其地有杨柳一株，临风摇曳，图画天开，因颜其居曰杨柳楼台，一时骚人逸士，争相过从，诗酒留连，殆无虚夕，居数载，下至贩夫走卒，无不知有杨柳楼台者。

徐园主人徐凌云曾履其地，谓：适值有人假此举行画展，隔邻为一西洋玩具铺，今之鸿运楼菜馆，为其故地。翔甫主持《申报》笔政，取其近便。

又黄泥墙水蜜桃，我闻其名，未及啖其果，玉声亦有文记之：

水蜜桃为海上隽品，最著名者为黄泥墙桃园所产，园在西城内普育堂斜对门，短墙三尺，流水一湾，当时风景甚为幽寂，园内皆桃林，花时红若晓霞，至结实既熟，园主任客购买，并许于树头采食，桃以有嫣红色之鹅毛管圈者为最佳。园主卫姓，半耕半读，非目不识丁之一流人也。

今则普育堂已废，无人能指其旧址所在。玉声除啖水蜜桃外，又喜食杭州翁家山满觉陇之桂花栗子，又撰《沪市食品谱》，深赞南京路五芳斋之汤团、城内乔家栅之擂沙圆、六露轩之素面、邑庙门口之松盛、桐椿二家之酒酿，人皆称玉声为知味。

周梦坡的书法

谈到吴兴周梦坡（1864—1933），谁不知道他多才多艺，擅古诗文辞，谙金石，知医，精鉴赏，能操缦奏琴瑟，设计园林，妙具丘壑。他书法的秀逸，尤为侪辈们所称道，他早年从柳公权下手，中年习汉隶，又临摹北魏诸碑，五十岁后，融冶各家，于褚河南更具心得，而出于变化，六十后，作小楷益精，由唐人而上溯晋贤。复因考释三代金文，进而为大小篆，旁及殷墟文字。从书悟刻印，及画山水，真可谓能者无所不能了。

他收藏宏富，鼎鼎玉石，以及书画，充橱盈笥，仅就书法而言，即有苏东坡虎跑泉诗手迹，赵松雪临颜鲁公帖卷，徐中山诗轴，王渔洋诗册，以及陆放翁、张即之、薛骚跋，都十分名贵。

他先后主持沤社、春音社，和潘兰史、王西神、杨钟羲、诸贞壮、楼辛壶、高太痴、陈倦鹤、朱古微、夏敬观、袁伯夔、叶楚伧、徐仲可、庞蘗子等诗词唱酬，这些耆宿，不但工辞翰，书法都是很高超的。积年累岁，他把诗词稿，一一裱成册页，计有数千页之多，视为秘宝。

经过世变沧桑，他家所藏的数千页秘宝，统归沪市福州路传薪书店所有，几乎堆满了半个店堂，廉价出售，每页一角钱，并裱费都不到。我看到了，倾囊买了若干。翌日，多带些钱去，岂知扑了一个空，原来所有的，统由一识者捆载而去，一纸无存了。

黄宾虹生平

我喜爱书画，也认识了若干位书画名家，信笔所及，约有数十余篇，但屈指数来，尚有遗漏，黄宾虹老人便是其中之一。

黄老于清同治四年乙丑（1865）生在浙江金华城南铁岭头，1955年3月25日因胃癌不治逝世，九十一岁。原籍安徽歙县潭渡村，村在黄山下，因称黄山山中人。初名懋质，一名元吉，后改名质，字朴存，又作朴人。初号滨虹，署室名为滨虹草堂。后又改滨虹为宾虹，亦作宾谼、冰鸿等。曾用过予向、顾庵、芸人、同芝、大千（尚在张爱称大千之前）等笔名。父亲黄定华，十四岁由潭渡村到金华学习做生意，此后就在金华娶妻方氏，生宾虹兄弟姊妹七人。黄老自幼喜学，又爱图画，时隔邻有一倪姓老人能画，宾虹看倪氏挥洒，又听他的讲解，启发很大。

宾虹八岁，被进士黄崇惺所赏识，赠给他著作《劝学赘言》《凤山笔记》《潭渡杂记》，宾虹对这些作品，尚不很了解，但对《杂记》有关黄氏祖先的许多事迹，却颇注意，崇惺并介绍一位经史学家程健行教导宾虹。他十三岁回歙县应童子试，初次见到黄山，欣赏了峰峦烟云，古松森秀，感到故乡之美，冠绝东南，又在旧家观览文物，如查士标、渐江、石溪、石涛等画，大开了眼界，尤其对于渐江的画，更感兴趣，此后每晨习字作画，订为常课。又感到诗词金石，都和书画息息相通，也得潜心学习。这时安徽耆宿汪宗沂，参李鸿章幕，复在歙县紫阳书院讲学，宾虹便从之为师，同学有徐丹甫、许承尧，都一时之秀。承尧的《疑庵诗》最近列入

"安徽古籍丛书"之一，刊行问世。其中颇多涉及宾虹，且宗沂深知怀宁的邓石如、泾县的包世臣，时常谈到邓石如的金石篆刻，包世臣的《安吴四种》及《艺舟双楫》。许承尧又熟悉绵渡村的飞鸿堂和《飞鸿堂印谱》及该堂主人汪启淑，均宾虹所喜见乐闻的。

宾虹经一个人躲在楼上，画倦了便读书，读倦了就作画，几至废寝忘食，一卷在手，往往读到三更半夜，和他做伴的只是一盏孤灯耿然作光而已。他的字是学褚遂良的，认为一波三折，和画法可以相通。读了《说文解字》《尔雅》，对大小篆书，也有领会。又因他的祖先明代黄白山曾说："书不可不尽读，友不可不尽交，天下名山大川不可不尽游。"又勉励了他。

宾虹出游，先到扬州，认识了当地的寓公何是舫，何富收藏，得观黄公望、倪云林、黄鹤山樵等名画及明四家的杰作。又认识了程尚斋，也是一位收藏家，除元明诸家外，又多石溪、石涛、渐江、邓石如、包世臣等作品，宾虹大为得益。扬州多装裱铺，壁间贴满了裱件，如李育、莲溪和尚、吴让之、陈若木等人的作品，宾虹常去观赏。他仰慕若木以书法作画，妙得钗股漏痕笔法，而又于山水、人物、花鸟，无所不能，可称当时扬州画坛的高手，很想见其人，后知此人精神失常，难于接近。一天，宾虹正在一家裱铺观画，忽一个衣衫褴褛、蓬首垢面的老人推门进来，铺中伙计很客气地招呼他，老人说了几句话，转身就走，宾虹觉得奇怪，问了伙计，始知那老人即大名鼎鼎的陈若木，便追出去。若木踉踉跄跄，只顾自言自语地往前走，有人叫他，才停下脚步，对人一望，点点头，也不答话，又自言自语走他的路。这给宾虹留下很深的印象，遗憾的是不能和他交谈。

约在扬州逗留了几个月，宾虹转道南京，寄居在安徽会馆，有时在钟山山下凭吊明孝陵，或去清凉山扫叶楼访龚半千旧居，深惜乌衣巷、桃叶渡今已冷落不堪了。又在会馆里得识倪曦侯、刘恭甫。恭甫是位画家，为宾虹绘了幽亭古木的扇面，又把所藏王概的画册送给宾虹。宾虹以离家较久，便绕道安庆，拜访了当时的名画家郑雪湖，雪湖和潭渡黄氏是有戚谊的，他看了宾虹的画，曾说："画实处易，虚处难。这是老师王蓬心教导我的话，转以为赠。"宾虹对此终生铭记。

光绪二十四年（1898）六月，他的父亲定华去世，宾虹居家守丧，在此时期，摩挲金石，旁搜玺印，又收购了飞鸿堂遗印，加上他以往所得，数以千计。于是他参考历代有关金石文字的著作，因此及彼，涉及其他的学术问题，开了他著述生活的端倪。

光绪三十年（1904），那安徽旅湘公学，由长沙迁至芜湖，改名安徽公学，同乡们请宾虹去襄办校务，这是宾虹从事教育的开始，也是他具有革命思想的开始。原来该校执教的大都密谋推翻专制王朝，在湘校时有黄兴、赵声等。在芜时，有柏文蔚、陶成章、陈独秀、刘师培、苏曼殊、费公直等，宾虹担任了校长。

1905年，国学保存会在上海出版了《国粹学报》，主持人邓秋枚、黄晦闻，撰稿者有章太炎、刘师培、王国维、黄季刚等，宾虹也是其中一分子，发表《滨虹论画》《叙造墨》《叙村居》等作品（宾虹父子曾在家乡造墨，资本不敌曹素功、胡开文，结果失败，村居即谈潭渡生活）。秋枚、晦闻又创设了藏书楼，征求同仁把所藏的书籍存置一处，以供检阅，也作为他们友朋居住之所，晦闻、秋枚及陈巢南、苏曼殊等，曾一度借寓楼上。宾虹自芜湖来沪参加编辑《国粹学报》，亦食宿于楼，来此商量谈笑的，尚有高天梅、柳亚子、胡朴安、马君武、姚石子等。他们协商成立另一组织便是在清末民初对于革命起着号角作用的南社，初次集会在苏州虎丘，这时尚在宣统元年（1909）十月一日，来会的共十九人（其中二人非社友），实数社员十七人，宾虹是其中之一，十七人中同盟会籍的凡十四人，可见革命空气的浓厚了。亚子的《南社纪略》和拙作《南社丛谈》都说那天雅集，是在阊门外雇船带了菜肴去的。可是据宾虹的回忆，是骑马去的，那就两歧了。然编《黄宾虹传记》的裘柱常却加以推测，说事实上大概分水、陆两路向虎丘张公祠去的。我对于这些小问题，很感兴趣，认为当时往来七里山塘间的，是驴子不是马，我曾策蹇去过多次，具有实地经验的，证以苏曼殊吴门诗"独有伤心驴背客，暮烟疏雨过阊门"而益信。

宾虹因社团接触到许多朋友，绘画赠友，如为高吹万绘《寒隐图》，为陈巢南绘《论词徵献图》，为黄晦闻绘《蒹葭图》等，直至1909年，始由邓秋枚为订滨虹草堂山水画例，兼治刻印，但这些印没有边款，难以辨别了。宾虹和秋枚关系密切，为编《神州国光集》，记得国光第八集载有唐伯虎的山水直幅，边缘上有杨伯润、吴昌硕题，此后有人以此幅见让，我斥资购之。

宾虹又为神州国光社编了一部《美术丛书》，内容包括书画、文物、印章、印泥、笔墨、砚石、碑帖、铜器等，初为线装本，后改为精装本，配一木箱出售，共二十册，我曾购存一箱。

辛亥革命，宾虹全家移沪，寓居老垃圾桥北堍的承吉里，时高剑父、奇峰兄弟在棋盘街办《真相画报》，图文并精，约宾虹供稿。宾虹又为提倡金石书画，办有贞社，相往来者，有方地山、梁公约、吴仲坰、陈独秀之叔父陈昔凡。时北方萧谦中尚未成名，来沪即寓贞社，既而为生活计，设宙合斋古董铺，自撰一嵌字联云：

宙有往古今来之训，

合于天工物巧而珍。

不久，《时报》主人狄平子聘宾虹为有正书局编辑，主编《中国名画集》。有正书局，附设在《时报》社楼下，也是狄平子办的。宾虹的《自叙生平》中有"曾任《时报》编辑"一语。

1921年，由陈叔通推荐，任上海商务印书馆美术部主任，商务编辑所设在闸北宝山路，宾虹为了工作便利，卜舍香山路。一次，近邻失火，宾虹把一些心爱的文物、周秦古玺的精品，装入手提箱，预备携之出走，不料在秩序大乱中，趁火打劫的，把宾虹的手提箱硬夺而去，又有一说是被消防队中某恶劣分子盗掉的。他和徐仲可、费师洪为商务同事，仲可的《天苏阁图》即出宾虹手笔。费的《平远楼图》，也是宾虹画的。宾虹同时又兼任上海美专的美术课。

宾虹以对于古印的研究探索，与宣古愚、袁寒云、沈曾植、邹安、张丹翁等共同商讨，郑大鹤且托其弟子钱瘦铁来晤宾虹，愿共赁白克路某宅，俾得朝夕切磋。

齐卢之战，扰及江浙一带，即上海亦不宁静，宾虹颇思迁地为良，适有一同乡自安徽贵池来，盛称贵池山明水秀，风景绝佳，未免动了宾虹的想念，便卖掉了一些文物，在贵池阳湖边，造了几间瓦屋，作为避世的桃源，岂知到了黄梅时节，阴雨连绵，附近都被水淹，出入大不方便，不得已仍回上海。

商务美术部已由吴待秋继任其事，乃重进神州国光社。未几，他又和几位老友如宣古愚、邓尔雅等组织了一个艺观学会，就附设在神州国光社内，出版《艺观杂志》，第一期所刊的作品，大都出于宾虹一人之手，署名宾虹外，又署铜芝、同之，有时竟借署他夫人宋若婴的芳名，仅出数期即辍，时胡朴安主编《民国日报》附刊《国学周刊》，请宾虹撰编，宾虹洋洋洒洒，写了连载的长文《中国画史馨香录》，论历代画家的作品以及笔墨技巧，朴安大为赞许，曾带了他学画的女儿沩平去拜见宾虹，有所请益。宾虹另有一篇力作《鉴古名画论略》，载商务的《东方杂志》，商务并为宾虹出了《古画征》一书，宾虹的声誉益大，重订润例，直幅四尺二十四元，扇册每页十元。

1928年，宾虹和张善孖、大千组织烂漫社，出版《烂漫画集》。这年夏日，他和马君武等同赴桂林讲学，初次看到桂林山水，作成了许多诗和画，复绕道香港、广州回到上海，此后又一度避暑雁荡、天台，盖其地有一摄影家蒋叔南，筑室名仰天窝，凡诗人墨客来此，他都乐于接待的。

为宾虹撰传记的裘柱常，其夫人顾飞，乃宾虹得意女弟子，家在浦东，有园植桃甚茂，他和大千兄弟及谢玉岑等，观赏桃花，夜宿顾家之红梵精舍，合作了好多幅山水花卉，留给顾家，就在这年之秋，应友人之邀作蜀游，他固向往杜甫草堂和陆放翁"细雨骑驴入剑门"的情趣，不辞路途的艰困，欣然前往，增加了他的画材，充实了他的诗囊，对他来说，收获是很大的。

他在沪，本居西门路西成里，为了扩大居住面积，移居西门路沿马路的一所屋子，朋好们如王秋湄、宣古愚、秦曼青、姚石子、邓秋枚等来参观他的新居，王秋湄建议他把蜀游诗稿印成册子，宣古愚又提出把入蜀画稿，包括漓江山水、黄山写真，以及江浙名山水，集合起来印成一部《纪游画册》，既可以总结数十年来漫游的生活，又可以作为宾虹七十生辰纪念。结果得到秋湄、曼青及高吹万等的支持，成为事实。

他又以工楷精写了《蜀游诗草》，每页都钤有他常用的印章，各不相同，成为极其精彩的诗稿册页，原来他慕吹万在金山张堰所筑的闲闲山庄，他住宿园中兼旬，备极款待。

他别有一种作品《黄宾虹画语录》，那是他讲，由其友张谷雏笔录的，又有《渐江大师事迹佚闻》，这二书都属传世之作。

1937年夏，应北平古物陈列所之聘，乘机北上，兼任北平艺术专科学校课务。住宣武门内石驸马后街七号，当时晤张学良、溥心畲、寿石工于稷园，谈笑甚契，但其时日军侵略，秩序失常，他杜门不出，从事著述，各地友朋，纷纷避难，失去了联系，经常通讯者仅顾飞女士，所作画，亦多寄赠顾飞，顾飞今尚健在，其丈夫裘柱常于去岁去世，宾虹书画保存不失，这是很不容易的。

宾虹在燕京约有十年，直至抗战胜利，他决意返沪，一时觅屋不易，适其侄女黄映芬办有征宁小学，正放暑假。校舍空着，宾虹夫妇即暂居校中。我得认识宾虹，是由南社陆丹林介绍的，即在这时，此后频通书札，并为拙著《小阳秋》题了一首诗：

经师门第原通德，笔阵阳秋待证今。

褒贬从来严一字，应教价重双南金。

黄宾虹先生致我数札，汪己文所编的《宾虹书简》于1988年由上海人民美术出版社刊行，载有一通：

逸梅先生：惠示大著，胜读今《世说》，旧友吴趼人、王东培君，皆有记述时人之作，此诚不朽之业也，佩甚佩甚。专复鸣谢，拙句附奉博笑。宾虹再拜。

大约在编辑《书简》时，征及敝箧，由我录去，今得留此以为鸿雪了。

他居处尚无着落，恰巧潘天寿自杭来信，邀他到杭州去教书，他对西湖是素所流连的，就决定移家岳墓紫云洞相近的栖霞岭十九号以终老。有位林岚同道曾到栖霞岭拜访他老人家，撰述一短文，记他所居的环境：

> 黄老先生家在栖霞岭离山脚不远的地方，附近的邻舍都知道这里住着一位老艺术家，一问就可以问到他的家。栖霞岭上有一条小溪涧，不知道是否旧时的桃花溪？不过两岸人家门口，桃花、杏花是开得像朝霞般的。走进月洞门，是长满青苔的细石子甬道，院子里还种着碧桃和杨柳之类的树木。幽静之中，掩抑不住春天繁荣的生意。走完甬道，就是老画家朴素的居处，一幢白色的平屋，右边是一间小小的客室，左边是他的工作室兼卧室，四壁晾着许多的画，有的已经完成了，有的尚未完工，全是山水。除了画，就是书，图册典籍也像山一样堆叠着，案上、床上都有。此外案头还摆列若干古陶器和铜器。

读了这文，仿佛身历其境，可见他老人家的晚境过得不差，惜双目患白内障，既没有眼镜可配，除动手术外，又没有灵验的药液可治，不得已，才动了手术，似乎较好些，仍旧不彻底。1955年3月25日，以胃癌不治逝世，九十一岁。

宾虹的画，以其女弟子顾飞所藏为最多，约有一百多幅，书札累累，更不胜计数，最长的一通及一千数百言，写成五纸。其次傅雷（怒庵）喜宾虹画，见辄购存，亦存有相当数量。又香港《大公报》编辑陈凡，亦搜罗宾虹画，一再称誉宾虹。

宾虹晚年的画，是黑、密、厚、重的，成为一种特点，浅识之辈往往以画和拓碑，图似乌金纸讥之，傅雷为之解释：

> 宾虹的画，画得确实黑，但是它的妙，也就妙在它的黑。画上的黑，不是墨黑团团，而是黑中有对比，黑里有层次，正是表现出知白守黑的妙处。清初石涛诗："黑团团里墨团团，黑墨团中天地宽。"宾虹的山水画，就是从他的黑墨团中见到他的天地宽。

当时的画家郑午昌，曾写一信给宾虹，认为所见他的画，觉黑度尚嫌不足，请他画一幅黑到无可黑的山水画，给其欣赏，宾虹引为知音，立即挥毫，由邮寄赠。又有人把宾虹的画和齐白石的画作对比："宾虹以密胜，白石以疏胜，宾虹的画用加法，加到不可再加为止，白石的画用减法，一减再减，减到不可再减为止。"又有人说："宾虹的画，初看不佳，但越看越佳。"说来都很有趣。

宾虹的夫人，大家都知道是宋若婴，不知其先室洪四果，为洪次荪太史之长女，主持家务，以贤淑著称于乡里，念宾虹旅食辛劳，为置侧室。洪夫人积劳成疾死，遂娶若婴以续鸾胶。

宾虹富收藏，遗物均捐献归公，计古今名画一千零三十八件，玉器二百十八件，古印八百九十三方，铜器九十八件，瓷器一百四十二件，砚四十二件，碑帖四十一件，印拓片八百件，手稿一箱，以及宾虹所用的扇、镇尺、眼镜、笺纸、墨盒等，都是足资纪念的。

宾虹纪念馆，即设在歙县宾虹故居内，那是徽式的古屋，经过修葺，复其原状，门额出其弟子林散之手笔，有虹庐、宾虹草堂、石芝阁、冰上飞鸿馆、竹北簃诸建筑，宾虹草堂悬挂的堂幅，乃其次子黄鉴为他父亲所绘的肖像，还有宾虹的得意弟子顾飞、邵洛羊、王康乐、王伯敏等画，都是献给老师的礼物。石芝阁在楼上，陈列宾虹的著作及大量手迹（复印件），又生活照、国内外出版的宾虹书画集、报刊专页。至于石芝阁，以得一石似芝状而命名。此石为清代书家黄桐谷家遗物，世代相传，今犹立在拱门外，吸引很多观众。

先师胡石予先生

我的老师很多，记忆得起的，有汪家玉、袁希洛、章伯寅、龚赓禹、汪典存、程仰苏、吴粹伦、高祖同、陆绵、朱遂颖、杨南琴、陈晋贤、余天遂、费玄韫、魏旭东、方和甫、王采南、程瑶笙、陈迦庵、樊少云、罗树敏、严昌、狄咏棠、陈舲诗、蒋寿芝、顾慰若、李叔良、董伯豪、练寿康、胡石予诸先生，以越年久远，当时春风施教者，无一在世，怀念师门，曷胜怅惘。在数十位老师中，给我印象最深的，便是胡石予先生。

胡石予先师，江苏昆山蓬阆镇人，名蕴，字介生，别署石翁、萱百、瘦鹤、丹砾、老跛、胡布衣、闲主人等，生于一八六八年戊辰三月十六日，卒于一九三九年八月二十八日，享寿七十有二。生平著述，有《半兰旧庐文集》《半兰旧庐诗集》《半兰旧庐诗话》《灸砚诗话》《秋风诗》《章邨诗存》《梅花百绝》《后梅花百绝》《锦溪集》《松窗琐话》《画梅赘语》《缥缈史》《诗学大义》《读左绎谊》《四史要略》《岳家军》《蓬溪诗存》《胡氏家训》《家书留稿》等，什九没有刊行，损失很多，无从访觅，这是多么可惜啊！

先师十九岁即以诗文称于里间，和同学七人结文社。与管快翁订忘年交，快翁居太仓南门外雪葭泾，筑补梅草堂，先师常往访谈，快翁能画梅，以苍劲纵横胜，先师从之学画，为后来画梅数十年的始基，他自题画梅润例有云："鲰生画梅三十年，题画诗亦千百首。"《画梅赘语》，即纪述作画经过，涉及管快翁，如云：

当弱冠时，曾得管先生快翁墨梅数幅，实开其端，先生语之曰："作画不可拘拟画稿，但取笔意可耳！异日成就，自有左右逢源之乐，虽写千幅，构局无一本雷同者，若一一临摹，便终身脱离画稿不得也！"余生平颇守此宗旨，则先生可谓我画梅之师矣。

我曾目睹快翁的画梅手迹，寓苍劲于疏逸之中，先师确得其神髓。快翁名槐，字少泉，快翁是他的晚号。

承先师的垂爱，为我绘了较多的梅幅。先师画梅外，间亦写兰。我又藏写兰册页一，怪石一拳，兰茁石隙，伍以灵芝二枝，别饶韵致。题云："兰生空谷，不以莫服而不芳。戊辰秋仲，石予写于听秋轩。"这兰也是墨的，后给谢闲鸥看到了，为之设色。

我最近检理杂物，忽地发现当年读书草桥中学，在手工课上，所制的帖架一具。这架是木质的，上端作参差起伏形，近底有一小横栏，系以螺丝钉，使之稳固，写字时，搁字帖于栏上，临摹较便。版面是空白的，因请石予先师绘墨梅二枝，一苍老，一稚弱，题有"疏影横斜水清浅。甲寅残冬，石予"十三字。甲寅为1914年，这架髹着广漆，幸而画未浸蚀，成为文物性的纪念品了。

谱弟赵眠云，邀我陪着先师出游梁溪，同访江南老画师吴观岱。既返，先师画墨梅立幅，并题七古一首，写在画隙，先师自谓，"班门弄斧，借诗以掩其陋"，这是谦逊语，诗录于下：

　　九龙灵气入君袖，化作一枝笔苍秀。
　　山水人物日出奇，大江南北推耆旧。
　　入门喜得见山人，长髯白雪瘦有神。
　　论画一吐心得语，中天月朗开层云。
　　山人出山为壮游，匹马北看黄河流。

> 万山挟我画师去，绝好奇缘燕市住。
> 知己乡士老南湖，秘阁同观万轴图。
> 宋元以还作者众，追摹日夜心神舒。
> 归来雄视六合内，龙门身价高一代。
> 投赠不肯不择人，是何意趣群疑怪。
> 沧桑世界感飘萧，人老河山酒一瓢。
> 秋风岁岁病缠苦，今日快谈兴高举。
> 对客殷勤无倦容，貌古语古情亦古。
> 出示杰作精气凝，我敢许君大寿徵。

题句多，梅旁几乎写得满满了。当游梁溪时，蒙孙伯亮殷勤招待，先师也画梅赠给他。题诗二首于其上：

> 夕阳老树影横斜，仿佛孤山处士家。
> 正是东风催解冻，满林晴雪有梅花。

> 导我山游初雪时，未遑溪馆一题诗。
> 要当重访高人宅，寄语梅花莫怪迟。

先师画梅，虽订有润例，但极低廉。某岁，柳亚子、高吹万、姚石子、余天遂、汪家玉、樊少云、赵眠云、范君博和我九人为先师重订画例，增加润金，然所增亦无几，总之，借此结墨缘，其他在所不计。先师四十五岁，时为一九一二年，参加南社，画梅结缘更多，和胡寄尘神交没有谋面，寄尘题《近游图》索先师画梅，画成题诗云：

> 尔我未识面，结想在梦寐。
> 我为我写照，瘦有梅花意。
> 君貌复如何？倘与花无异。

先师又为高天梅画梅，题诗云：
> 淫霖作秋患，遂伤禾与棉。
> 吾民生活事，哀哉听诸天。
> 兀坐思愈苦，写梅心自怜。
> 故人久不见，乃寻翰墨间。
> 风雨犹未已，对此将何言。

东江王大觉，致函先师索画，有云："与公未识一面，未通一札，读公诗文，窃仪其人。今忽尔以寸笺达公者，欲乞公画梅耳。则绿萼梅为我二人作介绍矣。西向发此言，想见剖函时掀髯一笑也。寄奉《青箱集》《乡居百绝》各一册，为先施之馈，法画亦祈早日见饷。此函专为乞画而发，不及它语，留它语，作第二函资料也。"先师复之，谓："画梅喜画巨幅，纸小便无用武地。"大觉答以一诗：

> 画梅幅小负君才，却似幽花撑壁开。
> 试问乾坤如许大，可能容得几枝梅？

姜可生托柳亚子，代索先师画梅，有两信致亚子，其一略云："同社胡石予君，其人何似？闻善画墨梅，足下愿为我媒，丐得一帧否？昔彭雪琴眷杭州名妓梅仙，后梅仙死，彭氏尝誓画十万梅花，以志终身不忘之意。愚想慕彭氏为人，而所遇复同，独恨愚不能工画事，且所恋之梅影，犹在人间，黄金作祟，好梦如云，世少黄衫客，李益终为薄幸人耳。石予先生倘不我弃乎，则我死后，也留得一段伤心史，不让彭氏独步。愚命系一发，死期迫矣，足下其速有以报我。"其二略云："早日接海上颁来琅函，并石予先生法画，交颈枝头，灵犀一点，石予知我者也，乞代为谢。"

张景云为南通张季直西席，且为先师外甥，索先生画梅，答书极详赡，我深喜其中的隽语，节录一段，如云：

> 余家小楼下，种蕉三年，今高与楼齐矣。其叶放半月者，深绿色，未几绿稍逊，色浅碧，间以淡黄，净比秋河，媚如春柳，每当晓露夜月，推小楼之窗，倚小窗之槛，一种秀色清影，时涵溢于吟榻囊书妆台奁镜间，余家止余一楼，倘所谓一室小景非耶！王禹偁《竹楼记》云："夏宜急雨，有瀑布声，冬宜密雪，有碎玉声。"余于芭蕉亦云。方今盛暑，烈日可畏，而余空庭如张翠幕，绿荫浓厚，颇受其益也。画梅稍迟，俟秋凉时为之，决不致与岭梅同放也。

先师以诗自课，用竹纸装订成册，经月写满，又易新册。诗多如陆放翁，风格亦与放翁相类，作田园闲适语，耐人寻味。当时先师执教吴中草桥学舍，沐其教泽者，有吴湖帆、江小鹣、胡伯祥、范烟桥、蒋吟秋、江红蕉、叶圣陶、顾颉刚等，圣陶、颉刚喜抄先师诗稿，先师因有句云："吾门两生叶与顾，手抄吾诗乐不疲。"和先师同事的陈迦庵画师，也累累录存。又同事魏迪元，更把先师的诗稿，油印出来，俾赠同好。所以先师对迪元更为相契。一自迪元离职赴吴江，先师甚为系念，致短简颇有情致，涉笔似晚明小品，其一云："昨夜梦足下，相处四五年，不觉其久，别三日便尔，甚矣足下之劳我思也！"其二云："南廊残菊数盆，曝久干矣。剪其瓣，沸水泡之，香气清越，微苦，泡两三次，色淡而甘，饮之历许久,齿舌间尚留余味,惜足下不来共此耳!"其三云:"二十五日书到否?自足下之去,河又冰,邮船又阻,今再寄一诗,未知何日得达也。鸭淡园久绝芳躅,不念诸葛子瑜寂寞耶!"其四云:"读君书,如披南郊行旅图,想落日河干,虹桥十丈,古木数株,寒鸦有声,蹇驴得得,锦囊佳句,收拾当不少耶?茅店酒家,曾觅得一二佳处否?"其五云:"自君去此,得诗仅三首,其二即寄君者,霜叶满阶,扫护兰根,用以自遣耳。"

先师诗,我亦有见即录,抄成一大册,油印诗亦藏一大册,后多失去,所留不多,兹录存几首以窥一斑:

百岁堂堂六尺身,漫云弱草着轻尘。
一庭疏雨凉肝胆,万卷秋灯泣鬼神。

落落朝昏初有我,悠悠天地付何人。
高吟一破长岑寂,留得荒江万古春。

万鸦寒噪暮云昏,失却天边远岫痕。
漠漠霜芜归客路,苍苍烟树故人村。

青衫橐笔新诗卷,黄叶溪堂旧酒樽。
太息故园摇落甚,一篱秋菊半无存。

一天晓雾浸湖凉,绝艳光容叹渺茫。
深幕垂垂迟觌面,累人梦想九回肠。

闻道河山不管愁，强寻好梦说从头。

十年忽忽三千日，两醉春风楼外楼。

我和先师哲嗣叔异、敬修很相稔，叔异已逝世，敬修治文字学，间或过从。蒙以先师遗稿，复印见贻，其中有《秋风诗》，那是辛亥秋，陈去病主编《民苏报》于苏州沧浪亭，去病见是诗，击节称赏，认为纪革命事，有诗史价值，录刊该报文苑栏，凡二十六续。又《半兰旧庐诗话》若干卷。所谓"半兰"，那是老屋经过洪杨之役，库门砖刻残存半个兰字，因以为名。又有若干纸作垂戒语，未标题目，大约乃《胡氏家训》，其中也多至理名言。

先师崇尚俭德，他任草桥学舍课，凡二十五年，当时学生，颇多世家子弟，习于浮华，而先师布衣朴素，生平不穿绸，不御裘，请人刻了"大布之衣"的印章，借以自励，因此人们都称他为"胡布衣"，对于学生，也就言教身教，兼施并举了。某年，其哲嗣敬修与陶妃白结婚，先师以家长身份致辞，所谈无非以节俭勤劳为主旨，且把《胡氏家训》一书给儿媳以代见面礼物。有一次，他来上海，住居叔异的蒲柏路寓所，叔异任市教育局专员，又兼《新闻报》教育新闻主编，出入汽车代步，他大不以为然。他衣服脏了，换下来待洗，儿媳见了，以为过于敝旧，为他别置新衣，他又说："习奢非治家之道。"我生活简朴，先师对我印象很好，这时他已息隐乡间，觉得寂寞，时常以诗代简，络绎不绝地寄给我。一度竟邀我移居他的半兰旧庐，谓："乡间开支较省，且逢到假期，可回来伴我晨昏，亦一举两得。"垂爱如此，今日回忆，为之怆然欲涕。

先师尚俭，师母曹夫人，亦自奉节约，平素体无华服，食不兼馔，而施人未恐不周。其乡蓬阆镇之西北二里，有鹤颈湾，石桥毁于清季，架之以木，亦朽且断，每晨负薪担蔬的，必绕道而行。数十年来无资重建，曹夫人欲出私蓄以鸠工，未果而病逝，于是诸哲嗣相与启箧检遗金而泣，愿建该桥，以成母志，乡民颂其遗爱，名之曰"胡夫人桥"，耆宿金鹤望为之记，镌石以垂久远。

先师晚年，忽患丹毒，特来上海，施行手术，反致肢废不能步行。叔异为置一车，可以推行场圃间，并摄一影，先师在照片上自题数语："栗里陶潜，晚年脚疾，兀兀篮舆，未容外出，假寐隐几，长吟抱膝。"他受到这样的困厄，已极痛苦，不料抗战军兴，乡居频惊风鹤，先师由家人扶持，避居锦溪，做了好多首《锦溪诗》。不久，锦溪又不安全了，辗转到了安徽铜陵的章郙，厥后铜陵沦陷，病了失于医药，竟致客死他乡。当周年时，高吹万、范烟桥、赵眠云和我，发起举行公祭于沪市法藏寺。是日凄风苦雨，似彼苍助人悲叹然。参与者，有包天笑、姚石子、吴粹伦、姜可生、丁惠康、蒋吟秋、谢闲鸥、徐平阶、高介子等数十人。挽联甚多，如舒新城、金兆梓合挽云：

行谊类郭有道、王彦方，居江海而潜身，默化乡邦似时雨；

诗才追范石湖、陆参议，写田园以托志，别开蹊径见高风。

四壁及案头，陈列先师遗墨，有书有画，所画以墨梅为多，间有绛梅，绛梅且题有"胭脂买得须珍重，不画唐人富贵花"。或烘托为雪中清姿，无不枝干纵横，古逸可喜。又有几方先师自刻印，为外间所少见。原来先师和张顽鸥相往来，顽鸥善篆刻，先师得其指导者。

哲嗣叔异，当抗战时期，供职重庆，绝少酬酢，乃发愿画梅，以纪念亡父。规定日画一幅，因颜其居为"一日一树梅花斋"，虽祁寒盛暑不辍。曾于中国艺文馆开个人画梅展，章行严、杨千里很为推许。郑晓沧更有题识："痛惜东南耆老尽，两家往事已烂斑。因缘墨沈心犹记，满壁梅花不算鳏。"注云："此先严帆鸥老人慰胡石予先生悼亡句也。石予先生工绘梅花，名满江左，抗战军兴后，二老并归道山，今叔异已传其家学，追怀往事，益不胜风木之悲。"叔异后又远渡重洋，游学美国哥伦比亚大学，一度于艺术表演会上，当众挥毫画梅花一幅，彼邦人士，大为赞叹。及叔异学成返国，把晤之余，出示其所画，疏横逸秀，俨然先师典型。

《半兰旧庐诗》，曩年南社高吹万，即拟斥资为谋刊印，先师婉谢。此后，陈迦庵、范烟桥、赵眠云和我，又拟刊诗祝寿，先师又婉谢，以致稿本纷纷散失，若早日印成，得以传布，则或尚有一二本可以访求，而今已矣，能不奈何徒唤！

胡石予先师的画梅

斋头悬着横幅绛梅，老干生枝，红英疏落，上题："春朝樽酒浮新绿，旧岁盆梅吐浅红。"这是先师胡石予先生的遗墨。我闲着兀自对它出一会儿神，发一会儿呆，因为瞧着这一帧遗墨，那脑幕上便不觉涌现着疏髭苍颜、布衣朴素的一位老诗人来。一会儿仿佛他老人家仍在吴中草桥学舍，而我也年光倒流，执经问难，他检着邺架牙签，把前人的解释，指给我看。一会儿又仿佛和他老人家冒着风雪，划船到鼋头渚去，他老人家就把铅笔在记事簿上写成古风一首。一会儿又仿佛和他寓楼清谈，今昔的一切，都作为谈话的资料。原来我们师生的感情很是笃厚，无怪印象深刻，不易磨灭了。

先师画着一手很好的梅花，尤其是墨梅。间写红梅，题着"胭脂买得须珍重，不画唐人富贵花"也很有致。有时且作红绿梅，那又妩媚旖旎，别成风格。

先师作画，据他所撰《画梅赘语》的记述，是快翁指导他的。今把这《赘语》录一则在下面：

> 快翁能诗，工隶书，尤善画梅，余之画梅，实自翁发之。余年弱冠，翁已七十余，与余同试金陵，极爱余诗，而亟劝勿作，谓恐妨进取也。既而乞其画梅两帧，及寄来，则得八帧，谓有某君亦世交也，寄纸乞画，余以其人不能诗，殆亦不识画，故挥毫已毕，择其尤者分赠足下，余得之大喜，赋诗谢之，后遂开始写梅矣。一日，翁来视余画，曰可，将别，以一语相赠，谓："平日宜观玩旧本，动笔时，当一切扫去，万不

可临摹，一临摹，则为旧稿所缚，不能变化矣。"余谨铭佩此语，今虽画百幅千幅，无一幅同者，则翁之教也。余于平时，观玩昔人稿本之外，尤喜观老树古本，谓颇有寒梅奇崛之态。又疏枝带月，洒落素壁，亦俨然一幅画稿也。昔人作草书，随处取意，余于写梅亦然，则扩广快翁之语而得者。翁作古已二十余年，所为诗曰《飘鸿集》《补梅草堂集》。《飘鸿集》皆难中之作，尤多佳篇云。

快翁管氏，名槐，字少泉，晚号快翁，太仓南门外雪葭泾人。

据吴湖帆见告，先师画梅的动机，却在某年，他的尊翁讷士先生在苏办师范讲习所，先师由昆山方唯一的介绍，来苏担任讲习所的教职。那时便借他南仓桥旧宅的鸳鸯厅作为临时办事处，厅事的窗格，那窗心纸颇多出于他的先祖窓斋手笔，画着几笔简单疏逸的墨梅，先师日长无聊，濡毫展纸，学画梅花，借以消遣。所以先师的墨梅，枝干也是简逸挺硬，所谓先入为主，后虽加以变化，然尚有迹象可寻。这说和《赘语》有分歧，姑两存了吧！湖帆读书吴中草桥学舍，亦先师的弟子。

画梅请兵，这是先师生平得意事，有《画梅请兵歌》一首，记述这段佳话：

　　平日喜写梅，消闲无挂碍。一自索者众，攒眉等偿债。
　　岂知卫桑梓，用作请兵画。去年我乡里，猝然肱箧辈。
　　一夕劫九家，明火持军械。官役四出捕，首从并就逮。
　　众供无异辞，渠魁抵死赖。迁延一岁余，逍遥法网外。
　　恶徒未予惩，盗风炽何怪。况复值隆冬，商民心咸戒。
　　比闻农佃户，又罹群盗害。警告须预防，合词请兵队。

> 周李二君偕，晋谒林统带。虽不见峻拒，亦未一诺慨。
> 但云防汛多，势难遍分派。禀商程抚军，君等且请退。
> 既出共踌躇，李君向余丐。道林虽武人，颇闻无俗态。
> 临池宗鲁公，风雅殊可爱。书画本一途，苔岑讵分界。
> 盍写老梅株，投赠为绍介。或者气谊亲，不至有隔阂。
> 闻言欣然从，磨砚墨充沛。濡笔即挥洒，神采与古会。
> 纵横逼苍劲，历乱动芬馤。同一馈遗事，尚不涉暧昧。
> 迅哉驻防兵，移拨五日内。闾阎得安枕，阃境咸称快。
> 同声感林公，厚惠蒙赐赉。请兵倩癯仙，艺林添佳话。
> 其实细事耳，关系原不在。行政有权衡，余言自嗤誉。

敝箧中尚存有先师画梅润例一纸，那是我和高吹万、柳亚子、姚石子、余天遂、樊少云、汪鼎丞、赵眠云、范君博具名代为重订的，润例很低廉：

> 屏条三四尺每条一元，五六尺每条二元，七八尺每条四元，横幅同，整张倍之，雪景加倍，设色加二成，扇册每件一元。先润后画，立索不应。

> 收件处苏州草桥中学，昆山蓬阆镇。

先师且在润例后，题有一诗：

> 鳜生画梅三十年，题画诗亦千百首。
> 用覆酱瓿糊败壁，差堪胜任他否否。
> 乃者索画人益多，秃尽霜毫如敝帚。
> 为劝润例一再加，嗜痂逐臭来诸友。
> 都说此非造孽钱，可购书读可沽酒。
> 荒荒世界万花春，一笑从之忘老丑。

胡石予先师的画梅

程仰苏先师，邃于经学及许氏《说文》，因自号师郰，和石予先师同事吴中草桥学舍十五六年。仰苏先师病殁开吊，石予先师因假期在乡，身体不适，颇畏奔走，缺于一拜，后开学到苏，便画梅一幅，题挽诗于其上，在中庭焚化。挽诗云：

草桥风雨自年年，高阁明灯手一编。
三载南城移疾去，少微星已殒长天。

研经远溯汉师承，桃李门墙久著称。
今日心丧诸弟子，龙蟠凤逸早飞腾。

落落襟期迥不同，那禁洒泪向秋风。
诗忘留稿林君复，书积成巢陆放翁。

哀乐中年故自伤，右军身世亦悲凉。
枯桑海水天寥沉，怅断江楼话夕阳。

对榻危楼述旧诗，十年尘梦断游丝。
布衣犹作东庐客，剪纸招魂月落时。

画梅画叶，画梅画梅实，和画梅但画繁枝不补一花一蕊，这都是先师作画的创格。他老人家自己记述道："半兰旧庐后园中，甲子（1924）八月，齐卢战争时，仰视天空飞机，瞥见梅树着花，以为异，其后陆续开放，至九十月间，而梅叶未尽凋落也。适为友人作画,遂赘以残叶,创空前未有之画稿也。"又一则云:"少时屋后荒篱之南,有梅一树,多年不着一花,乃戏为《催花曲》,而所画仅作繁枝,亦纪实也。"又一则云:"前年消暑在家,邻家王姓儿童,年七龄,持纸扇要余作画,余为画梅三枝,着十余花。童子欣然问余曰:'何日结梅子?'余戏曰:'明日。'讵知明日,童子又持扇来,请画梅子,余以昨日曾言之,不可欺也,乃为缀梅实数枚于疏枝间,又创空前未有之稿。追忆及之,不禁欲笑。"

先师见贻的画梅,当推一立幅为最精,水墨不设色,弥觉古逸,题识云:"莽莽苍苍,寒星之芒,孤涧有光,满山流芳。是帧为某君写,右方一角污于墨,易去,嘱装潢家补缀之。戊午春日,石予识于吴门草桥学舍。"又加题云:"逸梅同学弟,敦气谊,重然诺,不矜才,能自立,自是有志之士,以拙画赠之,为癯仙添一知己。辛酉季秋,胡蕴志于草桥学舍。"我移家来沪,这画张诸沪北青云路之素壁,经过"一·二八"的烽火硝烟,这画却安然无损。又红梅立幅一,题云:"花知主客俱不凡,一夜春风融绛雪。逸梅吾弟乔迁沪上,写此为赠。己巳春初,胡蕴录范成大红梅句。"又红梅册页一,题云:"愁红怨紫漫相猜,谁貌罗浮片影来。画到胭脂颜色冷,始知桃李是凡才。张船山诗。逸梅同学友雅属,庚申孔诞日写,石予。"钤印二,一"病梅",一"一树梅花"。又墨梅扇一,题云:"尘牍渐清闲徙倚,一尊薄酒酹梅花。薛慰农句。逸梅吾弟雅鉴。戊辰重九后三日,石予。"扇之又一面,为张丹斧书,今则两人都已物故,成为不可再得的遗墨了。先师画梅外,间亦写兰,我又藏有写兰册页一帧,怪石一拳,兰茁石罅,伍以灵芝二枝,别饶韵致。题云:"兰生空谷,不以莫服而不芳。戊辰秋仲,石予写于听秋轩。"这是很难得的。

先师和胡寄尘神交没有谋面，寄尘为题《近游图》，索先师画梅，画成，题诗云：

  尔我未识面，结想在梦寐。
  我为我写照，瘦有梅花意。
  君貌复如何？倘与花无异。

又云：

  折花寄驿使，客到花何处。
  写入尺素中，春风常不去。

又为高天梅画梅，题诗云：

  淫霖作秋患，遂伤禾与棉。
  吾民生活事，哀哉听诸天。
  兀坐思愈苦，写梅心自怜。
  故人久不见，乃寻翰墨间。
  风雨犹未已，对此将何言。

先师家有古梅一株，偏入邻家，南邻建屋，便被伐去大半，根株受了重伤，不久萎死。这时先师适赴试白门，以致没有磋商余地，先师念念不忘，画梅题语述及之云：

  忆昔东篱外，一株梅最古。
  邻家结茅屋，老梅泣樵斧。
  于今十载余，迁延未经补。
  常为梅写照，千枝万枝许。
  耿耿视此心，区区何足数。
  思买山僻地，诛茅拓花圃。

> 尔为入幕宾，我作东道主。
> 待尔花发时，深居不出户。

题就，友人张君见了，把盆景红梅一株易去。

先师自题画梅绝句，意境冲夷，直抒襟抱，录几首如下：

> 冬菜汤和豆瓣香，咸酸味最耐人尝。
> 如斯淡泊宜消夏，写幅梅花引兴长。

> 自是人间疏懒才，不宜金殿玉楼台。
> 穷檐古屋谁知己，竹偃篱根松卧苔。

> 玉笛江城听落花，故人离索又天涯。
> 一支破笔三杯酒，满屋诗声客在家。

> 冰雪聪明风雨酸，忧来感触又无端。
> 柴门一闭斜阳里，冷入心窝骨亦寒。

叔异兄是先师哲嗣，事变后入蜀。山居多暇，便临着乃翁的稿本，居然楮素着花，余韵犹在。叔异深苦没有题句，来信嘱抄先师的画梅诗，我曾一再抄录，附入邮筒寄去。古人所谓克绍箕裘，叔异真可当之无愧。

若干年前，心汉阁主邀我和先师游梁溪，同访老画师吴观岱，既返，先师画墨梅小幅，并题七古一首，写在画隙，邮寄观岱老人。先师自谓："班门弄斧，借诗以掩其陋。"这是先师的谦逊语。

诗录于下：

九龙灵气入君袖，化作一支笔苍秀。
山水人物日出奇，大江南北推耆旧。
入门喜得见山人，长髯白雪瘦有神。
论画一吐心得语，中天月朗开层云。
山人出山为壮游，匹马北看黄河流。
万山挟我画师去，绝好奇缘燕市住。
知己乡土老南湖，秘阁同观万轴图。
宋元以还作者众，追摹日夜心神舒。
归来雄视六合内，龙门声价高一代。
投赠不肯不择人，是何意趣群疑怪。
沧桑世界感飘萧，人老湖山酒一瓢。
秋风岁岁病缠苦，今日快谈兴高举。
对客殷勤无倦容，貌古语古情亦古。
出示杰作精气凝，我敢许君大寿征。

题句多，几乎写得满幅了。

游梁溪时，认识文友孙伯亮，先师画梅赠给他，题诗云：

夕阳老树影横斜，仿佛孤山处士家。
正是东风催解冻，满林晴雪有梅花。

导我山游初雪时，未遑溪馆一题诗。
要当重访高人宅，寄语梅花莫怪迟。

顷晤诸健秋，知伯亮近亦在沪，拟访候，告以先师客死事。

蒋吟秋托转求先师横幅画梅，不料画就，为殷洪乔所误，没有收到。先师知之，便裁纸素，重作一帧，借张皋文《茗柯词·水调歌头》句补题云："东皇一笑相语，芳意落谁家。"即景生情，很为得体。后晤见先师，谈及补画事，先师录写最先所作那幅上的题句："后门早起启篱笆，不怕春寒老自夸。旭日未升啼鸟噪，晓霜如雪看梅花。"

先师的墨梅，外间颇有伪品发现。同学王君在冷摊买得先师画梅，欣然给先师瞧看，先师说："我的画，虽不见十分高妙，但如此纷乱无序，俗气熏人，那么虽初执笔的时候，也绝无这样的丑劣，那是赝鼎无疑！"王君听了，很为扫兴。先师道："我尚有补救办法，你且磨墨来！"便在左边空隙，补写梅花一枝，并加题句："生前已有假名者，死后可知价值高。笑语王生休懊恼，为君左角一添毫。""我画梅花四十春，冷摊发现已频频。不知雅俗难渚乱，婢学夫人惜此人。"

盐城徐荔亭，为元和县学官，善画墨梅，先师很羡慕他，持纸往访，没有见到。次日，荔亭到先师校中来回谒，一见如故。谈了许久，先师出示己画，荔亭大加赞许，谓："干间焦墨数点，超脱有神，非老手不能办到。"隔了数天，荔亭画屏幅为赠，先师报以七古一章：

　　我画梅花无所师，好此辄杜撰为之。
　　未见王元章墨本，乃摹林和靖梅诗。
　　雪后园林才半树，水边篱落忽横枝。
　　时时吟此十四字，非亲炙亦私淑私。

今年忽见先生画，独得此诗之神奇。
自愧不如城北公，大巫在前小巫疑。
犹幸草木我臭味，奚必专求古人为。
踵门乞画适相左，冒昧之罪所弗辞。
乃者明日劳枉顾，一见真如旧相知。
扑却俗尘三百斛，笔墨以外非谈资。
匆匆别去无几日，生笺数幅迅寄驰。
既惊神速复神妙，拍案叫绝乐不支。
枝干何所似？古劲秦篆碑。
花萼何所似？顽艳唐宫词。
拳曲如怪石，棘刺如立锥。
侧者如鹤翅斜出，倒者如龙爪下垂。
骨格苍秀如松柏，精神飞舞如蛟螭。
复如古美人，姗姗步来迟。
浣纱波滟滟，苎罗越西施。
枝雪风萧萧，绝塞蔡文姬。
稍肥愈觉玉环美，微瘦不损飞燕姿。
自喜艳福颇不薄，乃以尤物老自随。
晨夕晤对索之笑，居然秀色可疗饥。
从此写梅有师承，诗律俱细又可期。
报诗一章肃再拜，投贽门下礼亦宜。

题句信笔出之，错落可喜。

一度有人提议以梅为国花，先师画梅，为兴益高，便嘱门下士周实刻"国花"二字印章，周实并加边款长跋："石予夫子酷爱梅花，种植既多，画亦数十年，凡应人之求而流传者，岁逾千帧。近闻人议以梅为国花，因命实以国花二字制印，殆与渊明茂叔之爱，同其意也。戊辰春，门人周实记。"这颗印章，尚保存在他后人处。

先师病殁铜陵，那时为民国二十七年（1938）八月廿六日巳时。此后，门生故旧，如高吹万、范烟桥、赵眠云和我四人，感逝伤怀，假沪上法藏寺举行公祭。这天参与的人很多，姜可生撰了两首诗：

> 垂老携家出，仓皇为避兵。
> 梦归耽化鹤，仙去白骑鲸。
> 学圃摧耆哲，骚坛失主盟。
> 铜陵风雨夜，萧瑟想平生。

> 尺幅画梅好，常存箧衍中。
> 如何今夕酒，不与故人同。
> 黯黯人间世，萧萧江上枫。
> 我来歌楚些，吹泪满西风。

这天并陈列先师遗作，有墨梅，有绛梅，有绿梅，有雪梅，约有数十幅。

姜可生所藏先师的画梅，是柳亚子代索的。可生有两信寄亚子，其一略云：

> 同社胡石予君，其人何似？闻善画墨梅，足下愿为我媒，丐得一帧否？昔彭雪琴眷杭州名伎梅仙，后梅仙死，彭氏尝誓

画十万梅花，以志终身不忘之意。愚想慕彭氏为人，而所遇复同，独恨愚不能工画事，且所恋之梅影，犹在人间，黄金作祟，好梦如云，世少黄衫客，李益终为薄幸人耳。石予先生倘不我弃乎！则我死后，也留得一段伤心史，不让彭氏独步。愚命系一发，死期迫矣，足下其速有以报我。

其二略云：

早日接海上颁来琅函，并石予先生法画，交颈枝头，灵犀一点，石予知我者也，乞代为谢。

可生名崙，别署杏痴，南社诗人。

东江王大觉致函先师索画梅，有云：

与公未识一面，未通一札，读公诗文，窃仪其人。今忽尔以寸笺达公者，欲乞公画梅耳，则绿萼梅为我二人作介绍矣。西向发此言，想见剖函时掀髯一笑也。寄奉《青箱集》《乡居百绝》各一册，为先施之馈，法画亦祈早日见饷。此函专为乞画而发，不及它语，留它语，作第二函资料也。

又有乞画诗二绝：

家家花事阑珊矣，五月江城今又赊。
敢乞孤山图一幅，不愁春尽叹无花。

昔日我家宾竹翁，龙蛇数纸得昆峰。
百年冷落罗浮梦，仍向昆峰觅一丛。

（昆山钟若玉女史，尝为先高祖宾竹翁画梅，今已不知飘零何所矣。）

先师谓：“画梅喜画巨幅，纸小便无用武地。”大觉戏占一绝：

> 画梅幅小负君才，却似幽花撑壁开。
>
> 试问乾坤如许大，可能容得几枝梅。

袁雪庐老人擅画梅，虬枝铁干，老笔纷披，颇得郑小樵《后梅花喜神谱》大意。晚年手震，不能作画，致书先师索画梅云：

> 仆甚爱君墨梅，闲雅非流俗人所能赏鉴，仆虽亦弄翰三十年，然自视形秽，直类荒伧，乞来春为仆写一横幅，并题诗数章。仆今病不出门，当张君画素壁，坐卧香雪之旁，以乐吾余年足矣。

不料越岁初春，雪庐遽归道山，先师便画梅横幅，题挽诗于空处，寄给雪庐的后人，嘱他焚之灵前。

顾冶仲，为先师四十年前的旧友。冶仲常在北京，某年秋日，先师出游白门，冶仲适南还，招先师饮于桃叶渡之绿柳居。别后，索先师画扇，不料为邮吏所误，搁置一年。冶仲更托人带扇至蓬阆镇，先师迅速画就，题七绝一首：

> 东风袅袅柳依依，万片梅花作雪飞。
>
> 霁色初开春乍暖，鸟声啼破绿烟肥。

跋云：

> 此余近日所为诗也。写梅花入珍箧，远寄数千里故人，不愁飘落矣。

先师困居铜陵，乏人照料，颇想来沪，画了几幅梅花，预备到沪赠给友好的。并有一帧已写就我的名款，后来铜陵沦陷，许多画幅一股拢儿给人攫去。先师惊悸成疾，失于医药，致死异地，而我应得的最后纪念品，不知落在何者之手了。

孙伯南桃李遍吴中

凡到过苏州的，都知道有个怡园，凡谈书画的，都知道有个过云楼。那怡园和过云楼，均属于顾氏鹤逸所有。怡园为顾氏游憩之地，过云楼为顾氏燕居之所，而一在护龙街，一在铁瓶巷，屋宇深邃，门径环回，两处是相通的，可谓一而二，二而一了。

我幼年读书苏州草桥学舍，同学有顾梦良、顾公雄，他们辈分虽为叔侄，而是年相若学相等的。这两位都是怡园、过云楼的小主人，我经常到过云楼访他们闲谈。这时厅堂侧厢，那位经学大师孙伯南设绛帐其间，如顾荣木、顾季文、潘景郑、俞调梅、顾翼东、张问清、汪葆潗等，均沐其教泽。因此我也经常晤见那位伯南老人，他体硕容苍，善气迎人，这个印象给我很深。

伯南老人，名宗弼，号式甫，又号伯组，生于清同治七年（1868）十月二十三日，卒于民国二十三年（1934）正月初六，享寿六十有六。他家世在吴中，诗书递传，以启迪后学为己任，因此老人毕生精力瘁于教育事业。清光绪年间，吴郁生、叶鞠裳、江建霞诸乡先辈为学政时，他充阅卷房官。及废科举，兴学校，他应聘存古学堂，曹叔彦为经学总教，叶鞠裳为史地总教，他也佐叔彦教经学。此后授教公立中学，一时莘莘学子，如叶圣陶、顾颉刚、王伯祥、吴旭丹等，均出其门下。此外又掌教苏州振华女学、江苏女子师范学校，及上海浦东中学等，桃李门墙，蔚然称盛。

他每天上午任学校课务，下午设馆顾家。其时主人顾鹤逸，为画苑祭酒，所作山水，尺幅寸缣，得者视同拱璧，画端题识，往往请他代笔,隽雅简洁,自然得体,丹青价值,借此益增。他教学生诵读《五经》及《纲鉴易知录》,此外还读些近代古文,又复吟诵唐诗来调剂精神。他讲解课文,绘形绘声,淋漓尽致,几如明代柳敬亭的说书,使学生乐而忘倦。课余,或带学生到怡园去读楹联,这些都是顾氏上代顾子山所集的宋人词句,妙造自然,天衣无缝,他一面读,一面解释,学生被他吸引住了。有时师生同往护龙街,逛旧书铺,此处为吴中旧书集中所在,铺主大都和伯南相识,可任意翻阅。这样,学生由于涉猎典籍,对版本目录得初步了解。他这教导方法,循循善诱,生气蓬勃,从兴趣中增进知识,学生莫不深得其益。他对于学生作文,非常重视,往往批了教学生改写,改写了又批,批了又改写,直至他惬意为止,所以一次作文,学生务必几易其稿,他老人家一批再批三批,也不厌其烦。

  他不但于经史造诣深弘,而且旁通金石之学。当他出任阅卷房官时,足迹遍及云、贵、川、甘诸省,每到一处,不辞跋涉,搜访断碑残碣,加以墨拓,因此收藏极富。故在过云楼书室中,四壁挂满不同时代、不同书体的黑白碑帖,让学生观摩比较,使他们眼界大开。他又精于书法,篆则师散氏盘,楷则学魏灵藏、杨大眼等。时常有人请他写楹联,写时拉纸的任务,当然由弟子服其劳,而学生们亦乐意接受,因借此可以提高书法素养,增进书法知识。他又边写边讲,谓:"写字应当注意全面布局,一气呵成,字形狭者扁之,短者长之,变化万端,而间架结构,也不一定按照成法。"有一次,写一"人"字,竟先由右捺而后左撇,全凭气势为之。他又谓:"临一本帖,学一种体,必须再学一本帖,一种体以神化之,所以读书贵专,学书贵博。学篆则字义明,学草则落笔速,个中三昧，尽在于此。"所以他把《说文》，作为学生必修之课。（伯南父传凤，著有《说文古本考补》。）

伯南老人不仅诲人不倦，而行谊也令人钦敬，他的族人某，嗜赌成癖，归必深夜，其妻颇以为忧，可是屡劝不听，乃诉诸伯南，伯南便夜往其家，守候某归，为之启户煮茗，且脱己衣而代披，说："夜深了，别中了寒气。"某为之不安，次日晚继续侍候，某感愧交并，从此力矫其行。又，他的一个朋友因病不能返里，他迎诸家中，为之调汤进药。他鳏居无内助，家中又乏仆役，凡洗涤垢秽，事必躬亲，直至友人病痊始止。他居卫道观前街，每日到馆，常安步当车，途中见有乞食者，必探囊施济，故他虽不雇车代步，以示节俭，结果所费实倍蓰于车资。某冬，他新制一件羊皮袍子，途遇一族叔，见其敝衣瑟缩，他怕其不胜寒，慨然解裘相赠。又，金松岑文集中《苏州五奇人》之一的沈绥成，著述很多，及死未刊，他为之整辑，顾公雄斥资付诸梨枣。他自己的作品却没有留存，日记也都散失，甚为可惜。

伯南的同怀弟宗干，字树人，一作孺忱，别号风木老人。工书，朱古微侍郎为订润例。晚年喜作篆，这时日军肆暴，东南诸省沦陷，有腼颜事仇，以图目前的利禄，如此不乏其人，孺忱引以为耻，思有以励世振俗，于是发誓以篆书写文信国《正气歌》一万本，播诸乡邦。萧蜕庵题其书幅云："老友孙孺忱，于《正气歌》屡书不一书，读者如能百回传诵，则平旦之气，如草木之再荣，如冻雷之忽奋，炎黄之绪，绝续之机，于是觇之耳！"孺忱与伯南友爱甚笃，孺忱多病，缠绵床榻若干年，支持门户，唯伯南是赖。一日，伯南将远行，给孺忱医药之资，孺忱知伯南川资且不敷，坚决不受，伯南固请，非受不可，相与哭泣，闾里之乖骨肉而阋墙的，为之感动。

叶圣陶之妹与江红蕉为偶，即由伯南介绍，在吴中举行结婚典礼，我去道贺，又和伯南把晤，此为最后一面，当时是不及料的。

记程瑶笙

程瑶笙先生名璋，他是民国初年具有创新精神的一位名画家，可是翻遍近年所刊印的《中国美术家人名辞典》，却没有列入程瑶笙其人，原来把他遗漏掉了。

瑶笙先生是我的老师，知师莫如弟子，那忝列门墙的我，记述老师的生平，当然是义不容辞的了。他原籍安徽休宁，是鉴堂公的哲嗣。洪杨之役，鉴堂公避难至江苏泰兴，卜居南门红袍街太平桥畔，便世居其间。瑶笙先生排行为德字辈，所以取名德璋，有同怀弟德润，字竹君，擅书法，摹《张猛龙碑》，得其神髓。瑶笙先生亦能书，但以画为主，昆仲甚为友好。德润早年下世，湮没无闻。瑶笙先生的画，蜚声南北，作画署休宁程璋，把"德"字省掉了。据其侄孙程国华见告：其曾祖母临产时，梦一獐入室，因取乳名獐獐，后以獐字为犬旁，有欠雅驯，乃改獐为璋。鉴堂公从事典业，一日，忽有人来就质，检视则为珍珠一匣，灿灼生光，精圆可喜。就质者谓有急需银五百两，奈当铺旧规，按物价抑其半数，未能如其愿，乃婉言相商。鉴堂公视其人温温淳淳，颇具士人风范，便勉为成全，增益质值，其人满意而去。既而时局平靖，其人固仕宦者流，不但原物赎回，并斥资在常州设济恒典铺，立聘鉴堂公为经理。因此携带瑶笙先生入铺，专司包房管理质物，这是一个好缺，很空闲的。瑶笙先生工作余暇，学习国画，从汤润之先生为师。润之常州人，瑶笙先生既得良师，经其循循善诱，进步很快。及鉴堂公逝世，获得遗金一千数百元，全部购买了日本出版的画籍及博物书，攻研不倦，日后在画坛上享有盛名，且画参透视，阴阳向背，饶具新意，丹青家认为有创造性，这是有其渊源的。

瑶笙先生对于典业，非其所喜，便脱离了。任教常州的粹化学校，教博物课，他既擅画，凡博物标本所不详的，他即在黑板上描绘出之，为任何博物教师所莫及，所以对学生的启迪功用特别大，莘莘学子，无不喜欢听他的课。不久，上海的中国新公学慕名聘请他，他又来到上海应聘。这个学校是很有来历的，校址设在北四川路横浜桥北首，是我国留日学生不甘受日人节制，相率退学回国，自行组织的。当时的教师，如于右任、宋教仁等，颇遭清廷之忌，那干事姚宏业在恶劣环境中，愤而自杀。瑶笙先生任课，犹及与右任、教仁同事，所以他珍藏着右任及教仁的书件。右任所书，散在外间的较多；教仁所书，为外间所罕见，尤为难得。后赴苏州，任教江苏省立第二中学，该校附近有一草桥，因此亦称草桥中学。造就人才很多，如画家吴湖帆，雕塑家江小鹣，刻竹家徐孝穆，史学家顾颉刚，教育家叶圣陶，小说家范烟桥、江红蕉，图书馆专家顾廷龙，剧学家于伶，等等，都是该校的优秀生。我肄业该校，即沐瑶笙先生的教泽，给我印象很深的。他老人家一无威仪，授图画，必临时示范一幅，俾学生领会其点染之法，点染之际他常有一口头语："画坏哉！"同学们在临摹时，也效其口吻："画坏哉！"此起彼应，一片"画坏哉"的声浪，充满教室，直至钟鸣下课。课余，同学们更喜和他谈笑。这时的服装盛行一种套裤，所谓套裤，是由节俭而起，穿布裤未免太寒酸，布裤外面，套着有裤管没有裤裆的裤，那就所费绸料不多，用绳索系在裤带上，外面罩着长袍，观瞻上很华美，脚管缚着带，又很保暖，是一举两得的。瑶笙先生谈得高兴，从套裤中摸出一把长生果，和同学一起剥着吃，简直和家人父子一般，师生关系，融洽极了。记得有一次，在谈笑间，他提出一问题："所有动物，耳朵最大的是什么？"同学们说是大象，他说："不对，象庞然大物，耳朵虽大，从比例上来谈，那就不算大了，要以比例论。"

他在苏州教了一段时间的课，又应聘清华大学，为上庠名师，门墙桃李，更蔚然称盛。既而他倦执教鞭，回到上海为寓公，初寓白克路的永年里。这里住着两位名人，一位当然是瑶笙先生，还有一位殷震贤是伤科医生，擅昆曲，粉墨登场，轰动一时。两人虽不同道，却是有往来的。他参加了海上题襟馆。这馆成立于清光绪年间，据熟悉史料的谈，辛亥革命以后，从清政治舞台上退下来的一些名流，都为海上寓公，他们多数擅长书画，因此海上题襟馆无形中成为他们的消遣地。白天到会的人比较少，一到晚上，大家都聚在馆里，一张可以容纳二三十人的长桌总是围坐得满满的，一直要到深夜才散。他们谈话的资料，除了有关金石书画外，很多清季的政治掌故，谈得很有趣味。馆长是汪洵，汪洵逝世，吴昌硕继任其事，哈少甫和王一亭担任副馆长。驻馆馆员为俞语霜，后为骆亮公。瑶笙先生也是馆中的座上客，认识了很多馆友，如冯梦华、陆廉夫、狄平子、黄山寿、金蓉镜、商笙伯、朱古微、童大年、黄宾虹、褚礼堂、赵叔孺、高野侯、丁辅之、吴待秋、贺天健、曾农髯、赵子云、任堇叔、天台山农等，广通声气，得切磋之益。他的画名，也就传布南北，什么山水、人物、花卉、草虫、佛像、鳞介、博古，无所不能，无所不精。他的杰作，以《九秋九虫图》为最，图为六尺巨幅，魄力雄伟，形状妙肖，且自来画家，只作九秋，写九种秋花而已，从没有绘九种昆虫为九虫的，这是仅见之品。他造诣既高，又不断研究，能以纯古之法，参入西洋画理，因此他的画，若戴老花眼镜窥之，自得阴阳透视之妙。他在盛名之下，又很谦虚，有一次画秋葵花，作一直幅，满幅都是花朵，或正或反，或高或低，绰约秾郁，一片芳菲，他绘就自赏，甚为惬意，不意有人提了意见，说："秋葵是次第开放，决不是同时竞艳的。"他从善若流，立即把画撕了，重行涉笔。他持论往往有独到处，如谓："赵昌的写生，徐熙的没骨，虽说是生香活色，然总不及真花卉的鲜丽悦目，这是什么缘故呢？原来花瓣的薄膜上，有无数的水泡，水泡起反射作用，在丹青缣素上，这一点就无法做到，所以比起真花卉来就大大地打了个折扣。"这种说法，的确是道人所未道。

电影名导演但杜宇，擅绘西洋画，蓄西洋画册，累累数十册，沉浸其间，颇有心得。一天看到了瑶笙先生一幅翎毛花卉，大为钦佩，知我和瑶笙先生有师生之谊，托我求得一册页，置诸案头玻璃板下，日夕欣赏，既而觉得不满足，不知从哪里购到一幅猿猴中堂，他悬诸治事室中，奉为至宝。

瑶笙先生所订的润例特别高，当时在上海鬻画的，如吴湖帆一柄扇页，三十二元（其时大米每石只五六元），已造高峰，可是程氏一扇，竟达一百零八元，寒士为之咋舌。实在他接件太多，不暇应付，定此高润，无非借此有所限制罢了。但引起同行嫉妒，认为他乖离四王吴恽的正统范畴，斥他为野狐禅，不足为法，大有把他摈诸门外之意，可是他置之不理，我行我素，蜻蜓撼石柱，始终没有撼动他，生涯还是鼎盛。

常州邓春澍，善画石，有石圣之称。春澍和瑶笙先生同属海上题襟馆馆员。某次来访瑶笙先生，相与闲谈，春澍深羡行医者获利较易，而功效显著，瑶笙先生却认为医生不如画家。亡友丁翔华，为丁健行的哲嗣，刊行《蜗牛居士集》，中有一段文字，记载瑶笙先生所谓医生不如画家，举出四点，言之成理，复饶趣味，节录于下，以飨读者：

> 海上房租至贵，一屋月费巨金，且医者必精治一室于市，陈设务华美，仆舆必完备，虽无人过问，不可有所节俭。画家则僻巷敝庐不为辱，衣食不丰不为羞，无人过问时，寄食戚友之家，所费至廉，一也。医生自朝至暮，候诊必居室，出诊必以时，风雨寒暑，不能不冒忍，失其自由。而画家游憩可任意，出入可随心，兴至泼墨挥毫，兴尽则搁笔不理，二也。医者诊察有失，病少起色，无功受禄，贻怨于病家，甚或误人生命，于心何忍。画家寄逸情于缣素，收万物于毫端，笔饶生机，心游物表，使观者雅俗共赏。况求画者大都富有之人，收润取不伤廉，三也。医者处方，虽极精审，病家过后十九弃去，以为不祥，即其子孙欲求先人遗墨，遍索不得。而画家题识累累，任写胸臆，高标姓名，悬诸厅堂间，与商鼎周彝相辉映，四也。

他自奉很俭，既不吸烟，又不喝酒，进饭一荤一素。出入乘公共车辆，没有自备车。寓中器具，大都由北京路旧货铺廉价购来，长几缺一足，用煤油箱垫着，是否美观，在所不计。而喜济人之急，曾说："我得天独厚，福当和人共享。"有一剃头的，经常到瑶笙先生家为他整容，甚为熟稔。某岁岁暮，剃头的送来两瓶佳酿，瑶笙先生知有所求，询之，始知难以度岁，恳请瑶笙先生赐一画轴，俾得善价而沽。瑶笙先生立即精心挥毫，且复设色，暖红冷翠，非常悦目，给剃头者持去，并还其佳酿两瓶。剃头者再三道谢，携画往古玩市场，居然获得善价，偿清债务外，又有余资，购鸡买肉，兼及鱼腥，过了一个很愉快的年。

当时有一画家袁天祥，一手很好的人物，我曾见他所绘的一幅《钟馗嫁妹》，那钟进士苍颜戟髯，气象威武，其妹为一美婵娟，燕钗蝉鬓，绫绮彰身，坐在肩舆上，诸鬼魅司仪仗，一蠹灯着火，燃烧及半，烟焰熊熊，尤为生动可喜，迄今犹留印象。可是这位画家，画运不通，没有人请教。他对于瑶笙先生，谊在师友之间，他又擅烹调，时来瑶笙先生家，为之制肴，一同进餐。逢到生活窘迫，瑶笙先生总是选择一两幅精品送给他，任他多卖些钱以救急。

家乡修葺祠堂，请其资助，瑶笙先生立斥三千金以为创，桑梓观念，也是很重的。他对于显贵者流，甚为藐视，有某巨宦遣人送一"贵上人"请帖邀之赴宴，他嘱女佣回绝，说是"赴乡不在家"，大有古人逾垣避之之风。

瑶笙先生最后卜居新闸路的南安里，这是新亚药厂的厂屋，新亚的主持人许某，是社会名流，瑶笙先生和他为总角之交。瑶笙先生身后仅就所藏书画而言，估计三十万元，当时可谓巨富。他的致富之源，一是他自奉很俭，一是他润笔收入较丰，主要还是许某帮他做药生意，赚钱更胜于润笔收入。许为人也很风雅，名超，斋名海上剑鸣庐，武进望族，谙文翰。瑶笙先生于1932年冬，用珂罗版影印画集，由谭泽闿题签，那篇序文，就出于许某之手，节录于下，两人的交谊和瑶笙先生的画艺，不难于此见之：

> 吾国以丹青驰誉者，唐以前无论矣，若宋若元若明若清，

或长山水，或长人物，或长翎毛花卉，一时之精研画学者，代有名流，顾专攻一艺者有之，兼擅众长者几未之有，有之则当自休宁程先生始。先生名璋，号瑶笙，性恬淡，平居以画自娱，其为画也，参物理，研构造，迥异凡手。故其画山水也，层峦叠嶂，气象万千。其画仕女也，纸上真真，呼之欲出。其画花卉也，生香活色，妙造自然。其画动物也，无不毕肖其状，技至此，可谓神矣。

这画册的画题，均标以七言句，如"两人心事只琴知""长留仙境在人间""一枝湘管写春风""试买春风贮玉壶""山色松声同献寿""鸡冠花下育群鸡""槛外春风双好花""牧马松林得自由"等。我所看到的，别有一本，那是商务印书馆影印的，可惜已残损，封面和底页都失掉了。据云，这是胡适之题的签，适之曾受瑶笙先生的教泽，又复同事过一段时期。这画册有龙、虎、马、猴、猫、鸡、蛙、鸟、蜻蜓，以及山水、人物，无不具幽情遐致，旷怀自逸之致。

他居南安里时，恰巧我避难寓居新闸路辛家花园隔邻的赓庆里，赵眠云家和南安里相距不远。有一次，我和眠云备了家肴邀请瑶笙先生，居然蒙他宠临，眠云藏扇一二千柄，他观赏品评，尽半日之欢。我经常往访，在他画室内，见到一本摄影簿，翻阅一下，内有一帧"中国新公学师生同乐图"，胡适之立在瑶笙先生旁边，适之亲题一诗于其上，适之以新体诗负盛名，旧体格律诗很少见，我就把它录下：

也知吴越同舟谊，无奈惊涛动地来。
江上飞鸟犹绕树，樽前残蝶已成灰。

昙花隐现空余恨，鸿爪遗留亦可哀。

莫漫劳劳作刍狗，且论气味到岑苔。

物稀为贵，工拙在所不计了。

瑶笙先生十七岁即成家，生子早卒，后来夫妇感情不甚融洽，瑶笙先生为沪上寓公，夫人独居泰兴，不相往来。瑶笙先生为慰寂寞计，纳了一如夫人，既而如夫人挟所有珍饰及部分文物，一去杳如黄鹤，他便在报上登一告白，和她断绝关系，并涉及卷逃情况。隔了若干年，她把挟去物资吃尽当光，生活发生困难，想出诡计，反而向法院控诉遗弃，这时瑶笙先生患视网膜剥离的严重目疾，便由我伴着他赴法院，出所登告白作证，如夫人不得值而罢。

他双目失明，很感苦闷，访得一德国医生，为眼科权威，施行手术，竟妙手回春，恢复了视力，出院静养。不料忽得家乡来信，说他故居的房屋，被他的侄子寅生私自卖去。他得讯大怒，过了一天，双目复失光明，请教医生，医生说："目病最忌动怒，一怒之余，血液上冲，病不可为。"他向医生恳商，医生答应他来春气候和暖时，再施手术。及春就治，以年老体衰，只治愈一目。这时他虽不能绘画，却能作擘窠大字，金石家朱其石为刻"盲人骑瞎马"五字印，钤在写件上。他调养数月后，再往施治别一目，不意医生检验体质，捏伤肝脏，从此一病缠绵，加之心脏病并发，遂于1936年农历二月二十日逝世，年六十有八。他生于1869年农历二月二十日，生卒同日，可谓巧合。他临危时，他的义子戴荣生就近招我去，我提议请律师，并邀其族人程荣甫、程肇基及至交秦锡九同来作证。律师刘世超立写遗嘱，念给瑶笙先生听，他已不能说话，却点了一下头，由我上了病榻，握着他的手签了一个"十"

字，签罢也就气绝。按遗嘱分产三份：一归夫人，一归侄子，一归义子。卜葬江湾上海公墓，他的故交杨体仁号宛叟，为撰碑文，立于墓道。其时如夫人又来纠缠，欲奉丧礼，家人驱逐之，卒由族人给以数十金始去。遗产除书画外，没有现金。又所藏三代铜器，留在泰兴，不知去向。画幅间有伪件，这并不是瑶笙先生失于鉴赏，原来明知其伪，当时取其章法布局之佳胜，斥廉值购进的。又藏有一大瓷匣，精致异常，为大内物，贮有印泥，为慈禧太后之用品，分产时，由杨体仁代为保管，后体仁死，这件印泥也不知流落到哪里去了。

瑶笙先生的弟子遍南北，有何德身、刘延汾不甚知名，私淑弟子柳渔笙，又郑集宾亦尝从游。在上海瑶笙先生的侄孙，名国华，号瑶孙，渊源家学，所绘松鼠猿猴，很受欢迎。旁精珠算，为珠算学会会员。其他弟子我知尚有复旦大学教授朱东润、华东师范大学沈百英。

章太炎迁居苏州的曲折

国学大师章太炎逝世于 1936 年，但士林中人，还是系念着他老人家。我友汤志钧为辑《章太炎政论集》及《章太炎年谱长编》。上海人民出版社为刊《章太炎全集》《篆书千字文》。太炎擅篆书，又精《说文》，这《千字文》标准典型，为学篆的津梁。

我对于太炎很为崇敬，早年即藏有上海古文社所刊行的《章氏丛书》，如《文录》《检论》《国故论衡》。其他还有散见报章之作，此外单本尚有《訄书》《驳康有为书》《国学振起社讲义》等。手头所存的，有太炎的书扇、信札、诗笺，以及他一瞑不视时的照片，带着微笑，很为慈祥，这是他的从侄章立达送给我留念的。

太炎兼治医学，一年夏天，霍乱盛行，患者颇多不治，太炎在报上发表了《中国汤剂救治霍乱》一文，引起医学界的研讨。又有一年，他的亲戚沈和甫来沪，住在振华旅馆，忽然抱病，我与和甫为苏寓枣墅的邻居，很早相识，我去探望，问："请了医生没有？"和甫说："方才章太炎来诊治过，开了个方剂在桌子上。"我取来一看，墨沈尚没有尽干，可知太炎离去仅片刻，可谓缘悭一面。

太炎的老家在杭州，另在上海赁虎同孚路。后来觉得上海尘嚣烦扰，乃有迁地为良之想。恰巧苏州的金鹤望、陈石遗、张仲仁、李根源等组织"国学会"，由鹤望敦请太炎来苏讲学，他欣然前往，寓于李根源的"曲石精舍"，供奉备至，乐数晨夕。因此太炎与鹤望、根源契订金兰，三人为异姓兄弟。太炎觉得苏州水土清嘉，且名胜古迹到处都是，认为是个好地方，便贸然购了城中侍其巷"双树草堂"的屋宇。及太炎夫人汤国梨来苏一看，发觉该屋虽小有园林之胜，但没有后门，万一发生火警就很危险。还有一缺点，旁邻机织厂，机声轧轧，喧耳不宁，居息及治学都是不相宜的。结果，由汤夫人作主，折价让掉了该屋，别购锦帆路八号的住宅。门上挂着两块牌子，一是"章氏国学讲习会"；一是"《制言》半月刊社"。《制言》是太炎所主持，而由他的弟子潘景郑、沈延国、孙世扬助理编辑的。

太炎为苏州寓公，一方面治学，一方面还不忘政局，曾赞助抗日救亡运动。1933年，上海学生赴江宁请愿，请国民党当局出兵抗日。经过苏州车站时，太炎特地遣人携面包果品到站慰劳。他又想把武昌起义以及共患难的革命志士，一一为之作传，但只写成了焦达峰、秦力山传，其他没有完成，实在精力已不济了。

太炎逝世苏寓，汤夫人拟备一楠木柩，奈索价奇昂。这天陶冷月画师亦来吊唁，而那寿器铺的小主人，恰为冷月的弟子。由冷月为打交道，才得抑值，成其殓事。汤夫人知太炎生前，很钦佩明代张苍水抗敌不屈的精神，深希将来埋骨杭州张苍水墓旁。汤夫人欲竟其遗志，为之卜葬西子湖畔，不料日军侵略，东南沦陷，也就未能如愿。直至1955年夏，才得从苏州墓地将柩起出，先期举行公祭，由汪旭初、金兆梓、谢孝思、范烟桥、周瘦鹃等恭送灵柩赴杭安葬，典礼非常隆重。瘦鹃且撰一联挽之：

吴其沼乎，昔诵遗言惭后死；

国已兴矣，今将喜讯告先生。

曾几何时，而送葬之汪旭初、金兆梓、范烟桥、周瘦鹃均先后下世，仅谢孝思尚健在，为仅存的硕果。

书联一万四千件的唐驼

数十年前，上海市招，大都出于唐驼之手，尤以中华书局的招牌，华茂工稳，引人瞩目。唐驼平易近人，写成市招，必先请做市招的工人审鉴，由工人提出，哪笔须肥，哪笔须瘦，务使配搭匀称，他很客观接受工人的意见，两相商酌，然后翻刻。因此所成，迥出凡众，一般商人纷纷请他书写，生涯也就鼎盛了。

他本不名驼，原名守衡，背部隆起，人们呼他为唐驼子，他就索性自称唐驼了。唐驼出了名，守衡的原名，反而隐没。他是常州古文家唐顺之的后裔，若干代传至他，已式微了。他在家乡，为巨家看守祠堂，那是很空闲的，为消遣计，每日临写九成宫帖，持之以恒，居然具有欧阳率更笔意，复上窥魏晋六朝，加以变化，书名满乡里。他毅然来沪卖字，以图发展。经人传扬，居然和汪渊若、高聋公、李梅庵、刘山农争一席。常州有唐安邦其人，为他的曾叔祖，《武进县志》列入《孝友传》，人称唐孝子。唐驼发愿，在家乡建立唐孝子祠堂，以垂不朽。建祠堂须有大量资金，这怎么办呢？他在报上大登广告，减润写联，笺纸奉送，笺凡二十一种，任人选择。五尺联二元六角，六尺五元六角，金笺每幅四元，售去一万四千多件，建筑费绰绰有余。且在祠堂旁辟有暂园，栽花种菜，族人为之灌溉。

他写字过多身体失健，患胃充血，经名医牛惠霖诊断，伏案室及胃部所致，一方面由人代制一钢骨马甲，维持背驼不致加剧，借以护胃，疗养数十天始愈，但以后写件有所限制了。

如皋冒鹤亭珍藏文物的公开

如皋冒辟疆（襄）以《影梅庵忆语》，记其姬人董小宛闺帏逸事，笔墨华赡，传诵于世。冒鹤亭（广生）为辟疆直系，文采风流，亦为当代所敬仰，逝世迄今已30年了。鹤老出道很早，参与维新运动，和康有为、梁启超、林旭等结为挚友，公车上书，也属一份子。辛亥以后，潜心著述，直至耄耋，未尝辍笔。

鹤老寓居沪西延安中路模范村22号，和我谊在师友之间，我是经常去请教的。在他家看到他先德的手泽，又他老人家和古文家吴挚甫、林琴南合摄的小影。他交游很广，四方俊逸之流，诗翰往函，他分着省份都邑，分储纸袋，累累成堆，承他知道我喜蓄名人手札，允许分贻我一部分，但他事冗遗忘，没有践言，我不便催询，也就不了而了。有一次，他家不知从何处飞来太常仙蝶，两翼斑斓，硕大殊异，停止在他书斋中，兀然不动，他引为奇迹，电邀吴湖帆、陈名珂和我，前往参观。那时女画家吴青霞住在他右邻四明村，也邀来和湖帆一同写生，成为两扇，他立赋《太常仙蝶歌》，湖帆所画扇，一面由名珂作诗，青霞所画扇，嘱我办录《仙蝶歌》。我率拙不能书，奈固辞不获，只得献丑涂抹了。这一段风雅事，沈瘦东的《瓶粟斋诗话》且有专载。

鹤老一度倾跌伤胫，我怀念他，频往探视，他很寂寞，也希望我多去谈谈。蒙他见示如皋水绘园的景色和修葺不如人意事。又他的祖籍为蒙古，乃成吉思汗后裔。生于广州，因名广生，时为清同治癸酉（1873）三月十五日，和其先德辟疆同日生。

去年，我撰《水绘园后人冒鹤亭》一文，长七八千言，载香港《大成杂志》，发表后寄给鹤老嗣君冒效鲁教授。不久，效鲁病逝，幸得寓目。

鹤老是上海市文物保管委员会顾问，离世于1959年。及1961年，他的女孙冒怀庚等，根据鹤老遗愿，将家藏文物900多件，一股拢儿捐献上海文管会，距今已30年了。为了表彰鹤老及其家属的爱国主义精神，上海博物馆物选其中精粹，公开展览。怀庚持请柬请我一赏，惜我艰于步履，未克前往一饱眼福。

据怀庚所谈，鹤老所藏，都富有很高的文献价值，家传的珍品，如辟疆的行书诗轴、辟疆的画像、辟疆的水绘园六忆歌诗卷、辟疆行书杂稿册，又辟疆姬人董小宛仙逝后，纳金玥为红袖添香使者。金玥，字晓珠，也是秀外慧中的才女，擅丹青，鹤老藏有其花鸟轴，与蔡含合作的秋花白鹇图册、凤梧扇页，这些都是外间绝少见到的。又著《浮生六记》的沈三白，为作《水绘园图》，意境出之，笔墨高超，也属稀世的瑰宝。其他如文徵明的行书诗轴、王稚登的行书诗轴，这是明代的。又汤贻汾的行书轴、阮元的隶书七言联、林则徐的行书七言联、八大山人的行书诗卷、高凤翰的行书诗卷、在声山、黄瘿瓢、陈维崧的画像、吴昌硕的梅花册，这是清代及民初的。至于印章方面，有戴本孝刻冒辟疆六面印、许容刻金玥六面印。赵之谦印较多，如东村复社后人、周星誉印祥符周氏瑞瓜堂图书、周季贶印、星诒印信等。原来周星诒是鹤老的外祖，具有渊源的。又赵之琛刻陈澜生印、谷泉印。黄牧甫刻玉溪生同年生印、怀逸印。吴昌硕印也不少，如鹤翁长寿印、如皋冒大所见金石书画图记、纯宦印等，凡10余方。陈师曾所刻印，如乞食情怀天所见疚斋印，疚斋乃鹤老别署。砚有水坑端砚二，水绘庵填词澄泥砚。又福熙日记三册、俞曲园尺牍一册、张元济手札一束，周星诒、赛金花等致鹤老尺牍也汇装成册，傅以礼手抄《雪交亭集》，琳琅满目。

鹤老著述的稿本，如《疚斋随笔》《疚斋口业》《疚斋词论》《小三吾亭杂著》三册、《小三吾亭文》二册、《词律纠谬》《乐章集补》《贾子新书校记》《淮南子补注》《管子长编》《校清真词稿》等，这些未经问世的作品，最好由公家付诸印行，以广流传，否则仅列于柜橱中，可望不可及，不毋引为遗憾。

吴昌硕画派的继承人赵子云

吴昌硕画派的继承人,最具代表性的,当然要推赵子云。子云名起,号云壑,江苏吴县人,于1873年11月生在一户渔民家庭里,他的父亲玉峰即经营渔业。他从小笃嗜绘画,读书时,罗致了许多小画片,或奔突的野兽,或栖息的羽禽,或峥嵘的山水,或蔚秀的卉木,都悉心临摹,无不栩栩如生。如果说,世间真有天才的话,那么子云的天赋,确是异乎寻常的了。

子云拜昌硕为师之前,尚有几位启蒙老师。最早为许子振,许氏名不出里闬,但善画山水花鸟,又精通岐黄术,常为人治病,有特效。还有一位,是浙江人李农如,擅作小品,一虫一介,可乱翁小海真迹。继而经人介绍,从学于专业画师任立凡,任氏的画艺,当然更高一等。任氏教他注意书与画的连带关系,董香光的行书,祝允明、王觉斯的狂草,郑谷口的隶书,以及石鼓篆书,等等,都使他得以窥其门径,打好坚实的基础。

子云在苏,每晨喜在附近茶肆品茗为乐,结识了昌硕的谱兄诗人顾茶村,这天茶村偶然谈到了昌硕,子云早就仰慕昌硕的写意花卉,便请茶村代为通融,愿从昌硕学习,茶村欣然应允。这时,子云住在苏州十全街,茶村住在平桥直街,昌硕住在铁瓶巷石灰桥畔,三人相距不远,过从甚便。子云作画,唯师命是遵,揣摩仿效,不以得师形似为满足,孜孜矻矻,更力追神似。昌硕对他说:"画种不宜太多,太多了难以精邃。"昌硕平日所画,无非兰、菊、梅、竹,以及紫藤、葫芦、牡丹、芍药等等,所以子云也以这几种见长，于是秾绘春情，疏写秋意，得其师妙秘。昌硕又擅刻印，作各体书，子云濡染之余，在这方面，也获益匪浅。昌硕是罕画山水的，而子云对于山水，在立凡指导之下，已打好了根基，进而学石涛、石溪，在泽古方面，又痛下功夫。加之吴中有灵岩、支硎、虎阜、狮峰之胜，每逢春秋佳日，偕侣出游，江浙一带踪迹遍处，胸中储有丘壑，写之成图，每多佳构。

昌硕觉得子云羽毛已丰，可以任意翱翔了，就敦促他试往商业中心兼文化中心的上海鬻艺，以谋发展，且备了一封介绍信，交子云带给王一亭。子云到达上海后，首先拜访了王一亭，深蒙一亭推爱。子云又四出谒见同道前辈，请求指教。一方面印了润例单，分发各笺扇庄及装池铺，如朵云轩、九华堂、锦云堂、锦润堂、天宝斋等，代为收件。其中尤以朵云轩主人孙吉甫最为热心，代他招来条幅若干件，以利发市。子云感到住在小旅馆里太嘈杂，不适宜安砚作画，才设法租赁了盆汤弄的一家箱子店的小楼，作为工作室。日间不停地挥毫，晚上外出拜访各界名流，以资联络。卖画生涯，尚属不差。经过半载的努力，结算除去一切食宿开支及交际费外，尚积余二百多银圆，买了些食物和日用品返苏一次，向昌硕老师汇报了情况，老师亦为之色喜。子云在家逗留了半个月，再来上海，求画者川流不息。翌年，即1911年的夏天，昌硕也来作海上寓公，赁屋北山西路吉庆里十二号。当时昌硕敦促子云赴上海鬻艺，是含有试探性的，先锋队去了很顺利，他老人家的大军就长驱直入了。

昌硕到了上海，觉得书画家必须有一个聚会谈艺的处所。以往上海有平远山房、小蓬莱和萍花社，来的人彬雅多文，情亲切磋，现在理应组织起来，继承往迹。因此便有"海上题襟馆金石书画会"的成立。一时如汪渊若、哈少甫、冯梦华、陆廉夫、金甸丞、李平书、任堇叔、狄平子、王一亭等，都来参加。这时汪渊若是清光绪壬辰（1892）的太史公，书法方面，名望很高，就推举渊若为正会长，昌硕为副会长，渊若不久逝世，昌硕便是正会长了。具体事务则由昌硕的儿子臧龛、东迈及弟子徐星洲、赵子云负责。会址设在福州路广西路口沿马路的一所两开间门面的楼上，楼下由沈荷卿开设一装池店。由于该处为市中心区，交通便利，一到晚上，大家都聚在这里，一张可以容纳二三十人的长方桌旁，总是坐得满满的。会员常把收藏的珍贵书画，拿到这里陈列，供彼此观摩。书画商也每晚挟着大批的书画古玩去兜售。子云因这鉴赏的东西增多了，认识的人也增多了，所以对题襟馆金石书画会很感兴趣。甚至命他的儿子日朋（字渔邨，擅画花卉，1983年才下世）住在会内，夜间帮助看管。

题襟馆书画会，差不多每天有人在那儿对客挥毫，尤其王一亭更为健笔，大都以四尺整幅宣纸作画，画成后，辄由昌硕为题，相得益彰，引起了日本人纷来参观。他们纷纷来求昌硕的作品，虽寸缣尺幅，亦视为至。昌硕具举行画展，日本人来订购的，几及画件的大半数。有若干幅订购了，再复订，三复四复甚至十复。这一下却使昌硕感到头痛，因为作画的布局和章法，是没有定型的，触处生趣，意到笔随，雷同了就没有趣，也缺乏意味，他是不愿这样做的。但为了应付求画者，便命大弟子赵子云代笔。好在这时子云功力已很深，悉心摹仿，足以乱真。子云作画是一笔不苟的，老师所嘱，聚精会神，全力以赴，画成，由老师审察，认为符合要求了，才钤印交件，否则再画三画，直至惬意为止。

子云和朵云轩主人孙吉甫交谊很深，且同癖昆曲，组织一曲社，社址即设在朵云轩楼上。子云能唱小生，又擅丝竹，和一班曲友，定期集会。还有一些书画家、岐黄家、评弹家，相与度曲谈艺，饮酒挥毫，引为尘嚣万丈中难得的乐事。所以子云一生，不但对于海上题襟馆很有兴趣，而对于朵云轩尤具深切的感情，到老还是念念不忘。

子云克勤克俭，他的夫人又善治家，历年鬻画所得，颇有积蓄，便于1936年携家返苏。他把原住的十全街屋子，翻造一所三开间的新院，且有小园，园中有一棵很大的石榴树，结实硕大似碗，桃树也属名种，其他如松、柏、栎、竹及玉兰、牡丹、枇杷、海棠、铁骨红梅等，点缀四时，繁荣不绝。凡此都是他老师昌硕爱绘的，也是他笔底渲染的东西，对物写生，更具实感。梅共十株，以符十美，又复借景附近有井泉十口，以符十全，遂榜为十泉十梅之居。从前乾隆皇帝自号十全老人，他藐视九五之尊的皇帝，居然也自尊为十全老人。可是好景不长，1938年，日军攻陷苏州，他逃往郊区香山，作避氛之计。约过了年余，重返故居，屋宇遭受损坏，园子又被隔邻的学校作为操场，什么花木竹石，一股拢儿被掘净尽。1949年后，他毅然把园子让给公家，留靠西一幢屋子，作为憩息安身之所。1955年，老病侵寻，结束了他的一生。他的弟子能继承其画艺的为黄昌中，以花卉、果品见长，今亦垂垂老矣。

医术传世丁福保

近来坊间重印了《古泉大辞典》《清诗话》等很有价值的专书，那编纂者丁福保的大名，又复热烈起来。实则他所刊行的书很多，据我所知，有《佛学丛书》《道学指南》《道藏精华录》《道藏续编》《说文诂林》《群雅诂林》《佛学大辞典》，凡此种种，日后或许都会把它重印出来。总之，他所刊行之书都是传世之作，丁福保当然也是传世之人了。

丁老字仲祜，又字梅轩，别号畴隐，又号济阳破衲，原籍江苏常州，先世即迁居无锡，无锡二丁，都是著名的，长者丁云轩，字宝书，号幻道人，为光绪癸巳（1893）恩科副贡，乃一位丹青家，花卉翎毛，师法陈白阳，敝笥中尚藏有一把画扇，是他精心之作。上海棋盘街的文明书局，出版了大量的碑帖、笔记、稗史，这个书局，就是丁云轩和廉南湖所创办的。仲祜是云轩之弟，在学术上成就更大。他十六岁应江南乡试，阅卷者评其文："抗手班扬，瑰奇宏肆之文，仍有规矩准绳在内，洵是作手。此文在梁溪（无锡别名），当掩过芙蓉山馆十层。"芙蓉山馆，为杨芳灿的斋名，杨芳灿才名昭著金匮，刊有诗文集者。他十四五岁，即通治汉魏六朝数十百家之文，的确为常人所莫及。

丁老读书江阴南菁书院，这书院振朴学于东南，创办者，为瑞安黄体芳、长沙王先谦、茂名杨颐、长白溥良，均一时名宿，主讲者，有南汇张文虎、定海黄以周、江阴缪荃孙、慈溪林颐山，彬雅多文，风流弘奖，培育了很多人才。如钮永建、孙寒崖、汪荣宝、赵世修、陈庆年等，丁老也是其中的佼佼者。当时王先谦即督促他治《尔雅》，谓："《尔雅》为群经枢辖。"又谓："《书目答问》版本略具，甚便初学，诸书可依以购求。"这一套垂训，给丁老影响很深，后来编纂《群雅六艺诂林》即植基于此。他的藏书累累数十万卷，也是受到乃师王先谦的启迪。编有《畴隐居士学术史》即有一则纪其事："光绪二十一年乙未（1895），余二十二岁，肄业江阴南菁书院，见院中藏书甚富，如入二酉之室；适五都之市，为之荡目悦魄，发我十年聋瞽，狂喜无已。乃手抄院中藏书目一册，而私自祝曰：'他日果能处境稍裕，必按此书目尽购之。'"后来竟购得许多典籍，藏书目所有的，他都置备，甚至藏书目所未有的，他亦有之了。并更多珍本，和名人手批本及外间稀少的孤本，真可谓有志竟成。至于这许多书是怎样罗致的，那是他和书贩相交往，时常借钱给书贩，到各地去收书，一般书香门第，子孙败落，把祖传的书册，悉数出让，书贩探悉了，廉值拥载而来，便先给丁老挑选，去芜存菁，许多不易得的珍本、孤本，都在他的诂林精舍中了。当时他设立医学书局于沪市静安寺路三十九号，此后文设立诂林出版社于大通路瑞德里六号，他即居住其间。

因他坐拥百城，朱古微、李审言、况蕙风等一些名流，纷纷向他借书，他毫不吝惜，只提出一个条件，阅览了，请在书上写些眉批，且钤印记，于是更扩大了名人手批本的数量。袁世凯次子袁寒云挥霍成性，常处窘乡，往往把家藏的善本抵押给丁老，得资以济燃眉之急。有的到期赎回，有的即归丁老收贮。有一次，寒云以唐代鱼玄机女诗人诗集初刻本，向丁老抵押二千金，该书历代名人亲笔题识凡若干纸，很为名贵，丁老乃置诸案头，日夕瞻赏，押期将满,给傅增湘知道了,便由傅氏代寒云赎取,书便归傅氏所有了。

他编刊的书,除上述几种外,尚有《方言诂林》《全汉三国晋南北朝诗》《汉魏六朝名家集》等,嘉惠士林,厥功匪浅。他一个人做这些工作,当然来不及,就延聘周云青、丁宝铨、黄理斋若干位助手,一方面备了很多有关的书,由他指导,加以剪贴,这样节省了重抄时间,又减少了错字。但剪用的书本,却耗费了一笔巨大代价。当时这部《说文诂林》,他搜集资料,先后达三十年,及出版,装订六十六册,七千六百余页,马叙伦盛赞其书,谓:"此书搜集古今治说文者之说,凡一千余卷,剪裁原本,循次编印。其搜抉之勤,比次之功,令人敬佩。图书馆既可备参考之资,而私家治说文者得此书,亦便于寻检。"该书完成,即从事编纂《群雅诂林》,采书浩繁,不亚于《说文》,他自己没有力量刊印,乃让给开明书局,开明付了一笔相当大的稿费,但一计算,工料颇感困难,搁置了若干年,直至开明停业,那稿本不知后来怎样处理。

丁老兼治医学,曾应南京医科考试,得最优等证书,特派为考察日本医学专员,他写了很详尽的《旅东日记》。归国后,自己行医,中医参酌新医术,就诊的病人很多,他雇一人坐在门口,看到病人步行来的,诊费只须铜元一枚,如果说明境况艰苦,医药费全免,坐人力车来的,诊费四个铜元,乘汽车来的,那就按照诊例每次一圆。对病人必亲自敬茶,诊后送出大门,习以为常。有时劝病人不必服药,只须多呼吸新鲜空气,进些白脱油,并说:"白脱油的功用很大,不但富于营养,妇女进之,有润泽皮肤作用,胜于面敷雪花膏。"又说:"多啖蔬菜,可减低血管硬化。多吃香蕉,小便不臭。揩身洗脸用冷水,可免感冒伤风。"所以他老人家,虽隆冬,每晨在日光下，也冷水摩擦。他所著的医学及卫生书，出版了不下百种，承他不弃，出一本即贻我一本，我都一一珍庋。

丁老幼年，体弱多病，长者忧其不寿，直至三十岁时，人寿保险公司尚不肯为他保十年寿险。他用科学方法自己锻炼，至四十岁，日臻健康；至五十岁，健于四十岁时；至六十岁，则尤健于五十岁时；年届七十，其体力精神尤强健多多。他一生不服补品，其时上海某人参铺，获得丁老照片，即作为广告资料，登载报端，"丁老服参，精神矍铄"云云，完全说谎。我们熟知的，为之暗笑。

丁老劝人呼吸新鲜空气，他躬行无间，他晚上睡眠，不关窗，严寒天气，人们拥炉取暖，他却在庭院中乘风凉。有一天，某某去拜访他，谈得很投契，既而他老人家忽欲小便，请某某宽坐一下，不料他小便既毕，忘记有客在座，便缓步庭院，呼吸空气去了，某某只得不告而别。同时常州蒋维乔（竹庄），也是自幼体弱，此后学因是子静坐法，得以转弱为健，老年还是神明气爽，讲学不辍。某日，丁老和竹庄晤谈，谈到养生之道，一主张空气，一主张静坐，两不相下，最后作出结论，将来谁先死，便是失败，谁后死，便是胜利。据我所知，丁老作古在竹庄之前，竹庄也就自诩静坐操必胜之券。实则致死原因很多，不是这样简单的。

他说："人体既当从事物质的卫生，更当注意精神卫生，精神的卫生，便是心性的涵养。自己固宜抱着乐观主义，心地既宽，那么目所见，耳所闻，都是充满着愉快的色彩和声调。否则感时花溅泪，恨别鸟惊心，怡情养性的花鸟，也会变成撩愁媒苦的品物，那岂不是自寻烦恼么！至于得失荣辱，一切置之度外，与世无争，与人无竞。人家骂我，当作耳边风，飘过就算，人家打我，认为和我开玩笑,叫他不要吵扰,人家也就罢休了。否则骂了我,和人家对骂,打了我,和人家对打,骂不过打不过人家,那就大气特气,不肯甘心,身体方面受了很大的损害。即使打骂胜人,那打骂时必然动着怒,昔人戒怒说得好:'怒心一发,则气逆而不顺,窒而不舒,伤我气,即足以伤我身。'事值可怒,当思事与身轨重,一转念间,可以涣然冰释。处于家庭,绝对不可有气恼。事事退一步想,便和平谅解,没有芥蒂。对自己的夫人,万万不能得罪她,她的生辰,不要忘记,届时买些她喜爱的东西给她,作为无形的礼物,那么既得她的欢心,决不会无端向你絮聒,向你有所要求,你就能自得其乐,消除一切的烦恼。"

他认为日光可疗病,日光是宝物。他说:"有许多人梦想天能雨金雨粟,忽然一朝有金粉金屑,纷纷从半空中吹坠,落在人们的头上、身上,人家的屋顶上,大地马路上,甚至田野上,那么世人必然要变成疯狂,抛弃一切正业,争先拾取,那还能谈得到社会秩序吗?实际天天不断有金粉金屑从半空中坠下,落在人们的头上、身上、屋顶上、马路上、田野上,所谓金粉金屑,就是日光,太阳给与地球上一切生物的光和热,其价值实在超过雨金雨粟哩。我国提倡日光浴,当以列子为最早,如其中《杨朱篇》云:'宋国有田夫,自曝于日,顾谓妻曰:负日之暄,人莫知者,以献吾君,将以重赏。'后来晋代陶渊明咏贫士诗云:'凄厉岁云暮,拥褐曝前轩。'唐白居易咏负暄诗云:'杲杲东日出,照我屋南隅。负暄闭目坐,和气生肌肤。初似饮醇醪,又如蛰者苏。外融百骸畅,中适一念无。旷然忘所在,心与虚空俱。'这两诗都说日光浴,居易诗尤为详尽,且能在静坐日光中,深得排除杂念之法,于参禅最为有益。"所以他老人家天天晒太阳，即深秋初冬的气候，他还是赤了膊，在太阳中晒一二小时，从来没有伤过风，咳过嗽。本其经验，著有《日光疗病法》一书。

他又和我谈了许多杂话，觉得很有意义："生平不懂交际，人家来拜访，我从没有回拜过什么人。人家请我吃饭，我也不懂得怎样回请。""走路是全身运动，最能得益，所以出外能安步当车，不仅可省车钱而已。但走路以不疲乏为限，疲乏便与身体不宜。""精神必须调节，做了一小时的工作，宜休息一刻钟。老年人只能做半小时工作，休息半小时。"他是主张素食，不进荤腥的。有一次，我们文艺界人士，在香雪园举行聚餐，这天，李石曾来参加，也是素食者。为了他们二老，特设一席素菜，高据上座，我们在下面照样鱼脍肉羹，恣意进啖。丁老又发起星一粥会，就是每星期一的晚上，在他家中吃粥，由他作东道主，好得只备几碟素品，如油条、花生、咸菜、萝卜干等，简单得很。惠而不费，无非借这晚上，大家晤谈而已。

丁老尚有些格言式的隽语，如云："拂尘涤砚，焚香烹茶，插瓶花，上帘钩，事事不妨亲自为之，使时有小劳，筋骸血脉乃不凝滞，所谓流水不腐，户枢不蠹也。"又云："笔墨挥洒，最为乐事。素善书画者，兴到时不妨偶一为之，若因应酬促逼，转成魔障。"又云："能诗者偶尔得句，伸纸而书，与一二老友共赏之，不计工拙，自适其意可也。若拈题或和韵，未免着意。至于寿诗挽章，概难徇情。"又云："院中植花木数十本，不求名种异卉，四时不绝更佳。呼童灌溉，可为日课，玩其生机，伺其开落，悦目赏心，无过于是。"他撰有联语，也是从修养中得来。如云："曝日半间屋，穷年万卷书。"又云:"检书几案窄,昂首海天宽。"又云:"心闲缘事少,日永爱书多。"又云:"万卷诗书春富贵,一楼风月夜繁华。"又云:"入世未工疏结客,归山无计且登楼。"又云:"岁月将阑防失足,利名大好要回头。"

丁老多艺能,且复擅诗,但诗名为他艺所掩,人不知之,更少见到。我在这儿,摘录数首如下:

闲坐得句
宵静坐虚籁,新凉一味清。
灯残知夜永,月出觉心明。
无念全真性,看云悟世情。
中年能达理,大道识亏盈。

拟山居
门外秋山静,空庭落桂花。
图书一二榻,鸡犬两三家。
鱼跳月波碎,鸦栖风柳斜。
夜来将入定,万籁寂无哗。

秋　兴
闭户时寻乐,清宵事事幽。
风吟三径竹,雁语一天秋。
长笛来渔艇,疏灯下小楼。
开编心自远,日与古人游。

题五十岁小影四首
年华五十如弹指,误落尘凡剧可哀。
夙世未能成佛去,此生又为读书来。

藏书十万又三千,笑傲侯王别有天。
英谓老夫生计拙,长安卖药自年年。

道院谈经亦偶然,神仙未学学逃禅。
题诗又是留尘迹,一笑人间五百年。

禅龛空寂一灯明,秋尽寒来布被轻。
居士莫嫌风味薄,本来无物本无生。

写 怀
悠悠岂必尽知音,漫向人前论古今。
道外无言方是道,心中有事即非心。
独超众岳昆仑壮,尽纳群流沧海深。
我是年来无一字,荒江抱膝且长吟。

他收藏的东西,当然以书籍为大宗,其他为甲骨,这许多甲骨,大都是著《老残游记》刘铁云家旧物。古泉锈绿斑斓,收藏很富。中国泉币学社,在1940年8月成立,就是他和张䌹伯、罗伯昭、戴葆庭、郑家相、张季量、王荫嘉、马定祥等十二人创始。当时借沐园花坪拍了一个合影,迄今四十余载,影中人除马定祥外,什九下世，这帧影片，亦唯定祥所独有。丁老所藏古泉，用线一一系在硬纸版上，每版若干枚，凡数十版，洵属洋洋大观。他晚年把所有的房屋田地及所藏的东西，捐献公家，并分给友好。自周代迄清代的古泉三全套，及甲骨等，归上海博物馆。他曾花重资购自常熟铁琴铜剑楼的宋元孤本十余种，捐给北京图书馆，请同邑侯湘绘捐书图，他亲自撰记。他说："自今以往，不蓄财产，勿造新屋，勿置一切精好之物。须将书籍碑帖古泉等散去，空其所有，本无一物带来，亦将无一物带去。"他赠给我明版《史记》，及贾秋壑《世彩堂韩昌黎柳河东集》影印本。又拟赠我《二十四史》一部，这礼物太重，我婉辞掉了，但心领之余，还是值得感谢的。

他老人家头脑很灵敏，很会出主意。他有屋在闸北，给亲戚居住。1927年，北伐胜利，都市拓宽马路，以畅交通。他闸北的屋墙突出着，也在拆毁之列，亲戚得此消息，非常着急，商请丁老，他灵机一动，就嘱亲戚回去，不要声张，立雇泥水匠粉刷墙壁，在墙上大书《总理遗嘱》，这样一来，屋墙居然保住不拆。丁老外间声誉很盛，匪徒觊觎，写一恐吓信给他，他置之不理。一方面杜门不出，那所居的瑞德里，大门外再加铁栅，非熟人不放进去。一方面，他和各报馆编辑都很熟稔，便在报上发表丁老做投机生意破产新闻。他又故意把医学书局出盘，并抬高盘值，当然不会有人接受，书局还是他的，只不过放一烟幕弹罢了。这样果然有效，匪徒不再来纠缠他了。

写到这儿，觉得尚有些琐事可谈。他早年治数学，曾编过数学书，执教于京师大学堂，那是廉南湖推荐的。世称历算家为畴人，清阮元有《畴人传》，所以他别号畴隐居士，是有由来的了。他的日文，得力于盛杏荪设立在上海虹口谦吉里的东文学堂，这时罗叔蕴为校长，日本人藤田丰八为教习。他读了许多日文书及《日本文典》，翻译医书六十八种。宣统年间（1909—1911），他的翻译书，在南洋劝业会得最优等奖凭。此后在德国都郎万国赛会及罗马万国卫生赛会，皆列入最优等，得文凭奖牌等物。古泉中，以小泉、大泉、公泉、幼泉、中泉、壮泉，称为六泉，最为名贵，丁老却获见壮泉（那藏古泉富甲一时的刘燕庭所藏六泉，独缺壮泉，号称六泉，实仅五泉），丁老向其人购买，索值五百六十元，竟如数酬之，五百六十银圆，其时为巨数，丁老引以为豪，撰一长文，纪其来历。他礼聘贤士，鲍扶九、杨践形，一工金石，一通易学，均助丁老编纂。又顾实（惕生），历任沪江大学及国立东南大学文学教授，著有《中国文字学》《汉书艺文志讲疏》等书，丁老与之约，如逢大学不开课，即请来彼处主持辑政，馆俸悉按教授例。人们向丁老有所求托，彼必出一小册详细录存。或问其何不惮烦如此。他说："我的头脑中只有学术，其他俗事，不容混淆其间。"他是朱柏庐《治家格言》黎明即起的实行者，所以我外出访友，必先到丁老处，这时很少来客，便可以畅谈了。

民族诗人钱名山

金鹤望是不轻易许可当代人物的,却称江南三大儒,一张堰高吹万,一蓬阆胡石予,一毗陵钱名山。吹万、石予两先生,我都有叙述,那么,名山先生,岂能付诸阙如。

我看到有关名山先生的各种记录,又和他的哲嗣钱小山、钱仲易,他的女儿钱悦诗,他的女婿谢玉岑,都通着声气,况我和他老人家,同隶中国国学会,在会上聆其清诲,那山泽之癯的道貌,迄今犹留着印象,偶一回忆,似在目前,可是他逝世于1944年,年七十,易箦地即在上海桃源村,业已经过四十五度春秋了。

名山生于清光绪元年(1875),名振锽,字梦鲸,号谪星,一署星影庐主人,后号名山,有时在书画上署名藏之,偶署庸人,晚年寓居沪上,别署海上羞客。世居阳湖菱溪,今常州东郊白家桥畔。乃翁鹤岑,督教甚严,他幼即颖慧,好动成性,但抱之看书,便凝静安定,一反其常,家人引以为奇。爱听忠义故事,髫龄能作三四言的对句。十岁为五言诗。有一天,他独坐小楼,忽发冥思奇想,写了《杂议》若干篇,说什么天之上,地之下,耳目口鼻有不及知觉的东西,声色臭味之外,还有其他的接触和感受,凡不可思议的,他都思议到了。所谓想象力丰富,他的确和寻常的童稚不同。此后,他又把这些文字付诸一炬,可见他的想象又突进一层了。十八岁刊《快雪轩诗》,见者大为惊愕,惜今已不存,无从得读了。十六岁应试中秀才,十九岁中举人,约十年始成进士,他已二十九岁了。授刑部主事,上书不被采用。翌年丁父忧,及服阕入都，又上书都察院，被留中不发，这年秋，他愤而挂冠，回乡隐退，曾赋小词有云：

可怜一梦十年迟，何处晓风残月酒醒时！

原来其时清廷颁布九年立宪令，这词云云，婉而微讽，他的友人吕侠迦赠他出京诗：

如我正甘老岩壑，知君心不在江湖。

对他深表同情的。

此后，他不求仕进，束发作道家装，以读书、著书、教书为务。他设帐的地方，即离家仅三百步的寄园。寄园颇饶景色，芳草蔓地，绿木参天，通着曲径，有云在轩、望杏楼、快雪斋诸胜。暑日则红蕖田田，入秋则丹桂馥馥，加之黄菊傲霜，冬青凝翠，登高可以眺见运河中的白帆，的是习静诵读的好环境。他菁莪乐育，造就了很多人才，甚至生徒越额，住宿成为问题，住到家里来，这样约二十年，诲人不倦。每天晚饭后，还要督促学生自修。夜晚入睡，听到学生读唐诗平仄不调，他往往披衣而起，一一纠正，并示范读给他们听，抑扬顿挫，学生深受其益。

谈到他的著书，他的孙儿璱之，曾编有简目，录之如下：

一、《阳湖钱氏家集》，中有谪星文章、诗、词、笔谈、说诗、家语等。

二、《名山集》，一至九集，包括文集、诗词集，以及小言、语类、诗话、词话、书论、联语、集联、断句等。

三、《名山文约》(自选集)。

四、《名山诗集》(四卷本)，包括谪星诗词、名山诗词、海上羞客诗与海上词(1947年刊，收集全部清词，计诗一千余首,词一百首)。

五、《良心书》。

六、《课徒草》。

七、《文省》。

八、《名山丛书》,包括编印朝鲜人黄玹(云卿)的《梅泉诗选》、皖桐刘秉衡的《祥桂堂诗草》、溧阳芮长恤的《卫衷剩稿》、武进吴堂的《肯哉文钞》、白门女史李藻的《栖香阁藏稿》等。附识:"这些都是刊印过的,未曾收入集中,尚待搜集整理。"

他著书很勤,这是遵循乃翁鹤岑公的遗言:"尔秉性高疏,不宜从事经世之业,当著书名山以老。"所以他有一首诗:

村边纵酒陶元亮,泽畔行吟屈大夫。

不要温公入通鉴,自家留得几行书。

在他许多著作中,自己最重视的是诗。他说:"学诗最早,一生注力于诗,传我者其诗乎!"早年曾编有《传我室诗》,后来自己烧毁了。他对于诗,有这样的主张,那画家郑曼青从他学诗,他有一书给曼青,云:"诗要有理、有意、有味,如作长句,并要有声有色。理之一字,近于迂腐,然性理情理文理,同为一理,一诗一句,莫不有理,不得以为迂腐也。诗忌苟作,无理无意无味,切勿下笔,待其不得已而为之,其诗始高。凡我胸中有不得已,见天下事有不能已于言者,皆好诗料也,切勿错过。"时闽中诗人陈衍,著《石遗室诗话》,大有登泰山绝顶,下视齐州如九点烟之概,但阅到《名山九集》,在《诗话》中,却有这样的称许:"曩闻名山为狂士,今乃知其为狷者,狂可伪,狷不可伪也。九集收诗不多,其

《蚱蜢行》有句云：'养鸡谁不愿鸡肥，哀哉利心生杀机！'是菩萨语，全篇与少陵《缚鸡行》异曲同工。"名山知之，谓："知己不易得，能识我一鳞一爪者，亦不得不引为知己。"女诗人陈小翠很尊敬他，往访出示所绘的杜少陵江汉思归客诗意图，他戏题一诗：

　　欲学唐贤病未能，难从三昧得传灯。

　　画中用意谁能识，示我诗家杜少陵。

陈小翠和之，有云：

　　先生自有千秋笔，未肯随人拜杜陵。

原来他老人家学杜诗，而对杜诗却有微词的。他说："论意义，当然是杜胜于李，论风格，李有并剪哀梨之快，少陵尚有涩句。'借问何为太瘦生，只为从前作诗苦。'所以少陵少见天籁，太白不善人工，长处在此，短处亦在此。"小翠能诗，能词曲，能书画，能作稗官野史，可谓多面手，名山劝她什么都放弃，专力于诗，必传无疑。

名山又富正义感，当朝鲜志士安重根，刺死日本首相伊藤博文于哈尔滨车站（伊藤曾任日本在朝鲜建立的统监府统监，肆行虐政。又中日甲午战争迫使清政府代表李鸿章签订丧权辱国的《马关条约》），名山歌颂这位朝鲜义士安重根，有云：

　　对君一长拜，范之以重金；

　　作诗不独伟君志，愿激中原壮士心。

（安重根死，其子逃来上海，黄警顽加以培植。警顽供职商务印书馆，有交际博士之称。）后又赞扬台湾抗日英雄简大狮，有云：

　　痛绝英雄洒血时，海涛山涌泣蛟螭。

　　他年国史传忠义，莫忘台湾简大狮。

军阀孙传芳任五省联军总司令，不可一世，妄杀施从滨，其女施剑翘蓄志报仇，数次未遂，有至孙氏下野，剑翘刺之于天津居士林。名山闻之，大为称快，一再赋诗，当时冯玉祥悯剑翘孝义，设法释放。一次，剑翘于长沙酒家，见到名山哲嗣仲易，为了表示对名山的感激，即举杯以代华封之遥祝，剑翘素擅诗，深佩名山天球璇琰之作。抗战胜利后，她特地到常州拜见名山，但那时名山已逝世了。我处曾有剑翘和冯玉祥同摄的照片，又剑翘录给我的诗稿。

他对于前人的诗，品评是很严峻的，他的论据，汉以前的古风，太羹玄酒，别饶真味，建安以后，就较逊了。选体中只有陆士衡、左太冲、鲍明远、谢玄晖有气概，阮嗣宗、谢灵运板滞生涩，不足取。陶诗是好的，人品好，所以诗也好。初唐是盛世，诗穷而后工，盛世反而无好诗，陈白玉、张曲江，雍容华贵，仅是庙堂作品，经过天宝，流离颠沛，诗人才辈出。昌黎句奇语重，七古尤足示范。义山要有目光去欣赏，《重有感》《哭刘蕡》实属诗史，世人徒取其"蜡炬成灰""小姑居处"，这并不能了解义山。香山《乐府》近于辂轩采风，讽议时政，且文从字顺，老妪都解，但香山便是做得太多，流于平淡。北宋仅取东坡，认为山谷有蟢蛑气，颇加贬抑。南宋极推崇放翁。金元取元遗山及倪云林，有云：

遗山笔力雄千古，不及云林字字珠。

则亦有所高下。明七子摹附盛唐，有失时代性。清代朱竹垞的格律，终不及王渔洋的神韵和袁随园的性灵。晚清以龚定庵为殿军，定庵诗足当哀感顽艳四字。他又常诵黄仲则的两句诗：

忽然破涕还成笑，岂有生才似此休。

他把悲天悯人的思想，入诸诗篇，如写卖菜的姑娘，有《挑荠女》，写田家的疾苦，有《农妇》，写不幸的舞女，有《绎树》，写殉情的影星，有《悼英茵》，以及流民、饿殍、报童、乞丐，作多方面的哀叹，诵之令人涕下。

他对于词，认为五代的二主，是不祧之祖，尤其是李煜，更为突出。在北宋推二晏、六一，更赞美苏东坡。南宋推崇稼轩、漱玉，尽管世人重视二窗，他却加以否定。晚年见到王国维的《人间词话》，引为同调，最欣赏国维的《蝶恋花》词：

一树亭亭花乍吐，除却天然，欲赠浑无语。当尔吴娘夸善舞，可怜总被腰肢误。

对于矫揉造作者的讽贬，他也是有这样的想法。

在文的方面，崇尚韩昌黎和苏东坡，反对绮靡绣合、雕章缛采的《昭明文选》。又排斥曾国藩的阴阳刚柔四象之说，所以他的文章，既不是桐城，也不是阳湖，他说："世人大抵好言派，'文章本天成，妙手偶得之'，好文章在天地之间，有什么派呢！"他在学术方面也反对所谓派别，他有两句诗，说明他的治学方针：

直须自我胸中出，切忌随人脚后行。

他跳出了汉宋学派和今古文派的圈子。他认为乾嘉时代的考据，是受了文字狱的影响，束手缚脚，也是不足道的。

名山的书法，是负有盛名的，他初学颜真卿，颜书是雄深雅健、奇逸飞动的，可惜越年久，留下的手迹很少见了。继学汉隶、北碑，一变而为苍劲朴茂。晚年学怀素。他又喜爱王右军的《兰亭序》，但取其神韵和情趣，而遗其形貌。总之，他的书法，使人看了，觉得是堂堂之阵，正正之旗，当时，康有为看见他的书幅，谓："除我之外，当世无与此公匹敌。"于右任与名山老人的二女婿程沧波谈艺，谓："名山老先生书法比我好。"朱屺瞻自述："其画艺之成，曾受名山先生之启发。"张大千喜仿他的字。徐悲鸿曾致书谢玉岑，托彼搜集名山的写件："但求精品，不嫌其多。"我没有认识他老人家，而先和他的同乡邓春澍相往还，便请春澍代求名山一副短联，不久即蒙惠赐。他写对联很注意对象，有一年，正当冀东事变以后，一个乡友从北平转来两联求书，其一"亦农"款，又一"尚同"款，他挥就了，有人告诉他："亦农即殷汝耕，尚同为池宗墨，二人是参加伪组织的。"他一听立即将二联撕毁。他主张字不宜卖，受了润资，便不能择人而施，又复相当拘束，未免出于被动。结果他还是订润卖字，且大卖其字，那么是否出尔反尔，不是的，是不得已而为之的。原来为了赈灾，为了挽救嗷嗷待哺的灾黎。这时常、锡、澄三角地带的芙蓉墟遭到荒俭，老百姓吃树皮草根，吃观音土，饿殍载道，他亲自到无锡，在无锡公园的兰簃，鬻书助赈，由于书件太多，有的纸比较毛糙，整天不息地写，腕都被擦损了，涔涔流着血，他粘上橡皮膏继续写，因为他作书不主张悬腕，认为悬腕未免影响到力的运行，不能做到沉着，这是损腕的主要原因。可是卖字助赈，收入有限，大有杯水车薪之概，他不肯甘休，亲访当地著名实业家荣德生，为灾黎请命，荣氏慨助面粉五千袋，并派了一艘汽艇，名山自去散发，辛劳过度，回家就病倒了。在他写字方面，还有些可以补充谈谈的，他厌恶清廷保和殿取士的馆阁体，千人一面，失掉了人的个性，是没有价值可言的。有一次，有人把买到的一个明代皇帝的遗像，付以厚润，请他题字，被他拒绝了，说："封建皇帝，残害人民，我和他势不两立，决不能徇情污我笔墨。"他藏书很多，每嫁一女，例以典籍为奁赠，及其幼女悦诗于归，典籍所剩无几，乃写了许多书幅，作为奁赠的代替品，所以名山的书幅，以悦诗所藏为最富。

书与画是一脉相通的，他既能书，当然也能画了。他喜画墨竹，虞逸夫这样说："公年近古稀，始学为画竹，化书道为画法，遂尔卓绝。发竿如篆，布叶如分，劲挺倔强，洒落多姿，若风雨骤至而与之奋抗者。不动而动，如闻瑟瑟之声，无声之声，别具悠悠之韵。盖其胸中郁勃不平之气，潜从十指间注入毫端而不自知也。故吾谓公之画，乃自我之写照，非为画而画者也。"名山与顾峤若书，涉及画竹，作自负语，如云："奋笔学东坡竹，得意者，则自以为东坡不能限我。下笔之时，欲其无天于上，无地于下，能实行此八字，则古人不能限我，想东坡下笔时，亦是如此。若学之，则断断不及之矣。此语幸勿告人，出我口，入君耳！"间画钟馗役鬼图，题云："我亦进士也，不能役鬼，以此自愧。"此画后为数学家华罗庚所得。

他喜遨游，除本省各地，及京津沪杭外，到过泰山、黄山、庐山、天台山、雁荡山、天目山、赤城山、普陀山、九华山等，又曾泛舟富春江、洞庭湖等，写过不少纪游的文章和诗篇。

他喜观京剧，在常州很欣赏两位女演员，一为华碧兰，一为江菊兰，江菊兰演荀灌娘、花木兰二剧，为作《灌兰吟》，且同情她的遭遇，认之为义女，为她易名寿珠。又赏识女演员张文琴，以诗文为其张目。名山到了上海，也喜观话剧，如《文天祥》和《葛嫩娘》，也有诗加以咏叹。

名山的一生，是艰苦的一生，尤其抗战时期，颠沛流离，不堪劳累，可是他的诗，不自悯而悯人，一片恻隐之心，溢于言表，诵者为之感动。其时风声鹤唳，他携家避地武进县一个农村礼嘉桥，这是他的弟子陆仲卿雇了船来接他的，住在王姓家祠中，以起居失常，又复怀忧国难，未几即病，他的长子伯畏（小山）在上海执教，冒着险，回常访亲，再三恳求赴上海暂住，初居拉都路，再迁桃源村，此后那常州的菱溪住宅、寄园书塾都被敌军焚毁，成为焦土，所留善本旧籍，以及其先人诗词文稿，未及带走的，悉化灰烬，这是他深为痛惜的。桃源村地处窄隘，把客堂间用布幔一隔为二，以比马融的绛帐，幔后为偃息之所，幔前设一方桌，及四条长板凳，作诗文书画，及会见亲友门生，尽在这儿。始以海上羞客为别署，所作则曰《羞语》，以不能奋身杀敌，而避居夷场为可羞可耻。又以桃源村命名之嘉，因摘取《桃花源记》"不知有汉，无论魏晋"为上联，登报征对，有以"初因避地，更问神仙"应征的，他大喜，书而悬诸座右。名山后以急性胃溃疡卒，又有人谓："此联末句，可改为'遂去人间'，尤为切合。"

名山之死，大有天不留耆旧，人皆惜老成之叹，文字交好如冒鹤亭、钱崇威、高吹万、夏承焘、孙颂陀、荣鄂生，同乡蒋竹庄、庄通百、邓春澍、唐企林、刘厚生以及陈小翠、孙伯亮、陆孔章、伍受真、郁静渊等，执绋之余，为议私谥曰贞悫先生，归葬故乡，秉其遗命，不立碑，不筑墓，柩深埋土中，求其速朽。

关于名山的琐事，尚有足述者，上面涉及的陆仲卿，名孔章，乃名山的弟子，曩年处馆于吴中枣市沈和甫家，沈氏与章太炎有戚谊，我一度赁庑枣市，得与孔章谋面，相谈甚欢，因此，名山的著述，我得读甚早。名山好音乐，能弹琵琶，又能以箸击碗成节奏。他对于旧社会女子缠足穿耳，认为莫大的虐政，大声疾呼地反对，复印了许多劝弗缠足穿耳的传单，分送乡里。他又瘁力奔走，为了改善芙蓉墟的水利工程，乡民感德，特制"曲全水利"一匾，悬诸钱家堂上，乡民离去，他立即卸下，不欲居功。他在乡里，为众望所归，对之无不加以礼敬，衢道间遇之，辄垂手恭立，不敢先行。某岁盗至，闻名山里居，避而他去。他作书不择纸，随处挥毫，室壁初垩很洁白，他就壁为擘窠大字，童稚效之，东涂西抹，他也不加禁止。因此粉饰工作，岁必数次。他平素喜读明代李笠翁"十二种曲"，借以解闷。

他的夫人费沂，字墨仙，能诗，懿德贤淑，为亲戚所称颂。名山喜刻书，喜助人，常在窘乡，夫人斥钗钿私下支持，隐瞒不宣，四十四岁卒，时名山四十七岁，作悼亡诗十多首，致以哀思，从此不再续娶。有一妇欲事之，他诗以谢绝，有云：

> 半世孤栖一布衾，怪君交浅太言深。
> 哀鸿况是同遭难，死鹿原知不择音。
> 大患有身怜汝苦，得情勿喜谅予心。
> 申江鱼腹何堪问，欲慰蛾眉口又喑。

名山的后人，长女出生日，恰巧池塘中开放白莲花，因取素蘂为名。幼慧，从外祖父费铁臣学书法，得其神似。钱家与谢家为表亲，相当亲密，那谢柳湖乃谢玉岑之父，尤与名山为至交，玉岑从名山读书，深得名山钟爱，不久，柳湖下世，又遭火灾，家庭一蹶不振，名山即招玉岑入赘，以素蘂妻之，伉俪甚笃。玉岑弟稚柳，亦由名山抚教，今为海上名画家（署名稚柳，取继承其父柳湖之意）。素蘂三十三岁卒，以近亲血缘关系，生儿伯子，病瘂，但擅书画。玉岑悼亡，恳张大千为绘白莲多幅。及玉岑下世，大千致赙五百金，其时为一巨数，可见大千与玉岑交谊之厚，钱名山有诗谢大千。玉岑工诗，早期有《茄闇诗钞》，我喜诵其《溪桥消夏》云：

> 竹床石几静无华，长日唯消一饼茶。
> 怊怅轻云无雨意，残波开瘦水茝花。

伯畏，号小山，为名山长子，早岁著有《结网吟》，刊入《沪渎同声集》中。最近又与其弟仲易的《尘痕韵语》合刊为《埙篪集》，第一首即小山十五岁所作的《菱溪夜读》：

> 风雨终宵喜自如，青灯影下读奇书。
> 年年结网林间住，不向溪头看钓鱼。

名山大喜，有诗云：

> 老夫未了名山集，儿子新成结网吟。
> 留得家门风雅在，中原文物未消沉。

仲易词多于诗，有句云：

> 诗书伴我一楼居。

名画家陆抑非即以此句为镌一石章赠之，他和我同事上海文史馆。三子叔平能诗，气势磅礴，曾为名山写年谱，在"文革"中被毁，彼在1960年淹死水中。二女云藻，嫁程沧波，六十八岁卒于台湾，沧波有《沧波文存》问世，今尚健在，年届耄耋。三女逢吉，也擅辞翰。仲易赠彼诗，有云：

> 德厚而神完，上智推我妹。

奈体弱多病，屡进医院，其妹悦诗，从早到晚照顾侍奉她，不辞辛劳，所以悦诗七十寿辰，她撰了篇《寿言》，恳挚缠绵，得未曾有，且附诗，亦情亲趣洽，可见她的才华，也是有一手的。悦诗为名山第四女，名山特别喜爱她，把她打扮为男孩子，外出会亲访友，带着她同出，甚至教学生读书，也抱着她。她饲养一鸟，一次给堂姊所蓄的猫咬死了，哭个不休。名山为了哄她，唱了一支京剧，从来没有人听到名山老人是会歌唱的。她又喜作画，家中所藏的画册，一一临摹，名山就领了她拜无锡胡汀鹭为师，花绛烟碧，峦秀沚青，居然入妙。1941年曾与名山合作父女书画展于沪上大新公司画厅，获得好评。后又请益于张大千之门。今尚挥毫不辍，亦在上海文史馆和我同事，年逾古稀，垂垂老矣。

江翊云喜画竹

上海文史馆先后任正馆长的，除张菊生、平海澜、金兆梓外，还有一位是江翊云老先生，他于1960年2月9日在沪逝世，年八十有三。

江老名庸，字翊云，别署澹荡阁叟及澹翁，福建长汀人。日本早稻田大学政治经济科毕业，历任京师法政学校校长、京师高等审判厅厅长、修订法律馆总裁、司法次长、司法总长、日本留学生监督、国立北京法政大学校长、故宫博物院古物馆馆长、东方文化事业总委员会委员。后来在上海执行律师业。1948年，曾受国民党政府委托，和章行严飞往延安，为和运代表。

他是江叔海（瀚）诗人的哲嗣，叔海有《慎所立斋稿》《北游集》《东游集》等，翊老工诗，当然渊源于家学。叔海和蜀中诗翁赵尧生过从甚密。翊老就从赵尧生游，更求深造，诗乃日趋劲遒秀逸，出入唐宋之间，刊有《澹荡阁诗集》，为士林所传诵。犹忆若干年前，他为我写纪念册，录其和程窥堪见赠原韵云：

逢君辄忆杨昀叟，柏社松寮有坠欢。

笔底溪山浑老境，眼前风月是愁端。

客因午雨留偏久，曲到阳春和自难。

三败我如鲁曹沫，恨无一剑劫齐桓。

窥豹一斑，也可见其风格了。

一天，他来我家，天忽潇潇雨下，我就留他午饭。我藏扇三百柄，饭后便倾箧出示，他看到申石伽所画的竹，认为新篁一丛，出之灵府，为之爱不忍释。我告诉他，石伽是杭州人，画竹是有名的，曾影印所作《万竿烟雨图册》。他就托我代求，后来我就请石伽画了一扇送给他。他也善画竹，为正式的文人画，给我绘一扇面，又一小册，疏疏几笔，自饶烟啼风嬉之态，使人对之，仿佛身在建元之际，和王子猷拱揖觞咏，异口同声称为此君不可一日无哩。他说："前人说喜气画兰，怒气画竹，此说未确。画竹之前，必先胸怀淡定，一无尘滓，然后命笔，自然清韵秀色，纷披楮墨之间。若然真正怒气冲天，那所作一定枝干错乱，剑拔弩张，还有什么可赏呢！"他虽能画竹，平日不轻易动笔。他的书法，古拙中自有锋棱，和他的尊翁叔海所写一模一样，几不可辨。

他生平嗜酒，饮咖啡，吸雪茄，多进刺激的东西，曾一度中风，后来逐渐转愈。冒鹤亭前辈逝世，他亲往主祭，我也去吊唁。不意即此一面，乃永隔人天，能不怆然哀痛？

江南三大儒之一高吹万

名宿金鹤望评"江南三大儒"为钱名山、胡石予、高吹万。吹万先生和我关系在师友之间,趋奉杖履,频亲馨欬,当然是很熟悉的了。

我最近为吹老撰写了《年表》,从《年表》考之,我和他通问,尚在民国十八年(1929)左右。当我五十岁,辑有《梅庵散记》,蒙他老人家为题一诗曰:

胸罗掌故富书仓,数典居然百宝箱。
五十年华全绿鬓,三千弟子半红妆。
风来纸帐人俱逸,室号梅庵记亦香。
毕竟旧闻滋味永,天花散作满庭芳。

即此一诗,距今已历四十寒暑了。

他是金山张堰镇人。生于清光绪四年(1878)十二月二十八日,名燮,先后取了很多别署,早岁署黄天、志攘,为《江苏》《醒狮》《复报》等革命刊物撰稿,寓有兴汉思想。此后则取吹万、炊万、时若、寒隐、寒蚓、寒鸦、慈砥、蚁民、寒葩、懒牛、无忧子、书呆子、退密翁、安隐老人等,斋名有葩庐、格簃、卷窝、风雨鸡鸣之室、苟全性命之室等,其志趣和境况,不难于此中见之。

吹老和柳亚子论交,尚在辛亥革命前四年,吹老的侄子天梅和亚子为同学,天梅称吹老为叔,亚子也随口以叔呼之。他参加南社,是在辛亥革命之后,和其夫人顾葆瑢、长子君介同隶社籍。葆瑢和亚子夫人郑佩宜结为盟姊妹,颇多酬唱。此后吹老、亚子和姚石子各携眷属，同游杭州，诗作很多，刊成《三子游草》。不久，南社因唐宋诗之争，起了内讧，亚子少年气盛，驱逐为宋诗张目的朱鸳雏出社，引起社中一部分社友反对，亚子愤而脱离南社，致社中群龙无首，难以维持，蔡哲夫等拥吹老为主盟，吹老辞让，结果由吹老的外甥姚石子继任其事。亚子别创新南社，吹万没有参加，却参加了南社湘集。

较南社稍早的，有国学商兑会，即吹老与姚石子、高天梅、姚鹓雏、陈蜕安、李维翰等所发起，刊有《国学丛选》。又组织寒隐社，刊有《寒隐庐丛书》，均和南社通声气，起表里作用。

吹老筑园于张堰秦山之麓，占地十亩，榜之为"闲闲山庄"，取《诗经》"桑者闲闲"之意，有袖海堂、慈竹长春室、六弓湾、十亩桥诸胜，门扉有联曰：

苟全性命于乱世，

别有天地非人间。

园中定为八景，由八位画家分绘之。"回廊玩月"沈鸿卿绘；"高阁看云"汤启贤绘；"柳岸莺啼"尤嘉莹绘；"荷池渔跃"任松年绘；"碧山暮霭"范云槎绘；"绿湾晴波"朱滋侯绘；"槐荫迎风"张白英绘；"梅林赏雪"徐百梅绘。更广征诗文图画，辑为《闲闲集》。后黄宾虹往访，在山庄盘桓旬日，绘《闲闲山庄图》，成一巨幅。抗战时期，日军自金山卫登陆，园址被毁，藏书三十万卷都被捆载而去。吹老次子君藩，别有一园，在松江西门外大街，名"松风草堂"，为张诗舲（祥河）故居，相传尚是明代建筑，庭中老树如黄杨、山茶、白皮松之类，为数百年物。廊壁嵌置赵孟頫松雪斋丛帖石碑，清末民初，耿道冲等在此结松风诗社，成为风雅之薮。旁为四铜鼓斋,有花径、石丈、曲坐、钓峙、平台、漱月池等景,藏汉代马伏波四铜鼓。民国二十二年(1933),张氏后裔出让,君藩拟购之,而资力不逮,其伯父高煌谓"购一园林,胜于获一名人山水手卷",资助之,才为君藩所有。吹老检"闲闲山庄"八景画幅张于草堂,自此吹老每至松江,常住宿于此。别有罗姓的怡园,一称因而园,亦明代建筑,在秀南桥畔,占地六七亩,也归君藩所有。内有琴台、三曲桥、观稼楼等,吹万一度招集朋好,吟赏于此。园中的丹桂白薇,掩映牖户,老树崛挺,结实累累,可快朵颐。自经兵燹,也付诸荡然。吹老还有一个特殊建筑,称"梅花香窟",作为生圹,四周遍植梅花,那是从苏州邓尉的香雪海移来。旋于附近荆棘中,掘出石兽四具,乃明代御倭健将侯瑞徽基前物,就作为香窟的点缀,吹老有诗咏之曰:

斜日寒烟衰草枯,垒垒古冢遍山隅。

侯将军墓知何处?翁仲身残碑碣无。

民国五年(1916)农历元宵,邀集费公直、高天梅、高君平、姚石子及子君介会饮于香窟,始为联句,继复分韵,各成一律,君平益以古风。曾几何时,事过境迁,园之不存,窟将焉附?他老人家于一九五八年戊戌七月二十三日晨,卒于上海福湖大楼自号为"卷窝"之赁舍,年八十一岁,葬于龙华公墓,未能归骨所营之香窟,那就非始料之所及了。当时哀挽之作,以瞿蜕园八章为最情深意挚,由其哲嗣君宾录存,辑为《哀思集》。

吹老园林啸傲,大约享受了二十年。在抗战时期,却遭到流离颠沛的困苦,当敌军在张堰一带大肆焚掠,乃深夜出走,乘着小舟,由吕巷而虹桥,由虹桥退至太平寺、唐家港等处,船居约半个月，食物断绝，饥寒交迫，在沪的三子君湘、四子君宾遣人往寻，才得迎养。他恰值六十花甲，遇到同岁的避难者胡蕴玉、孙炽昌、朱声韶，为占一绝云：

相逢生各叹非辰，处陆鱼游乐岂真。

周甲正当亡国日，吾济俱是不祥人。

吹老避兵离家，因恐沿途盘查，发生阻碍，乃未敢携带一书。及抵上海，仰屋空虚，百无聊赖，他的夫人顾葆璐，商恳高煌家的账房张某，并由丁恂华家借一老妪偕同回家，取道浦东周浦镇，搭乘米船至张堰，来回数次，带出书画碑帖二箱，书籍二十四箱，《诗经》一类诗集，因冒雨搬运，略有受渍，幸为数尚全。其余各类，尚有二百七八十箱精刊孤本，都付诸荡然。他平素所爱好的《老子》《庄子》《苏诗》《归震川集》及《黄山志》，搜罗各种不同版本，有十余种、百余种，或数百种，为世所少见，甚是珍贵，也一并被劫。他闻耗为之痛哭失声，自己的著作《吹万楼文集》，幸由他的女弟子朱瑞清写一份，藏山庄复壁中，得以保存，因此为镌一章"葩庐劫余长物"，钤于带出的典籍上。

他来上海，居其三子君湘的三三村，二楼房间欠清静，三楼房间面北太冷，不久移居威海卫路的中社。中社是一私人经营青年会式的旅馆，这时他的妻姐的嗣子黄伯惠一同僦居，又有常熟诗人庞树阶，久相闻名而未晤面，亦寓中社，遂得缔交。既而以中社处市中，尘嚣太甚，和黄伯惠合赁海格路楼屋，各占一室，其地一径通幽，疏篱比接，屋又面临草坪，有花木之胜，因名其室为"格移"，取至诚能格之义。后海格路改称华山路，"格移"的室名，始终不改。但地形较低，盛雨积水，数日不退，只能楼居不出，戏呼为

"湖心亭"。为免枯寂，每日晨起盥洗后，即抄写《金刚经》一纸，用朱砂作工笔小楷，两年中，写成全部《金刚经》三十本，用以分赠戚友。他把这时的境况，偶成一诗曰：

> 世乱仍无定，吾生本有涯。
> 朝朝书梵筴，顿顿食番茄。
> 未蓄三年艾，闲烹七碗茶。
> 斜阳常散步，小立数昏鸦。

他的书法，神似翁方纲，求之者甚多。他三十四岁时，订有不书例。所谓不书，即劣纸不书，油扇不书，秋扇不书，蜡笺不书，小楷不书，嫁名他人不书，限日取件不书，以示限制。四十一岁，复订书例，有云："余于书学甚浅，而嗜之者不以为劣，曩岁曾定有不书例，冀稍为节劳之计，乃五六年来，求者愈纷，应之弥觉不暇。余以多病事冗，医者谓书能伤气，戒宜屏绝，然而势有未能却者，不得已，爰定书例如下。旧有不书例并用，庶几其略舒腕力乎！戊午冬，吹万居士识。"后来他又修订鬻字润例，自作缘起云："学书四十年，老而愈劣，嗜痂者多，腕几欲脱，觍颜订此，意固在却，既不能却，亦期稍节，役使太劳，应有佣值，书以市道，其书可知，取非得已，索者鉴之。"不意有一黄烈文者，一次求书对联四十副，皆指名题款，竭三日力写成，烈文厚润为报。

吹老寓居格罗，凡十二年，屋主一再增加租金，吹万力所未逮，且这时沪上人多屋少，纷纷争顶，那笔顶费，为数很巨，屋主为了取得顶费，不择手段，逼着吹万离居，吹老无法对付，为之一筹莫展，幸由黄伯惠在他所营的《时报》旧址，从四层楼中腾出小室，俾吹万伉俪暂以栖止。奈吹万衰年腰脚不健，上下颇为费力，吹万有诗曰：

　　一室不逾方丈地，十年更上一层楼。

格稼原为二楼，这儿为四楼。该楼在福州路、湖北路之间，故称福湖大楼。当清咸同间为袁随园孙袁翔甫的别业称杨柳楼台，民国初年，一度辟一游艺场，名神仙世界。吹万名其小室为退密楼，又名之为卷窝，谓老病侵寻，蜷羁斗室，因自号卷叟，取陆放翁句书一门联曰：

　　忍穷安晚境，留病压灾年。

又自咏其寒碜：

　　行灶煨来烟满室，积薪扫去屑铺楼。

极短床矮几，冷炙残羹之苦，为了节省开支，既昏便息，不用电灯。我经常去慰问他老人家，他以贫困故，则以所购及戚友投贻的杂书三箱，经修文堂书贾孙实君售与尹石公，又挽朱孔阳售去若干珍藏之品。又俞曲园上款的信札，均出一时名流之手，内容涉及种种学术，非常名贵，装裱成为八册，外加楠木版面，汇为一箱，由我经手，让给知止居士丁健行，得值二百元。他的《诗经》一类的书，室小不能安置，寄存伯惠所藏《时报》全份的暗室中。最后把这《诗经》一类的书，割爱让给上海复旦大学，分石经、训诂、传笺义疏、问辨校疑、通解统说、考异补佚、杂录笔记、音韵、名物、图谱、评文释例、白文联语、谶纬、三家诗之属，为十四类。有木刻本，铅字排印本，蜡印本，手抄本，兼收并蓄，可谓洋洋大观。复旦大学曾举行一次《诗经》展览会，听说当时复旦付与二千元代价，吹老为了喜爱《诗经》，编有《诗经目录》。书既出让，便把《诗经目录》，赠给复旦保存。不料这一下，却把好事变成坏事,复旦方面以目录对照所购之书,颇多有其目而无其书的,认为吹万匿去多种,没有交出,引起纠纷。经吹老自己点检,才知这几种收入其他丛书或集刊中,当时不便抽出,及经兵乱,丛书集刊散失掉了,也就有目无书,成为缺陷。吹万不擅口才,讷讷然说不明白,为之气愤不已。

有关吹老的琐事,也有足资谈助的,他子孙蕃多,幼年却很孤寂,《年谱》载着这么一则:

先生依嗣母李太君以居,昼往书塾,夜则一灯荧然,与李太君同室而卧,晨起各据案一角而食,其一角则狸奴据之,率以为常。太君既端肃,先生亦幼不好弄,母子相处,甚为凄苦,一家二口,阒然若无人也。民国二十三年(1934),孙彦才为绘《狸奴伴食图》,周梅庵、徐声越题之,即追志此故事也。

又一则云:

闲闲山庄后起建新屋曰"慈竹长春之室",迎嗣母居之。母在夏秋间,神识时明时昧,忽思游上海,或往某处,便立起欲行,旁人劝阻,即露愠色。先生缚椅为舆,扶母坐其中,先生居前,婢媪居后,肩之行阡陌间,或绕宅一周,母则大喜,即云,此即是上海,即是某处,亦不之诘也。

吹老于饮馔方面,无多讲究,唯于茶有特嗜。他交游遍海内,各以名产之茶投赠。如云南的普洱,台湾的乌龙茶、包种茶,福建的铁观音,安徽的黄山茶、云雾茶,杭州的龙井茶、理安茶,苏州洞庭山的碧螺春,以及四川茶、江西茶、潮州茶、君山茶等等,均经品尝,认为以理安茶为首屈一指。有夏自怡(宜滋),善煮茗,

并精制藕丝印泥,号为泥王茶圣,曾亲以莲花、水仙、茉莉、梅花茶见饷,吹老观其自行冲制,极尽能事,饮而甘之,撰联以赠曰:

具陆羽卢仝旨趣;

与秦斯汉邕为缘。

吹老不吸烟,少饮酒。畏暑,每夏必啖大量西瓜,以求爽适。复喜进冰结凝,其时乡间无售,他到上海,那就非进不可。每晨用冷水洗面,有诗云:

坚苦频年志不挠,老犹顽性未全消。

却憎头脑冬烘甚,故使朝朝冷水浇。

又事必躬亲,不假僮仆,也有一诗:

夜卧晨兴无黍差,已经七十好年华。

终朝写字自忙碌,余事吟诗自喜夸。

自洗自倾自扫地,自烧自吃自煎茶。

算来我自行吾素,休笑穷酸一老葩。

老葩是他的别署,前人云"诗正而葩",他喜《诗经》,葩翁、葩叟、寒葩、老葩,也就常用了。外出不雇车代步,有诗谓:

肢体无残福有余,本来安步可当车。

生活严肃,从不冶游,又有"平生未践勾栏迹",与自来文人好寻花问柳以为风流者有别。有人以"至死不闻绮罗香"和吹老这句作为联语。

吹老参加了好多文艺集团,除国学商兑会、南社外,尚有春晖社,这是松江南塘张景留等结合,张氏本为诗书世家,刻《三味楼丛书》。吹万评阅社课,并为审定社选。又松风社,为松江耿伯齐等结合,诗社设张诗舲故居松风草堂,故名。城内普照寺为晋陆机陆云所居，耿氏筹建二陆草堂于其中，社友颇多题咏。又国学保存会，为上海姚子梁创办，会所设于其南翔寓所。齐卢之战，藏书颇多毁失。又国学会，为苏州张仲仁、李根源、陈石遗等所主持，章太炎、金鹤望参与讲席，吹老遣其子君介就学，因与若干学员，如王欣夫、王巨川、范烟桥等有文字交往。又国学讲习所，为嘉应李续川发起，与王胜之、胡朴安等，创设于上海。又淮南社，为南社社友周实丹、阮梦桃、夏焕云、周仲穆等所组织。又虞社，为常熟钱南铁所主办，推陆醉樵为社长，专治诗词。奉贤朱家骅、家驹兄弟均隶社籍，因邀吹老入社。社务有一时停顿，恢复时，吹老曾资助费用。又梨社，为南社社友吴江顾悼秋、钱叔度就黎里镇成立，柳亚子辄称黎里为梨花里，故名，以继承骚雅、商量旧学相号召。又越社，为南社越中社友所组织，陈佩忍为撰社序，认作南社之旁枝。又北社，为镇江王景盘在北京结合，景盘好为诗古文辞，兼擅草书，奉吹老为师，因与同文孙幼铭、陆瘦石等，发起是社，共事切磋。又辽社，为南社社友陶小柳、张挥孙等做客沈阳时所结合，两人均工词，故以词学为主。又壶社，为国学商兑会会员澄海蔡竹铭所创立。吹老曾为评阅社课，得士称盛，每有远道致书吹老，均自称弟子，如潮安蔡楚畹、祁端珊夫妇有《南园吟草》，吹老为撰序言。又摅怀社，为保靖杨达均所发起，达均别署南村，早岁隶革命部队，既而弃武修文，因与友好结社，以诗文各抒怀抱。又集秀社，为泰县士人所组织，有社刊辑行，社中宫飞声女士，由朱家驹介绍，师事吹老。又沤社，为傅熊湘在沪时，与胡朴安、汪文溥、潘兰史等所发起。又陶社，为江阴陈季鸣所主持，常邀吹老参与雅集。又瓯风社，为温州饶次庄所主持，辑有《瓯风杂志》，内容与

《国粹学报》《国学丛选》相类似。其间宋慈抱、梅泠生、薛储石等均为学人，与吹老文翰频通。又瀛社，为潮安饶纯钩所创立，辑有《国政月刊》。又乐善社，为潮阳郭辅庭所设立，印行珍本劝善书及佛典。郭氏《天乐鸣空集》吹老撰序。又贞社，为黄宾虹在上海发起，作为会友谈论金石、析疑赏奇之处。又乐石社，为天津李叔同、松江费龙丁，在杭州结合治篆刻之学者所组织。又女子书画文学社，为女画家南汇顾默飞、海盐朱砚英等所组织，两人皆从吹老学诗，吹老为订社章。其他有江亢伟所结四存学会，丁福保所结文化复兴会，吹老均被约参加。

吹老著作等身，可考者，有《吹万楼论学书》《吹万楼文集》《吹万楼诗集》《吹万楼词集》《吹万楼怀人绝句》《吹万楼望江南词》《吹万楼日记》《读诗国风札记》《庄子通释》《愤悱录》《乡土杂咏》《感旧漫录》《哀思录》《伤昙录》《黄华集》《闲闲集》《香窟联吟》《持螯唱和集》《闲闲山庄题咏》《风雨勘诗图题咏》《赠诗汇录》《备忘日记》《卷窝联语》《幽流集》《幽明唱和集》《集外偶存稿》《归有光集版本考》《金陵游记》《两京同游草》《三子游草》《京锡游草》等，有印出，有未印，有尚存，有散失，倘不及时整茸，恐若干年后，存者也难免散失了。

吹万哲嗣，君湘在英国，君介、君藩、君宾则已下世。

朴学大师胡朴安

我和朴学大师胡朴安先生为忘年交，我始终以前辈礼对待他。他老人家和我无话不谈，可是他生长于安徽泾县的龙坦屯，屯在万山围绕中，北面倚山，前临溪水，正是个好所在。辛亥革命前，即来上海，已历数十寒暑，但"乡音未改鬓毛衰"，还是满口泾县的土话，他虽无话不谈，可是我有些话不甚懂得，在了解上未免打了个折扣。

他生于1878年，卒于1947年，恰值古稀之岁。和他相交而存世的殊罕其人，那么记叙他的往事，有舍我其谁之叹了。

我涉笔人物掌故，成为习惯，编著《南社丛谈》即有《南社社友事略》，凡一百七十余人。朴安，当然是其中之一。惜乎尚不够详赡，最近袁君义勤借给我《朴学斋丛书》之一《五九之我》一册，那是胡家斥资所印，属于非卖品，印数寥寥，经过"文革"，这种作品，难以看到了，这所谓《五九之我》那是朴安于1937年所作，这年他五十九岁，尽八个月的精力，写成了这书。他自己说："用极诚恳的态度，极普通的文字，使前尘梦影，一幅一幅从脑中经过，而留之于纸上，使他日寻梦时，不至渺渺茫茫，毫无依据。"那书就是等于自传或回忆录，展阅之余，更能充实我的写作资料，这是应当向袁君表示谢意的。

从来朴学家，无不威仪棣棣，文质彬彬，埋首故纸堆中，作探赜索隐之举，朴安却不是这个类型，他亦庄亦谐、亦狂亦狷，饶有趣味性和生活气，这是我乐于为他下笔的。

他寓居沪上，而家乡观念很重，留有家乡照片数十帧，编刊《朴学斋丛书》，把照片制版登载卷首，且做了《思故乡歌》，如云："不禁思起我之故乡，儿时游钓不能忘。不禁思起我之故乡，天涯烟水劳相望。不禁思起我之故乡，往事回头半渺茫，窗前明月，屋角斜阳，至今可是乃无恙？"这歌浑成自然，迹近天籁。他的弱弟寄尘，著有《江屯集》《福履理路诗抄》，为南社著名诗人，且能译述西洋诗为绝律近体，不失原作的神理和韵味，尤为难能。而寄尘之诗，实为朴安所授，其成就竟超过朴安，真所谓"青出蓝而胜于蓝"了。

朴安谈他的幼年事，节录一二于下："性强硬，仆跌非破皮流血不哭。好与群儿斗，斗必求胜，不胜则视为大耻辱。入门馆读书，馆师六十余岁，精力已衰，学规极其散漫，学童日以演戏为乐，我年事虽小，而喜扮强盗，二三尺之高，翩然而上，三四尺之远，翩然而越。后易一馆师，凡到馆最早者，是日背书有优先权。我每为到馆之第一人，彼此互相争早，天微明，群儿聚馆门而俟，我每由后门越墙而入，故群童皆不如我之早，盖得力于做强盗。一日，与群儿斗，纠结不可解，我兄伯春奉母命呼我，且斥责我，我不服，转而斗伯春，伯春长我三岁，身高于我，而斗则屈我下。我以足踢伯春，伯春仆地，石破其颅而流血。我骇极而逃，时已薄暮，冥色四合，我家雇工，恐我迷路，自后追之，约一里余，前临一涧，宽可五尺，水流甚急，我一跃而过，雇工力不胜，对涧大呼，旁观笑之，谓三十岁男壮丁，反不及十岁孩童。"

他好武，家中有一贮藏杂物之楼，因没有人去，把梯子撤掉，他就瞒着家人，用沙袋悬于中梁，便缘柱上下，读书之暇辄击沙袋，以练身手。又缚小铁条于胫足间，以练超跃。受创不出声，家人始终没有知道。他的同学王某，拳学少林派，那是渊源于家学的。他向王学习，从基本功着手，两脚为骑马式，如膝要屈，腿要平，腰要直，头要顶，两手握拳等，动作甚多，而以快与巧取胜。那开合虚实之势，攻击防御之法，得其要领。从陈微明学太极拳，微明为陈苍虬诗人之弟，也有诗文集行世，且能文能武，尤为杰出。朴安的拳法，因此才归正宗。记得有一年，他的得意的女弟子陈乃文，邀诸友好及老师为联欢会，我也在被邀之列。朴安兴至，在中庭一试身手。他的另一位女弟子王灿芝（秋瑾女侠之女）舞剑，这印象迄今犹留我脑际。既而朴安伸着颈项，叫我用手尽力叉着，经他一挺，我力竭倒退，为之惊叹。

朴安读书，从过四位蒙师。年十五，他的父亲自设门馆，伯春和朴安，均趋庭受教。所教面很广，四书五经、古文古诗，以及子史等等，又闹了个笑话。原来他读"纲鉴"至汉高祖溺儒冠，他心窃慕之，乃潜取同学之帽，承之以溺，同学诉之于师，他的父亲也大加谴责，并诏以前哲"择其善者而从之，其不善者而改之"。谓："溺儒冠当在不善须改之列，怎能学习呢！"他问："汉高祖起兵讨秦可笑吗？"父答以"果有秦始皇，自当讨伐"。越日，问诸同学："今日有没有秦始皇？"有一顽皮同学，立出来说："我就是秦始皇。"他把这同学猛打一拳，几至流血。说是："暴秦给我讨伐过了。"

他喜读韩昌黎的文章，敬慕昌黎之为人，韩文中之"原道"和"谏佛骨表"他读得滚瓜烂熟。这两篇都是辟佛的，所以他也是重儒轻释了。一天，有一和尚，手持木鱼，盘坐募化，口喃喃诵"南无阿弥陀佛"，他更提高嗓子读"原道"，结果和尚只得避去。他父设帐之家，颇有藏书，他时常发箧翻阅，注意杂书等类，深恐父亲阻止，偷偷地以油灯照读，灯光如豆，复以黑布蒙其三面，不使光线射至父室，一次夜深假寐，几肇焚如之祸。杂书中，最喜看尤西堂的游戏文、袁子才的散文，以及《幽梦影》《板桥杂记》等书，既而发箧，得《九数通考》，及《梅氏丛书》，为了好奇，转治算学，无人指示，冥索默求，乃悟我国的四元即西方的代数。复发箧，得《朱子大全》《近思录》涉猎了理学方面，影响了他，从此言语行动一变而为恂恂儒雅了。他赴郡试，购得《农政全书》《纪效新书》，又读而好之。族人某赠他《齐民四术》，一夕阅毕，于是自诩为知兵农水火之学。既明新学之为用，研究《泰西新史》《格物入门》《格致汇编》《化学初阶》等书，不离手。后好文字学，对于《说文解字》，他具有别解，认为须加修改。若干年，在芜湖万顷塕任开垦，时刘申叔于安徽公学执教，陈仲甫寓科学图书馆，办《白话报》，二人都精于文字学，他颇得切磋之益。

上海有国学保存会所设之藏书楼，朴安常去看书，得识陈佩忍、诸贞壮、高天梅、苏曼殊、朱少屏诸人，均籍隶南社，他有一段自述，如云："曼殊性疏散，其于人似有意，似无意。贞壮为张季直之得意门生，与我辈之草泽文人，其思想与行径，似乎稍有不同。少屏当时忙于社会之事。踪迹较密者，佩忍、天梅二人而已。二人皆好饮酒，皆好作诗，尤喜醉后发狂言。我之酒量，或过于二人，诗虽不逮，亦勉强可以追随，因佩忍、天梅而认识柳亚子，遂加入南社。南社为文字鼓吹革命之机关，与日本东京之同盟会，遥遥相应。初由柳亚子、高天梅、陈佩忍三人发起，开成立会于苏州之虎丘,我之加入南社也,则在成立之第二年,我加入后,我弟寄尘亦加入。南社同人好为慷慨激昂之诗人,以意气相交结,与我之个性颇相近。"他也多藏书,自云:"好买书,每月买书之费,有时超过生活费两倍以上。我之积书,始于民国纪元前五年,以后年有增加,苟生活费有余款,皆用以买书,至于今日,积书在五万册以上,盖已有三十余年之历史也。"他晚年和管际安、童心安合筑屋舍于沪西延平路,以三人名中均有一安字,榜之为"安居",这儿我是常去的,书橱、书架、书箱,可谓满坑满谷,总之,除坐卧一席外,余皆置书,以我估计,远远超过五万册了。但他所置的书,都属于实用的,从不讲究版本。他说:"矜宋诩明,非我辈寒士力所能及,我不勉为之也。"他读书逢到疑难,不惮查检之烦,非得其要领不可。因此他常对学生说:"遇不认识之字,不要即问先生,翻过数种字典而犹不得其解,然后再问,因查书极有益于学问。"

《美术丛书》为一巨著,初为线装本,分若干集,后改为精装本二十册,配一木柜,甚为美观。那是邓秋枚所创的神州国光社出版。第一集即朴安所编,第二、三集,秋枚自编,四集以后,始由黄宾虹编。又《国粹学报》,也是秋枚所创办,复出《国粹丛书》,朴安撰"吾炙集小传",收入其中,末附秋枚一跋,却有"与胡生韫玉同辑小传"云云,朴安大不以为然,谓:"韫玉是我之名,现已废弃不用。胡生之称,系先生对于弟子所用者,我与秋枚,不过老板与伙计之关系,秋枚是文字资本家,我是文字劳力者,此不可不一言以辨正。"当时国粹同人,有章太炎、刘申叔、黄晦闻、陈佩忍、李审言、黄宾虹等。罗振玉、王国维、廖季平,则经常为《国粹》撰稿。他对于以上诸子,略有评论,谓:"太炎申叔,深于乾嘉诸儒之学，申叔之精，虽不及太炎，而博或过之。唯太炎不信甲骨文，亦不重视金石文，治学方法，不能辟一条新路。吾友程善之常为余言，申叔诸著作，多数取诸其祖与父之旧稿，此言我不能证实，但善之亦非妄言者。晦闻深于史学与诗学，而诗学出史学之上。佩忍熟于掌故，而文极条达，诗词皆慷慨可诵。审言熟于选学，骈体文又极谨严，自谓胜于汪容甫。且笺注之学，近世殆无出其右者。宾虹深于篆刻书画，而画尤精，出入宋元间，不作明人以后笔法。鉴别之眼力尤高，近世之作山水者，推为巨擘。罗振玉在甲骨文上，有传布之功。王国维治学方法，似乎在太炎之上，更非罗氏所可及。友人某君常为我言，自王国维死后，罗氏发表之著作颇少，其言亦深可味。四川廖季平，考据极精，申叔盛称其《六书旧义》，廖氏本班固四象之说，注重形事意义四事，颇新奇可喜，在我做的《中国文字学史》上已稍论之。"所论殊精当，可作学术参考，又见清末民初儒林之盛况。而朴安多方面获得商榷切磋，尤为难得。

朴安从事新闻事业，始于《民立报》，该报为于右任所创办，继《民呼报》《民吁报》而为民国发祥的报刊。他主编小品文章，搜集明遗民之事迹与其言论含有种族思想者，编为笔记类，次第载之报端。又编有《发史》一种，凡清初不肯薙发而被杀，或祝发而为僧者，悉为编入。又作小说《混沌国》，描写清廷的腐败情况。但此等鼓吹革命的文稿，都散失掉了。唯《发史》序，萧一山的《清代通史》却引有一段，朴安录以存之。那为《民立报》撰社论的，有宋渔父、范鸿轩、景耀月、王印川、徐血儿。撰小说的有老谈，即谈善吾。绘画的有钱病鹤（后改为云鹤），亦人才济济。此后瞿绍伊主办《春申报》，招朴安为襄助编辑，为时不久，报即停刊。继进《新闻报》，任小品编辑，乃纯粹的游戏文章。辛亥革命后，他在游戏文章中讥诮遗老，触犯股东的忌讳，他便辞职而去。

他认识叶楚伧，很有趣。那时，他和陈佩忍，同饮于沪市言茂源酒肆，佩忍忽对他说："我有一好朋友，是汕头《大风报》的主笔，新从汕头来沪，不可不去一看。"他询问何人？佩忍不语，久之则云："现且不言，看到时再讲。"酒罢同到一客栈，佩忍带领而入，便见一状颇魁梧者，正在阅书，客至，释卷而起。他疑心是广东人，或是北方人，正要请教时，佩忍忽谓："你们二位，暂不通姓名，谈了话再说。"他听对方讲的是吴侬软语，疑团更甚，没有谈到几句话，就提到饮酒，三人便同赴酒家，其人纵谈黄花岗七十二烈士殉国，又杂谈诗文，三人颓然各有醉意，彼此竟未通姓名而别。事后，朴安才知其人乃吴江叶楚伧。民国初，姚雨平办《太平洋报》，楚伧任总编辑，朱少屏任经理，柳亚子编文艺，兼电报版。朴安作社论与编新闻。一日，亚子以第五集《南社丛刻》誊写稿（各地社友寄来诗文词稿，纸张不一，写体亦不一，均由亚子全部抄录，录入每页二十四行，每行三十字的红格纸里去，然后付印），托朴安交付印刷所，朴安粗枝大叶，不知怎样把全部誊写稿丢失了。亚子大发脾气，要朴安赔偿，这怎么办呢？结果，亚子所兼电报版，由朴安代庖，亚子腾出时间来重作抄胥，才得解决。在这时，朴安又认识了余天遂、姚鹓雏、李叔同、夏光宇，都是该报的同事。《太平洋报》费绌停止，朴安为《中华民报》作社评，又认识了邓孟硕、汪子实、陈无我、管际安、刘民畏。他的社评往往不标题目，认为标题目很麻烦，写成了社评，就算了事，什九由汪子实代标。有一次，汪氏亦觉得标不出适当的题目，竟标之为"无题"，传为笑柄。此后，朴安又任《民权报》编辑，时戴季陶主笔政，署名天仇，而天仇性躁急，动辄忤人，朴安对他说："请你把天仇二字改为人仇吧！"

有关朴安的趣事很多，足资谈助。他和马君武对局围棋，君武下子辄悔，止之不可。他想出一抵制办法，君武悔一子，他也悔一子，君武再悔一子，他也再悔一子，往往两人各悔一二十子，致全局错乱，只得通盘重下。

他对于事物，颇有独特之见，常谓："男女进而为夫妇，当注重于情之一字，不可专注重于爱之一字，爱则日久而消，情则日久而积。我觉得对于家庭，对于朋友，对于国家，唯有一情字，始能有真正的爱。"他看到旧社会嗜学者少，溺于恶习者多，发着感慨说："近年以来，中人以上，不斗牌者十无一人，不阅庸俗小说者，百无一人，作诗填词者，千无一人，习经读史者，万无一人，躬行实践，为身心性命之学者，旷世无一人也。"又谈到吃饭问题："中国一千人中，五百人吃饭不做事，四百九十九人，为吃饭而做事，不知可有一人为做事而吃饭？吃饭不做事者，倚赖人为生活，禽兽不若也。为吃饭而做事者，禽兽以爪牙觅食，人以知识觅食，觅食之方法不同，而其觅食则一，禽兽类也。为做事而吃饭者，具有人格，出于禽兽之上，始得谓之人。"他又说："不能在最低等的生活立得住脚，将来决不能任大事。"

他先娶唐淑贞，体羸弱，沾时疫几殆，后患贫血症，不治死。继娶朱昭，朴安教之读书，知文翰。有时朴安向国学保存会借来孤本书，朱夫人为之手抄，累累列于橱架，朴安引以为乐。子女有道彦、道彰、道彤、沣平、沁、泠、沄。那驰誉国际的道静，是他的侄子，沣平名渊，为首辟黄山许世英的儿媳，擅书画，中年夭折，朴安很为伤痛。长子道彦早年毕业于上海交通大学，留学美国，从事铁路机车设计研究。1948年去台湾。近三年来，斥资重印其父朴安的《朴学斋丛书》，共分为三集，第一集，收入胡氏先人胡朴安、胡怀琛（寄尘）的诗文遗著。第二集，收入朴安学术著作十余种。第三集，乃怀琛的学术著作及现尚健存的道静作品。送给大陆诸亲友和图书馆。又《俗语典》，那是朴安主持下，由夫人朱昭，前室所生之女朴平，其弟怀琛，侄道吉、道和协作编辑而成。1983年，上海书店为之复印，有杨树达序，怀琛序，及朴安自序。例言最后有那么几句话："本书告竣时，于各书中续得俗语，又有一千余条，原拟附本书之后为补遗，嗣思俗语尚多，再事搜集，或可与本书相并，或竟多于本书，附为补遗，未足尽俗语之大观，因先出此编，以饷阅者，续编嗣出。"这个续编，未见刊行，今不知原稿尚存与否了。据我所知，朴安别有两种作品，神龙见首不见尾，成为遗憾。一《病废闭门记》，那是1939年忽患脑溢血，濒危得救，但半身不遂，自号半边翁。他初颇抑闷，既而以易理禅理，自静其心，谓："譬如被判无期徒刑，不作出狱之想，狱中生活，亦颇自适。"撰《病废闭门记》二十万言，给钱芥尘刊诸《大众杂志》，逐期披罗，奈《大众杂志》出了若干期，便告停刊，余稿很多，存芥尘处，当时芥尘一度宣言："倘有人为刊全书，当无条件奉赠。"可是那时纸张难购，印工昂贵，没有人接受，今则芥尘逝世，也就下落不明。又《南社诗话》，初登《小说月报》（联华广告公司所发行）上，登了数期，朴安辍笔。这时我为《永安月刊》编委之一，因商恳朴安，续撰刊诸《永安月刊》，朴安命笔寄惠，大约连登了若干期，有一次，《诗话》续稿被编辑部不慎遗失，朴安是没留底稿的，便觉兴趣索然，中断不续了。

最近新出《中国文学家辞典》，列入胡朴安小传，谓："原名胡有忭，学名韫玉，字仲明，后改字朴安。1916年，任交通部秘书，后任福建省巡阅使署秘书，京沪、沪杭甬两路管理局编查课长，兼上海国民大学及持志大学国文系主任。1922年，著《中华全国风俗志》。1930年，任考试院专门委员，同年任江苏省政府委员，兼民政厅厅长。1932年辞职，主持《民国日报》笔政。1939年，患病居家，专心著述，所写《周易古史观》《庄子章义》《儒道墨学说》《中庸新解》等书，均有独到见解，成一家言。他的《中国文字学史》《中国训诂学史》《文字学ABC》《文字学研究法》《六书浅说》《古文字学》等专著，也很有影响。其他尚有《周秦诸子学说》《儒家修养法》《文字学讨论》《中国学术史》等数十种。抗战初期，任上海正论社社长，上海沦陷后，闭门著述。抗战胜利后，任上海通志馆馆长，及《民国日报》社长。1947年，因肝癌逝世。"他的经历和著述，足补我文之不及。

访吴待秋故居

在20世纪30年代，上海画家有"三吴一冯"之称。冯指冯超然而言，所谓三吴，那就是吴湖帆、吴子深、吴待秋。

我和待秋老人相识甚早，那时他尚在上海商务印书馆，主持美术部，选刊了许多珍贵的书画册，名重艺坛。他画宗麓台，水墨不设色，气韵之佳，无与伦比，以求者众，乃辞谢美术部职，专事挥洒。画寓在沪北宝山路。他喜观电影，那儿有一座世界大戏院，我们经常在戏院会晤。此后他老人家买宅吴中大王家巷，这是残粒园的故址，园最初为扬州盐商所营，取南唐李煜诗"红豆啄残鹦鹉粒"句以命名。待秋老人购得后，大加修葺，虽占地不大，但位置精巧，具花木池石之胜。承老人邀我前往一游，可是我为衣食奔走，迄无宁息，始终没有践约，引为遗憾。

这次为了庆祝母校草桥中学80周年纪念大会，我重莅故乡，得便一访待老的哲嗣吴养木，并一瞻残粒园的旧迹。养木为吴中画苑祭酒，双鬓已斑，垂垂老矣。屋共六进，厅里有一独幅楖木的画案，四周镶以红木，为待老生前染翰调丹的故物。据养木见告，当抗战时，苏沪沦陷，日军来此搜查，把刺刀猛插案面，致被破裂成一大洞，幸事后设法弥补，今则完好如初，一无痕迹可寻。养木拟刻铭其上，以为纪念。墙旁列着柜橱及一小榻，为明代物，古色古香，也是值得欣赏的。由养木引导，曲折至残粒园，苔藓满地，芜草侵阶，池上横一大桂，偃蹇支离，已失蓬勃气象，傍立假山，嶙峋有峰，闻待老骨灰犹置存在石洞间，为暂居之处。

天虚我生与陈定山父子

这似乎带些连环色彩吧，我写了一篇《陈小翠女士》，给她的长兄陈定山（小蝶）瞧到了，定山就写了一篇《我的父亲天虚我生》（蝶仙），这篇文章给我瞧到了，我又写了这篇《天虚我生与陈定山父子》，小蝶所写，偏重于实业方面，我所写偏重于文学方面，也就各不相犯，譬诸摄影，各取各的角度，不觉重复了。

陈蝶仙，原名嵩寿，后改名栩，取《庄子》栩栩化蝶之意，字蝶仙，别署超然、惜红生、太常仙蝶。又有仿日本人的取名，如樱川三郎、大桥式羽。晚年则称天虚我生，和吴趼人称我佛山人，同一机杼，是在"天"字下，须加一逗点的。浙江杭州人。1879 年己卯 6 月 4 日，生于儒医陈月湖家。1940 年 2 月 8 日，卒于沪寓，年六十有二。

我认识陈蝶仙，尚在 1925 年，我以前辈礼事之。其时，他老人家与小蝶、小翠（翠娜）、娴君、紫绡，及周瘦鹃、丁慕琴、涂筱巢、徐道邻（徐树铮子）、李常觉等大队人马来苏，作天平山的游赏，我和程小青、赵眠云任东道主。我撰了《天平参枌记》，瘦鹃且把这文，发表在他所主编的《半月》杂志上，作为冠首的特载。时隔半个多世纪，兹把这篇记游的文章，录存于下吧：

> 孟冬之中浣八日，昧爽方盥漱，闻剥啄声，启扉则程子小青也。即驱车同赴金昌阿黛桥之铁路饭店，以觐诸海上俊侣，盖先期函约者。俊侣为天虚我生、瘦鹃、小蝶、慕琴、常觉、筱巢、道邻，及娴君、翠娜、紫绡诸女史。盍簪既毕，企谋天

平之游。沦舟值定，嘱榜人为市肴蔬，相偕先诣涵碧庄游焉。红鳞游鱼，小鸟飞跃，顿觉心神为旷。萦纡亭榭，忽遽历之，至冠云峰，道邻出机以留真，诸子相偕立，慕琴独坐，众目为猴，益慕琴躁佻，攀石援木，为状绝肖也。入又一村，笼鹤振翎，有不群之概，瘦鹃戏以独鹤呼之，而鹤振翎如故，乃曰："独鹤乃如此哉，呼之而竟不应也。"领略遍，遂趋阿黛桥下，填咽盈船腹，慕琴出其行坐不离视为第二生命之百代话匣，转片发声，铿戛为欧乐，继则生旦杂作，小蝶厌烦强止之，而瘦鹃清谈婵嫣，不觉达枫桥。小蝶坐船首，与翠娜商量画稿，小汀云树，茅舍两三，着笔不多，而已悠然有远意。午抵西星桥，榜人谓河渠堙塞，不能再进，即停桡而系焉。燔炙芬烈，饭以果腹，或乘肩舆，或控蹇卫，循田而行，漫漫可五里，陂陀起伏，乃舍舆卫而步蹬，奈无草蹻，前路难行，然不甘示弱，攀登以上，遥望路难行，废址肖然，咸羡十全老人弃庙堂而栖山林，善乎其游哉。旋至童子门，小憩，惜秋尽，诸枫已落，叶早辞柯，委地而黄，否则停车可赏，霜醉似花，不让瀛洲三岛之红樱也。约半里许，长松森萃，则范文正公墓矣。偶昂首上瞩，巍巍墓道，栈道巉岭，立者、欹者、骋者、驻者、偃者、仰者，如青龙，如猿猴，如鬼物攫人，如鸾凤之腾举翱翔，如怒涛之激荡贲涌，不可尽举其状态，而磐石多耸矗，仿佛手笏以朝丹霄，故有万笏朝天之号，是天平之绝胜也。更相与披榛莽而上陟，足践黄叶，屑屑有声，转折过石钟、鹦鹉石，而抵钵盂泉，小坐山楼，茗解渴吻，味甘冽可口，凭窗遥眺，灵岩狮岭，微笼薄霭，空廓若无人踪，斯时超然尘世，辟易俗虑，有终老烟云之想。楼后石隙中，涓涓水溜，洞竹通之，入钵多罗，不溢亦不涸，岁以为常，钵盂泉之得名在此。出而右向，峭壁中断，成羊肠径，仅容侧身，石以级之，曰一线梯，慕琴为导，滑不受趾，几倾堕，瘦鹃曰："不若是，不足以见名山之胜。"相率接踵上，翠娜御高跟鞋，亦冶步以登，卉木延蔓，别为清境，道邻又以机摄之。时促且疲惫，不克登望湖台，联袂相扶而下，蹙蹋更甚，皆淋淋汗出。既而悉下舟，欸乃一声，绿波荡破，各肆谈笑间，船娘谓紫蟹热，则小蝶预购于市中者，乃持螯而酌，甫食毕，出扑克牌为捉乌龟之戏，嬉笑不绝。时已曜灵西匿，渐觉昏黄，而金昌亦至矣。返铁路饭店，眠云留札在，拟宴诸子于眉史林月娥处，晨困小极，未随屐齿，兹以尽地主之谊耳。于是笙歌迭侑，流瞥飞觞，黄若玄、转陶昆仲亦来会，一一绍介，微醺而散。诸子即长车归沪渎。夫隽游若此，能有几回，恐后会无期，不可追忆，亟于灯下奋笔以记之。

以上诸子，迄今存者寥寥，而道邻所摄影片，我曾藏有全份，惜后来失去了，否则今日铸版印出，岂不善哉善哉。

蝶仙早年从事幕府生活，当然擅长翰墨骈散文，诗词曲都有相当的造诣，书法也很秀逸，幕府较闲适，所以他办了一个刊物，取名《著作林》，以文会友，和许多诗人词客，时相唱酬，许瘦蝶（太和）便是其中之一。1911年，上海《申报》创始副刊《自由谈》，由王钝根主编，瘦蝶和钝根相稔，所以《自由谈》上，经常有瘦蝶作品，此后钝根别就，继任者乃吴觉迷、姚鹓雏，可是都为期短促，先后离去，瘦蝶便把蝶仙介绍和钝根相识，经钝根推荐，报社礼聘蝶仙主持《自由谈》，副刊第一篇游戏文章，为《召请投稿家》仿焰口式，每则首句"一心召请"借以博笑。又把来稿标分甲、乙、丙三等给酬，就有人开玩笑，抄录了前代的冷僻文章，试看列入何等，所以不久便把来稿等第取消。蝶仙的长篇小说，如《黄金祟》《玉田恨史》及《花木兰传奇》《自由花弹词》等，均在副刊上发表，那《玉田恨史》所记的，乃钝根的内弟李澄清的家庭实事，后来刊成单行本，当时作序题诗的很多，几占全书之半。某些人把写通俗小说的一律加以"鸳鸯蝴蝶派"的名称，蝶仙也是被谤之一。直至最近，有人说些公道话，对于《恨史》，评为："把女主人公的心理状态，表现得合情合理。在艺术氛围上也能给人以如闻其声、如临其境之感。从表现手法看，能运用内心独白的写法，对女主人公潜意识活动的细致描绘，在当时的小说创作中是别具一格的。"

　　蝶仙一度任监狱工艺的主导，所以较广泛知道一些工艺常识，他在副刊上发表常识性的小文，颇受读者欢迎。乃另刊单行本，称为《家庭常识》，家庭妇女，纷纷阅看。这时日本帝国主义向我国提出二十一条，强迫签字，国人大为愤慨，坚决表示抵制日货，蝶仙运用他所有常识，创造擦面牙粉，以抵制日本人的金刚石牙粉及狮子牌牙粉，居然擦面牙粉取日货牙粉而代之。从这基础上，再创造种种化妆品，成立了家庭工业社，他放弃了笔墨生涯，《自由谈》暂由陈景韩（冷血）代编，不久即归瘦鹃主持了。

　　那家庭工业社，最初设在沪南西门静修路三乐里，后来扩大范围，且招股成为正式有限公司，当然迁出三乐里了。这三乐里很短，仅有两个石库门面，我弟润荪奉母居住该里靠外的一个石库门，我进城探省，隔邻壁间，看到"栩园"二字的砖刻，才知道这是蝶仙的故居，也是家庭工业社的发祥地。

王钝根主编《礼拜六》周刊，蝶仙的长篇小说《孽海疑云》，又与李常觉合译的《恐怖窟》等，连续刊载该刊，成为该刊的中坚作家。蝶仙且有留园觅咏图，和周瘦鹃的淞园吊影图、袁寒云的玉泉读书图、赵眠云的玄墓探胜图，都很引人瞩目。他又和王钝根合辑《游戏杂志》，内容分滑稽文、诗词曲、译林、谈丛、剧谈、魔术讲义、戏学讲义、说部、传奇、乐府，共出十九期。继编《女子世界》，拟和商务印书馆的《妇女杂志》相竞争，结果却失败了，六期即止。在该刊上，蝶仙署名太常仙蝶，有《美人与国家》《她的小史》。也有人说："太常仙蝶是他和李常觉及小蝶合作的总称。"用天虚我生署名，有《落花梦传奇》《潇湘影弹词》，附有工艺一栏，谈化妆品制造、谈衣服剪裁，以及手工造花、制造玫瑰香蜜、桂花糖、口香糖等，都是蝶仙的玩意儿。

蝶仙一度办过栩园编辑社，附设函授班，出版了《文苑导游录》十册，把函授生的作品原稿和经过批改的，相互对照，一同披露在《导游》中，的确是度世的金针。迄今社会上尚有他当年的函授生而能文的，施剑青即为其中之一。据剑青云："蝶仙的《泪珠缘》说部，撰写时年仅十九岁，仿着《红楼梦》，用章回体，其六十四回，书后以七绝诗四首代跋，其中一首：'一半凭虚一半真，五年前事总伤神。旁人道似《红楼梦》，我本红楼梦里人。'他平日常以神瑛侍者自况的。这书初由杭州萃利书店刊行，后由上海图书馆再版，风行一时。"

蝶仙真是著作等身，较《泪珠缘》更早的，为《桃花梦传奇》，为十六岁时之作，凡九十六出，刊于自办的《大观报》中。他的驰誉小说，尚有《满园花》《郁金香》《芙蓉影》《娇樱记》《红丝网》《丽绡记》等，其他有《新官场现形记》《新泪珠缘》，也译了《福尔摩斯探案》，又剧本八种，如《错姻缘》《火中莲》《生死鸳鸯》等。又工具书《考证白香词谱》。我喜搜罗诗话，他有《栩园诗话》八卷，曾刊《著作林》，惜未见。杂著有《实业浅说汇刊》《治家酬世全书》《西药指南》《中西乐律同派》，《栩园新乐谱》系风琴谱及自撰曲文，知识面的广，足以惊人。他自己的作品，疏于捡拾，幸由他的好友周拜花为之收集，编成《栩园丛稿》，称为香雪楼版，分《栩园诗集》《栩园词集》《栩园曲稿》《栩园文稿》《栩园诗剩》《香雪楼词》，附入陈小翠的《翠楼吟草》《翠楼文草》《翠楼曲稿》，共十册，蔚为大观。题序累累，他有自序，有云："五龄就塾，七岁而孤，习于慈训，乃辨四声。"从其诗集中，得诵其十三龄《烧灯即事》诗，句云："梅树雪消红乍瘦，杏花风起绿初肥。"藉知其早慧而出于母教。他办家庭工业社，参加了机联会，这是个工商组织，刊有《机联会刊》。蝶仙不辞劳瘁，负责主编，出了数十期，才归徐卓呆继任，改名为《自修周刊》，具有学术性，我为该刊撰《尺牍丛拾》，约十万言，所以印象很深。

蝶仙是位风趣老人。时周瘦鹃嗜紫罗兰成癖，辑有《紫罗兰》杂志，及《紫兰花片》，蝶仙特为瘦鹃夫人胡凤君特制紫罗兰香粉，并成词数阕，铸版布诸报端。又新制窗帘，轻不盈握，自比《红楼梦》中软烟罗，填《翠楼吟》词以咏之。又王钝根撰《聂慧娘弹词》，蝶仙好事，为书中人代作诗以寄慧娘。他家和清季大货殖家胡雪岩有些戚谊，他早年曾访胡氏故居芝园，撰有《芝园怀旧记》，略云:"予等尝自后门入,其南向厅事九楹,榜为碧城仙馆,回廊亘其西,循廊入垂花门,乃见嘉树葱茏,面东辟一小院,窗楹雕饰之细,几如文玩。玻璃悉为五色,间以磨砂,返景眩眼,不能内瞰。其楼栏尤精致,柱刻狮子百头,狮目以赤金为之,朝阳映射,灿若繁星,而窗隔屏门之属,悉以紫檀雕琢,嵌以黄杨花纹,益见窈窕,隋苑迷楼,殆不是过。"当时胡氏之穷极奢丽,可见一斑。蝶仙以百狮楼为胡氏宠姬所居,为拟一榜曰媚红楼。又蝶仙有观于此,在西湖筑有蝶庄,有响廊,吴湖帆为题。廊间多置长镜,但楹联入镜,字作反形,颇以为憾,便取正反同形字为联,张诸壁间,这种巧思,非胡氏所能及了。又洋菜为暑令食品,他说,原名很隽雅,称寒琼脂,曾赋一诗。又他在杭州桃源岭之麓自营生圹,颜曰:蝶巢,并立二碑,一为《天虚我生传》,一为其夫人朱恕(懒云)传,均西湖伊兰(名董晢香,为他家常客,司书,又杨仕猷、司画)手书。且列一联,颇趣,如云:"未必频年两祭扫,何妨胜日一登临。"又潘兰史眷女校史洪银屏,银屏离去,兰史于香港襟海楼设宴饯别,以红豆为题,题者如吴趼人、丘菽园、冒鹤亭等五十余人,蝶仙自告奋勇,亦题一诗,并怂恿刊《红豆图咏》。又蝶仙在家,常独坐作书,不理一切,其夫人朱恕称之为坐关僧。又他每当痛苦时辄以如来支解为譬,谓:"如此则觉我身所受,总不如如来之难忍。"又他才思敏捷,章松庵有句"水月松风招白鹤",苦无对句,蝶仙略一思索:"石泉槐火煮乌龙。"又他喜蓄芙蓉鸟,以其鸣声似莺簧百啭。又杭州有包蝶仙,为戴醇士之外曾孙,绘有兰因图,出郑大鹤手,蝶仙与之为友。又他在避难时期写的家信,刊《难中竹报》,谈到许多琐事,如:"周黛岚一块石头,下有红木座子，外装一箱，贴着一张破旧名帖，上款刮去了，下款是二十三年九月于章门军次，钤一小图章'黑旗营主'，大约是刘永福的遗物，我想带回来太笨重，计二十四磅，河口要当古玩课税，所以转送了江小鹣，他是美术家，还配得上。"又致小翠云："我早想造一个桃源乐境，等太平之后，就从蝶庄边的空地入手，左右都有余地可买，实行孟老夫子的五亩之宅，再种些番薯备荒。我又有地在玉皇山莲花峰下，只要你高兴这个，我也能做灌园叟。"又云："我万事皆抱乐观，每起烦恼念时，即以手拍额，喝曰：何又自寻苦趣，于是立即转念过去乐境，不觉怡然，此实妙法，可以却病消愁。"又云："夜眠如不入眼，只要呵出几口浊气，自然会得调息安神，一次睡足八小时。"又云："我的牙齿装上了，说起话来，竟有许多舌音掉不转，吃东西尚能勉强咀嚼，说是一礼拜便惯了。我想譬如投胎变了马，被人加上口勒，我也没法子，所以也不心烦气闷。"又云："张聿光的画，起码四百元滇币，我替他题上诗的，竟卖到一千元滇币，实在我的诗，不过是咏物的，应酬货罢了。"又云："西湖春秋佳日之景，乃花青、藤黄、赭石之画云南山水，在半晴半雨中，实是大青绿之工笔画。"又云："西安就是长安，明皇幸蜀，就从西安的栈道而行，才到剑阁，便回转了，并未经过峨眉，白居易《长恨歌》所云，都是悬想。"小翠最得蝶仙的钟爱，所以离乱时，给小翠的信特多。小翠常以古风一首，以代家书，蝶仙复书，小翠又演绎为律诗，再寄蝶仙，以博老人一笑。又蝶仙颇喜胡亚光的翩翩风度，为作《洞仙歌》题其画册，小引为："亚光姻兄，工绘事，学贯中西，与共笑谈，如对玉山琪树，令人生美感。"他一度为了提倡国货，来函凡用洋信封的，概不拆阅。又从蝶仙游的汪瞻华，藏稗官小说极富，王佩诤列入于《续补藏书纪事诗》中。某岁，杭州举行西湖博览会，规模仅次于南洋劝业会，蝶仙为家庭工业社设计广告，在会中筑一喷水泉，所喷为社中出品蝴蝶牌（谐音无敌）花露水，飘香数里，引为注意。又蝶仙少年时眷一邻女，撰有《九香楼纪事诗》九十首、后九十首，绮靡风怀，尽情泄发，九香楼一名筝楼，绘筝楼聚影图。又绘筝楼泣别图，索廉南湖为题，南湖有筝楼泣别图，蝶仙题之为报。又丁悚绘时妆仕女图一百数十幅，蝶仙逐幅题之，又好吃成性，喜鲜虾、湖蟹、宣腿、肉粽、鲞鱼、鳝面等，犹忆曩年，他老人家来苏，同进船肴，其子女辄在旁监视，不许他过多下箸。晚年病胃卒，陆澹安挽之云："公真无敌，天不虚生。"朱大可挽之："齐物逍遥，一夕仙踪圆蝶梦；儒林货殖，千秋史笔属龙门。"举行追悼会，假玉佛寺，每人给一小影徽章，我珍藏多年。

他的父亲福元，字月湖，为邑中名流，知医能画，蝶仙传家学，亦善绘花卉草虫，一度临摹改七芗仕女。兄少梅，纳粟为官。次兄华甫，早卒。弟蓉仙。夫人朱恕，长彼一岁，能诗，伉俪甚笃。朱云光为蝶仙作一传，惜未见。

哲嗣小蝶，为台湾寓公，去岁犹以一画见贻，最近承陶寿伯见访，谓小蝶饮食如常，惜足蹇，不良于行，数十年未晤，不无今昔之感。

小蝶和蝶仙，有大小仲马之号，朋好以小蝶故，称蝶仙为老蝶，呼小蝶之弟为次蝶（早逝世）。小蝶名蘧，别署小蝶，由小蝶改署蝶野，由蝶野改署定山，今则称为定公，大约成为定型，不再变易了。他又是一位风趣人物，又复著述宏富，与其父合作的有

《弃儿》《柳暗花明》，刊《申报》，明星公司摄为影剧。《二城风雨录》《嫣红劫》《间谍生涯》《秘密之府》《琼英别传》《勃兰特外纪》《旅行小史》《妍媸镜》《各国宫闱》。他单独的作品，有《塔语斜阳》《香草美人》《兰因记》《余味录》《虫肝录》《菊谱》《画狱》《江上秋声》《定山胜语》《书画船》《醉灵轩读画记》《醉灵轩诗文集》《湖上散记》《消夏杂录》《蝶野论画三种》，都是用他父子俩所创办的造纸厂纸印行的。

小蝶多才艺，能书，作十七帖，山水花卉，无不兼擅。有人这样评论他："在蝶野时期，以冷隽胜，笔墨无多，尽得天趣。四十以后，自号定山，笔墨于洗练以后转趋繁复，千岩万壑，气韵无穷，收子久、山樵、香光、麓台为一家。又身行万里，胸贮万卷，故能变化于笔墨之外。"当时吴湖帆称蝶野画："仙乎仙乎。"吴子深谓："吾平生于画无所畏，独畏定山，每一次相见，必有新意。"犹忆曩年，前辈吴眉孙词翁，与陈蝶仙同列"国魂（报刊名）九才子"，拟求小蝶画扇，但不欲以父赘名义自居，托我转求，小蝶应之甚速，且多画一荷扇给我，翠盖红裳，凌波浮水，笔墨的清娇，无与伦比，失而复得，这是多么幸运啊！他论画，颇有见解，谓："画盛于宋，精于元，大于明，工于清。"他收藏名人书画甚多，亦精鉴赏，当故宫旧藏，准备参加伦敦中国艺术国际展览会，陈列钟萃宫，小蝶适在北京，他加以评品，把宋刘松年的《五学士图》、元赵子昂《重江叠嶂图》、元倪云林的《江岸望山图》、明董香光的《夏木垂阴》列为神品，宋无款《枇杷猿戏图》为无上神品。宋夏珪的《西湖柳艇》、宋无款的《寒林楼观》、明徐渭的《榴实》、明仇英的《柳塘渔艇》、明朱芾的《芦州聚雁图》、清郎世宁的《瓶中富贵》，列为妙品。元黄公望的《富春山居》、明仇英的《梅石抚琴》、清王翚的《一梧轩图》，列为劣品。唐李昭道的《浴阳楼阁图》、宋巨然的《寒林晚岫图》、宋燕文贵的《三仙授简图》、宋夏珪的《长江万里图》、元高克恭的《雨山图》、清王时敏的《仿子久山水》，列为伪品，评语甚详。这次选品，多有西人参加意见，往往以乾隆御题为目标，无题的，虽神品亦被摈，他和吴湖帆大为反对。上海商务印书馆钱智修辑《东方杂志》美术专号，征及小蝶，他撰了《树石谱》，后刊为专书。

杨士猷，为蒲作英弟子，寓居陈家，常与小蝶论画，颇得其益，谈作英趣事，小蝶记于《画苑近闻》中，如云："蒲作英讳老，问其年，曰六十，明日问之，则五十矣。平生惜衣未尝制新，购自典肆，必旧必廉，色褪加染，过其时则质之，故其衣服终年出入于长生之库，曰：此中人自然为我曝藏，胡劳我为。"又云："作英伸纸蘸笔，随意挥洒，团焦满纸，初不成画，即大笑径出，消磨永昼于酒肆茶坊间，及夜归，呼僮具烛，察其所画，蒙茸者引之，淋漓者钩之，若为树，若为石，顷刻而成，故其画历落自有条理。"《近闻》所记，类此者累累，不克备载了。

小蝶对于当代书画，书倾折叶恭绰，画深佩吴湖帆。张丹斧号无厄道人，颇自矜其书，一次，写兰亭寄小蝶，小蝶誉为似瘦金，丹斧复之："此书真离纸三分，入木一分，不知褚登善能胜过几许？遑论瘦金！"小蝶为作《无厄道人字歌》。丹斧又书扇寄之，录己诗，如："吴下樱桃熟，阊门柳絮飞。青山澹将夕，流水去无归……"小蝶呼为好诗。小蝶喜藏扇，一次，购得明清人扇面二百帧，彪炳照眼，古泽悦人，无一不精审，大为惬意。时赵眠云遍征当代书画家为作折叠扇，数以千计，并用珂罗版印《心汉阁扇集》四大册。小蝶以所藏傲示之，盖少许胜多许，且所费有限，眠云为之有惭恧色。

小蝶的好友，为钱瘦铁、江小鹣、孙雪泥、徐志摩、吴仲熊、贺天健、周瘦鹃、毕倚虹、日本桥本关雪等，数十年来，尽作古人，想小蝶偶一回忆，不无山阳闻笛之感。当时志摩与陆小曼为一对佳偶，小曼善歌，小蝶为作《聆歌记》谓："其歌，即引言语而节之以宫商，婉转低回，如行云流水。"小曼，亦美人黄土矣。

小蝶有时署醉灵生，因在杭居醉灵轩，轩本为其外祖父朱渌卿的漱霞旧馆，小蝶读书外家，乃宿于其间，有亭榭，有梧桐，他撰《醉灵轩记》述其概况，如云："予居是轩，梧桐一树，亭亭若车盖。当暑，即展席桐下，杂置书砚，卧而吟哦，每风飐花落，恬然入睡，起而拂衣，襟袂间皆桐花也。"厥境清绝似画，至于醉灵，那是小蝶取唐罗隐别朱庆馀宅"除劫难忘是醉灵"诗意以名之。林琴南曾许小蝶绘醉灵轩读书图，病甚剧，强起致书小蝶，谓："老人今生不能从事矣，然平生知己，寿伯茀、高子益，最后乃得君三人耳！"书竣封邮，掷笔而卒，成为畏庐绝笔。小蝶评琴南画，谓："画以人重固也，唯其古文磅礴之气，时时濡透丹青，故画境朴茂，亦为人所不到。"小蝶别有西泠诗梦图。

小蝶一度有隐逸之意，其妹小翠，对于故乡西湖，独好理安，她深爱西溪之胜，小翠因有"何当分作东西宅，各领名山五百年"之句，小蝶为作《西溪棹歌》。某岁，忽传小蝶失踪，家人惶急不知所措，讵意数日后，小蝶归，原来他登临有兴，寄宿山寺。他曾买地西湖之白堤，旧为蕉石鸣琴之胜，三面临水，桃花极盛，乡人称之为小桃源，上面即康有为的一天园。小蝶不但能继乃翁的文翰，且能继乃翁的货殖，在杭州创蝶来饭店，开幕特请二位电影女明星胡蝶、徐来举行剪彩典礼，轰动一时。又在上海愚园路筑蝶村。出入以汽车代步，且能自司机捩，不料于静安寺路突与对面西人所驾之车相撞，小蝶受重创，入医院医治，凡数月始愈。

小蝶夫人娴君，能作小画，能作小诗，均楚楚有致。后夫人十云，能歌，尤擅京剧，每逢宴会，弦索登场，博得满堂喝彩声。闻陶寿伯言，十云遇车祸殒身，小蝶为之悼惜不置。小蝶生于1897年12月，即清光绪丁酉十一月四日，尚弱我两岁，希望他善自颐养，年逾百关，俟有机缘，一图良觌，白头相对，握手欢然，在此作为预约之券吧！

李叔同的卓绝人格

李叔同皈依佛门，为弘一法师，1942年10月13日圆寂于泉州。因为他曾披剃于杭州虎跑，所以虎跑为他辟纪念室。1983年，纪念室揭幕时，我和丰一吟、钱君匋、刘雪阳前往参加。

叔同多才多艺，诗文、书画、篆刻、戏剧、音乐、佛学，无不具有高深的造诣。他把佛学传授给丰子恺，上面谈到的丰一吟，就是子恺的女儿。音乐传授给刘质平，刘雪阳就是刘质平的儿子。至于钱君匋，为丰子恺的高足，都是有着渊源的。叔同的遗物，半在夏丏尊处，半在刘质平处，丏尊与质平都已下世，遗物在丏尊处的，不知其下落。遗物在质平处的，却由雪阳什九保存着。

雪阳知道我是很敬慕李叔同的，承他殷勤，挟着一大包的叔同图片和其他东西给我欣赏，我就和雪阳相商，暂留我处三天，俾得细细展阅。从这些遗物中，可以发觉叔同不仅诗文、书画、篆刻、戏剧、音乐、佛学具有高深的造诣，而且他的人格也是很高尚的。

叔同给质平的信札很多，称质平为仁弟，自称为不佞。时质平留学日本，经济拮据，甚至学费断绝，叔同力助之，信中略云：

> 学费断绝，困难时，不佞可以量力助君，但不佞寠人也，必须无意外之变，乃可如愿，因学校薪水领不到时，即感无法，今将详细之情形，述之于下：不佞现每月收入薪水百〇五元，出款，上海家用四十元（年节另加），天津家用廿五元（年节另加），自己食物十元，自己零用五元，自己应酬费、买物添衣费五元。如依是正确计算，严守之数，不再多费，每

月可余廿元，此廿元即可以作君学费用。将来不佞之薪水，大约有减无增，但再减去五元，仍无大妨碍，自己用之款内，可以再加节省，如再多减，则觉困难矣。助君学费，有下列数条，必须由君承认实行乃可：一、此款系以我辈之交谊，赠君用之，并非借贷与君，不佞向不喜与人通借贷也。故此款君受之，将来不必偿还。二、赠款事只有吾二人知，不可与第三人谈及，君之家族门生等，皆不可谈及，家族如追问，可云有人如此而已，万不可提出姓名。三、赠款以君之家族不给学费时起，至毕业时止。但如有前述之变故，则不能赠款，如减薪水太多，则赠款亦须减少。四、君须听从不佞之意见，不可违背。不佞并无他意，但愿君按部就班，无太过不及。注重卫生，俾可学成有获，不致半途中止也。君之心高气浮，是第一障碍物，必须痛除。以上所说之情形，望君详细思索，写回信复我，助学费事，不佞不敢向他人言，因他人以诚意待人者少也。即有装面子暂时敷衍者，亦将久而生厌，未能持久，君之家族，尚不能尽力助君，何况外人乎！不佞近来颇明天理，愿依天理行事，望君勿以常人之情推测不佞可也。

此后一札致质平，则署名演音，那是行将出家时所寄者，云：

书悉，君所需至毕业为止之学费，约日金千余元，顷已设法借华金千元，以供此费。余虽修道念切，然决不忍置君事于度外。此款倘可借到，余再入山，如不能借到，余仍就职，至君毕业时止。君以后可以安心求学，勿再过虑，至要至要。

目今谈教育者，有尊师爱生的口号，这是起着相互作用的，不尊师，师便无从爱生，不爱生，生亦无从尊师。李叔同这样对待刘质平,当然由质平尊敬老师所致,这是不待言而自知的。至于叔同偗己助人的风格,属于少见罕闻。叔同别有一信,勖勉质平备至,略云:

> 君之志气甚佳,将来必为吾国人吐一口气。但现在宜注意者如下:一宜重卫生,俾免中途辍学。习音乐者,非身体健壮,不易进步。专运动五指及脑,他处不运动,则易致疾,故每日宜有适当之休息,及应有之娱乐,适度之运动,又宜早眠早起,食后宜休息一小时,不可即弹琴。二宜慎出场演奏,为免受人之忌妒,能不演奏最妥,抱璞而藏,君子之行也。三宜慎交游,免生无谓之是非。留学生品类尤杂,最宜谨慎。四勿躐等急进,吾人求学,须从常轨,循序渐进,欲速则不达矣。五勿心浮气躁,学稍有得,即深自矜夸。或学而不进,即生厌烦心,或抱悲观,皆不可。必须心平气定,不急进,不间断。六宜信仰宗教,求精神上之安乐,据余一人之所见,确系如此,未知君以为何如?

叔同圆寂,有人搜罗他许多信札,刊印《晚晴山房书简》,以上几封信,都没有收入,珊网遗珠,当然是很可珍贵的。

叔同喜欢格言,有《格言略选》。虎跑纪念室,曾印作书签,可是为数不多,雪阳出示,则洋洋大观,较为全面。这些格言,属度世金针,为人准则,爱撮录若干,以见一斑。如云:"人好刚,我以柔胜之;人用术,我以诚感之。"又:"不让古人,是谓有志;不让今人,是谓无量。"又:"日日行,不怕千万里;常常做,不怕千万事。"又:"善用威者不轻怒;善用恩者不妄施。"又:"谦,美德也,过谦者怀诈;默,懿行也,过默则藏奸。"又:"声名,谤之媒也；欢乐，悲之渐也。"又："谦退，第一保身法；安详，第一处事法；涵容，第一待人法；洒脱，第一养性法。"又："毋以小嫌疏至戚，毋以新怨忘旧恩。"又："以情恕人，以理律己。"又："实处着脚，稳处下手。"又："以冰霜之操自励，则品日清高；以穹隆之量容人，则德日广大。"这些格言，都出叔同手书，字字端肃，一丝不苟，写给质平保存，今尚完好。

叔同法名演音，字弘一，尚在出家之前，别有一信致质平，即以演音字弘一具名，信云：

> 不佞近觉空寂，厌弃人事，早在今夏，迟在明年，将入山剃度为沙弥，刻已渐渐准备一切，所有之物皆赠人，音乐书籍及洋服拟赠足下，甚盼足下暑假时返国一晤也。

叔同于1942年九月初四晚八时圆寂于泉州不二祠温陵养老院晚晴室。林子青编的《弘一大师年谱》谓："九月初一日，书'悲欣交集'四字与侍者妙莲。"这四个字留有照片，又谓"自写遗嘱"，但《年谱》未载，那是致刘质平的，封面有《遗嘱》（加着墨圈）"刘质平居士披阅"，其原文云："余命终后，凡追悼会、建塔及其他纪念之事，皆不可做，因此种事，与余无益，反失福也。倘欲做一事业，与余为纪念者，乞将《四分律比丘戒相表记》，印二千册。"以下为小字："以一千册，交佛学书局流通，每册经手流通费五分，此资即赠与书局，请书局于半月刊中登广告。以五百册赠与上海北四川路底内山书店存贮，以后随意赠与日本诸居士。以五百册分赠同人。此书印资，请质平居士募集，并作跋语，附印书后。仍由中华书局石印，乞与印刷主任徐曜堃居士接洽，一切照前式，唯装订改良。此书原稿，存在穆藕初居士处，乞托徐曜堃往借。此书可为余出家以后最大之著作，故宜流通，以为纪念也。"末了"弘一书"三字较大，下钤"弘一"朱文印。

叔同早年作画，有二照片，一半身女，为木炭画，一半裸女，为油画，均栩栩似生。叔同早年从事戏剧，照片有饰茶花女二帧、饰京剧黄天霸及褚彪，时年二十二岁。又一帧和曾孝谷合摄的，为春柳社同人。一饰日本军官，侧着头，留髭须一撮，神气十足。一西装半身照，少年英俊，二十六岁所摄。又二帧，丰子恺均题有"弘一法师在俗时留影"九字，一首向左侧，一首向右侧，手持一展开的折扇。又一帧，叔同闭目端坐，似入定状，题"弘一将入山修梵行，偕刘子质平、丰子恺摄影"，右为子恺，左为质平。又一帧为叔同断食后之像，旁注"丙辰嘉平十九日"。又僧服立像，又戴风帽半身，题"弘师道影，施至伟写"。又一帧，半身僧服，微笑，髭须鬖然，状极慈祥，题"弘一法师肖像，二十六年深秋，师由青岛返闽，过沪，为留此影，时正烽火连天，大场犹未陷也。二十八年冬日，丏尊记于沪上"，那是夏丏尊逾年补记的。最后为圆寂时所留影，侧身卧于木板榻上，俨然似熟睡状，题有"中兴南山宗弘一律师涅槃瑞相，壬午秋九月初五日谨记"。旁为夏丏尊亲笔手迹，写在影片衬纸版上："问余何适？廓尔亡言。华枝春满，天心月圆。胜法居士，以其所供养之音公遗影属题，为书公《辞世偈》。癸未春日，丏翁。"

叔同是把西方音乐介绍到中国来的第一人，他的一首《祖国歌》为一简谱，歌词如"上下数千年，一脉延，文明莫与肩，纵横数万里，膏腴地，独享天然利……"，我在读书时，还唱过这支歌，迄今尚能背出十之四五来。这个歌谱的原稿，藏在黄炎培家，摄有照片。又《音乐小杂志》，为叔同主编，在日本付印，运来上海发行的，是我国最早的音乐刊物。该刊物的选材、撰稿、翻译、写词、作曲，以及封面设计、美术装帧，悉出息霜一人之手，息霜为叔同的别字。这时尚在清光绪年间，可是越年太久，这个杂志，国内一本都找不到，幸而丰子恺的女儿丰一吟辗转从日本京都大学图书馆复印，才把这复印本献给杭州虎跑的李叔同纪念室陈列。纪念室还陈列着《城南旧事》电影中的《送别曲》叔同原稿："长亭外，古道边，芳草碧连天……"更足耐人观赏。

刘雪阳又藏着叔同手写的《地名山名及寺名院名略考》，这些地、山、寺、院，都是叔同踪迹所至及卓锡之处，且注年份，附语"其余未详，俟后考"，可见尚没有完全。《略考》所有，已列四十九处。

《弘一大师年谱》，首列姓名别号，凡七十有余，我编撰《南社丛谈》，搜罗得一百有余，可是雪阳所引二百个，为最详尽的了。笔名喜用善字，如善量、善炬等，凡十二；用胜字，如胜慧、胜行等，凡十二；用智字，如智幢、智因等，凡十二；用无字，如无住、无说等，凡十；用大字，如大舍、大舟等，凡八；其他如玄、妙、龙、明、解、普、光、世、觉、满、微，都和禅理有关。奈太累赘，不克备录。

纪念李叔同的刊物，以《李叔同手迹集》为最精美，因成本高，只印了数十部，非常珍稀，而朱幼兰居士却保存着一部，也已捐献给了虎跑纪念室，以供众览。该室管理人嘱我题几个字，我就写了："李叔同先生，由入世而出世，复由出世而入世，伟哉此人！"叔同皈依做了和尚，犹悲天悯人，不忘众生的疾苦。

刘质平有《弘一大师的史略》一手稿，顷承其嗣君雪阳出示，其中颇多珍闻轶事，为第一手资料，爰摭取一些，以广流传：

叔同先世营盐业，家素丰，业务亏负，遂中落。三十九岁出家，学头陀苦修行，布衲简朴，赤脚草履，习以为常。体质较弱，衣多穿则患鼻红，少穿不能御寒，质平为制骆驼毛袄裤。所用蚊帐，破敝不堪，破了用布补，或用纸糊，当他五十诞辰，诸徒为他祝寿，细数该蚊帐破糊多至二百余处，由在沪的质平购透风纱帐以代替。他治律宗、戒律甚严，每日只食二次，第一次晨六时左右，第二次上午十一时，过午即不食。食量胜常，当五十寿辰，一次进面二大盘，见者愕然。他出家后，曾生大病三次，第一次在上虞法界寺，病未痊，被甬上僧人安心，跪请去西安宣扬佛法，他被迫，已登船，质平知之，从船上背负回。因足力不胜，艰于步履。第二次病于鼓浪屿，叔同自谓九死一生，为生平所未经历。第三次病于泉州养老院，预知迁化日期，函致夏丏尊、刘质平诀别，附录二偈。叔同因云游无定，经典随身携带，常用行李约五件，竹套箱二，网篮二，铺盖一。他写字常用毛笔，用墨却很注意，质平向友人处访得乾隆陈墨二十余锭，悉以奉献。他谓字之工拙，墨占十分之四，而布局却占十分之六，写时闭门，不许他人在旁，以免乱神。人评他的书法，乃学问、道德、环境、艺术多方面之结晶。所有书件，交给质平，一请质平广结墨缘，一嘱质平保存，后日军侵华，盗去一部分，又在上海举行义卖，所得资金，创办叔同艺术师范学院，为叔同在家时之纪念。又在泉州建立墨宝石碑，大小四十座，为叔同入山后之纪念。

叶恭绰的收藏

叶恭绰是政坛上的风云人物，也是艺林中的典范杰才。我是没有政治头脑的，置政治不谈，叙述一些他的文酒风流和书画雅致。

在清末民初有两位在人们理想中认为是魁梧奇伟的大丈夫，恰恰不是这样一回事。一位是吴江陈巢南，柳亚子的《南社纪略》谈到他："陈巢南先生，生得五短身材，脸庞上像把淡墨水染过一般，人家都称他为陈矮子，可是他却以文才著称，意气不可一世。"还有一位便是我笔下的叶恭绰了。名书家启功有一文提到叶恭绰："叶恭绰先生体短而神清，食少而气王，米饭只用半盂，面包只拈一片，盛宴之上，亦但取肉边之菜。而文章浩瀚，书法则天骨开张，盈寸之字，有寻丈之势。"以上云云的确是事实，因为我曾在沪西黄岳渊的花圃间和他有一面之缘，他个子确不昂藏，且又谦抑为怀，没有什么凌人的气概。

恭绰字玉甫，又字誉虎，号遐庵，别署矩园，广东番禺人，生于1881年，卒于北京，时为1968年8月6日，终年八十八岁。他早年追随孙中山先生，颇多策划，且对中山先生的一生事业甚为崇敬，中山逝世，卜葬南京钟山，名中山陵，例不许私人有所建筑而独许恭绰在此造仰止亭，亭畔遍植梅花，深愿他日埋骨于此。及恭绰死，经周恩来批示，特准于亭侧谋一窀穸，以偿其夙愿。

他原籍浙江余姚，先世宦游，流寓粤中，及石林迁苏之凤池乡乘鱼桥西，以为菟裘之计。奈越年久，原址已无存。恭绰购得汪甘卿旧园，略事修葺，名之为凤池精舍，俾得幽栖避嚣，借以留念。

奈自经丧乱，池废树残，了无痕迹，感叹之余，请吴湖帆为绘凤池精舍图，既成，题之云："凤池精舍，遐庵姻丈嘱写斯图，漫用王叔明笔法，不求形似，随意成之。丁丑夏日，吴湖帆。"观者无不推为湖帆生平杰作，一时名流为题。柳亚子更搜罗六百年来叶家旧事，成诗三十首。恭绰亦一再作记，洵属一时文献。此后睹国势的倾危，有感于《诗·小雅》所言罔极之义，又请湖帆为绘罔极庵图，烟雾迷茫，水云萧瑟，备极掩抑之致，亦湖帆精妙之作。题咏者均名流硕彦。又在北京辟幻住园，恭绰有《幻住园即事》一首，调寄《临江仙》，句云：

幻住可能成不住，翠微聊复登临。

可见具有泉石之胜。又有《秋日由幻住园上碧摩岩》诗，那么幻住园在碧摩岩的山麓，又有一诗，注云："端午桥曾筑归来庵于西山灵光寺，余构幻住园，与之邻近。"又有《端阳将届幻住园送园杏至》，又有《到京两月未一至幻住园，7月7日欲往复未果》诗，园是备而不居的。一自北京市府迁城中坟茔，恭绰把曾刚甫、罗瘿公移葬园中，时齐白石在京，求分幻住园葬地，恭绰一诺无辞，白石为绘幻住园图，恭绰画竹以报，此后他和张大千同寓吴门网师园，约四寒暑。又购得汪氏废圃，葺为履道园，仍与大千无三日不相过从，见必评论古人名迹，以为笑乐。一日，恭绰忽欲作画，即就大千案头挥竹一枝，大千见而惊诧，称为柯丹丘复生。一度欲买木渎严氏的羡园，作为大千及善孖昆仲读书绘画之所，奈敌骑来侵，避氛星散，事乃不果，然大千兄弟知己之感，永铭肺腑，台湾刊印《叶遐庵书画选集》，大千撰一长序，犹道及其事，盖恭绰长大千十九龄，大千以前辈尊之，恭绰在沪，居建国西路懿园，京寓为东城茅嘉园，及灯草胡同，听说某一处乃金北楼故宅。

他于1880年，生于其祖父南雪（兰台）京邸之米市胡同，幼年颖慧，5岁时，南雪即教以四书，继授五经。14岁，咏牡丹，为文道希所赏识，张冶秋、汪景吾、梁节庵亦纷纷称誉。15岁，谒陈散原，并与散原哲嗣师曾相交往，散原文有云："数十年前，有少年时来余家，与儿辈游，即玉甫也。"犹诸范当世文中称孙沧叟为孙童子，可是我晤沧叟，已属大耄之年了。师曾下世，恭绰与吴眉孙为师曾刊印诗集，两家世交，这是有其渊源的。

他曾见叶小鸾的眉子砚，后砚归陈姓所有，陶绥之所藏《眉子砚题咏册》，亦移让陈姓，陈姓请恭绰为题，恭绰有小鸾遗像，且考小鸾亦出宋石林之后，同属一宗，乃欣然题之，凡十首，兹录其一云：

乱红凋尽江枫冷，想见濡毫不语时。

惆怅彩云容易散，疏香阁外雨如丝。

注云："小鸾所居，名疏香阁。《枫冷乱红凋》，小鸾诗句。"又谓："小鸾未婚夫张旅庵，明亡后，逃禅，于楞严法华诸经，皆有著述。小鸾为天寥女，墓在吴江芦墟。"民初，叶楚伧自认为天寥后裔，即得天寥《午梦堂集》，复泛舟汾湖，访小鸾墓址，因请苏曼殊绘汾湖吊梦图，曾付石印，但未闻恭绰、楚伧联宗事。眉子砚拓，留在舍间，有郭频伽及燕谷老人张鸿题识。

他读书京师大学堂的仕学馆，此后五十年，检得当时讲堂笔记册，题有：

回首书窗五十年，兔园残册字如烟。

某岁，文字改革举行会议，假北京大学，邀恭绰参加，寻旧时宿舍,他所居为第三室,门前老槐犹在。当时第一室为达挚甫(寿),第二室为靳仲去(志),余不悉纪。

恭绰的书法,是震铄于时的,不但具有实际的功力,在理论上也有一套深切的学说,撰有《写字学纲要》《论书法》《谈毛笔》《论书画工具》等。他认为:"书法功力之深浅,以悬肘为上,悬腕次之,掌运又次之,指运为最下。""书法须有修养,修养之道,第一为学问,第二为品格,否则虽对书法曾下苦功,然其字之表现,未免有卑卑不足之感。"

他的画竹,亦为世所珍视。他有一文,自述画竹经过,如云:"余于十五六岁,先公(仲鸾)命从陈君衍庶习画,虽承奖许,实无所得也。越三十年,因收藏名画渐多,一日,颜韵伯谈次,谓画中以画兰竹为最难,且论及与书法相通之理,并劝余试为之,余漫应之而已。南下居沪,与余君绍宋、吴君湖帆往来,始究心于绘竹,习之不懈,三数年间,积至二三百幅,自不惬意,则悉弃之废簏。抗日战起,余由沪至香港,为日军拘系,乃画竹自遣,始稍窥蕴奥。又由港至沪,资物荡尽,无以给朝夕,遂与梅畹华、张大千诸君卖字及画,所绘亦略有进,荏苒数年,兼习梅松花卉之属,然皆小景也。"他题画竹,颇有妙趣:"以逆入平出法作竹,所谓六法出于八法也。""疏影横斜,不独梅也,此君亦然。""余画竹一幅,售得五百番,因购竹百本,种之斋前,兹为之写真,复售之,画去竹存,不如其孰寿也。"又与大千合作梅竹,题云:

　　清风满大千,退心在空谷。

　　粉红骇绿中,一样能医俗。

又:"偶作枯木竹石,寓简于繁,由澹得逸,似别有蹊径,此轴流入市肆，大千爱而有之。特记。"又在黄岳渊园中见金镶玉嵌竹，乃成一幅，题云："江浙竹有金镶玉嵌一种，青黄相见，兹成其形，以为赏玩，非以其富贵气也。"（此竹确有异致，不仅青黄相间而已，且黄之背为青，青之背为黄，逐节如此，我曾向园主索得一节，拟制之为箫，奈储之久，青者亦转变为黄，与常竹无异矣。）

他的书画收藏，不亚于昔之项子京天籁阁，今之庞莱臣虚斋，有《矩园余墨纪书画绝句》及《遐庵清秘录》，自述其藏品，谓："余昔收书画，本为拟编《中国美术史》，藉供参考，故标准颇与人殊。三十年来，变乱频仍，余流离颠沛，所藏毁失于兵燹者，殆十之六七，余自揣以后艰于保存，因析为数份，分与家族，自亦时以易米。后于广州遘回禄，复失文物八大簏，菁华殆尽矣。"所藏多不胜纪，最著者为晋王献之《鸭头丸帖》，此帖有宋宣和、绍兴，元天历内府收藏印记，并有宋高宗题赞及奉华堂印。明入内府，旋出，董香光、王肯堂，均有题跋，长沙徐树钧得之，榜其室为宝鸭斋，辗转归恭绰，恭绰某岁奇窘，让给上海博物馆，馆方以如此长物，难以论值，或谓："俗有一字值千金之说，此帖二行十五字，那么一万五千金，不妨姑为代价。"又油画为西洋艺术，我国不备的，恭绰却藏有北齐河清年（562—564）油绘佛像，此像用油漆绘在布上。又有北齐武平四年（573）王江妃木版墨迹，旧为端午桥物，散在厂肆，恭绰购得之。又褚遂良大字阴符经，沈兼巢太史旧藏，由陶兰泉作介，乃归恭绰。又唐垂拱（武则天年号）年观音像小幅，像面部有须，可知观音为男身，而化身为婵娟，恭绰有诗云：

菩萨本来无定相，髭须脂粉却堪惊。

又五代罗隐代钱镠谢铁券表稿卷，得自景朴孙家，朴孙本姓完颜，元代后裔。又五代石恪春宵透漏图卷，乃著《二十年目睹之怪现状》吴趼人的先代吴荷屋（荣光）家物，有朱德润一跋。又北宋文彦博三札卷、米芾多景楼诗帖册、邵尧夫大字屏十幅、王安石天童溪上绝句卷、杨龟山诗卷、王诜词翰卷、燕文贵山水卷、李公麟西岳降灵图卷、李伯时十六罗汉大幅、宋徽宗画祥龙巨幅、梁楷布袋和尚轴、扬补之梅花轴、马远醉仙图卷、朱熹赠敬夫诗卷、朱淑真书璇玑图卷、温日观葡萄卷、赵松雪胆巴碑卷、管仲姬竹卷，元钱舜举郊原春色图、白玉蟾仙庐峰诗卷、鲜于伯几写老子卷、柯九思书老人星赋卷、揭曼硕真草千字文卷、杨铁崖诗轴，明夏昶书画卷、祝枝山手抄夷坚子册、徐文长拟鸢图卷、解缙草书卷、李日华山水卷、项圣谟摹韩滉五牛图、马湘兰书兰卷、薛素素兰竹卷、黄道周写孝经卷、倪元璐山水卷、担当和尚水墨山水卷、傅青主父子画册（此册旧为曾农髯所有，农髯病危，遗命此画只叶恭绰能识，遂归恭绰），清法若真山水两长卷、王西樵徵画集册，珍品太多，只得约略纪之，有如流水账，不赘言了。

他藏书也很多，有些乃伦明家物，伦明逝世，恭绰购存之。并把伦明所著《辛亥以来藏书纪事诗》，并徐信符所著《广东藏书纪事诗》，及《广东藏书家生卒年表》《广州版片记略》，又黄慈博所著《广东宋元明经籍椠本纪略》，一股拢儿刊入他的《矩园余墨》中，以广流传。此后吴中王佩诤著《续补藏书纪事诗》，把恭绰也列入藏书纪事诗中了。原来恭绰收罗清词，知佩诤家藏清词较多，乃由吴湖帆作介，向佩诤借词书，彼此才相稔熟。上海合众图书馆刊有《遐庵藏书目录》。他藏物面很广，一度藏明代宣德炉凡四百件，累累满室。又喜藏古尺，有周代的，汉代的，象牙的，铜质的，借以考验古今量度之不同，且摄影寄刘半农，共同商榷。又喜藏墨，印有《四家藏墨图录》，所称四家，恭绰居其一，其他湖北张子高、浙江张䌹伯、北京尹润生。恭绰藏墨，有宣德御墨、程君房龙膏烟瑞、方于鲁佳日楼及五岳藏书、汪鸿渐青麟及玄虬脂等。他的《墨谈》，有云："余于民国十年（1921）至二十年（1931）之间，颇喜收集名墨，其时盛伯希藏墨已散，朱幼屏、陈剑秋等藏墨始出，袁珏生藏墨，遂为一时冠。余虽不以此名，然南北所收隽品不少。独在沪见邵格之墨四品，为蒋谷孙收去，心恒耿耿。余知吴县潘博山承滂喜斋之后，所藏佳墨，不下百五十事，亦巨观也。"约在民国二十四年（1935）间，史量才得佳烟数十斤，与皖人汪君商订，觅徽州良工精制佳墨，恭绰颇感兴趣，力助销行，奈不久量才遇难，事遂中止。恭绰又喜藏印，如李纲印，白瓷质狮钮，乃潍县陈氏万印楼物，从厂肆购得的。内坊之印，象牙质，经丁伯岩等考定为隋代之物，隋唐官制，太子妃用此印，晋王戎玉印、宋陈简斋及杨廉夫铜印、石林居士玉印，清黄莘田石章，为桃花冻石，莘田题句刻在印上：

十砚斋头最可人，年来藉此伴闲身，

摩挲每上葱尖手，丽泽更加一倍新。

恭绰考此所谓葱尖手乃指金樱而言，他又在吴湖帆处看到孙武及苏武双玉印，引为眼福。他又喜藏砚，不下数十方，如苏轼断碑小砚、鲜于伯几砚、黄石斋砚、马湘兰砚、顾二娘砚、李笠翁砚、文彭砚、王孟端砚、王铎砚、顾阿英砚、黄莘田砚、顾太清砚、石涛砚等，若以今日市价估之，厥数大足惊人，惜均散失。他又喜藏纸,有侧理纸,频见丁钝丁、江建霞、徐康等记载,乃内府物,乾隆以赐彭元瑞,卵黄色上有御赐印记。他又藏行有恒堂所制的角花笺,这堂乃清嘉道间宗室定王后裔所设,所制纸质上佳,而所印角花,图案工巧绝伦,色泽复澹雅有致,用楠木匣装成一套,分为七层,底层较大,以次递小,如宝塔然,每层皆储五六十张,每层均有名人题咏,以贻吴湖帆,湖帆惊为诧见。他又喜古代泉币,其时和他同道的,有张䌹伯、丁福保、张叔驯、罗伯昭等,发起古泉学会,且出会报,他坚辞为会长。他自己说:"古泉与历史学、经济学,互相关联,但我以研究史料过多,转不能精专。"又收石刻拓片,装满两大麻袋,因精力衰退,不克整理,送给某寺院保存。

他喜戏剧,什么剧种,他都赏析。某年,京师开戏剧观摩大会,各地剧团,一时竞集,他连日往观,与朱启钤不期屡遇,朱耳聋而他又目昏,因告章行严,谓启钤以目听而他为耳观。行严作诗调之。又梅兰芳所演《抗金兵》,这剧乃十九路军抗日时,他与诸友为梅氏所编。一次晚会,适与蔡廷锴接席,谈次顿增奋发,赋诗记其往事。

他对于花卉,也极欣赏。他有伤崇效寺牡丹日就零落,即陈之市府,主张移植稷坛,后果如所请,有诗云:

  喜见移根归上苑,宣南掌故纪从今。

他的诗词,颇多有关卉木,如《牵牛花发晨兴赏之》《读放翁诗有感其菊枕之作》《友人寄太平花一枝》《絜园菊早开闻有催花之术赋此讯之》《友人赠紫丁香感赋》《暮春杜鹃将谢》《看芍药有感》《放盆梅之被屈者》《寄讯周园(瘦鹃)义士梅》《夏初食藤花饼》《看昙花》,《见心莲》有小识云:"京师近多杂花,有名反面莲者,与群卉殊，心突出而瓣皆后反，故名。余赏其形态而恶其名，改题为见心莲。"

他的著述很多，如《遐庵谈艺录》《序跋第一辑》《序跋第二辑》《纪书画绝句》《遐庵诗》《遐庵汇稿》《叶遐庵书画选集》《自作画题识》等等。又辑刊其先祖南雪之《秋梦庵词》及《海云阁诗》。又《皇明四朝成仁录》《广东文徵录》《广东丛书》《五代中国文》。又《清代学者像传》，乃南雪所整辑，恭绰为之刊印，凡四大册，由商务印书馆出版，后继出一册，为清末民初的学者，恭绰留像而删传。

他通旁艺，对于乐理，有相当研究，时查阜西、潘怀素于京师智化寺访得宋元以来教论鼓吹乐之乐器、乐谱、乐工，为数百年来乐律家所未知，阜西设宴，邀恭绰、王易、唐兰、胡先骕、王季点，相与讨论，兴趣很高。他对于佛学，也有修养，一度拟仿金陵、武林两刹志为《燕京梵刹志》，未成编。又有志研究敦煌出土图籍，欲编《敦煌图籍总目》，亦未成书。又珍藏《海云禅藻》，乃丁柏崖所贻，都属僧徒史实。陈铭枢、巨赞，邀请他编刊《现代佛学》，张中行亦参加，和恭绰相熟之余，认为："恭绰最大的特点是有才，才的附带物是不甘寂寞的，稀有的经历，深深地印在言谈举止中。"所以中行所著的《负暄琐话》，记《叶恭绰》一篇特详，给我很多的参考。

恭绰的一生，是有贡献的一生，据我所知，如抗日时，广州广雅书局及学海堂书版，凡十五万余片，分运各处，胜利后，由他设法集资，复运省垣，其时盗贼横行，勒收买路钱，是不容易对付的。又明袁崇焕烈士，埋骨北京崇文门外广东义园中，保存了三百年，市府议迁各丛冢，恭绰与李任潮、章行严、蔡廷锴等，乞当道保存袁墓，得允许，恭绰且谒墓谋施工崇饰。一自抗战，卢沟桥有名于时，他银制卢沟桥模型若干座，以赠铁路东西籍客卿。又要离梁伯鸾断碣，清光绪间，为李嘉福所得，后归端方宝华庵，最后为恭绰苏州寓园所藏，旋赠苏州图书馆，因此为吴中故迹，蒋吟秋主图书馆，拓之分贻。又吴县保圣寺所藏罗汉，相传为唐杨惠之所塑，地方人士付诸漠视，他和蔡元培商，由教育部与省府合组一保圣寺古物保管会，恭绰主其事，设计施工，请江小鹣、滑田友任之，屋宇修建，则请任孙中山陵园设计之范文照任之，幸而告成。又与蒋吟秋创办吴中文献展览会，藏家竞出珍秘，盛况空前。继之为上海文献展览会，恭绰也花了大力。又颜韵伯藏书画有声于时，苏东坡黄州寒食帖，及黄庭坚伏波神祠诗卷，民初皆归韵伯，其得寒食帖时，恭绰方在座，韵伯欲以相让，恭绰以不喜夺人所好，却之未受，后闻此帖，流至东瀛，恐伏波神祠诗复失，不得已向韵伯相商，始归恭绰。昔刘石庵曾以铜琴与成亲王易此诗卷，有自书纪事，亦在韵伯处，韵伯并以为赠。又游昆山，保存刘政之、黄子澄、叶之庄墓及修葺金粟河池、半茧园，又于各铁路普遍造林，京汉一路，已成材者有八百万株，合之各路，应有三四千万株，一经战乱，摧毁殆尽，恭绰闻之，不禁泪下。

他所引为遗憾者，于1929年居沪上，为当局所忌视，故从事于文艺编辑，以自韬晦，与朱彊村、冒鹤亭、夏敬观、龙榆生、黄公渚等结词社。他蓄宏愿，辑《全清词钞》，倡导韵语与音乐合一之说，奈历年所集，毁于兵乱，他精力衰退，功亏一篑。又他在抗战时，避难赴港，闻日军又将攻港，拟赴桂黔间，已订航空机位，以不能多携行李，遂选所藏书画之精者，截去轴之首尾，乃至引首题跋，多所抛弃。不料机位被豪家所夺，飞机竟不再开驶，而断者已不可复续，后虽强为粘合，终难熨帖。

他以助人为乐。一次启功母病，无医药费，乃出物以典质，途遇恭绰，他执启功之手云："我亦孤儿。"言下泪为沾襟，立斥资助之。又张大千曾祖旧藏王右军曹娥碑（碑文已佚）唐人题识累累，时江紫宸索观，相与共赏。紫宸居沪市孟德兰路，设有诗钟博戏之社，当时郑海藏、陈散原、夏敬观常在局中，大千也常参加，一次大负，金尽。向紫宸贷款，仅数局又负尽，数贷数负，无以为偿，紫宸大笑云："曹娥卷归了我吧！"大千不得已，忍痛让给了紫宸，但轻弃先人遗物，心中悔恨，从此绝迹该处。阅十年，大千母病，居皖南郎溪其兄文修的农圃，大千与善孖同寓吴中，每周轮次往侍汤药。母病势日笃，忽呼大千至榻前，问："祖传的曹娥碑，何久不见？颇思重展一下。"大千很惶恐，不敢实告，诡称仍留苏寓，母谓："必须携来，作为病榻展玩。"大千只得唯唯应诺，可是这卷紫宸早已售出，辗转不知落于何处，心中如焚，将何以复老母之命。及赴吴中网师园，王秋湄与恭绰适来晤，大千以母病告，并将此卷经过历历为述，谓："是卷倘可求获，将不惜重金为赎，以慰老母。"恭绰笑指其鼻："这个么，在区区这里。"大千喜报，即拉秋湄于屋隅，为求恭绰，提出三点和恭绰商恳："一如能割让，请许以原值为赎。二不忍割爱，则以所藏书画，恣其检选，不计件数以相易。三如均不可，乞暂借二星期，经呈老母病榻一观而璧还。"秋湄转其言，恭绰慨然曰："我一生爱好古人名迹，从不巧取豪夺，玩物而不丧志。此乃大千先德遗物，而太夫人又在病笃之中，欲谋快睹，我愿以原物返大千，即以为赠，不取任何酬报。"大千感谢不已，谓："恭绰风概，不但今人所无，求之古人，亦所未闻。"恭绰的履道园，有高梧五株，一日，大千盘桓其下，见上结灵芝一，其大如掌，以告恭绰，贺以为瑞，恭绰命人摘之，配以紫檀座为案头清供。南居香港，此芝携诸行箧，晤大千，以芝贻之，大千作图，并附诗跋。

他广交朝野人士，尤多文艺才俊。在沪最信托者，先后有两人，一黄岳渊，一陆丹林，每离沪他去，辄以私人图章交给他们，资款出入，为之代理，与丹林书札，若干年来，达数百通之多。蒙丹林分贻，且有恭绰目录书画题跋的副册，也归之于我。据丹林言："恭绰作画，喜用朝鲜笔，笔名崩浪，甚为奇特。他对于前人作品，抱不以人废言态度，藏阮大铖书二件，他又看到秦桧手书楞严经偈，力称其书极似颜平原与蔡京兄弟，曾题诗四绝，因此他早期所书，是踪迹秦桧的，因秦桧佞人，学其书法，难免为流俗所讥，不欲宣白。"又告："恭绰与毛公鼎、散氏盘二件，其中有一段秘史，奈恭绰在，不便传出。"及恭绰辞世，丹林亦死，所谓秘史，一秘到底了。我辑《永安月刊》，丹林曾寄《叶恭绰之生平言行》，洋洋万言。

还有琐事，补谈于下：凡研究红学的，都涉及曹雪芹先德曹寅的栋亭图，这图一度为恭绰所有，他又见过王冈所绘曹雪芹小像原物，此后传说纷歧，惜不能起恭绰于地下而一问了。又刘开渠为恭绰造像，他绘竹以酬，又他年六十余，知友为他编《遐庵年谱》，他有一文，述其经过："其时方值抗日，全国惶惶，沪既沦陷，余又不欲往渝，不得已抱病赴香港，后港又沦陷，余遂为日军俘虏，病乃益剧。旋为日军监押回沪，多方胁诱，余以死坚拒，因念不知命在何时，平生行谊，虽无足述，然一旦殒灭，不毋怅惘，遂允知友之请，先集资料，再谋编印。然其时一切文件，业已荡然，又幕客早经星散，秉笔诸人，本非熟习，勉强缀辑，乖迕疏漏，所在而有。"可见他是不惬意的。又年谱适宜于身后写，否则缺了最后部分，是有始无终的，又蜀中赵尧生极推崇恭绰的诗，称为：

世有群蛙沸，天空一鹤闲。

清末，恭绰遭弹劾，时尧生任谏官，为大不平，再三慰勉，恭绰为之没齿不忘。他又自负诗才，一次看牡丹于稷园，立成诗七首，以示行严，行严即成佳章十六首以报之，方骇其才力敏富，意味深长，翌日又来八首，自叹："益增小巫之怯。"他的胞妹恭绍教授，为辑印《叶恭绰遗墨》，由漓江出版社影印。恭绰尚有一兄恭微，恭微先卒，他设法送侄辈子纲、公超等赴美读书，以求深造。凡此种种，都属恭绰的嘉言懿行，足资矜式的。

"三吴一冯"之冯超然

在20世纪三四十年代,上海画坛有"三吴一冯"的称号,所谓"三吴",即吴大澂文孙吴湖帆,吴伯滔哲嗣吴待秋,整葺苏州沧浪名胜的吴子深。所谓"一冯",那就是冯超然了。这四位画家,名震一时,所订润例,均高逾侪辈,然求他们墨宝法绘的,麇集其门,几乎户限为穿,其号召力也可想而知了。

我姑把《中国美术家人名辞典》所记冯超然传略,作为引子,录之于下:"冯迥(1882—1954),字超然,号涤舸,别署嵩山居士,晚号慎得,江苏常州人。生长云间松江县,晚年寓上海嵩山路,署其居曰嵩山草堂。童年喜画,下笔超脱,山水花木,骨力神韵兼备,尤精人物,晚年专攻山水,声价甚高。好吟咏,工行、草、篆、隶。偶亦刻印,直逼秦汉。门弟子二十余人。"是根据《广印人传》《枫园画友录》《美术年鉴》,当然不够详备的。

最近我认识了冯天虬,他居住沪西嵩山路九十号,原来他便是超然的文孙,居住的即超然的嵩山草堂。承他见告超然的往事,又复出示他的弟弟天安所记他的祖父"冯超然"十有八则,这许多第一手的宝贵资料,岂容放弃,我就把我所知道的,并天虬、天安两昆仲所提供的安放在一起,写成那么一篇。《中国美术家人名辞典》只寥寥若干言,相较之下,无异裴松之注《三国志》,字数超过陈寿原作多倍了。

我和冯超然,曾有一面之缘,记得吴湖帆既丧其夫人潘静淑,一方面刊印《绿遍池塘草题咏集》,以志悼念,一方面续娶顾抱真为继室，设喜宴于威海卫路同孚路口的新生活俱乐部，这天贺客盈门，我和梅兰芳同席，冯超然和赵叔孺同席，恰在我的对面，我因此得识赵叔孺和冯超然，引为幸事。吴湖帆和我草桥同学，我时常到他家里去，他住在嵩山路八十八号，底层为许窥豹所寓，窥豹逝世，其后人兰台仍住其间。湖帆家的前门，斜对超然家的后门，同一里弄。超然既名其居为嵩山草堂，湖帆即名其居为淮海草堂，相距不远。湖帆和超然两家近在咫尺，可是我访湖帆，从没有访过超然，实则由于我秉性拘谨，认为仅属一面之缘，不敢去打扰他老人家。兹据冯天安所记，才知1919年，超然三十七岁，即定居于此。屋为二层楼，并有过街楼，庭栽花草，芳菲井畔，经过庭除，便是他的书室，他挥毫作画于此，招待客人亦于此。书室的另一个门，经狭隘的便道可通后门，或由隐蔽的楼梯登上二楼。超然仁慈为怀，照顾亲戚生活有困难的，抱着广厦庇人的宏愿，招他们来，供给食宿。一幢屋子大小共十间，他只占一间，其余悉住家属及远近亲戚。我虽没有到过他的家里，读了天安一记，不啻身历其境了。

我和他还有间接的联系，当超然六十寿诞，曾请沈兼巢（卫）太史撰了一篇《嵩山草堂记》，那是超然的外甥张谷年代他求来的。他的弟子慕太仓唐文治的大名，拟请文治别撰一篇《嵩山草堂画册序》刊印在他珂罗版的山水画册的前面，可是弟子们和唐文治没有交往，便由他的一位弟子袁容舫托我代求，我和唐文治素不相识，却知道高吹万和唐老有旧，乃转恳吹万作介，居然很快地如愿以偿。文中颇多引述容舫的话，如云：

> 吾师自幼聪颖绝人，弃帖括，精研绘事，与费龙丁先生同学诗于沈约斋明经，时画名已藉甚。弱冠游金阊，客补园，得

张氏收藏，力学穷探，冥心妙悟，于时吾师心理已入于画理之中，而达于画理之外，用能上下千年，纵横百辈。且志洁行廉，不获世之滋垢。丙午游京师，却肃邸之聘，丁未却直督杨莲甫制军之聘，张翰莼鲈，秋风动兴，翩然返吴门，迨辛亥岁政体变更，旧友李平书先生酷嗜书画，延师至沪，研讨书画碑帖，平泉书屋所藏名迹，俱经吾师评骘。春秋佳日，辄过缶庐梦绿轩，品题书画，见者叹为神仙中人。

又称超然的画艺，谓：

> 论语曰："智者乐水，仁者乐山。"智者动，仁者静，先生性秉智仁，是以乐山水之趣，而得动静之神，故于山水人物花鸟，靡不曲尽其妙，其造诣固非俗士所能知也。

袁容舫名志宽，为我小学同学，后来他从章太炎学文，从金鹤望学诗，从冯超然学画，说："取法乎上，我师都是负第一流资望的。"著有《清芬随录》，他曾和同门郑慕康合绘一花鸟直幅见贻。

我见过嵩山草堂师生雅集照片，男弟子较少，女弟子较多，凡女弟子，必为更名，均取一华字，有孙琼华、谢瑶华、毛琪华、张琰华，最后潘公展夫人唐冠玉从之，更名唐玠华。

张谷年既是超然的外甥，也是超然杰出的弟子，著《中国山水画法图解》，和陆俨少的《山水课徒画稿》，同属画坛上的度世金针。陆俨少也属冯家的门墙桃李，俨少名砥，字宛若，上海市南翔镇人，那位清季太史公王同愈，晚年卜居南翔仙槎桥畔，俨少的表兄李维诚，和王太史之子仲来一度同事，俨少为了从师学画，遂求王太史介绍拜谒了超然，超然见到俨少出笔不凡，大为赏识。有一次，谷年、俨少侍坐在超然的旁边，超然笑逐颜开说："中国山水画自元明以后，一条线代代相传，现在这条线挂到了我，你们两人用功一些，有希望可以接着挂下去！"超然固甚自负，对于谷年、俨少也以骐骥千里视之。谷年不幸在美逝世。当俨少拜师时，超然即对他说："学画要有殉道精神，终身以之，勿事宣传，勿慕名利，据德游艺，温故知新。"俨少服膺其言，奉为规范。我于数年前，曾在陈巨来的安持精舍见过他，承他和巨来合作一小册见赠。

谈到师承，那么超然的老师为谁？岂知超然竟是无根的芝草，无源的醴泉，全是自己努力揣摩出来的。据冯天安所述，超然的父亲是犁云锄雨的农夫，耕田之外，又开设了一家烟纸杂货店小店，小本经纪，当然规模不大的。超然是长子，弟兄姊妹共七人，两个弟弟，三个姊姊，一个妹妹。父亲所期望的，无非是超然长大了能继承该店的业务。可是超然喜欢作画，涂涂抹抹，志不在此，在私塾读书，也漫不经心，时常提笔画着山水人物，纸不够用，在窗格纸上挥洒，老师对他又恼又爱，恼的是才换好了的窗纸，一会儿就被染上了墨迹，爱的是超然笔下的山水，确有嶙峋的气势，人物更有潇洒的风神，不过稚嫩而已，将来的成就，不在书本上，而是在艺术上。

超然约在九岁，获得一部图文版的《三国演义》，当时称为《绣像三国演义》，书上插有人物的图像，他喜欢极了，每幅都细心临摹，什么关羽咧、张飞咧、周瑜咧、曹操咧，临摹得神情毕肖，且领悟了线条造型的基本技法，对于作画，更迈进了一步。

他锐意求精，苦于没有老师指导。既而知道镇上有个画匠，不得已而求其次，即把自己的画挟到画匠家里去请教，不料这个画匠傲然不理他，自顾作画，他默默在旁看着，画匠又不耐烦下逐客令说:"有什么好看,还不回去好好读书!"由于他的勤奋,到了十三四岁,在镇上居然有了画名,逢到人家做寿,例必有人请他画寿星、麻姑,作为樽开北海、颂献南山的点缀,多少给他一些润资,居然在这方面有了收入了。奈佳兆方始,蹇厄骤来,他的父亲突然病倒,病很严重,缠绵病榻,日与药灶相伴,致这笔药费难以负担了。幸而这位医生,仁慈为怀,不但不收医金,并药费也由他包下,这使超然十分铭感,画了若干幅画,聊以酬报。

从此,超然肩任一家生活,年仅十七岁,怎么办呢?结果烟纸杂货店归他母亲管理,他谋到了松江县城里一所烟酒税局的职务,晚间作画,博些润资,借以挹注。工暇常赴圣教寺古塔等处观看那些古代砖刻和庄严的佛像,钟声铃语,鸦阵斜阳,徘徊其间,引为乐事。一方面由于艺事的迈进,求其尺缣丈幅的,渐渐多起来,得以贴补家庭资用的困乏。

费龙丁就是在这段时间里结识的,龙丁名砚,字剑石,他既信佛,又信耶稣,因取号佛耶居士。费是李平书的妹夫,得观平书平泉山房的藏品,又籍隶南社,著有《佛耶居士印存》《春愁秋怨词》,学问是很渊博的。超然和他研讨诗文金石,得益很大。当时还与陈陶遗相交,陶遗本名道一,早年入光复会,与陶成章、徐锡麟为革命同志。此后道一因他案被清吏所捕,两江总督端陶斋(方)宽其罪行得以释放,在这方面,未免有感恩之意,遂把道一的原名,谐音为陶遗。上海图书馆馆长顾廷龙搜罗他的著作,影印为《陈陶遗先生墨迹》,首冠张叔通所撰的《陈君陶遗家传》。超然以前辈礼事之,多所请益。

既而又辗转识得曲学泰斗俞粟庐,粟庐名宗海,工书法,度曲尤臻神妙，吴癯庵（梅）从之为师。粟庐很喜欢超然的丹青点染，这时超然的绘事，已趋笔酣墨舞、炉火纯青的阶段，渐成家数了。现在戏剧界的权威俞振飞，便是粟庐的哲嗣，粟庐拟嘱振飞改行，从超然学画，因振飞学的是昆曲，昆曲不通俗，阳春白雪，曲高和寡，不如山水、花鸟、人物的色调尚能雅俗共赏。但超然数次看到振飞袍笏登场，雍容华贵，扮相既佳，演技熟练，认为他演戏的天赋，不能放弃，作画不妨作为业余的消遣。所以振飞迄今还是说"戏中有画，画中有戏"，把两者融为一体，他的戏也就脱尽一切习气，与众不同了。

又闻天虚我生（陈蝶仙）的女儿陈小翠，工诗，著有《翠楼吟草》，复擅六法，也曾从过超然。

又闻超然的女弟子谢蕴五，藏有超然老师所绘的《十二生肖图》，那么谢蕴五也足补上前面所述弟子行列的遗漏。据云，这十二幅生肖图，都是岁朝年初一动笔的，如兔年画兔，虎年画虎，唯独壬辰年，辰年为龙年，却不画龙，只画一老人负手望着天际，天际中夭矫着一道黑气，为龙的象征。有人问他为什么不把龙具体地画出来，他说："所谓龙之为物，感震电，神变化，茫洋穷乎玄间，仅仅是个传说，谁都没有看见过真龙，没有看见的东西，怎能画呢？即前人画龙，也用取巧的方法，见首不见尾，我在这儿不妨再行取巧，不但不见尾，并首也不见，那么一切付诸朦胧，岂不更耐人想象！"

超然和俞粟庐相交多年，粟庐有位曲友张履谦，字月阶，号无垢居士，在苏州拙政园隔壁，买得原属汪云峰、汪锦峰兄弟所有的废园，加以修葺，榜为补园。画家顾若波、顾鹤逸、陆廉夫等经常盘桓其间，又聘俞粟庐为西席，相互切磋曲艺，并多次在卅六鸳鸯馆内举行清唱。履谦的儿子紫东且和振飞一同合演。粟庐复介绍超然来此做客，成为风雅之薮。从此超然离去了松江，而为吴下寓公。且爱卅六鸳鸯馆名称的隽美，念念不忘，后来他在上海嵩山草堂也辟有一室，名卅六鸳鸯馆，汇集了明人所画的泥金扇，每扇为两鸳鸯，凡十八柄，符合着卅六数字了。（补园由于拙政园的扩充，绿杨分作两家春，在统筹之下，并入拙政园了。）

张履谦的儿子紫东以与超然相契故，结为金兰弟兄。他们父子壮游春明，邀超然同去。京师既是书画的集中地，又是京戏的大本营，他们在这儿鉴赏了许多明清古迹，又复观看名伶的妙艺，红氍檀板，响遏行云，并接触了谭鑫培、汪笑侬、杨小楼、梅兰芳辈，更觉得戏剧的表演和绘画的法度，有着共同点，无怪张旭观公孙大娘舞剑器，悟到书法上来了。

超然回到苏州，即和潘侣梅女士结婚，婚礼非常简单，一点没有铺张，这年他二十五岁，画名已很大，真有如袁随园的诗，所谓"玉堂春在洞房先"，可以相互媲美。在苏州生活，约五个寒暑，一直潜心绘事，研究书法，偶尔也治篆刻，无不错综条贯，今与古会，更提高了超然的艺术修养。

1912年，应李平书的邀请，来到了上海，平书的平泉书屋，是富有收藏的，恣观玩赏，乐且宴如。此后，超然由王同愈太史介绍，得识吴昌硕。昌硕和汪渊若、哈少甫、陆廉夫、狄平子等组织海上题襟馆，设在福州路广西路口，超然也为座上常客，《美术年鉴》的史料，从平远山房、小蓬莱、萍花社谈到海上题襟馆，兹摘录一段如下：

辛亥革命以后，从政治舞台上退下来的，都在上海作寓公，他们多数擅长书画，因此，海上题襟馆无形中成了他们的俱乐部。白天到会的比较少，一到晚饭之后，大家都聚在会里，一张可以容纳二三十人的长方桌，总是坐得满满的，一直要过十点钟才散。他们谈话的资料，除了金石书画外，很多清季的政治掌故。原来经常到会的几位中坚会员，多数是亲历清末的政治生活的，正像白头宫女，闲话天宝当年。

超然对此很感兴趣，参与其间，不但于书画得切磋之益，而且听到许多遗闻轶事，又认识了许多前辈硕彦，声气愈广，画誉益隆，甚至海外虬髯，纷纷求他的缣素。

吴昌硕长超然十八岁，为忘年交，昌硕辟有梦绿轩，超然一再趋前问候，昌硕深赞超然的笔墨夷旷萧散，为不可及，凡有得意之作，动辄为赠，当八十高龄，尤为超然作画使用的砚刻上"不谐今，谐于古，知予心，唯有汝"十二字的铭文，用钝刀为之，朴茂苍劲，超然视为瑰宝。

超然卜居嵩山草堂，为1919年，时年三十七岁。

当甲子（1924）齐卢之战，吴湖帆在苏州，为避兵祸，拟迁地为良，那淮海草堂，亦即梅影书屋，和嵩山草堂望衡对宇，便是超然为湖帆代赁的。湖帆自其祖父吴大澂、父亲吴讷士三代都喜收藏，所储宋、元、明、清的名迹，都是绝珍稀见的。且两人又都是俾夜作昼，昼间接纳宾朋，清夜才致力艺事。超然往往夜半更深，敲开湖帆之门，析赏清秘，娓娓研讨，忘其寝寐。超然为了培植外甥张谷年，请了一位饱学之士朱企亭来家教读，礼敬有加，束修优厚，不料企亭患了食道癌，超然犹担负了昂贵的医药费，以冀夺回垂危的生命，奈药石无灵，终于离世。在他离世的一天，超然尚亲临病榻，探望慰问，企亭已口噤不能发言，频向超然拱手作揖，相对泪下，其挚情有如此。

王同愈不仅工书兼擅山水，也订有润例。当他七十八岁病逝，所积存的画件很多，且已收取润资，没有办法应付，湖帆和超然慨然承担下来，两人分任其事，各画其半，因同愈曾参吴大澂的幕府，为湖帆的前辈，超然经同愈的提掖，尽此义务，义不容辞。

湖帆藏画，超然也喜藏画，但不能与湖帆相骖靳，湖帆善鉴别，超然的鉴别亚于湖帆，主要原因，超然出身于贫农，湖帆得借仕宦的余荫，限于条件，是不可勉强的。湖帆所藏明四大家、清四王立幅，往往尺寸一致，人讶其巧合，超然却告人说："古画入湖帆家，非斩首，即截足，务使同一尺寸，盖长者短之，短者长之，妙运其接笔。"湖帆笑谓："我是画医院中外科内科兼任之医生。"超然说："画到我家，我是下不了这种辣手的。"超然所藏不轻示人，人们看到的不多，我仅见到他藏的《柳如是小像》，半身便服，丰神绝世，上有沈归愚、赵瓯北题诗，超然装裱成卷，更请叶遐庵、冒鹤亭、夏敬观、俞粟庐等十数人为题。超然病剧，把这卷给其弟子袁安圃珍藏。岁癸卯，安圃在香港新宁招待所门前遭车祸死，这卷《柳如是小像》不知散落何处了。

超然自作的画，颇多精品，我所欣赏的，有《梅花仕女图》《停琴望月图》《榴花图》《南田笔意图》《嵩山草堂图》等，我的纸帐铜瓶室藏有他的山水扇页一帧。他在沦陷时期，为避免敌伪人士求画，把润笔故意抬高，讵意有一汉奸不惜斥重金求超然的山水，纠缠不已，使超然没有对策，不得已，草率挥毫，题一绝诗讽刺。末二句："不是不归归未得，家山虽好虎狼多。"把敌伪譬作虎狼，使奸徒虽得此画，徒呼负负，实则此乃冒险为之，不遭迫害，已属万幸了。超然具爱国思想，正义凛然，不但他如此，他的弟弟陶然，原任职于上海市财政局，一自被敌伪接收，陶然辞职不干，可是生活费无着，超然全力支持他，说："国仇家难，气节为重，凭我积蓄，可以负担你的开支，你能支持多久，我能负担多久，毋庸担心！"这样陶然赋闲了三四个年头，一切家用均由超然维持，直至陶然患肺结核逝世。

有一次，那位装池高手刘定之，携来屏条四幅，画的是少女采莲，红裳翠盖，摇曳生姿，映着粉颊脂唇，倍增妩媚。定之拟购下，特请超然鉴定真伪，超然骤观一过，认为是他昔年所作，画留着待加题识，及夜静细察，才发现是个赝鼎，由于笔墨高超，几可乱真。超然撰了四句，题在画端："此地最宜风月，画中联袂婵娟，不数绿云深处，真如洛浦神仙。"取每句首一字，联成"此画不真"四字评语。他对定之说："画是假的，我的题却是真的。"如此假中有真、真中有假，游戏行径，足为艺林佳话。

超然有了盛名，华亭顾遁庵撰有《艺苑十四友赞》，把他列入十四友中，所谓十四友，即俞粟庐、张孟劬、姚子梁、金松岑、冯超然、高望之、高吹万、闵瑞之、常之襄、张伯贤、姚石子、叶潄润、费龙丁、蔡哲夫。叶恭绰有《新画中九友歌》，九友中亦列入冯超然，所谓九友，即张大千、吴湖帆、冯超然、齐白石、汤定之、夏敬观、溥心畬、余越园、邓芬。

记叙人物，我一向主张荦荦大端外，还须参涉一些其人的生活琐屑，那才有血肉，有气息，耐人寻味。承冯天虬不惮烦地见告，并超然的起居注，也列入其中。他每天午后一时起身，洗面后即进午饭，二时以后，客人就络绎不绝地来拜访他，一直要谈到六时左右，天色垂暝，或在家中请客吃饭，继续谈笑，或约了几位知己到老友谢绳祖家聚餐，兴致很高，非午夜十二时不散。回到家里，休息一会儿，吃些夜点心，然后作画，画到翌晨四五时就寝。所以从他学画的弟子，只见他已成的画幅，都没有看到老师的伸纸挥毫，渲红染翠。

超然幼年，就闹了个笑话，他的父亲在松江家里，供着泥塑的文昌君和财神赵公明，文昌君为白面书生，御着青衫，很是寒素，财神赵公明，黟面而鬖鬖的络腮胡，却穿着红袍，甚为显赫，凭小小的他的审美观念，认为不适当，文昌君应穿红袍以增其风度，服御可以互易一下。既而发现这两尊泥像的头部是用竹丝与身体连接，可以装拆的，便把两尊泥像的头更换一下，以遂其愿。既而给他父亲知道了，大为震怒，因为岁时令节，这两尊神像，都要供奉香烛的，现在儿子竟敢亵渎神灵，真是岂有此理，便把超然叫到面前，训斥了一顿，然后自己很恭敬地把两尊泥像的头部更换了原状，长叹着说："由此可以断定，这个小子，将来仅知捧着书卷，而不会运筹握算发着大财的了。"

超然发言，也很有趣，如云："万事求白不白，唯大不白乃能大白。""人可分三等。第一等的人，是有本领而无脾气。第二等的人，是有本领也有脾气。第三等的人，就是没有本领而只有脾气。"又云"文官三只手，武官四只脚"，讽刺性是很强的。他教弟子，喜通过谈笑，从中灌输绘画知识，而不是单纯地以画教画。

超然对于贫乏的亲故，慷慨解囊，尽力赒济，凡受到他恩泽的，无不口碑载道。而一些达官贵人，富商巨贾，为了求他的书画，款以盛宴，厚其馈赠，他接受之下，从不回礼，似乎很吝啬，人间其故，他说："我是喜欢雪中送炭，那些席丰履厚之辈，花些钱满不在乎，我何必锦上添花呢！那些小说书上，不是有所谓侠盗劫富济贫，那么我是个'艺盗'，不妨'吃'富济贫。"听的人都为之呕噱。

1954年之秋，超然在嵩山草堂抱病，起初仅仅吃不下饭，后患腹泻，化验不出什么来。他又坚决不肯住医院，认为医院生活太束缚，不自由，便请他的熟友，也是海上的名医，如庞京周、夏仲方来家诊治，这样呻吟两个星期，于8月21日，以肠疾逝世，年七十有二。他独生一子，名让先，取以礼让为先的意思。让先高中毕业，超然希望他继承其业，可是让先不同意，超然问他，他说出理由来："我不喜欢纯粹的美术，纯美术是帮闲艺术，我要学实用的艺术，如建筑，设计得好，即属艺术品，不但供人观瞻，还能居住使用。第二，父亲在画坛上已经登上高峰了，再上一层，那是难上加难，弄得不好，反而会被人讪笑说：虎生犬子，对父亲似乎也不光彩吧！在事业上不如分道扬镳的好。"超然知不能勉强，任之学建筑，而有志竟成，目前让先是交通部第三航务工程勘察设计院的高级建筑师，业余画上几笔，作为遣兴，因家学渊源，还是有一手的。

让先有二子，天虬、天安，都擅辞翰，有所撰述，又笃爱书画，也就传薪有人了。

苏局仙的手稿本《常谈》

一百有八岁的苏局仙，最近和我通过信，且见示一帧照片，精神矍铄，的确堪称当代的"人瑞"。

我拜读过他的《蓼莪居诗》，可是没有见到他那部从未发表过的《常谈》。日前由友人姜绍文为我向他老人家借来，穷半个月，统体翻检了一遍，共三十八册，为线装毛边纸本，是他老人家的手笔，有些删改涂抹，字迹还是很清楚的。内容很丰富，又很复杂，什么都备载着，有如日记、年表、随笔、杂札，或评前贤，或论时彦，或涉及世界形势，或采访朝野新闻，举凡科学、技术、医学、文艺、饮食、卫生、俗尚、掌故、名胜、古迹，什么都信笔书之，什么都率真记之。因此，从中可以得悉当时的社会、他朋踪的往来及他个人的家世经历。虽东鳞西爪，琐琐碎碎，却饶有趣味。

从这《常谈》中，可知他故居周浦东湖山庄，世代书香，到他祖和父，才懋迁经商，而他又复诵诗书，为清季秀才。从事教育数十年，桃李门墙，乡梓称盛。那译学大家傅雷，便是他高足之一，惜已逝世；现存高龄八十以上的，尚有姚养怡，工文翰，交往当代知名人士，与苏老家所居，相距仅五六里，时常侍候师门，知师喜爱书画，为之征求许多丹青缣素，如陆俨少、陶冷月、林散之、蒋吟秋、钱君匋、朱孔阳、田寄苇、朱大可、周方白等，有一人十多帧的，苏老皆多多益善，奉为清秘。他喜赏菊，每逢秋令，东篱绽秀，养怡扶之，一领黄艳紫英之致。逢到晚春天气，举行樱笋会，又为之照料一切。有时，老人欲披览稗史，借以消遣，养怡家富杂书，携来供师寓目。总之，养怡为老人的得力助手；老人的哲嗣健候，日伺定省，年七十有余，双鬓已早斑白了。

老人喜吟咏，《常谈》中录诗，几及什之三四，联语也占相当篇幅，他常写右军《兰亭序》，更以集《兰亭序》成联为多。他晚年以做诗致夜间失眠，有一联云："冬去春来，好花迎日暖；夜长梦短，开眼到天明。"便自砭其诗："信口吟来不算诗！"他的书法，在全国书法展中，曾获得第一名奖，却又自砭谓"字不成字"。盖老年目昏，腕力又差，多写时感头疼，也就借此摈绝外界酬应了。

谈沈尹默

沈尹默，是浙江吴兴人。本名君默，后来觉得既缄默了，不必开口，就把君字下面的口字省掉，成为尹默。有人说，这是他老人家对于旧时统治阶级不许谈政的讥讽。早年曾任北京大学教授，李大钊、陈独秀都是由他介绍进北大的。他和李大钊、钱玄同等组成编委会，轮流编辑《新青年》杂志，李大钊且在上面发表了许多论文，鲁迅的《狂人日记》，也在该刊发表。他写了些新体诗，对五四运动，发挥过巨大的影响。

他晚年居住沪东多伦路，书室在楼上，沿窗设着一案，错列着笔架墨床，砚台纸卷，一望而知这是他临池挥洒之所。他的大弟子张清源介绍了我，才得和他相识。我在香港出版的《清娱漫笔》，他阅到《褚礼堂作书一笔不苟》，就和我大谈褚礼堂，原来他的夫人褚保权，便是礼堂的侄女，家学渊源，也写一手很好的行书。谈了一会儿，他忽然高兴地说："我写个横幅给你，作为纪念，你看我写字吧！"这一下却忙了他的弟子，为他磨墨，他的夫人为他蘸笔伸纸，因为他老人家晚年的缺陷，就是目力不济，患一千几百度的近视，虽戴了深度的眼镜，看东西还是模模糊糊，一切操作，非人帮助他不可。至于执笔写字，那是以意为之，到了熟极而流，神化莫测的境界，尽管自己没有看清楚，那波磔点画，却心中都有尺度，有时也能写挺大的字，曾为吴湖帆写八尺五言联，这样的擘窠大字，更属视力所不及，他觉得一横横到那里差不多了，一直直到那里也差不多了，即行煞住。写好了，整个布局和位置从来不加端详，因为他看不到那么远，那么大，所以索性不看了。可是他写成的楹帖卷幅，无不隽拔遒润，情驰神纵，如春林之绚彩，秋水之澄清，为一般书家所不及。他给我写的横幅，那是一首杜子美题王宰山水图诗，他是凭着记忆默录的，写得既流转，又逸放，的确身手不凡。

上海市中国书法篆刻研究会，是他主持的。曾为青少年写习字帖，早已成为范本。他对青少年说："为什么要学习书法？书法是传播思想的东西，好的书法，能够有助于使一种见解、一种思想，传之以永，流之以远。我国魏晋六朝的书札，内容大都只谈些个人的生活琐事，但因书法精美，所以能流传至今。如果以好的书法，来传播今天好的思想，好的见解，那岂不是更好！"他供人研究的，尚有《二王书法管窥》《历代名家学书经验谈辑要释义》。又他的词《秋明集》，也是他手写影印的。

他身体很健，不蓄须，没有龙钟颓唐的老态。可是有一年春末，忽觉胸腹不舒，不思饮食。经医生诊断，才知有部分肠子紧缩，起阻塞作用。即施手术，把肠子紧缩部割掉，然后连接起来。我到华东医院去探访，他已能起坐，把转好的经过讲给我听，并说："过几天便能出院。"果然不到旬日，即行返家，又复由夫人伴着，前赴明圣湖，借六桥烟柳、三竺篁溪，作为休养所在。

他老人家于 1971 年 6 月 1 日逝世，年八十九岁。

画佛数十年的钱化佛

我流寓海上数十年，所交朋好很多，因此通讯录备了好多册，以姓氏笔画为次序，否则如大海捞针，那就不易找到了。这许多朋好，十之八九，是文艺方面的人物，钱化佛当然是其中之一。他饱经沧桑，行径又复奇哉怪也，给我的印象特别深，我就把我追忆所及的，拉拉杂杂，写些出来，以供谈助吧。

化佛字玉斋，江苏常州人。常州作画的人较多，如以花卉驰誉的恽南田，便是常州人。那汤雨生和他的后人绶名、禄名、嘉名，直至画松的汤定之，一脉相传，流衍不替。当代画龙的房虎卿，画金鱼的汪亚尘，大师刘海粟、吴青霞，及承名世、吕学端、邓春澍，都是生长于常州。画风扇荡，从事丹青的大有人在。钱化佛为谈俊的学生，后来到上海，认识了吴昌硕、王一亭、程瑶笙、俞语霜等一班画家，在六法技巧上，获得了很大的濡染。又参加了海上题襟馆、美术茶会，切磋琢磨，画艺更臻上乘。他喜画佛，画中的佛大都闭着双目。画佛有巨幅，有小帧，小帧的佛随意赠人，巨幅常请人加题，如于右任、吴稚晖、张溥泉、林子超、袁希濂、骆亮公、杨晳子、吴昌硕、章太炎、徐朗西、天虚我生、太虚法师等，都为他挥毫，益增美茂。

我偶在卖旧书画的铺子里，发现一幅化佛的画佛，上面还有太虚法师的题识，立即买了回来，借此作为留念。

他的画也有人伪造，当时南京路有一家笺扇店，公然出售化佛的伪画，被化佛发觉，化佛探囊斥资把伪画买下，并请该店出一发票,他拿了回去,把伪画和发票向法院控诉,到了开庭审判,法官认为书画作伪,自古有之,既为习惯,概不惩罚。结果化佛只得把伪画领回去,为之嗒然丧气。此后开个人画展,把这伪画加着说明,和自己的画,一同悬挂展出,俾购画者有所鉴别。他有一愿望,拟把鬻画所得,建万佛楼于西子湖头,为息隐之所。然备材拓地,谈何容易,结果徒成虚愿。他一度和梁鼎芬的儿子松坨邂逅沪上,一见如故。松坨知化佛擅画,便把所藏乾隆时晚笑堂周竹庄所绘的名人画像一大叠,慨然见赠,希望他临摹一过,印成画册,以广流传。化佛欣喜涉笔,如项羽、虞姬、司马迁、班婕妤、曹大家、陶渊明、郭子仪、颜平原、王摩诘、柳子厚、刘禹锡、孟浩然、欧阳修、黄庭坚、苏东坡直至明代的杨椒山、常遇春等,举凡文士武将、才女高僧,以及忠臣侠客,无不兼收并蓄。每一画像,辄列一传,请任堇叔、张冥飞、钱瘦铁、范君博、许啸天、戚饭牛、奚燕子、吴我尊、冯小隐、孙雪泥、陈刚叔、刘公鲁等分着书写,王一亭书签,里封面出于吴藏龛手笔。题辞的更极一时之选,有孙中山、章太炎、叶楚伧、张祖翼、李瑞清、杨了公、钱病鹤、吴昌硕、汪渊若、周瘦鹃、严独鹤等,天虚我生题了金缕曲,柳亚子有二绝句:

  优孟衣冠见性真,便挥妙笔替传神。
  近来独抱苍茫感,不拜英雄拜美人。
  邻笛山阳涕满胸,葫芦长柄断江东。
  知君不薄今人者,倘许拈毫写士龙。

  该书由戏剧文艺社印行,名《中国名人画史》,时隔数十年,早已绝版了。在他临卒前数年,绘有大禹治水图,长若干丈,为一横幅，人物之多，气势之壮，兼以神话出之，益见陆离光怪。这个巨制，现尚留存在他的后人海光处。原来化佛有三个儿子，一小佛，二文华，都在域外，海光是最小的一位，居沪西进贤路凤德里，为化佛的旧居。

化佛开过多次的画展，博得好评。1927年，曾应日本东京美术某组织的邀请，他和张善孖、季守正、曾渐逵一同乘上海丸东渡，由水野梅晓、正本直彦招待，假一适合地点，举行四人画展览会，很早在中日文化交流上作出了贡献。认识了彼邦小说家村松梢风、帝国剧场主人山本专一郎、名画家和田遥峰等，游览了日比谷公园、上野公园、羯鼓林、三松关、白字溪、双眸丘、龙王池、望岳台、摄月坡、千光城、古砧坛、御衣亭等名胜，逗留了四十多天，载誉而归。四人照片犹存，可是人往风微，作为鸿雪罢了。

钱化佛的革命工作也值得一谈，当辛亥革命，他意气风发，热血填膺，毅然参加联军先锋队，开往南京，他担任司务长，随军出发。攻天保城，正是月黑风高，又复下雨，挟着武器，爬行上山，清军铁良统辖的机关枪队、炮队，猛烈扫荡，大肆威力，先锋队在枪林弹雨中奋勇当先，什么都不怕，对方丧胆泄气，狼狈逃跑，才占领了紫金山。到了天明，既饥且渴，加之劳累不堪，几致面无人色。冲进了敌营，敌方留有吃剩的白粥，饥不择食，也就饱啖了一顿，精神顿时恢复，才知道此身尚在人世。营中有敌方的红底黑字小令旗，化佛奉为至宝，把它收藏起来。这时上海的《民立报》起号角作用，大张了革命军的声势，化佛曾剪下贴在簿子上，且有夜攻天保城的名单，颇具历史意义。那《民立报》一度遭着祝融之灾，可是对于起喉舌作用的舆论，不甘辍止，当晚即在附近旅馆开一房间,由钱病鹤、汪绮云画师把新闻作为画材,立刻付诸石印,明晨照样出版。画中且有《民立报》被火情况,化佛珍藏这张临时性的报纸,名之为《民立劫火图》,经过若干年,从故纸堆中翻检出来,请当时民立同人加以题识,钱病鹤题云:"此画当时余与汪绮云老友合作。回首前情,恍如隔世,不胜今昔之感矣。化佛道兄,今于故纸堆中,检得裱背,属题以留纪念。廿六年(1937)五月一日,钱病鹤重客海上。"张聿光题云:"化佛兄属题此图,因忆昔年诸社友合作精神,领导民众,今与诸君举杯相庆,然各鬓发苍苍老矣。"其他如汪绮云、杨千里等都有跋语。今尚存在他的小儿子海光处。

化佛又是商团的团员,上海光复,仗着商团辅佐之力。当陈英士攻制造局,化佛肩负着使命,在制造局附近纵火,扰乱敌方,这是制造局装置子弹的板箱工场,剩下的木花木屑很多,易于燃烧,顷刻间便烟焰弥漫了。化佛又参加红十字会救伤队,在前线工作,亦带着些危险性,果然有一次,一个流弹,适中他的胸部,幸而他胸口有一插袋,置着银币一枚,流弹恰巧打在银币上,银币被打去了半爿,人却没有受伤,这个半爿银币,他曾给我看过,为他的集藏之一。

李叔同和马绛士、吴我尊、欧阳予倩等,在日本组织一个话剧集团"春柳社",开风气之先,起着社会教育的作用。后来这个集团移到上海,化佛为演员之一。他善于化装,扮什么活像什么,曾拍摄了百像图,在《游戏杂志》上登载。他又参加笑舞台,和顾无为、凌怜影、郑鹧鸪等同演《宗社党》及《风流都督》。复和汪优游、李悲世、查天影、徐半梅等,演《空谷兰》。又在某剧场客串,唱滑稽小曲。又夏令配克剧场，莫悟奇、钱香如等魔术家演《空中钓鱼》《火烧美人》，化佛也凑着一角。他又参加《盛世元音》《天籁集》《韵天集》等票房，和盖叫天、赵如泉等经常晤面，由这路子，他从新剧转到京剧，演丑角是他的拿手好戏。我友沈苇窗幼年，曾在上海大舞台，看小达子（李少春之父、李宝春之祖父）演《狸猫换太子》，小达子演包公，钱化佛演包兴。他从京剧又转到电影，那亚细亚影戏公司全体合影，这帧照片，登载在《中国电影发展史》上，影中凡二三十人，都没有标着姓名，但我却认出两位，一是钱病鹤，其一即是钱化佛，化佛在该公司演过《难夫难妻》《五福临门》《打城隍》等剧。最后又应邵醉翁之邀，在天一影片公司充任演员。

戏剧工作结束，什么都不做，一意在丹青上，组织艺乘书画社，先在劳合路莫悟奇的松石山房楼上，我登楼，时常遇到刘公鲁、王陶民、蒙树培，可见他们也是入幕之宾。既而迁移到三马路云南路口，前半间陈列书画古玩，后半间附设米家船装池，楼上给袁希濂做律师事务所。袁希濂也是位书法家，一般书画家常在这儿歇足，如杨了公、骆亮公、杨皙子来得更勤，在这儿写写字，画画梅花，随意送人。有一次，永安公司秋季大减价，凡买满十块钱的货物，得抽签领着奖品。这天我获奖黄菊一盆，这使我非常为难，带回去太累赘，放弃又太可惜，既而灵机一动，就近送给艺乘书画社，说是借花献佛。化佛不善经营，开支大，收入小，不久把艺乘收歇。既而抗战军兴，大家拥到租界上来，房屋大为紧张，化佛在淡水路租赁一间小屋子，五个儿子蜗居一处，简直无回旋余地，我去访他，他苦着脸对我说："这真是所谓五子登科（窠）了！"

总算幸运，他再三再四的请托，结果给他找到了进贤路凤德里一号的屋子，楼面较宽畅，他什么都收藏，这些当初不希罕，如今却有些文献价值了。他把戏单汇装成一长手卷，梨园沧桑，于此可见一斑。照相方面，有龙虎山的张天师，红极一时当时称之为文艳亲王的女伶张文艳，冒着矢石参加革命的潘月樵、辫帅张勋等。又有和张善孖、季守正合摄的，和马相伯、江小鹣、梅兰芳合摄的，又和国民党林森、张继、吴稚晖等合摄的，实则他生平不涉政治，和这些人仅是朋好而已。其他名人名片数百纸，有的在片上印着照相，有的自己书写制为锌版的，有的突起好像浮雕般的，有的具着怪头衔，有的出于名人所书而附有名人款的，有的名片上印有鞠躬式的铜版像作为贺年的。凡此有下世者，则人亡片在，他就更形珍宝，作为纪念。又各刊物对化佛或毁或誉的文字，剪存粘贴成册，布面烫金，标"蕴玉藏珠"四字，其中有一幅沈泊尘所绘化佛演《朱砂痣》，神气妙到毫巅，尤为特出。其他杂件，五花八门，如时轮金刚法会班禅大师神咒灵符签诀、茶舞券、大香槟票、妓院所发的轿饭票、财政局的宰牛证、最早的电车票、冥国银行票、防空宣传传单、黑龙江义勇救国军抗日殉国官佐遗眷遣散证，以及种种喜帖和讣闻，他是抱人弃我取主义，有似拾荒者，样样都要，日久汇为大观。他和我同癖的为搜罗书札，如戈公振、柳亚子、蒋维乔、周瘦鹃、严慎予、胡适之、袁寒云、梅兰芳、欧阳予倩、金碧艳、谢介子、谢公展、沈淇泉、廉南湖、陈大悲、郑正秋、曹亚伯、吴稚晖、胡朴安、李健、黄尧、徐枕亚、张春帆、邓散木（粪翁）、黄蔼农、袁希濂、朱庆澜、蒋剑侯、陈刚叔、杨了公、杨晳子、谢复园、戚饭牛、王一亭、蔡元培、陈树人、钮永建、于右任、薛笃弼、曾农髯、程白葭、叶柏皋、刘湘、顾品珍、印光、太虚等,这些信都是写给他的,和我搜罗的不同,我是有写给我的,也有写给他人的,一股拢儿,都兼收并蓄,所以我比他藏品更多。他又藏了十把紫砂茶壶,造型有覆斗、茄瓢、合欢、金罍、周盘、桐叶、边鼓、梅花、葵方,配着十只鼻烟壶,式样也极古雅,一度陈列在艺乘书画社,称之为"十壶春"。他认为骆驼任重致远,又搜罗了许多驼形的东西,有木的、铜的、瓷的、陶的、石膏的、锑的、橡皮的以及骆驼明信片,骆驼邮票,骆驼牌香烟,庐施福所摄的骆驼照片,周慕桥所绘的文姬归汉图,驼伏墓旁,自有一种萧瑟荒寒之象,袁寒云精楷所录的柳宗元的《种树郭橐驼传》,等等,总数为百件。他不吸烟,却搜罗了许多香烟盒壳,有万件之多,某次曾在上海大新公司画厅中举行烟盒展览会,他把古钱牌和欢喜佛牌合在一起,作为自己的招牌象征。天虚我生为题:"中国人应该吸中国烟,以挽外溢利权。"陈其采题云:"烟之为物,有害人群。耗我金钱,损我精神。大而亡国,小亦丧身。寄语同胞,急起猛省。"他把烟盒,粘存若干册,标为《烟乘》。他又搜罗火柴盒,凡三十余年,计十万多种,火柴盒称之为火花,他在国内是玩火花的第一人,因此他把香烟壳和火柴盒,合称之为"香火因缘"。他有最早的龙头牌,龙头牌火柴销行的时期很短,甚为难得。日本的火柴盒,品种特别多,花样特别美观,凡酒馆、剧院、旅社、理发馆、跳舞场等,都有广告性的火柴盒,随客携取,所以他的日本火柴盒,约占所藏的三分之一。有一次,梅兰芳赴美演出,化佛和几位同道为之饯行,临散席,梅兰芳问他:"我到美国去,您要些什么?可以给您带来。"他说:"什么都不要,只请您带些彼邦的火柴盒，比任何都珍贵。"果然，梅兰芳载誉归来，送给他火柴盒数百种，化佛对这次的大丰收，引为无上快慰。他又集藏扇子，共六百余柄，每柄都备着古锦扇袋，往往玩出花样，有生肖扇十二柄，有梅花扇十柄，有十二金钗扇。有老少扇，李芳孝一百十三岁，庄翔声子祖怡十二岁。有合写的，共一千二百二十一岁。又古钱集藏，亦有相当数量，最可喜的，南北宋的制钱，完全无缺，装着两大玻璃锦框。又河南当局所铸当二十文的铜元，当时没有铜，把寺庙所有的铜佛像、铜罗汉一起熔化，才得铸成铜元，有好事的，把这铜元送一枚给化佛说："您是钱化佛，这是佛化钱，钱化佛是不能没有佛化钱的。"

化佛做了一件任何人都不敢冒着险干的事。抗战时，日军进了上海租界，用敌伪名义，到处张贴告示，直到胜利为止，这个时期，告示为数不少。他日间看到了，到了晚上，瞒着家人，悄悄地去揭下，先用湿抹布加以濡润，揭时可以完整无损。雨天，他认为是揭取告示的最好机会。积年累月，不辞风霜雨雪，而又须力避军警的耳目，终于获得了一整套敌伪告示，为抗战时期的重要文献。

此后，他应聘文史馆，生活较安定。不料一次外出购物，被汽车撞伤，折断了胫骨，不能行动，僵卧榻上。他是喜欢四处徜徉，闲不住的，这样感到非常苦闷，他欢迎朋友们去聊天，尤其对于我去，更有知音同道喜相逢之感，所以我隔了一个时期不去，他就要嘱儿子海光来找我，约我前去。1964年，有一天，我正在主持学校六十周年校庆，海光打一电话给我，说他的父亲病情严重，要我去作最后一面，我答应明天去看他，海光告诉了化佛，他还点点头。明天我一早到他家里，岂知化佛已在昨晚去世。最后一面，没有见到，引为遗憾。

抗战胜利后，他约我写一个回忆录，他口述，我执笔，拟在《新夜报》《夜明珠》版面上发表，可是他文化水准不怎样高，口述散漫、没有中心，他又不解行文的步骤，往往很需要的地方，反太简略，材料不够，好得我也知道一些，有些由我补充，日子久了，几如金圣叹与王斲山竞说"不亦快哉"，几不辨哪些是圣叹语，哪些是斲山语了。同时，吴农花主编《今报》，也要这些玩意儿，约化佛和我做双档，登完后，印成单行本，取名《拈花微笑录》《今报》所载的，取名《花雨缤纷录》作为续编，当时友人黄希阁为刊单行本，印数寥寥，早已绝迹。今由刘华庭持去，归上海书店复印出书，名《三十年来之上海》，香港《大成杂志》转载，加入插图，尤饶趣味。

化佛许多遗物，幸由海光善为掩护，大半保存，化佛画佛数十幅，都有名人题识，均安然无恙。化佛后人在海外的，亦可以告慰了。

词章名手王西神

我平素喜读藻采纷披、韵谐词炳的小品文，就当代而言，那梁溪王西神所作，我是深对口味的。虽他的为人，不无有些微辞，但向笛嵇琴，还是令人枨触的。

西神生于1884年。他是王道平太史的儿子，渊源于家学，名蕴章，因家乡无锡有座西神山，取别号西神残客，简称西神，由西神谐音为洗尘、樨尘、屣尘、樨塍，又号莼农、王十三、红鹅生、窈九生、二泉亭长、鹊脑词人等，都带些词章色彩，甚至为他儿女取名，有侠红、弹绿、葆素、梯青、饮蓝、上闲，也是雅丽可喜的，他的弱弟蕴曾，字卓民，擅辞翰，昆仲均籍隶南社，又兄步瀛，早卒。

我和西神为忘年交，他在清季，即供职上海商务印书馆，与陆尔奎、张元济、蒋维乔、徐仲可、孙毓修、钱智修编刊首创的《辞源》风行当时。这部辞书，具有稳定性、经久性，所以直到目前，仍有人奉为圭臬。他又主编《小说月报》，创刊于1910年七月，记得我这时肄业长元吴公立第四高等小学，学期考试获得奖品，奖品为书卷，观前街有家振新书社，我凭卷取得若干诗文集和稗史笔记，瞧到橱窗中陈列的《小说月报》，封面为蝴蝶花卉的彩色画，很为悦目，我就把这个创刊号挟之而归。内容首为图画，大都是风景和古画，次为长篇小说，如林琴南、陈家麟合译的《双雄较剑录》，舒阁卫听涛译述的《合欢草》，再次为短篇小说，如《钻石案》《碧玉环》等。又次为译丛，如《英皇爱德华之遗闻片片》等，又次为笔记、文苑、新知识，又改良新戏剧《遗嘱》系徐卓呆翻译的。最后为《雨丝风片》，一则一则的小文，我更感兴趣，我所刊行的《艺林散叶》就是由《雨丝风片》所启迪的。所以我对于这个刊物，印象特别深厚。至于稿酬订成条例，这也是由该刊物创始。以前如李伯元主编的《绣像小说》，吴趼人、周桂笙合办的《月月小说》，黄摩西主编的《小说林》都备有稿费，但没有明文规定。一自西神主编《小说月报》，才在该刊的底页，定有稿约，凡分五等，甲等每千字五元，乙等每千字四元，丙等每千字三元，丁等每千字二元，戊等每千字一元。其时物价低廉，三元可购大米一石，计一百六十斤哩。

《小说月报》出至第三年，西神应其戚沈缦云（仲礼）之邀，赴南洋经商，便辞去了辑政。《月报》才由武进恽铁樵续编，鲁迅的处女作即在这时发表在该刊上。既而王西神自南洋归来，复任《月报》编辑，直新潮飙发，大事改革，西神才引退，屈指计算，主持辑政，先后恰值十度寒暑，因倩人绘"十年说梦图"，自作图叙，有云："自庚戌岁，为涵芬楼（即商务印书馆藏书处）创《小说月报》，中间离合不常，聿而至今兹，适届十稔。"一时题咏者邮筒纷传，大都散登在《南社丛刻》上。当他主持《月报》编辑时，又兼辑商务印书馆的《妇女杂志》；分着门类，也带些词章色彩，如"兰闺清课""芸窗读画""厨下调羹""寒宵刀尺"等。这时，妇女局囿于中馈臼间，尚没有解放出来，于此可见一斑。

他任《新闻报》秘书有年，在副刊《快活林》，及《新园林》上发表了许多小品文，浑金璞玉，奕奕自具神采。我见辄剪存，可是副刊主编严独鹤看到他的文章很是头痛，原来他所撰的稿，喜写古字，而这些古字，排字工人不识得，无法发排，必须主编者一一为之填注清楚，那是多么麻烦啊，每逢国庆，报上必载一裔皇典丽的"国庆颂"。这是他的拿手戏，非他执笔不可。《申报》方面，拥有词章能手赵叔雍，那骈四俪六的妙文，可称各有千秋。

我一度寓居辛家花园附近赓庆里，西神居泰兴路，即在赓庆里的后面，相距密迩，我经常去访谈。这时徐步蠡办一印刷厂，附设中孚书局，我由戚饭牛介绍，任中孚主编，因此想到西神的小品，应当印行寿世，和西神一谈，他出示其高足沈宗威为他搜集的许多记录，如《四梅画缘记》《秋英撷秀记》《窥园闻笛录》《墨痕扇影录》等，读之有游贾胡之肆，光怪瑰玮而火齐木难之错陈的概况，凡数十篇，我欣然持去，取名为《云外朱楼集》，请陶冷月绘封面，轻云舒卷，右上角巍然一小楼，赭红可喜。赵云壑、朱其石题内外签，拟分二册，资料尚不够充斥，我代为抄录其他诗文序跋等杂作，无非凑数而已，岂知书已印就，正待装订，他老人家不知从哪里获得一大束剪报，都是他精萃之作，可是已不及加入，我当时即璧回了他，一自西神下世，不知这些遗作，散失到哪里去了，可惜得很。

《云外朱楼集》付印，我请西神撰一叙言，这书印数不多，今已成为绝版。叙言很短，录存于此："仆性好涂抹，学少根柢，宣统之季，为《民立报》《时事新闻报》等撰稿。民元游南洋群岛，草《南洋竹枝词》百首，及杂曲散套游记等作，自惭芜陋，都无存稿。自入商务印书馆，编辑《小说月报》《妇女杂志》，佣书生计，无暇他及，唯偶尔作小说家言。迨入新闻报馆，始时草笔记小文，藉销长日，寒虫一鸣，候鸟三叹，掷笔遗忘，漫不省记。年来鬻书自给，目力强半耗于矮笺残墨之中，渭城罢唱，无复三五少年时豪兴。乃辱朋侪过爱，或辑理拙作，或怂恿付梓，小惭小好，弥增颜汗，逊谢未遑，主臣而已。今夏郑君逸梅过访，传中孚书局主人命，愿以拙著见于报端者，汇付铅椠。仆本僇民，比为学校事，丘山丛集，何敢再以不祥文字，复贻世人以讪笑。重违郑君等雅意，强颜存之，所谓知非文过也。逸梅著作等身，所印小品文字，如冰壶濯魄，绀雪炼丹，譬之饮食，俨饫五侯之鲭，以仆斯集较之，作昌歜羊枣观可也。甲戌（1934）中秋，西神识于秋平云室。"在这篇短文中，可以窥见其写作生涯之一斑。至于对我的溢誉，我是受之有愧，大巫小巫，相差很远哩。

著作等身他是当之无愧的。据我所知，以传奇为多，如回忆其亡友秦剑霜、冯竟任客秦淮，谈笑豪纵事，谱《霜华影传奇》，据《两般秋雨庵笔记》可中亭往事，谱《可中亭传奇》，本吴桐荨、鲍夕阳所纪邝湛若、云弹娘事，谱《绿绮台传奇》，演衍钮玉樵所纪红桃节烈事，谱为《香桃骨传奇》，读《板桥杂记》所纪孙武公、葛嫩娘事，谱之为《血花杂剧》。（张静庐所编《中国近代出版史料初编》，不知该书出于西神手，却谓："著者不详，分酒债、香盟、殉侠、吊烈四出。"）其他尚有《苏台雪传奇》《鸳鸯被传奇》《铁云山传奇》。又《词学》《梁溪词话》《玉台艺乘》《多罗艳屑》《然脂余韵》《莼庐杂缀》《墨林一枝》《碑林奇字》《广侍儿小名录》《妇女艺文志》《雪蕉吟馆集》《梅魂菊影室词话》《秋平云室丛书》《刬花小影》《西神小说集》《人间可哀集》《冒辟疆兰言笺注》等，有刊有未刊。他绘图寄思，除"十年说梦图"外，别有"西神樵唱图""西湖寻梦图""四婵娟室填词图"，总之都是雅韵有致的。

他把卖字作副业，订有润例，题有一诗云：

短墨磨人不自聊，秋心卷尽雪中蕉。

家风惭愧红鹅换，润格亲题学板桥。

他自比王右军和郑板桥。有一联作自负语：

成佛肯居灵运后，学书直到永和前。

他善骈文，颇多有以寿序见委，且要求连撰带书，在泥金笺上作端楷，那是很费精力的，可是他正楷写惯了，反把作草书视为畏途，因此，润例订为草书倍润，无非借此以示拒绝，复钤"草草劳人草草书"七字小印，这是邓粪翁为他刻的。他又为了创办正风文学院，减润书联，以充经费，这时他任职新闻报馆，白天没有功夫，直至晚上回家，开始挥毫，平均每晚须写二十联左右，他和一位电影导演洪伟烈邻室居住，伟烈和我为上海影戏公司同事，常为我道西神灯下作书，疲劳不堪，且通宵达旦，就枕已日高三丈了。书联又须联语，他便购置何莲舫的《衲苏集》，这是集东坡诗句为联的。又备朱古微的《梡鞠集》、杨和甫的《南北史集联》，又采集苏铁云的《瓶水斋集》、蒋剑人的《芬芳陀利室集》等，因二人诗句，属对极工，可以应用自如。又集宋人词的七字句，更澹宕放逸，诵之意远，我曾见其所书联：

破帽西风名士鲫，宝刀明月美人虹。

豪客争题鹦鹉赋，玉人家在凤凰山。

有出于他自撰的，如：

香叶终经宿鸾凤，瑶台何日傍神仙？

周瘦鹃属嵌紫罗兰三字为客室联，即成：

万紫千红，罗生为瑞；

春兰秋菊，秀发于文。

瘦鹃复属嵌紫罗兰庵四字为寝室联，他一挥而就：

紫钗红拂罗双美，

菊秀兰芳共一庵。

又朵云轩笺扇庄代客征书，须嵌时厦二字为联：

不如即时一杯酒，

安得广厦千万间。

沈禹钟见之，拍手叫绝。又为某园船厅作联云：

此地疑有词仙，记双桨来时，半舫吟罢；

今夜酒醒何处，在白蘋风里，红蓼洲边。

也是雅韵欲流的佳构。

凡书画家所订润例，往往附加墨费一成，因磨墨颇费力气，须佣工为之，这一成是酬佣工的（但也有人认为磨墨时墨香扑鼻，亦是一种享受）。西神家却备有磨墨机两架，一是胡开文笔店出售的，以纯铁为之，四墨并磨，功省合用，一架二十余金。当时江亢虎创办南方大学，鬻书募款特地购置的。此后江氏赴美，把这机赠送西神。晨风庐主人周梦坡见而称便，饬冶工翻砂仿制十二架，分贻亲友，西神分得一架，从此左右逢源，机械替代了人力。可是运机轧轧有声，深夜扰人清梦，那是不得避免的了。

西神鬻书办学，有志竟成。他在1926年和胡朴安等办正风中学于沪南大吉路，1928年迁至沪西极司非而路，改称正风文科大学。翌年，迁至胶州路，改名正风文学院，西神为院长。至于西神鬻书办学，那时为1933年，在彭浦区交通路购农田建筑校舍。立案须校方备有相当基金，这又是一个大问题，结果是委托了吴敬恒才得解决。学院分设中国文学系、史地系、会计统计系和师范、国学两专修科，正谋发展，"八一三"事变，学院地处战区，不得已迁至租界，一蹶不振，改推蒋维乔为院长，院名也改为诚明文学院，我受蒋维乔之聘，任大三唐代小说课两学期，尚记得和著《清宫十三朝演义》的许啸天为同事。

西神有内才没有外才，办事能力是较差的，幸而有位同乡且有戚谊的薛佛影，做他的左右手，替他奔走筹措，举凡觅地庀材，招工打样，都由薛佛影为他包办，成为幕后的策士。该院占地共十三亩，沿着公路到真如镇，就能看见这座巍巍的黉舍，也是佛影为他找到的。执教的，如胡朴安，安徽泾县人，很博学，他是现代国际院士胡道静的伯父。姚明晖是位经学家，授课不须课本，一句经文，滔滔不绝，可讲足一个课时，他藏书很多，成立家庭图书馆，他曾经说这样一句话："经不但读，应当拜。"朱香晚讲文字学，授课往往挟着一个蓝布书包，宛似乡学究，而阐述说文，风发云涌，接轸前人，尤为学生所敬佩。其时同执教的钱基博，文史衡鉴，茹古通今，但他和香晚，讨论学术，在这方面，钱氏是自甘让席的。潘兰史讲学柏林归来，也是知名度很高的学者。此外，戚饭牛、朱大可、沈商耆等，骖靳方驾其间，师资阵容，益复壮大。西神自己也教骈体文，这些雕龙琢凤、嚼蕊吹花的文章，典故太多，不易一气贯注的讲授，好得他腹笥富，记忆强，先把这一课的主要故实，写在黑板上，使学生头脑中粲然粗具，经他口讲指画，统体了然，学生听了，非常得益。后来有位顾佛影，前来教诗。两位佛影，成为双包案。那顾佛影，自号大漠诗人，刊有《大漠诗人集》，诗饶渔洋神韵，为我所喜诵的，如《西兴》云：

水溅花外暝烟升,小市人家欲上灯。

愁煞扁舟卧居士,卷篷低烛过西兴。

《赤山埠夜归》:

赤水埠外上归船,倦鹭眠鸥各悄然。

可有坠欢烟水里,河灯红似十年前。

又刊《红梵精舍女弟子集》自比当年的袁随园。薛佛影也擅有艺事,为微型雕刻的老前辈。前数年,英女皇伊利沙白来沪,薛佛影在象牙片上刻上了豫园全景,作为公家赠送的礼品,女皇大为欣赏,博得了国际荣誉。他寿命较长,1988年秋才故世。上面提到的沈商耆,也是西神的得力助手,名彭年,江苏青浦人,曾任江苏教育厅长。退隐后,来正风,规划文科教务,颇多改进。工书法,也兼润鬻书,以所得润资充建正风图书馆。不料商耆遭车祸死,西神挽以联云:

遍地皆杀机,行路岂仅难蜀道;

视天惨无语,回车剩欲赋迷阳。

西神为了增加学生的学习兴趣,时或请名人来作演讲。一次,请来了章太炎,这是学生们慕名很久的,可是太炎随便讲述,语言有欠组织性,学生听得莫名其妙。教授吸烟的固不乏其人,但上课堂,都摈烟不吸,唯有太炎是例外的,一支接一支不断地吸着,及下课,讲台上堆积的烟灰,几如小丘。又一次,请马相伯来讲学,他说:"一切知识无不从学问中来,学问既充,能以他人的精神为我的精神,他人的知识为我的知识,他人的技艺为我的技艺,按图索骥,应手斯得,总之其结穴真诠,必以研究国学为根本,国学既造,一切自迎刃而解,否则深于西学,于国学茫无所知,那就吾中国多一中国籍的外国人罢了。"学生听了，全堂鼓掌。

正风经济拮据，诸教授的馆谷是很薄的，大都半尽义务，而西神又不善理财，家用和学校用款，公私不分，一片糊涂账。且他又不知撙节，什么都不会打算，甚至理一次发，必须赴某某理发铺，路较远，雇了汽车前往。诸如此类的事很多，致半义务性质的教薪也发不出，教授纷纷告辞，朱香晚却抱实利主义，上一课即索一课教薪。加之西神又染上烟霞癖，一榻横陈，吞云吐雾，懒于理事，正风的不振，这时已见端倪了。

西神好弈，又喜观弈，撰有《宣南弈讯》《博弈丛话》。他的伯兄苏庵，棋中能手，可与顾水如、汪云峰相较量。一日，遇到一孺子，却甘拜下风，原来这孺子便是九龄神童吴清源。苏庵任沈仲礼华洋义赈会文牍，该会假新闻报馆楼上为办事处，苏庵公暇，和人对弈，西神每晚来作壁上观，因得识《新闻报》主持人汪汉溪。此后汉溪聘之为该馆秘书，成为老报人，那么黑白子是个中的介绍者了。

他从章式之为师。所交亦一时耆旧，如吴昌硕、王一亭、刘山农、李孟符、步林屋、姚虞琴、吴观岱、高吹万、姚子梁、梁任公、夏敬观、杨千里、唐吉生、曾农髯、谢公展、朱古微、周梦坡、叶楚伧、庞蘖子、钱病鹤等。复有海外朋从，如福开森招饮于其弎园；日本鹿叟，设舞六三园，饱其眼福；爱沙发邀观水嬉于涉园，桥本关雪绘画为赠，今皆成为陈迹了。

他喜蓄文物，藏有洮河绿石砚，背刻宋度宗时名校书苏翠像，明马湘兰题诗：

  绿玉宋洮河，池残历劫多。

佳人留砚背，疑妾旧秋波。

附识云："苏翠面目似妾，右颊亦有一痣，妾前生耶？果尔当祝发空门，来生不再入此孽海！"可知这砚为湘兰妆阁中故物。而湘兰，颇有白圭之玷，亦一特征。又有一小冻石，凝如藕粉，上缀猩红小点，他非常宝爱，自刻"五湖长"三字（无锡在太湖之滨，太湖亦名五湖）。他家藏有赵君兰的《碧桃仙馆词稿》，很是珍爱，既而又在冷摊上获得君兰父赵秋舲的《香销酒醒词稿》，合成双璧，引为奇遇。

他嗜花成癖，掌教沪江大学，在杨树浦，距市中心区较远，乃寓居校中，就隙地植洋水仙，色有红、紫、白三种，紫者多，白者次之，红者最少，区其种别，大者栽盆，小者植盎，或培以沙，或养以水，清明前后，秾华齐发，重台骈萼，叠瓣锦心，供诸案头，耐人玩赏。编《洋水仙谱》载《小说世界》中，把它分妙品三种，为鸳鸯锦、西施舌、翠镶玉；逸品三种，为绿萼仙、紫云囊、红砂钵。后又撰《洋水仙新谱》，他自称："花封九锡，谱鸳牒于春城；味合五侯，留鸥盟于香国。"抑何其好事如此。

他早年即得科第，十三岁应试，得王鹿苹主司剧赏，列置魁选，且面加抚慰，奖掖备至。十六岁中举，报喜至，遍寻其人，岂知此新孝廉公尚在城头上放鹞子（纸鸢），一时引为笑谈。他又喜元宵灯火，每逢上元佳节，趋市若狂，闻爆竹气，尤为悦鼻，与张香涛有同癖。好蓄鸟，绣眼芙蓉，笼之聆其清音。一日双芙蓉被野狸奴所噬，恸惜之余，遂不再蓄。又储有佳墨，非遇惬心便面，适意佳笺，不愿略一研墨，真所谓惜墨如金的了。某岁，与其老友黄淡如订润登报，合作书画扇篆籀，淡如绘仕女，笔墨妍倩，雅近晓楼玉壶，曾以一扇贻严独鹤，独鹤误淡如为女子，西神作一诗云：

> 调铅杀粉澹丰神，雪妃香南有替人。
> 好为鹤巢添韵事，小名当作女儿身。

他卒于1942年，五十八岁，当他大衍之庆，犹自寿一联：

> 苟活五十年，奚以寿为，债累未完牛马走；
> 翻阅廿四史，从何说起，头衔只署猢狲王！

以诙谐出之。犹忆某年，我助赵眠云辑《星光杂志》，索得一文一照相，照相附有题语：

> 其目无人，其心有我。不善自趋，遂与佛左。虱寄世间，百无一可。偃仰书城，哀吟饭颗。

那就牢骚满腹了。他所云猢狲王，指教书而言，的确他教了一辈子的书，不但教国学词章，又复担任过英文教席。原来他的父亲道平为电报局局长，精通横行之文，也是出于家学。他为人和易，对学生一无威仪，即在家庭间，儿女扰攘，从不斥责，仅以笔杆轻轻击案，连呼"讨厌，讨厌！"而已。

我不但和他很熟稔，且认识他的下一代，如他的女婿邱良玉，也擅书法，曾书册子给我，又他的弟子丁翔华，乃我友四明丁健行的嗣君，能文，刊有《蜗牛居士集》，常作擘窠大字，奇采扑人，健行设宝大祥绸布庄于南京路上，排廛若干间，市招即出翔华手笔，恢弘冲融，可与乃师西神乱真。当翔华结缡，盛宴邀客，我亦忝列末座，时童芷苓轻声雏凤，初登红氍，拜健行为义父，在筵边为座客斟酒，一称为师叔。今则芷苓自海外载誉归来，为梨园翘楚，大约已记忆不起尚有九十高龄所谓"师叔"的郑逸梅，犹栖迟海上，视息人间了。又柳璋，号壮野，书刻兼长，诗才尤敏捷，著有《芥藏楼诗词集》，我为之撰一弁言，又侯选青，今尚为《上海地名志丛书》执笔。还有一位高足，松江戴景羲，今居沪市威海卫路，时来访谈，擅丹青，山水花鸟，逸宕有致，于八法举凡篆隶正行草、甲骨、石鼓、砖瓦文，无所不能，复熟于文史掌故，上海电影制片厂聘之，每编历史剧，有所咨询，兹亦垂垂老矣。

樊少云艺术世家

樊少云先生是我的老师，也是吴湖帆、颜文樑的老师。可是湖帆的国画、文樑的西画，均负一时重望，我却一笔不能涂，一笔不能抹，甚矣，我之为笨伯也。

《中国美术家人名辞典》列有樊浩霖的大名，《中国美术辞典》列有樊少云的大名，少云即浩霖的字。他是上海崇明人，崇明隔着海，海客谈瀛，因有古瀛之号。我在这儿，摘录《辞典》之介绍，作为一个轮廓吧：

> 樊少云，现代画家、音乐家，樊子云子。幼随父习肖像画及琵琶。二十岁后，从陆恢（廉夫）学山水画，曾在苏州美术专科学校执教。1950年后，为上海中国画院画师，画取恽寿平、王石谷笔趣，旁及原济和华嵒秀丽轻灵一路。复纵观宋元明诸家真迹，画路益形开豁，风格趋向朴茂。江南景色中之翠堤新柳、烟雨江村、月夜归渔等，常点缀于其缣素间，尤擅画云，极飘渺依茫之致。偶画人物，近费丹旭，绘钟馗捉鬼图以讽世。花卉亦妍雅可喜。崇明的《瀛州古调》，有三十多个乐曲，一传海门沈肇州，一传樊家，大套《淮阴平楚》，为樊家绝技，尚创作《云里雁》《柳岸莺声》。

我和少云师既有师生关系，当然相知有素，足以叙述他的生平，但总觉得不够全面，好得少云师的哲嗣伯炎，现在上海，和我为师兄弟，有了咨询处，也就有恃无恐了。奈我年衰步蹇，杜门不出，伯炎多才多艺，什么学艺有关的会议，都得邀他去参加并任顾问，忙不过来，不得已，由我委托学弟夏石庵约期和伯炎相晤，因二人均相熟稔，所居相去亦不算远，伯炎口述，石庵走笔，这样若干次，把记录交给我，经我删润和组织，也就掌握了相当资料，加之我原有所知亦发赡足了。

少云师的尊人藻青，号紫云，一作志云，又作子云，崇明人。崇明环城仅九华里，城西有樊家弄，通往南街，称樊家老宅，南街的居舍，称为樊家新宅。清光绪十一年乙酉（1885）十二月九日，少云师即诞生于此。故居今尚存一部分，可供瞻仰。

子云早年在乡画喜神（为人画生时的神态，称为画喜神，这个名目宋代已有之）。他画得惟妙惟肖，生气勃然，颇得乡里称誉。画山水花卉，亦疏落有致，以家境清贫，兼给人家裱画，不论绫绢纸素，均能熨帖平复，装潢得体，借以挹住生活。与沈肇州为莫逆交，业余都爱好琵琶，轻拢慢撚，具风绕指、月入怀之能事。子云的琵琶，传给二人，一施颂伯，颂伯东渡日本，日本人得其薪传，闻日方有《萨摩琵琶爱吟炼磨集》为一曲谱，附《弹法图解》，那就不知是否渊于颂伯了。少云师所藏明代琵琶，即颂伯家故物。别传一人为程士东。

少云师自幼丧母，赖姊抚养长大，姐名韵卿，为子云原配徐氏所生，少云师为续弦范氏所生，四岁丧母，唯长姊是依。姐嫁崇明西街之李永泰，李设李裕和茶食铺，为崇明名店。故少云师和李家颇多往还。少云师学画，既受之于父，又从伯父樊沛霖、樊雨之读经书，但读书时间不长。专事丹青传神，及琵琶演奏，以颖慧故，得窥堂奥，父以踽居乡间，难于发展，即鼓励少云师出游四方，第一目的地为苏州。苦无亲故援引，不得已，在玄妙观前设一画摊，适显宦陈夔龙路经其地，见其画大为称赏，购数幅以去，因此，少云师感陈夔龙知遇之恩，频频道述。时其同乡罗树敏，任苏州各校图画课，黑板上作示范画，顷刻而就，随手点缀，从不揩抹，尤以林麓村舍，流水小溪，清逸之气，令人意远，我也亲受教泽，每逢下课，衔接为数学，例必利用黑板演算，那么这幅粉笔山水，全行刷掉，我为之惋惜不置。既而树敏用药液画于蜡纸上，作为油印，分上下二册，名称我已失记了，我得之奉为至宝。此后，树敏声誉益隆，各校纷纷聘请，致不克分身应付，便邀陈迦庵及少云师，分任课务。某岁，树敏罹时疫病殁，所有课悉归迦庵及少云师负担，桃李门墙，蔚然称盛，二人亦名震吴中，且同执贽陆廉夫（恢）之门，廉夫于花卉山水，均擅胜场。但迦庵专力于花卉，一次为南社耆宿庞蘗子绘"花影吹笙满地澹黄月"词意扇，蘗子大为欣喜，蘗子立题一诗：

萧疏花影月来时，炙透银簧漫自吹。
恨煞小红先嫁了，更谁能唱石湖词。

报纸揭载，传为佳话。少云师乃专力于山水，分道扬镳，人比诸恽南田之与王石谷。迦庵与少云师更办冷红画会于吴中十梓街，每岁春秋二季，例必陈列会员作品于青年会，供人参观。会员尚有吴湖帆、陈子清、蒋吟秋、顾墨畦、蔡震渊、汪君硕、管一得、徐康民、余彤甫、程少川、樊颖初等，颖初为少云师之女。是会与铁瓶巷颜文樑、胡粹中、黄觉寺、朱士杰主持的美术会相竞爽，也与海上画派争树旗帜。少云师谓："吴中画如戏中之昆剧。海上画如戏中之京剧。"他虽不加褒贬，而褒贬自在其中。厥后，吴中画家纷来海上鬻艺，也就无复门户之见了。

233

吴江任味知，家具园林之胜，诗酒风流，为邑中名士。他办一女校，慕少云师名，邀他任女校图画课，于是苏城吴江，往来大忙。同时他的父亲子云，在乡间忽发癫疾死，又丧慈父。

民国元年（1912），少云师的哲嗣伯炎诞生，乃阖家迁苏，初住甫桥西街，继迁颜家巷，和著《宋平江城坊图考》及《续补藏书纪书诗》的王佩诤望衡对宇，彼时时相交往。抗战胜利，又迁马医库巷，那儿以光绪御医马培之设诊所而得名。赁居所在，有一小园，累石浚泉，杂莳卉木，芳菲四时不断。皂荚树、胡桃树，尤为繁茂，最奇特的，牡丹一丛，从未开花，一自樊家搬去，却一变常态，年年蓓蕾，岁岁发荣，姹紫嫣红，资人观赏。少云师从陆廉夫，即在此时。廉夫尝客吴大澂幕，与金心兰诸人，结画社于吴中，又精鉴别。从廉夫无非力求深造，廉夫卒于民国八年（1919），得其熏陶，仅四个寒暑，然受到教泽，是很深邃广博的。

少云师以所教学校多，且学校分散各处，往往跨了毛驴赶课，驴儿有一劣性，喜靠墙而行，因此衣服被擦破了好多件。天下雪，不得不改乘轿子，一次，轿夫被冰滑跌，轿子倾覆，他老人家堕在雪中，引为大苦。而所任的课，渐由其弟子颜文樑代，师生均以画名震动一时。少云师早年学过西洋画，颜文樑从他的父亲颜纯生学过中国画，此后少云师放弃西洋画，颜文樑放弃中国画，成为纯粹的专艺，的确是很有识见的。

俞粟庐，在吴中为曲学大师，吴梅师事之。钱基博的《现代中国文学史》，涉及俞粟庐："俞宗海粟庐者，工为书，而度曲尤臻神妙。吴梅从之游，途经斯辟。"少云师和粟庐哲嗣俞振飞为熟友，便由振飞陪引从粟庐学唱昆曲，颇有成绩，奈乡音不易改变，唱出的曲子，常带崇明口音，殊感不洽，乃少拍曲，而以培养后辈、奖掖青年为职责，子女们偶而引吭，他吹笛助兴。及伯炎学成，吹笛的事，由伯炎接替，他老人家在旁聆之，欣然解颐。他既癖好昆曲，熟悉昆曲，并知其曲谱，当抗战时期，苏沪沦陷，实行灯火管制，晚间不能外出，无以消遣，他便把家中电灯，设法用窗幔掩蔽，不使向外泄透，而于灯下倾注全神，绘昆曲册页，不以舞台动作为画本，而以剧情为题材。有以人为主的，有以物为主的，有以景为主的，也有综合人物风景而变化出之的。如绘《林冲夜奔》，火光接天，风雪漫地，可是林冲仅一小人物，而忿怒激昂之气，却充溢于眉宇间，也就即小见大了。数年来，集成六巨册，一方面请善书者录其唱句，一方面请善诗者为题咏，付诸装潢，今归伯炎什袭珍藏，作为传家之宝。

我所目睹的，如《长生殿》的《偷曲》，《琵琶记》的《赏秋》，《牡丹亭》的《拾画》，《红拂传》的《私奔》，《红梨记》的《访素》，《幽闺记》的《招商》，《绣襦记》的《莲花》，《荆钗记》的《上路》，《浣纱记》的《前访》等，应有尽有。他老人家平素喜阅《聊斋志异》及《阅微草堂笔记》，又喜听电台讲鬼故事，不无受到影响。所绘昆曲，《情勾》神态尤为毕肖。总之，这许多既属戏剧画，也是山水画、人物画、博古画，瘁其精力，集其大成，确为传世之作。

谈到琵琶，他幼年由父口授，不很注意板眼。中年以后，专弹他所谱的《瀛洲古调》，喜独奏，绝少演奏广庭。一自得了明代琵琶，更泠泠作古音，引为至乐。上面不是提及施颂伯其人吗？即明代琵琶的主人。施留学日本，携往彼邦弹奏，得琵琶圣手之称。回国后，供职上海电报局，不久，颂伯故世，其内弟某经纪其丧，施家遗族便以明代琵琶赠某作为酬劳，而某旋以琵琶向少云师易画，物归所好，当然琼琚视之。江浙战乱，苏城在风声鹤唳之中，市民携着珍贵细软，作避氛之计，他却什么都不携取，独抱着琵琶逃难，一时传为笑谈。我询诸伯炎，知这琵琶是紫楠木背，桐木面，黑色漆，整体较一般琵琶长寸余，极轻，颈较细长，腹下部略宽，边厚，背下部不太突出，呈平圆形，左手边沿已磨薄，露出楠木本质。系弦处的面板有修补痕。音色清润，上下一致，尤以泛音与古琴韵味相类。头作如意式，牛角相，竹品。少云师的照相，所抱的即这古器。伯炎于1958年，应上海广播电台录音，携了这个琵琶，所录武曲一：《十面埋伏》，文曲二：一为《青莲乐府》，一为《浔阳琵琶》，均出平湖派朱英所授。播出后，听的颇多内家，曾问伯炎："你弹的是古琴，还是琵琶？"可想见其音色之美，一方面伯炎造诣之高，是相得益彰的。当少云师在世时，曾获得楠木柱子一段，特倩一老乐器工，仿造二抱，发音终逊，其一贻琴友庄剑丞，其一犹在其幼子樊书培手。某次，少云师有事来沪，夜宿孟渊旅社，闻隔室有琵琶弹奏声，声响不凡，即出一名刺，塞进室门，其人见之开门延纳，互通姓名，始悉为平湖派巨子吴梦非、沈浩初两人，萍水相逢，备致钦佩。梦非犹道及其弟子朱荇青，克传其艺，少云师默识之，乃嘱伯炎从之游，前后共六年。上面所谓朱英，即荇青之大名也。

少云师谦抑为怀，和胡石予师同执教吴中草桥学舍，画题辄就正于石予。且嘱其长女颖初拜石予为师，学诗古文辞，颇多成就。他老人家和樊云门（增祥）同姓不同宗，而喜诵云门联句，一一抄摘，借以玩赏。如：

> 白藕花如君子淡，
> 玉樽酒似圣人清。

> 好雨似求无价宝，
> 微云即是有情天。

> 纤钩汉玉螳螂碧，
> 细火宣炉鹁鸽青。

> 病来支枕过梅雨，
> 客至开帘放药烟。

> 谢豹叟时山笋折，
> 纸鸢斜处野棠开。

订成了一册。又以云门工书，未得其手迹为憾，我即检云门亲笔诗笺一纸，奉诸师门，承他绘一菊花小帧作答，篱落萧疏，黄蕊瘦挺，我装裱悬壁。

他有时收购一些小骨董，作为清供，某次，又以较昂之价买一小摆件，欣然携归，夫人龚榴仙不以为然，喋喋有言，谓："这些劳什子，饥不能为食，寒不能为衣，要它有什么用！"少云师很风趣地回答："人们花了润金，来买我的画，不是同样没有用吗？"

又多嗜好，不论旱烟、板烟、卷烟、雪茄烟，吞吐为乐，当点染丹青，时常一支接一支不绝。酒量更洪，黄酒一顿可尽五六斤，喜饮张裕白兰地，浓度较高，致晚年病肺癌，不治死。

庞莱臣的虚斋藏画，为海内泰斗，唐宋元明清各家精品，无不收罗。甚至极珍希如三绝郑虔的人物、郑所南所绘的无根兰，都在他什袭之中。影印的珂罗版画册，附着英文，两相对照，流传海外，顿使碧眼虬髯，诧为奇迹。少云师深慕之余，前往临摹，莱臣欲聘之任西席，可是少云师不欲放弃学校教务及自己的鬻画，婉言辞谢，而推荐其子伯炎任之。莱臣亦能书画，惮于应酬，晚年的作品，大都出于伯炎代笔。又莱臣喜邀游，常伴之寻访各地名胜古迹，平时在庞家，楷模四王，羽翼八怪，灵心浚发，得益良多，客来观画，伯炎为作讲解，更提高了理论。这样凡十五六年，直至莱臣病逝沪上始离去。而少云师私淑石谷，擅作浅绛青绿山水，又受到咸同年间刘彦先的影响，及乃师陆廉夫的教导。而于虚斋所藏，映澈焜煌，心目俱夺。乔梓二人导源发藻于庞氏之家，关系密切。

冷红画会诸子，纷来沪上，少云师亦不甘寂寞，况战事爆发，苏地不能安居，便决意迁地为良，以避锋镝。来到上海，卜居延安西路美丽园，用珂罗版影印了《樊少云山水第一集》。共十二页，首列古瀛名宿钝翁曹炳麟一序，略云："樊君浩霖，字少云，幼慧，诵读之暇，喜弄翰，丹青不去手，父因教之，既孤，弥自刻励，专致力山水，泛览古今名迹，临摹娴熟，寝能自构意象，独运机杼，动墨散彩，姿态秀韵，大似南田老人，书亦如之。逾冠，艺既成，慕吴中大师陆廉夫，从而得其指授，益精进变化。由华亭尚书而溯倪高士、王山樵，上窥范华原、董北苑之藩，皴擦点染，奄有家法，盖瓯香不足以域之矣。夫六法首气韵者，主天然也。次用笔象形傅彩布置模写者，佐人功也。故优于天者入神品，优于人者，能品焉而已。少云天质朗秀，泽古复深，其于气韵，能保其固有之材而笃焉，异日视廉夫将青于蓝矣。俗工涂饰，面目狰狞若方相以欺世牟利，遂成恶道。观少云画，必有能辨之者。"是册列收藏者：王清穆、张菊生、顾伯威、顾仲威。列鉴定者：方仰儒、沈复初、赵眠云、郑逸梅。其中一页《江南春色》，一牧童跨牛背上，抚笛吹奏，衬以浅草疏树，厥景清妙，韵味盎然，我友美术家但杜宇，见而大为倾倒，托我代求其缣幅。因而复求吴湖帆、吴待秋、赵子云、袁培基、陈迦庵、程瑶笙等，合装一册，今则均为遗墨了。

樊门弟子，盛极一时，即冷红诸子，亦有列入门墙的，据我所知，弟子有程少川、余彤甫、朱梅邨、张仲良、梅士云、姚克明、宋衡之、朱询初、吴诗初、徐沄秋、杨晋三、程沛时、陈青野、蒋梦谷、鲜亚军、张埕森、周世昌、范际云、朱悫忠。而吴湖帆、颜文樑在学校，少云师教其图画，当然也有师生关系，可是与湖帆一度失欢，原因湖帆的梅影书屋藏有文徵明所书《前赤壁赋》卷，既而少云师购得文徵明所书《后赤壁赋》卷，湖帆知之，坚欲少云师让为己有，俾成完璧，彼此相争，肇成隙末。如是者有年。一自上海中国画院成立，二人俱为院友，握手之余，前嫌悉释。

我曾求他画过一纪念册，画题为"烟波画船"，清颖潇洒，我是非常喜爱的。尚存的为一扇，画题"满城风雨近重阳"，城堙隐约在迷蒙霢霂中，一舟子尽力撑篙，激起微浪，着墨不多，而萧瑟秋意充溢扇头，尤为难能可贵。

他为人和蔼可亲，没有威仪，我又不懂礼貌，和他开玩笑说：

"老师的大名，我经常见诸报端。"他愕然莫知其所以，我才笑着对他说："报刊上的天气预报，不是载雨转晴，多云转少云吗?"他老人家也哈哈大笑。

少云师殁于 1962 年 3 月 8 日，生女樊秀，字颖初，能书画，能度曲，次女樊芬，字诵芬，丹青度曲，也传家学，子樊燨，别署笑笑室主，即伯炎，伯炎有三弟，燨培、苏培、书培，或治医，或治建筑，都属教授及工程师，有声海内。伯炎尤为突出，盖天资胜人，人难与之颉颃。伯炎的成就，具有多种因素，他髫龄读书苏州定慧寺巷双塔小学，和昆曲传字辈周传瑛、姚传芗、姚传湄、刘传蘅为同窗好友，且都住在甫桥西街，课余又常往来，学习昆剧。后入草桥中学，读了二年，学校改组，遂从耆宿王康吉读古文，旁又不废国画、琵琶、度曲，开始了他一生的艺术生涯，尝有人评论说："伯炎的音乐细胞高于国画。"此后他注倾全力于度曲谱曲，这话对他有很大的启通。实则伯炎的画，接轸乃翁，加以烟霞之心，云林之性，掩冉振发，藻采多姿，偶作襄阳墨戏，也很耐人玩索，可谓能者无所不能，敝箧中有一山水扇，是他昔年之作，岁月迁流，未免抚物兴感了。书法，父嘱学翁松禅，他不喜，改临欧阳询的《九成宫》，欧书以气宇融和、精神洒落胜，伯炎挚乳其中，得其旨趣。琵琶于家学外，又从上海戏曲学校庞剑丞口授，复考入上海国立音专为选科生。时伯炎居苏，每二月来上海听课，由于成绩优异，第一学期尚缴学费，自第二学期起，免费上课，直至毕业。操奏琵琶、笛、箫、三弦、古琴，无不入妙，而古琴又从上海张之谦、常熟吴景略，多师好学。他从朱荇青学琵琶，荇青大为嘉许，介绍上海中国唱片公司为录磁带，颇得外界好评。

伯炎十五岁，开始唱曲，当时的笛师许继根，认为他的嗓子宜唱老生，他才定夺了唱戏的角色路子。不料唱了不久，嗓子倒了，懊悔之余，只能改吹笛子。可是二十四岁嗓音恢复，庞家账席赵盛俯拉他去啸社，演唱《望乡》，唱来高亢激昂，有遏云绕梁之概。名曲家徐凌云等听了，击节称叹。从此伯炎名扬上海昆坛。1935年，嘉兴南湖举行昆曲大会串，为杭嘉湖地区的一次盛大的会演。伯炎正在南浔，就近参加，唱《长生殿·弹词》一曲，彩声盈座。俞振飞听了，谓："当今昆曲的老生一角，舍伯炎莫属了。"某岁，伯炎随庞莱臣作燕京游，适值北地曲友大集合，伯炎躬逢其盛，与当地名票友袁敏萱对唱，珠联璧合，喧腾报刊。又俞振飞四十寿庆，伯炎唱《琵琶记》，徐凌云、红豆馆主溥侗等都在场，凝神贯注地倾听着，振飞且说："伯炎的黄门官，唱得在倪传钺之上。"

20世纪50年代，赵景深创立上海昆曲研习社，赵任社长，伯炎佐之，定期集曲友于一堂，檀板银筝，甚为热闹，对复兴昆剧事业，起了一定作用。后来解散了若干年。景深病故，社长一职，由伯炎接任。研习社的活动场合，大都借上海昆剧团，传字辈的曲友，均积极支持，伯炎是花了大力的。

在四十多年前吧，伯炎尝以岳武穆的《满江红》词，谱了曲，订出节拍来试唱，张子谦、吴景略两人以古琴和箫伴奏，唱得声情并茂，听了使人爱国思想油然而起。1939年，今虞琴社在沪首次公演，伯炎以此曲献唱，这时日军侵犯，藉伸民族气氛，且吐字清晰，韵味深长，在乐曲上又占有很高的地位。1953年，这曲由音乐研究所录成音响资料，上海广播电台也录音，经常播出，从此男声歌唱《满江红》成为今虞琴社的一个保留节目。

伯炎美丰姿，夫人孙熙，意态静秀，具虢国淡妆洗尽脂粉之概，夫妇成为一对璧人。孙熙为孙仲瑜之女，仲瑜一度掌教草桥学舍，为英文名教师，培植人才甚多。孙熙嫁伯炎凡十五年，伉俪很笃，但无嗣育，于1949年春病肺咯血死。越五年，为续鸾计，娶庞左玉，左玉为庞莱臣的从侄孙女，工画，《中国美术家人名辞典》称誉"其花卉草虫，风神秀雅，吸取恽寿平、华新罗设色与写生技法"。并载："名庆昭，别署瑶草庐主，中国美术家协会及上海分会会员，上海中国画院画师。"以女画家论，是数一数二的。她和女诗人陈小翠缟纻联欢，很相契好，小翠住在上海新村，左玉住在渝园，都在淮海西路上，相距亦不远。不久前，伯炎拨冗来访，而我小楼一角，悬着《家园风味》小直幅，几棵青菜，笋及红萝卜交错其间。伯炎对之，恻焉兴悲，默不作声者半晌，原来这幅丹青，就是出于左玉之手的。

丹阳画家吕凤子

大画家吕凤子,他是江苏丹阳人。生于1885年,距今恰为一个世纪,丹阳地方人士,正筹备纪念活动,这样对待一位过去的典型人物,的确是应有的一种仪式。

凤子名濬,别署凤痴,又署江南凤,作画自称凤先生,这可和张大千自称张先生,同为画坛趣闻。我和他老人家仅通过信,没有会过面,可说是神交有素。他写信有一习惯,结末具名,往往拉得很长,几乎直拖到底,摇曳生姿,这给我的印象,是很深的。我的朋好,如陈汝衡、张翼鸿,都是他的高足。又蒋吟秋和他是苏州师院的同事,我从朋好中,听到凤子的一些概况,最后又看到凤子哲嗣去疾一篇《著名国画家吕凤子先生》的记述,所知就更较详赡了。他画花卉,喜画苍松,画人物喜画罗汉,借以寄托他秉性的坚强和对劳苦众生的悲悯。他的传世作品,有《华山松》《四阿罗汉》《忆江南》《思归》等。又《庐山云》为一巨幅,曾被选送世界博览会,由十个国家的大画师参加评定,凤子这画获得一等奖,汪采白的山水和张书旂的花鸟,获得二、三等奖,同享国际荣誉。

他生平倾佩陈其年的词,认为凌厉光怪,变化无穷,其年号迦陵,为绘《迦陵填词图》,简直有当年顾虎头颊上添毫之妙。

他指导学生,要言不烦,如云:"笔力不仅是笔与墨的结合,最重要是力与感情的结合,一起活动,笔到之处,便是感情活动的表达。"又云:"一画一形,画面的种种,要使它成为一个整体。"又云:"作画一定要有熟练的构线技巧,但成画后,又一定要看不见构线技巧，只看到具有某种意义的整个形象。"

他办过正则艺术学校，设计构造的门窗，都充满着诗情画意，加之花木掩映，益增其美，在这样的环境中，培育了许多艺术人才。他对女生学习刺绣，提倡乱针绣，绣成，近看一片模糊，挂起来欣赏，那就层次井然，有条不紊。这个绣法，也就推广开来，成为一种特殊风格。他兼擅篆刻，刻有"廿七年入蜀以后""如此江山""如此人间""凤先生写绝妙好词"等印，都浑朴入古。他于1957年6月6日，患肺癌逝世。在临卒前四日，曾作自画像，题云："教了五十年书，没有教好；画了近六十年画，没有画好，就这样算了吗？不，还要作最后的努力。"可见他坚强的秉性，是始终不变的。他的作品，刊行了好多种，如《吕凤子画集》《中国画法研究》，这几种尤具代表性。

大画家李毅士的一生

在20世纪30年代，我见到中华书局出版的李毅士所绘的《长恨歌画意》三十幅，用水墨画法，把白居易的《长恨歌》，形象化又复系统化全部渲染在素纸上，什么《春寒赐浴华清池》《骊宫高处入青云》，以及《金屋妆成》《玉楼宴罢》《渔阳鼙鼓》《惊破霓裳》《花钿委地》《君王掩面》《行宫见月》《夜雨闻铃》《鸳鸯瓦冷》《翡翠衾寒》《仙袂风吹》《含情凝睇》等等情节，应有尽有，把史诗成为史画，以照相玻璃板，印在宣纸上，我展阅之余，如游贾胡之肆，光怪瑰玮，为之目炫神醉。初不知李毅士为何许人，直至和陈昌钊同执教于某校，始悉昌钊为李毅士的女婿，既而又从昌钊得识李宗真，那便是李毅士的爱女，在多次晤谈中，这位融会中西绘画的先驱者，跃然涌现在我头脑间，成为我写人物传略的资料。

李毅士名祖鸿，清光绪丙戌（1886）七月初六日生于江苏武进的书香世家。其父李宝璋，字毅宜，同治十二年（1873）举人，曾任浙江候补道，擅丹青，又工诗，著有《待龛题画诗》《昆陵画征录》，毅士为宝璋继宝汪氏所生。那位著《官场现形记》的李伯元，为清末四大谴责小说家之一，伯元不是名宝嘉吗？宝嘉即宝璋之弟，以来辈分谈，李毅士当然是李伯元的侄子了。李伯元的几笔花鸟，清妍疏秀，载于魏绍昌所辑的《李伯元研究资料》中，为有目所共赏，李毅士的画名更震及海内外，都是受到李宝璋的影响，可谓家学渊源了。

毅士幼年即喜绘画，一般孩子，跳荡玩弄，他却躲在父亲的书斋中，执笔乱涂，飘花坠叶，残水剩山，居然有些意致，继而勾勒衣带，也就具人物的雏形，他的父亲瞧到了大为嘉许，加以熏陶，所以他的私塾同学呼之为"小画师"，他听到这个称号，更为兴奋。此后阅览稗史小说，书中的英雄美女、雅士高僧，一经他的点染，无不栩栩如生，每有所作，同学竞相夺取。

毅士不仅耽于绘事，而且胸怀大志。十四岁，肄业浙江求是书院，和丁文江（后为地质学家）、庄文亚（后为经济学家）相切磋。有鉴于清廷政治的腐败，民族的衰亡，颇思学习些西方的科学文化，以图复兴中华，挽回危局。十七岁即东渡日本，学政治法律，时丁、庄二同学亦在东瀛，觉政法非所爱好，相约同去英国，半工半读。时日俄战争爆发，日船均作军用，停止载客，不得已，买德国船票，票价之昂，倍蓰于日船，但为了偿其志愿，致倾囊以购。途经新加坡，同船某留学生上船就医，不期遇到了孙中山，道及他的志愿和困境，中山先生即加以资助，并写一介绍信给他们带往英国晤见吴稚晖。到了英国，为了读书，不得不半工半读。他在北爱尔兰的格拉斯哥城一家木工作坊，学习木工技术，为木匠送货打杂。由于他干活尽心竭力，博得木匠的欢心，同时他又在木器造型上加以美化，既有实用价值，又饶艺术意味，为雇主所乐购。他进的是格拉斯哥的美术学院，专习西画，受到严格的基本训练，系统地学习美术理论和美术史。他经常去博物馆参观绘画展览，在木工场劳动之余，不废笔墨，临摹创作，几忘寝食，成为该校的中国留学生中的高才生。他还到过法、意、比及荷兰等国美术馆，遍观古典画幅，以旷其眼界，高其造诣，这是他生平最得力处。他毕业名列前茅，再进大学物理系，打通科学和艺术的一条致用大道。回国后，被聘任主持理工学院。翌年，北大成立书画研究会，他和徐悲鸿、陈师曾同任黑白画导师。既而北京美专成立，陈师曾任国画教授，毅士任西画教授，并兼北京高等师范西画教授。那位编《中国画家大辞典》和《中国美术家人名辞典》的俞剑华，即是陈师曾和李毅士的高足，桃李菁莪，门墙称盛，剑华仅此中之一而已。

北京创办《绘学杂志》载李毅士的口述文章《西画略说》，陈师曾口述文章《绘画源于实用说》，徐悲鸿复撰了一篇《中国画改良论》，都是有创见的。

李毅士三十五岁时，与留日台湾画家王悦之、留法河南画家吴法鼎等二十多人组织阿普罗学会，传播西画艺术，举行两次画展，参观者络绎不绝。

上海的美专，是刘海粟办的。海粟的确称得起"少年老成"，十七岁即任美专校长，难怪康有为认为主持校政的，一定是位硕德耆宿，通信称他为"海翁"，及至相见，始哑然失笑。当时海粟请毅士来沪任美专教务长，并教透视学，使学生用观测实物的法则施之于绘画，在当时是很新颖的。他有感社会美术工艺的贫乏，乃向戚友等筹措资金，在南京路开设上海美术供应社，销售各种美术用品，附设美术服务部，如广告、幻灯片、画人像及装潢设计等，并在家开培训班，培养美工，这些都是开风气之先的。

李毅士一生从事美术教育。他兼任南京高等师范工艺科技法理论教授，仆仆奔波于沪宁道上。既而南京中央大学校长张乃燕，礼聘他为该校教育学院艺术科西画教授兼主任，大约过了两年，又兼任该校工学院建筑系西画教授。当时，教育部举办全国美展于上海，这是第一次。他被聘为总务委员和作品选检委员，与何香凝、江小鹣、叶恭绰等通力合作。他的三十幅《长恨歌画意》，即在这次展出，和世人相见，蔡元培、于右任都题了词（此图经中华书局影印出版、香港至善斋翻印，原稿由毅士子女捐赠上海文化局，后来转归中国美术馆收藏）。张乃燕校长原为建设委员会副主任，出任比利时公使，特请毅士绘《万国衣冠拜冕旒》《岳飞与牛皋》《霓裳羽衣舞》三帧巨幅油画携带出国，作为礼品，赠给比国当轴，深得国际人士赞誉。未几，毅士被聘任建设委员会委员，拟派赴欧美考察，并在欧举行个人画展，但毅士谦抑为怀，认为会中济济多士，不当谬列一席，谢未成行，这样退让贤路，也足风世。

他一度因车祸伤腿，医疗年余，始得策杖而行。及"八一三"，他安排了妻子，单身随中央大学迁往重庆，他步履不便，又患鼻病。还多次患疟疾，且常遭敌机轰炸，生活非常艰苦，而中大情况复杂，他辞谢教授职务，移居华岩塔院，与老僧为伴，开始作卖画生涯。他在家信中写道："每夜独坐孤灯下，思念家人之心更切，然心颇泰然，只要一笔在手，即可为抗战出力，我不必求人，可以卖画为生。"又云："山河光复之日，便是全家团聚之时。"爱国思想溢于字里行间，可惜这些家信，没有保留下来。

他始终没有回来，所谓全家团聚，成为泡影。他是逝世于桂林的，能不使家人布奠倾伤哭望天涯啊！谈到他赴桂林，有些小曲折。有一天，一位北大老友秦汾来访毅士，知道他生活拮据，此后时常介绍友人来购画，某次又介绍白崇禧秘书来购画若干幅，白氏见到毅士的画极为欣赏，专函约请赴桂，毅士犹豫不决，在秦汾及其他亲友劝导敦促下，始应允并携带了自己的许多作品前往桂林。这是1942年，他年五十六岁。到了桂林，由当局殷勤接待，他很高兴，便去阳朔等名胜处写生。他在家信中写道："饱览祖国锦绣山川的风光，心怀极畅适。我真想多作画，但深感体力不支。"不久，果然因病住进医院。这时敌机频频空袭，虽缠绵床笫的病人，也须担架躲进防空洞。他在这样劳顿之下，病情转恶，竟于五月二十四日遽而离世。可以这样说，毅士的死，死于病，也死于敌。桂林曾举办他的遗作展览，但他的噩耗，隔了两个多月，才为上海家人获悉。他的遗物，直至抗战胜利后，转到家人手里的仅有几件未完成的画稿。至于《长恨歌画意》，幸存上海。他的后人李宗真、李宗善、李宗美，追溯先人的往迹，撰了一个年表，以留鸿雪。

他一生注力于绘事，当然作品很多，奈什九失于兵荒马乱中，据可忆的，他画过许多人像，其中有徐悲鸿像、秦汾像、张季直像、王梦石像、陈师曾像等，都是惟妙惟肖的。那幅汪东像，也是阿堵传神之作。汪东，字旭初，号寄庵，著有《寄庵随笔》，都是些文坛掌故，在《新闻报》上连载，脍炙人口，兹由上海书店谋刊单行本。旭初和毅士有戚谊，为毅士的表姐丈。当年毅士掌教南京中央大学，旭初是中大的文学院院长，且和毅士同住中大第九宿舍，关系极好。旭初无后，毅士女宗善认旭初为寄父（词家吕贞白和毅士也有戚谊，贞白无后，毅士女宗真为贞白的甥女，亦为寄女）。此外，那位民国北洋政府大总统徐菊人世昌，慕他的名，托毅士的好友张君转请他画像。既成，甚为惬意，致酬不受，徐氏为了酬报他，介绍他画像主顾，他都婉谢，徐氏乃亲书一对联，俾作毅士画室的点缀。

毅士和丁文江在海外共度艰苦生活，回国后，丁氏曾在云南贵州工作，常和少数民族苗家接触，毅士凭着想象，画了《丁文江与苗家告别》大帧，那是画像中的创例。1936年，丁氏在湘南因燃气中毒死，有人建议，为丁氏画一单独遗像，且附来照片，毅士对之，潸然流涕，一再搁笔，终未完成。

他的作品，有油画，有水彩画，也间作国画，国画融合中西，于阴阳向背，甚为注意。那用宣纸作西画，是近代美术史上一种新风格。他的杰构，除《长恨歌画意》外，《粥少僧多图》也是他的力作。当时拍摄了部分照片，蒙宗真出示，得以瞻观其轮廓。这画是个横幅，用水墨淡彩画成的，照片较小，虽用放大镜，也看得不很清楚，宗真边指边讲给我听，画的是一个佛堂，大小六十个和尚在抢粥吃，居中一个胖和尚，不仅有粥，案头还有两碟菜肴，而且两旁有人扶持，那扶持的，各得一碗粥吃，成为特殊阶层。其他和尚，有的抢，有的求，有的乘人不备吃别人的粥，有的跌倒在地，打破了粥碗，有的抢得一碗粥，生怕人抢走，用手端着，有的已经无力再抢，坐以待毙，种种状态，描绘得活灵活现。这画是有用意的，他不满现实社会，面对当权者作威作福，附势者狐假虎威，又复相互倾轧，民不聊生，是一幅绝妙的讽刺现实的漫画。他对着家人叹息地说："那个抢得一碗，生怕被人抢走的和尚，就是我呀！"还有一幅《百子图》，也值得一谈。百子图，那是民间流行的通俗画，凡丹青名手，是不屑为的，他却坚持研究年画的特色，又吸收中国传统的《婴嬉图》，进一步突破它的老框框，而有所创新。画中整整一百个孩子，有的在舞蹈，有的在抛球，以及跳绳、玩泥偶、捉迷藏等等，容貌不同，动态不同，且各有各的表情，真属画工之笔。画成后，张挂壁间，来观者发现戚友邻家的孩子，均已入画。由于他强于记忆和平时仔细观察，把许多熟悉的孩子，不期然而然地都活现在尺幅之中了。画中别有一个孩子,把手指放在小嘴里,瞪着大眼睛望着,他告诉人:"这是我自己小时候的样子。"又有一幅油画,名《科学与艺术》,整个画面是在山洞中,画的下面,绘着开凿山洞的劳动者,画的上端,立着一个散发裸体的女像,纤手指着洞外的蓝天和白云。此画人物造型极美,劳动者强健的肌体与火光相映,寓意为科学是艰辛的劳动,艺术可以鼓励科学走上前进的道路。其他有取材白居易的《宫怨》,绘《斜倚熏笼坐到明》,又《江州司马青衫湿》及《鹦鹉前头不敢言》《画眉深浅入时无》,都是借古讽今的。取材于《红楼梦》的,绘有《司棋殉情》《晴雯撕扇》《龄官画蔷》;取材于《水浒传》的,绘有《黑旋风李逵》《鲁智深醉打山门》等。他平素一再称赞鲁智深是水泊梁山的真英雄,帮助别人,忘记了自己,胸怀磊落,是值得崇拜的。

1986年八月五日,是毅士诞辰一百周年,是足以纪念的。关于他艺术的成就,已有安敦礼、陈泊萍两位先生作了较为详赡的记录,我所需要介绍的,是他的生活细节,和家庭琐屑,似乎在这方面,多少具有些情趣。又承宗真经过回忆,见告了一些,我不惮辞费,权充了记录员,一一笔之于书,至于漏列或记错,也就置诸不顾了。

毅士平素沉默寡言,但好友来访,得意弟子问业,他开了话匣子滔滔不绝,娓娓不倦。他更欢迎弟子们提出问题,大家来争辩,往往争辩到深夜。当在南京教书时,夏夜乘凉,侄儿、外甥和女儿们杂坐庭院,这些小辈常联合起来和他争辩,争辩到了高峰,甚至对他指手画脚,忘却称呼,他也不以为意,自称为"舌战群儒",笑逐颜开,大为高兴。辩论结束,小辈往往更敬重他,又都觉得自己增长了不少知识。他一生崇尚诚实，谓"诚实是最高的品德"。凡对他说谎，被他觉察，他立即沉着脸，严词斥责，因此得罪了一些人。当他问子女话时，子女不愿讲，他从不追问，总是很和悦地，嘱子女想想再谈。他说："便逼着子女讲，会养成子女编造谎言的恶习。"他因此为子女三个取名，宗真、宗善、宗美，他说："有了真，才会有善和美。"他家有一个深绿色用银丝镶嵌花纹极精致的驼鸟蛋瓶儿，摆在案头，作为陈设品，这是张季直夫人赠送给毅士夫人莫淑昭的。淑昭，贵州独山人，那著名书法家莫友芝，为淑昭的叔祖父；莫楚生，为淑昭的父亲，楚生又为张季直弟子，张莫两家一直很密切。老长辈送来的东西，淑昭很为重视。这时宗善年才六岁，喜欢玩猫，她抱了小猫上案，猫一翻身，掀倒了这个瓶儿，驼鸟蛋碎裂了。这一下，宗善惊得发呆了，一面想，瓶镶着银丝，不注意尚看不出裂痕，可暂时隐瞒；一面又想，隐瞒装糊涂是不应该的，当天晚上，凑巧母亲外出，父亲伏案写信，她终于哭着把这件祸事告诉了父亲，出于意外，父亲非但不责怪，反把她抱起来，夸奖她的诚实，并对她说："答应爸爸，一直要做诚实的人。"当时她不禁大哭起来。直到如今，宗善还常常说："这是父亲对我品德教育最深的一课。"

　　毅士的侄子宗津，喜爱绘画，肄业苏州美专，成绩斐然，每逢寒暑假，必到南京，要求毅士指导，更求深造。1936年，全国第二届美展时，宗津以自画像应征，五位检查委员，评审这幅画，三位赞成，二位否定，结果入选。宗津显得很得意，毅士不加赞美，反把检查委员指出的缺点，谈得很详细，宗津大为扫兴。事后淑昭责怪毅士："您为什么在宗津面前泼冷水？"毅士说："画既入选，宗津更需要的，是知道他的欠缺处，在这方面加把劲；一味赞许，助长他的骄矜，是不适当的。"宗津后任北京中央美术学院教授，1978年逝世。

毅士记忆力极强，读了狄更斯的小说《双城记》和莎士比亚诸作，部分能够背诵。他最敬仰民族英雄岳飞，岳飞的《满江红》词，背得滚瓜烂熟，他常常领全家看京剧《风波亭》，那位大鼓书名演员刘宝全，那岳飞的唱段，他一听再听，百听不厌，且赞扬道："刘宝全唱出了岳飞的英雄气概，是出色的艺术家。"

上面不是谈到毅士是那位著《官场现形记》李伯元（宝嘉）的侄子吗？毅士的父亲宝璋和宝嘉是堂兄弟，因宝嘉自幼丧父，由宝璋的父亲抚养成人，所以宝嘉和宝璋亲如手足。宝璋为人，忠厚耿直，多子女负担，家道日衰。宝嘉娶武进庄氏，无子女，宝璋即以其幼子祖佺过继给宝嘉为子。宝嘉生活艰困，死后，庄氏由祖佺奉养，尽其孝道。

李家和陆家也有亲戚关系。陆小曼是毅士表姐之女，常来李家，呼毅士夫妇为舅父舅母。小曼和徐志摩结婚，仍不断往来，毅士虽对志摩的玄想诗很欣赏，但在艺术观点上有所分歧。当徐悲鸿和徐志摩展开西方形式主义的论战，毅士撰了一篇《我不惑》，矛头是对着徐志摩的。此后，毅士离开上海，小曼夫妇音问罕通。及抗战军兴，宗真姐妹孤苦地在上海生活，时志摩因飞机失事而死，小曼犹邀宗真姐妹到她家去，热忱招待。宗真对人说："小曼人极好，毫不势利，有些侠义气。"

最后，我来谈谈毅士后人的情况。大女儿宗真，曾任上海市枫林中学、茶陵中学校长，现已退休。女婿陈昌钊，现在市教育局编写《教育史》。二女儿宗善,任教哈尔滨军事工程学院、中国船舶工程学院。女婿顾懋祥,留美,学流体力学,任教交通大学。幼子宗美,任气象工程师;媳妇孟丽芳,任机关会计工作。情况都很好,毅士有知,定必含笑九泉。

杨令茀诗书画三绝

杨令茀为无锡诗人杨味云的弱妹，多才多艺，倾动一时。我和她仅有一面之缘，那时她妙制《红楼梦》大观园模型，在沪南蓬莱市场展出，我和赵眠云同往参观，恰巧令茀在场，承她款接，这时参观者济济一堂，未便多谈，此后她远渡重洋，也就无从再晤了。

令茀名清如，生于1887年。清季西人在沪创办女学，她即为上海启明女塾的高才生。启明设在徐家汇，为法国天主教教士所主持。梁溪邹翰飞执教多年，国文教科书，就是邹氏所手编，这是该校的前期。我也一度应聘授课，但属后期，去令茀肄业，已相隔数十年了。启明除国文外，其他均为法文课本，令茀的法文，当然是很有成就的了。可是她犹不满足，又钻研了英、俄两国文字，具有新知识，不同寻常女子。至于诗、古文辞，则受其父宗济及长兄味云的家学、熏陶濡染，深入堂奥，刊有《莪怨室吟草》，逊清诸耆宿，如陈弢庵、樊云门、张季直，颇加称誉。

令茀又从江南老画师吴观岱学丹青。观岱工绘山水人物，涉笔劲峭清逸，一时推为巨擘。令茀学山水人物，能自变化，扩其画材，举凡卉木翎毛，仗其天资卓越，有出蓝之概。杨味云曾为春明寓公，令茀随之居京，更求深造于金拱北（城）之门。又恣观故宫名迹，并临摹历代帝王像，因此复擅写照。所摹《故宫宋院画》《紫茄图》及《温都监女窥苏东坡》《卞玉京入道》等多帧。所画均有题诗，加之书法也很具功力，凡工笔画，以簪花妙格出之，写意画便作苏、米行楷，甚为洽称。我藏有她的花鸟立幅，清丽妩媚，迄今犹存。

令萸外甥章作霖，字孙宜，号润园，江苏江阴人。能诗词，擅丹青，著有《润园诗词钞》，为陶社社员。又撰《墨缘忆语》，手稿本未刊，我在旧书铺购得，只一册，卷首有目次，但颇多有目无文；关于杨令萸却有一则。作霖之母，为令萸之姊，亦工诗，有《忆蓉室诗钞》，令萸绘有《忆蓉室唱和图》乃一绢本，画以梧竹庭院为背景，状作父母啸咏之乐，旁有二稚子，即作霖弟兄，令萸为题五古一章，作霖装成长卷，盛以锦匣，名辈有陈石遗、唐蔚芝、邓孝先、杨昧云及乡贤杨缤焕、祝丹卿、许颂慈、谢治庵、陈沤公等题识，作霖什袭藏之，不幸毁于日军之变，幸经制版在前，附印《忆蓉室诗草》中，略留鸿爪。当作霖结婚，令萸以所绘双莲立幅为赠，莲灼灼殷红，杂以菱芡数枝，益见错落有致。题云："夜来中央公园，得花果四种，晚凉为之写生。江南歌响迟，一舸闹红归。欲雪柔丝断，恰伊心事违。清露冷香房，亭亭谢雕饰。唱罢惜红衣，那知菂（注：莲子）中意。"寄赠时，又补题云："作霖贤甥嘉礼，取双莲祥瑞之意，托双鲤持以为贺，壬戌（1922）十月，令萸识于京师。"及作霖嫁女，即以是画为贻，悬诸洞房花烛间，见者都啧啧称赏。

令萸曾携所作画幅赴美展出。抗战军兴，再度去美国，不复返国，乃将在域外所绘图幅，精印为贺年片，分寄戚友，作霖得荷花鸳鸯，及其他花卉二幅，明艳绝伦，足以娱目。她在美卖画，积资巨万，奈年事衰老，视力失明，不久逝世，年逾九十。

欧阳予倩与《新桃花扇》

欧阳予倩，原名欧阳立袁，湖南浏阳人。他是多才多艺的全能者，能诗词，擅书法，又谙外文，可是这些才能，都被演戏和导演的盛名掩盖了。

我的师兄胡叔异办国华中学，拉我去襄助他，这时予倩送他的外甥女来肄业，这是我初次和他见面。后来和他在新华影业公司同事过一个时期，比较熟稔。那时他住在沪西复兴西路颖村，我时常到那擅写甲骨文的孙沧叟家里去聊天，因沧叟也住在颖村，就顺便到予倩家问候了。有一次，我的谱弟赵眠云获得了一把梅兰芳手绘的绛梅扇，非常高兴，想到曩年予倩和梅兰芳到南通演戏，张季直表示欢迎两位艺人，特筑"梅欧阁"，眠云拟将这扇请予倩一写，成为双璧。当时我去为眠云代求，予倩欣然挥毫，写着一手流转秀逸的行书，和梅画配在一起，真是相得益彰。

予倩早期所演的旦角戏《宝蟾送酒》，我曾欣赏过。后来他从事电影编导，第一部所编的电影剧本，是民新公司的《玉洁冰清》，第一部所导演的电影是《三年以后》。编导有声电影，开始是《新桃花扇》，这是新华影业公司摄制的。公司的主持人为张善琨，这时我和汪仲贤（优游）都在那儿担任编写工作，善琨不认识予倩，是请仲贤介绍的。一晤之后，便聘他导演古装片，把侯方域和李香君的"桃花扇"故事搬上银幕。恰巧予倩新近到过苏联、德国、日本，参观过许多电影摄影场拍摄有声电影，很想尝试一下，当然一口答应下来。但他认为这陈旧故事没有多大意义，就把仲贤编好的剧本，改写为现代剧，称《新桃花扇》，演述一个从事地下工作的革命青年和一个遭受迫害的女子的恋爱，故事轮廓和孔尚任的《桃花扇》有些相类，可是思想内容却不一样了。

记得《新桃花扇》的外景是在杭州六桥三竺间拍的，张善琨和金焰、胡萍等数十人同行，予倩是导演，当然是主要人物，非去不可。到了杭州，选择一家大旅馆，开了许多房间分住着。那时旅客的姓名照例标写在房间门口，善琨独占一间，上面标着"张善琨先生"，其他只标姓名，没有称呼。这给予倩发觉了，顿时大发脾气，认为大家一起来工作，还分什么高低！便严词诘问："怎样资格才是先生，怎样资格就不配称先生？"且忿忿然欲回上海，说："从此不再干这低人一等的事。"善琨恐怕事情闹僵，受到损失，忙叫旅馆经理出来向予倩道歉，并取下牌子，重新写过，一律都称先生，予倩才平息怒气。从这小小的事儿上，可以看出他老人家平素明辨是非，富有斗争精神，的确是可钦可佩的。

予倩的著作，除《欧阳予倩剧作选》外，尚有《唐代舞蹈史》《电影半路出家记》《一得余钞》《自我演戏以来》《话剧新秧歌剧与中国戏剧传统》《我怎样学习演京剧》《全唐诗中乐舞资料》，又翻译了易卜生的《傀儡家庭》和托尔斯泰的《黑暗的势力》等。1962年9月21日逝世。

马公愚及其弟子施剑翘女杰

永嘉二马，是驰誉艺坛的。所谓二马，一马孟容，一马公愚，他们昆仲二人都是书画名家，我先认识孟容，由孟容介绍，才得和公愚相晤。

公愚生于1890年11月29日，名范，号冷翁，又耕石簃主，为教育家，历任上海大夏大学、美术专科学校教授，又为书画篆刻家，书法真草取法钟王，笔力浑厚，气魄醇雅，篆隶功力弥深，篆宗《石鼓文》《秦诏版》，隶书取径《石门颂》，所书碑碣甚多，曾留拓本，缩摄影片。善榜书，得宽博之趣，市招亦频见于衢道间，刻印学秦汉，所作秦小玺汉玉印，可以逼古，著有《书法史》《书法讲话》《公愚印谱》《耕石簃杂著》《应用图案》，为上海中国画院画师、中国美术家协会上海分会会员、上海中国书法篆刻研究会会员、上海市文史馆馆员。早年在家乡，即办永嘉启明女学，及东欧美术会。又参加中日联合绘画展，柏林、伦敦、意大利画展。他的画，以花卉为多，清丽饶明人写意韵味，我最爱他所绘的螃蟹，往往黄花插于瓶盘间，萧疏可喜，而八足两螯，作横行状，俨然一幅持螯赏菊图。联想年来蟹值奇昂，非一般人所得一尝九月圆脐十月尖的味儿，有一漫画家，绘了一个人手执数茎黄花，在小菜场筐篓间恣意赏观，馋涎欲滴，榜题为"持菊赏螯"，讽刺物价之上升，和公愚画，都足称为画中上乘。

公愚以画菊故，爱菊嗜酒，自比晋代的五柳先生。他患失眠症，每晚临睡，非在枕畔左右各置一小钟，听滴滴嗒嗒声引之入梦不可。人称之为两钟居士,他闻之欣然色喜,说:"五柳先生,恰与两钟居士成为一妙对。"

他于篆书,有一比喻,谓:"秦汉人作篆如北京人操京语,幼而习之,纯出自然。唐宋以后人作篆,则如闽粤人之硬学京话了。"

他寓沪后,桃李门墙,蔚然称盛,弟子著名的有姜半秋、任政、贝聿珆、金缄三,缄三,藏乃师尺幅独多,奉为至宝。又为报父仇刺死孙传芳之施剑翘,为香港寓公之董慕节,慕节画学吴湖帆,为刊《吴湖帆画集》豪华本,耗资若干万元,又请张充仁雕刻吴湖帆铜像,印入集中,以志敬仰(该书尚未出版),书学马公愚,与公愚谊在师友之间。丁未(1907)秋,公愚抱病,犹为慕节作篆书《千字文》,但未竟其功,自"天地玄黄"至"贻厥嘉猷勉其"止,凡七百有二字,益以第一页"梁敕员外散骑侍郎周兴嗣次韵千字文"十六字,共七百十八字,为公愚生平所书之最长者,慕节每一展示,不无有向笛嵇琴之恸,且以神龙见首不见尾,引为遗憾,于是,寻其途辙,循其矩范,续书二百九十八字,成为全璧,我为之跋。

公愚喜和人开玩笑,我也和他开过玩笑,他原名公禺,后因禺字不通俗,乃加一心字底为愚,我笑着对他说:"你老真是有心人,可敬可敬!"他蓄着须,疏秀颇有风度,一次宴会,那位众呼炼师娘的周炼霞谑谓:"尊髯真可谓'比上不足,比下有余'。"公愚不许她乱比喻,故意板着面孔说,再这样要动气了。炼霞知道他动气是假的,还是比着再比着,公愚要抓她,一笑而罢。我和公愚交往频频,一次,他来舍间,观看我的藏扇,最后看到一柄吴待秋为我画的墨笔山水画,仿王麓台,凝练苍郁,他认为精绝,以一面尚为空白，即持之去，为我补作篆书，成为双璧。他某岁作吴门游，访张善孖、大千兄弟于网师园，这时善孖养一虎于园中，虎驯服不犯人，善孖请公愚骑在虎背上，拍一照片，公愚犹豫不决，善孖在旁保证安全，他姑妄试之，但瑟瑟缩缩，浑身发颤，拍完下虎背，还心有余悸，可是他说着硬话："我虽没有降龙，却已实行伏虎，俗语谓骑虎难下，在我来说是没有这回事的。"这帧照片我向他借铸一版，载在我所辑的《永安月刊》上，他住在沪西劳尔东路的瓯德坊，他作书治印，则在楼上，来宾很多，接待于楼下，那里贴着字条——谢绝登楼。一次，我去访他，他破例许我作登楼的王粲，见纵横都是卷轴缣素，有堆在架上的，有积在橱端的，甚至有散布于地，旋身举足，偶不慎便遭践踏，而案头秃毫残墨，以及印章之类，更是凌乱不堪，他笑着对我说："如此状况，怎能见客，谢绝参观，并非有所珍秘，盖恐亵慢于客罢了。"他书联幅，不必假人为助，用一夹子，夹着书件，夹子穿以细索，贯于橱端的铜环中，然后系在案侧，当挥毫时，右手执笔，左手拉索，或上或下，其得心应手，较人助为便捷。他讳年老，时年五十有六，佣役呼他为老爷，他很不高兴，以为："人而称老，那就鬼瞰其室，去死不远了。"元旦至戚家拜年，戚家的侍女，捧茶敬客，说："少爷用茶！"他为之大喜，似乎年光倒流，重度其青春生活了。这一系列的风趣行径，有人做了一首打油诗给他：

> 第一大书家，江山说永嘉。
> 两钟老居士，五柳旧生涯。
> 动气师娘谑，开心婢女茶。
> 前身陶彭泽，知己是黄花。

公愚累代书香，以事书画驰名，刻有一"书画传家二百年"白文印以自豪，我有一小册，请彼钤之，共钤得十四方。其他尚有"耕石稼""金石癖""得一知己，可以无恨"等，大都是他常用的，他也擅篆刻，但传世以书为多，画较少，刻更寥寥。

公愚晚年，为病魔所缠，且病甚复杂，客来问候，惮于应答，便把病状，油印一纸，客来每人发一张，直至最后，用打字机，打成一大叠，随客持取，我获得其一，兹录之于下：

数月以来，不幸患病，承诸亲友殷勤探问，热情挚谊，感谢无涯。兹将病状及治疗经过，略述以代口答：1965年10月间，偶以家事赴温州，原拟三四月内即回上海，不料突患癃闭，小便不通，痛苦万状，药物无效，当即进温州第二医院，用器械通导，而旋通旋闭，且出血不止，不得已动手术，用皮管插入膀胱，然此非根本办法。盖此病原因，是由前列腺发炎肿大，阻塞所致，非动手术割治不可，唯手术复杂，上海条件较好，遂于十二月初，乘轮来沪，进入上海第二医院附属新华医院，施行割除，不料影响宿疾，胃溃疡复发。胃中大量出血，老年血管不易收敛，势甚危险，幸该院医师抢救，先后输血900CC，得以转危为安，唯元气大伤，体力顿损，乃暂离医院，回家继续服药，徐图恢复。至于胃溃疡问题，尚待根本解决，恐仍须经过手术，又爱克司光摄片，发现胆囊中有石子五十余粒，大如黄豆，如欲根治，恐亦不免施行手术，此二问题之解决，非目前体力所能胜任，只好留待他日后再谈耳。

马公愚口述，妻黄香篆代书，1966年1月8日

不久，公愚于1969年2月21日去世。

我国素有《美术年鉴》，创始于1946年由王端主编，冠有《师承纪略》，有张聿光之冶欧斋同门录，张大千之大风堂同门录，吴湖帆之梅影书屋同门录，马公愚之耕石簃同门录，而耕石簃同门录中赫然列入施剑翘女士其人，尤为杰出。那威震南北五省驻军总司令孙传芳被歼于纤纤素手的女子，当时喧腾报纸，列为特号新闻，这位女子，便是施剑翘。

施剑翘初时名谷兰，生于1906年，生肖属马，安徽桐城县孔城镇砂子岗人，为施从滨女，从滨毕业于保定将弁学堂，那山东军务督办号称长腿将军的张宗昌，特别器重他，结果任为山东军务帮办，不久，传芳组织浙、闽、苏、皖、赣五省联军，自称联帅，引军抗奉系张作霖，张宗昌是隶属奉系的，这次大战，施从滨不得不与孙军对抗，不料从滨败绩被俘，遂死于孙传芳之手，且死状甚惨。谷兰闻耗大哭，立誓报此不共戴天之仇，但自度闺中弱女，力不胜任，乃寄望于堂兄施中诚，中诚自幼丧父，受从滨抚养，又培植他进保定军校，即毕业，安插他在济南军队里当见习生，中诚也矢志为有恩于己的从滨报仇，奈缺乏勇气，一再因循，谷兰却一再催促，中诚没有办法，乃写了封信给谷兰，谓"常言多行不义必自毙，孙传芳涂炭生灵，鱼肉百姓，恶贯满盈，定不得善终。贤妹不必过于心焦，近日乡下老母来书，言及体弱多病，欲靠愚兄安度晚年，望贤妹体谅兄苦衷"云云，借以塞责。谷兰大为失望，岁月似流，谷兰携母，仍住在中诚天津的家里，一日，忽有一位施靖公自山西出差，途中在津停留，他和中诚是保定军校的同学，也就暂时在中诚家小住数天，时谷兰年二十有三，颇思获一同心协力的佳偶，为报仇作为助手，靖公和谷兰相晤，从此赤诚交谈，且靖公在谷兰面前，信誓旦旦，力负报仇责任，且谓刺死孙传芳，不仅为令先尊报仇，更为全国人民除害，说得慷慨激昂，谷兰大为感动，经过了考虑，又得母亲董氏的赞同，竟和靖公结为夫妇，此后生了两个孩子，大的名大利，小的名二利，夫妇感情甚好，可是谷兰报仇心切，一再提到，靖公敷衍着说："地位不够，俟有了相当的地位，再行着手，欲速则不达，万万不能操切。"谷兰对靖公的食言推诿，又感到大失所望，从此她抱着决心，求人不如求己，但平素喜读《聊斋志异》，于《商三官为父报仇》尤再三讽诵，萦系于怀，乃自撰一联"翘首望明月，拔剑向青天"书之标于座右，乃取剑翘二字为名，废谷兰不用。

昔南齐东昏侯潘妃，缠足纤小，有步步生莲花之艳称，实则把女子作为玩物，此种酷虐之举，直至民初尚未完全革除，剑翘便缠过足，她为了报仇，必须捷足健步，即释放双足。并检出一支从滨所遗的五响手枪，加以摩擦，预备应用，奈孙传芳戒备森严，无从下手。某次，听说孙传芳将检阅马玉仁的军队，剑翘认为大好机会，设法取得一颗炸弹，自饰一穷缝女，弹置篮中，掩以破布。孙戎装跨马来临，她猛为掷弹，弹爆炸，误中副车，一时秩序大乱，立索凶手，她从容自若，不露声色，幸从人群中脱身。但父仇未报，耿耿于怀，又经过若干年，迁家天津，时孙传芳解除兵权，学佛忏悔和靳云鹏在天津东南城角建立佛教居士林。孙尤为虔诚，每星期两次来此听富明法师讲经，剑翘认为天赐良机，乃化名董慧参加为女居士，在刺孙前一天，自己摄了一帧留念的照片，到了这天，果然见到孙氏在座，可是由于心急慌忙，主要的手枪没有携带，立刻返家，取了一手枪再来，幸而孙氏尚未离去，她乘机掏出手枪向孙氏连发三弹，孙氏立即殒命，霎时间，呼喊惊叫声乱成一团，剑翘却把预先印好且打上拇指印的传单，如天女散花般地散布在室中，准备自首，不一会，警察来了，她把手枪递给了警察，说："人是我打死的，请你带我去公安局自首吧！"时属民国二十四年（1935）十一月十三日，经过审判，定徒刑十年，当时各地报纸纷载其事，列为特号新闻，天津报纸更出号外，标题大都称为"发于孝思，奋力报仇，其志可哀，其情可原"等等，无不同情于剑翘，而孙氏家属却认为所判刑太轻，且抹煞自首情况，提起控诉，剑翘也不服提出上诉，举行重审，时孙虽下野，尚有势力，法院方面，既不能违反舆论，又不敢得罪孙氏，乃认为被逮，非自首，而怜其孝思，减判为七年，事为冯玉祥闻之，冯和剑翘之四叔从云通谱，一同参加滦州起义，从云遇难死，成为辛亥革命烈士，冯与施家是有旧谊，而又敬佩剑翘轰轰烈烈的壮举，乃与于右任、李烈钧、张继等联名上书，请求政府出特赦令以示矜恤，然已被囚禁了三百四十四天，处处遭受虐待，痛苦已备尝的了。

剑翘事业心很强，出了狱，不甘闲居，由张治中介绍，担任抗敌后援会慰劳组主任，劝募物资，输送前线，她是不遗余力的。

抗战胜利，剑翘又为立志平民教育着想，拟办一所义务小学，嘉惠平民，她认为："教育为立国的基础，小学尤为基础的基础，而社会人士往往轻视小学及小学教师，实则无论哪个伟大人物，都从小学始其学业，且人人有子弟，都有赖素所轻视的小学教师栽培，这种现象是太矛盾，太不合理了。"听她这番话的，又都鼓掌称善，愿把大量书画捐赠她，作为义卖，充作办学的补助金，剑翘动了脑筋，和书画家相商，曾举行过两次集会，请书画家当场挥毫，迅速成件，俾作义卖，第一次是徐悲鸿、叶浅予在北京为她发起，成绩甚好，第二次是她老师马公愚为她发起，公愚在书画界交游很广，设宴于沪东吴淞路的纱笼酒家，折柬邀了多人，我亦在被邀请之一，委为宣传。酒酣，书画家调丹弄粉，立成数十幅，郑午昌更在素缣上绘一刀，姜丹书为添一剑，马公愚题着"剑气刀光"四字，剑翘也很高兴，自己动起笔来，我正携着一本小纪念册，就请她题写，她为我写了"正气呼声"四字，很是劲遒，我当然以瑰宝视之。此后承她不弃，经常通信，且以所作诗篇，陆续录示，先后约有数十首，奈"文革"来临，所有纪念册及诗篇，均失去。

剑翘办学，冯玉祥甚为同意，介绍剑翘一见老教育家陶行知，听取办学经验，陶行知又推荐了孔令宗做她的助手，剑翘客观地衡量，从滨和张宗昌为伍，未免明珠韬采，远不如四叔从云为革命捐躯，流芳史乘，遂取校名为从云小学，借以纪念，冯玉祥因与从云订有金兰之契，深许取名的适当，自愿任该校的董事长。可是校址尚无着落，恰巧马公愚赴苏，与城中南显子巷安徽会馆附设的安徽同乡会有事接洽，知道该会馆地步宽畅，辟一部分为惠阴花园，有桂苑、丛桂山庄、小林屋、虹隐楼诸胜，为吴人秋日赏桂之地。此外尚有余屋，公愚与馆主相商，馆主以剑翘为皖人，又钦佩剑翘之壮举，允以余屋给剑翘办学，苏州士绅，都很欢迎，招生开学甚为顺利，孙中山夫人宋庆龄加以支持，并由田汉为编校歌，一时声誉鹊起。

剑翘于1979年8月27日，因结肠癌医治无效卒，年七十有三。她的二子大利和二利，为了纪念母亲，以剑翘二字分析为剑刃、羽尧为名，羽尧且与熟悉剑翘往事的沈渝丽合撰《女杰施剑翘》一书，由北方文艺出版社出版，那书用小说体裁为主，非正式之传记，蒙羽尧签名见惠，羽尧又来舍讲述他母亲的琐事。剑翘的媳妇张文英尚在苏州，在苏州杂志十二期撰《施剑翘吴中办学》一篇，但与我所闻稍有出入，至于饰穷缝女抛扔炸弹事，及纱笼之会，他们都没有提到，我是亲临其地，亲聆剑翘所讲，大约不致有误吧。我也曾撰过《女杰施剑翘善良》一短文，开首曾有这样几句话："读袁子才《费宫人刺虎歌》：妾手纤纤软玉枝，事成不成未可知，妾心耿耿精金炼，刺虎犹如刺绣时，觉虎虎有生气，如从楮素间出。不料三四百年后，女杰施剑翘，手刃显赫一时的军阀孙传芳，为父报仇，尤胜于费宫人多多。"我在这里，深惜不能起大手笔袁子才于地下为施剑翘作一长歌。记得剑翘尚有弟中杰、中渠、中达，一妹纽兰，情况如何不得音问了。至于剑翘的传单，谓"详细情形请看我的《告国人书》这份"，《告国人书》我曾过目，今亦失去。

贺天健诗书画三绝

我结识画坛中朋友不少，但诗书画堪称三绝者，则并不多见。天健即为其中之一。天健，江苏无锡人，生于1891年11月8日，卒于1978年4月2日。原名骏，字炳南，祖籍丹阳（外间知道的人不多，这是他自己告诉我的）。十七岁时改署天健，一作健叟，早年又自称"百尺楼头一丈夫"。因他体格魁伟，孔武有力，且极具正义感，邻里间有流氓滋事，天健会主持正义，挺身而出。

天健父亲蓉初，好书画，祖母工诗，所以他既擅画，又复能诗，是渊源家学的。他中年双鬓已白，尝对我说："我的头发不是绘画绘白的，而是做诗做白的。"他看到别人画虎，就想到《后汉书·马援传》"画虎不成反类犬"的话。他认为，虎和犬两者形状相差甚远，还不如用"画虎不成反类猫"。确是道前人所未道。

天健盛誉之后，慕名前来从师的很多，徐志摩夫人陆小曼，便是他的弟子，而最得意的弟子，名杨石朗。石朗，浙江海昌人，名星，别署寸草游子。从小喜欢国画，尤喜作山水。他认为画画当以造化和古人为师，但对于当代的老画家，也应请教，学习其经验教训，可免走迂远弯路，因此就拜贺天健为师。天健素来提倡五代两宋山水画的法度与精神，为创作的途径，且以为山水首重皴法，而讲究皴法，端推五代两宋。天健授石朗皴法凡二十七八种，并教他临荆浩《匡庐图》、关仝《待渡图》、范宽《飞瀑图》、马远《对月图》、黄子久《富春山居图》、文衡山《绝壁图》、吴渔山《平畴图》。一临再临，全神贯注，汇成三十余幅，用珂罗版印为《摹历代各大家真迹画册》。总之，天健对于石朗有很大的期望，把他当作继承人。不料石朗见异思迁，以吴湖帆桃李门墙，更盛于天健。且吴门弟子，大都富于收藏，得列其间，更多观摩切磋之益，乃又拜吴湖帆为师。顿使天健有唐诗人所谓"林园手种唯吾事，桃李成荫归别人"的愤慨。且迁怒湖帆，夺其爱徒，有亏雅谊，就此断绝交往。直至1949年后，同隶画院，经组织上做了许多解纷工作，两人才言归于好。但内心还是耿耿不释。有人说，这个纠纷，还得归罪于石朗，如徐邦达从赵叔孺，后从吴湖帆，那是邦达先得叔孺同意的。郁文华初从张石园，后从张大千，大千对文华说："你拜我为师，举行仪式时，务必请石园参加。"因此彼此一无芥蒂。倘石朗能先请示贺天健，那就不致引起贺、吴二师之交恶了。我和天健、湖帆都是老友，石朗也认识，他绘了山水扇送给我，当时石朗从湖帆，有人造谣说："这是郑逸梅介绍的。"真是冤哉枉也。

艺术家多别署，天健也不例外。曾署"乾乾"，二十一岁时，用"梦苑"，因曾梦与董北苑同游钟山，且拟师法董源。以专其业。二十七岁时，又得奇梦，梦在宋牧仲书室中，见有人以一白玉章交给牧仲，牧仲却给他玩赏，视之乃"达屋"两字，醒后即把"达屋"作为别署。一度又用"纫香吟榭"。三十岁用"阿难"，人问其意，他说是坚贞乐道罢了。所谓道，即是画道。四十余岁用"开天天楼主"五个字，庄子曾有"开天之天"句。天健认为艺术到老，应浚发天机。又因他居无锡，那是吴让王之地，因署"让乡里人"。至于"天健"两字，始终不废，且从"健"字化作"健文"，在当时《时事新报》上撰社论，又化作"健叟"，这是六十岁后才用的。他常把"乾乾""达屋"并用，如以"乾乾"笔名，在以前

《申报·自由谈》副刊上撰《达屋随笔》。

吴心骰的《历代画史汇传补编》，载贺天健为吴县人，实则他原籍丹阳蒋墅，后来迁居无锡，在无锡到天健这一代，已第七代了，乃成为无锡人，与吴县无关。天健的一位曾祖升吉，便是无锡的秀才。祖子芥，善作榜书，县令邀之入幕。天健生母擅武术，故天健得以文武双全，这些都是天健以往与我通函时，逐一告知的。

天健原住本市襄阳南路口一个公寓中，我去过多次，那里几净窗明，图书满架，往访的客人很多。他非常好客，煮茗清谈，又极风趣，举凡饮食玩好、书画金石、山水美人、风俗习尚等，滔滔汩汩，谈锋极健。他爱垂柳，常以柳为画材。曾见他取柳永"杨柳岸晓风残月"词意，绘成十余幅，章法位置，各各不同，而柳条低拂，野渡舟横，极烟水迷蒙之致，意境的高超清逸，可谓一时无两。

前时期出版了《贺天健画集》，八开精装本，画近百幅，其中如《九月桐江柏子红》《华山苍龙岭图》《山高水长》《云日开朗》《河清可俟图》等，在丹麦展出，被誉为"当代黑白画艺术大师"。他早年曾刊印《学画山水过程自述》，为研究他的绘画经历，提供了充分资料。可惜《自述》早已绝版，已经不易看到了。

铁线篆圣手陈季鸣

我固一介寒士，所交大都是菜饭布衣仅堪温饱之辈，但亦有席丰履厚，且家拥园林，享荫下之福的，如冒鹤亭在如皋有水绘园，高吹万在金山有闲闲山庄，高君藩在松江有因而园，顾公雄在苏州有怡园，庞蘅裳有鹤园，吴待秋有残粒园，严家晋在木渎有羡园，蒋苏庵在杭州有蒋庄，汪才良有汪庄，高络园有高庄，周退密在上海有周氏学圃，周梅泉有今觉园，郁葆青有味园，陈季鸣在江阴有适园，亦属其中之一。（至于周瘦鹃的紫兰小筑，黄岳渊的黄园，艰苦经营，则属例外。）

陈季鸣，原名名珂，一署茗柯，号文无，以文无为药物当归的别称，又号当归子。生于 1892 年 7 月 19 日，卒于 1972 年 9 月 18 日，享寿八十有一，今年恰为百年纪念。季鸣以其先德功封合浦侯，乃刻一印"合浦侯第十八世孙"。祖名式金，字以和，号寄舫，籍隶扬州，迁居江阴，性风雅，擅丹青，山水介渔山石谷之间，人物与新罗为近，花卉杂作，仿佛南田。居江阴城内文昌巷，宅后右邻，有屋十余楹，旁有隙地，宽广数亩，其家适遇急难，求售于寄舫，当时住宅，闲室尘封，本不需此。因邻谊未忍坐视，即斥资以济其急，乃于其地鸠工叠石，凿池引水，并建廊榭亭轩等胜，取无意为园而适成之意，遂称适园。临池精舍，名水流云在之轩，东曰响秋，北为得爽亭，南正屋三间，榜得蝶饶云山馆，以好客故，时有盍簪之会。凡来园赠诗的例酬以画，来园赠画者例报以诗，作为风雅交易。园中辟有易画轩，壁上所悬山水花鸟，灿然呈眼，且有句云"一幅丹青诗一首，无声端藉有声来"，盖画称无声诗，诗称有声画，二者合而为一也。父爔唐，字少如，号燮卿，清光绪丙戌（1886）进士，曾游历英法等国，奉命考察，有日记数册，记所见闻。亦精书画，传世亦不多。生四子一女，季鸣最幼。

季鸣之所以署名文无、当归，那是萦系着故园松菊，原来旧居经过兵燹，付诸一炬，适园却巍然独存，园中刻石如李龙眼的白描人物，王石谷的《骑牛归山图》、陈章侯的《九歌图》及孙过庭草书，亦未全损，成为清芬世泽，迄今适园乃列为我国百座名家园林之一，也是目前江阴市保存最完整的一座园林。《江阴文史资料》有一文记其梗概，谓：

> 园占地六亩余，历时八载建成，燮卿继其父业，加以增修，近年又复整葺，更为生色。向有八景，如：临轩观鱼、一潭印月、岸柳夹桃、镜亭倒影、梅林春色、空灵幽岩、丹桂飘香、蕉阴翠霞。

胜迹可见一斑。此外尚有百年牡丹，虬枝老榴，苍劲黄杨，相思红豆，名兰修竹，龙头飞瀑诸景，又添植棕榈，垂垂成幄。廊壁间，有晋代王右军换鹅碑四方，元代倪云林山水石刻一，及清代梁同书、董香光手迹石刻若干，供人鉴赏，为重点保护单位。想季鸣地下有知，亦当色喜。

季鸣工诗，著有《文无馆诗钞》，附词钞，分上、下卷，为五十以前作，谢鼎镕（冶盦）为作序，知季鸣得母何太夫人教，稍长，学诗于赵冰盦明经、曹根巢孝廉，一经指示，于诗之源流变迁，莫不融会贯通，有所成就。又复追随乡邦祭酒缪艺风、金粟香杖履，熏陶益宏。他又在《诗钞》自撰一弁言，叙述其身世，足资证考，录之于下：

> 辛亥（1911）四月，予大病垂危，得朱君少鸿一剂而愈，是年鼎革，世业不继。明年壬子（1912）十月，先君见背，乙卯（1915）四月，先母为予授室，八月为予兄弟折产，才十日，仲兄骤卒，丙辰（1916）春，澄台兵变，尽室避地鹅湖，甫匝月，予妻巢氏，竟因惊悸，厄于产难。自是以来，内乱频仍，迄无宁息，心中怆恍，日唯托诸诗歌以寄慨而已。前年伯兄谢世，已伤雁行，形单影只。不三年，侄景侯又亡，少者殁而长者存，昌黎之所深痛也。既伤逝者，亦复自念，加以田园荒芜，欲归不得，显扬之责，于我何有，更念此三十年中，徒此一息，以偷食于人间，坠先人之遗绪，转怪朱君活我之多事也。午夜彷徨，不能成寐，起捡旧日所为古近体诗，仅存十之二三，其壬申（1932）至己卯（1939）八年之间固无诗，而辛酉（1921）至辛未（1931）十一年所作，概付故乡劫灰矣，因命儿子抄录当时沧海等社刊所载与仅存者编为二卷，聊志半生呻吟之况，非敢为贤者覆瓿也。
>
> 中华民国三十年（1941）十一月

大有生不逢辰，门衰祚薄之感。此后所作，艰于物力，未刊续集，仅随时油印，邮示友好，大都散失，这是很可惜的。《诗钞》中，对于谢玉岑、祝丹卿，尤为关切，其标题云："玉岑之丧，既哭以诗，迩来每一念及，辄悒悒不能自已。今者告窆有日，挥泪作此，送归丘陇，冥漠中亦知之否？"又云："海内作者，为丹卿吏部表彰孝行，赋诗纪事。贱子里闬比邻，吟坛末座，华表招魂，固不可无我吟也。"(谢玉岑,号觐虞,常州人,与季鸣为文字深交。祝丹卿,名廷华,号愚山佚叟,与季鸣为江阴同乡,著有《怡园诗文钞》,刊行《江上诗钞正补编》。)

季鸣不仅工诗,更以书法驰誉大江南北,《江阴文史资料》载蒋贻谷评他的书,谓:"他不以一家为师,上自秦朝李斯,唐朝李阳冰,下逮清代的王澍、钱坫、邓完白、洪亮吉、赵之谦等篆书名家,几乎无不探精索微,博采众长,自成特色。"又谓:"季鸣曾说写小篆与写隶楷行草用笔不同,隶楷行草起笔落笔讲究顿挫,而小篆却要讲究平圆,特别是铁线篆,也称玉箸体,顾名思义,就是笔画要像玉箸,瘦硬光润,横平竖直,左右匀称,连接处不露痕迹,下笔时笔正毫平,轻重相等,一笔到底。"又谓:"根据多年来的经验,学小篆还是从李斯、李阳冰打基础,虽然难一些,但是前人的成功,没有一个不是从这里来的。待有成就,再摩习汉魏碑帖。"又谓:"民国初年,我市有四位书法家,陈季鸣工小篆,张鸣玉工魏碑,缪海燮工正草,李建初工正行隶草,而陈的铁线篆居四位之首。"一自来到上海,沈尹默对他的篆书赞扬备至,称其篆书取法二李,外婉内坚,灵秀深厚兼而有之。朱复戡又赞季鸣小篆,淋漓而超逸,流畅而扎实,有一种清新的气息。《新民晚报》曾载《文无馆中一席话》,那是记者一篇采访稿,所谈季鸣的书艺,惜已遗忘,不知所谈为何了。

他为我写了一扇,我获得叶小鸾眉子砚拓本,有郭频伽、季今甫、杨无恙、张鸿、陈病树等题,季鸣也为我写上几个篆书,益见珍贵。我很喜爱他的铁线篆,当面称赞他,他笑着说:"这是闺中女红描鞋头花,卑不足道的。"这时我与金息侯少保相稔,我称誉他的书法"当得起一个'写'字"。他说:"这是张天师画符,谈不上书法的。"同一谦抑。季鸣于金石也颇具功力,其摹法、章法、刀法以及意趣等等,均不落前人窠臼,这是与书法融会贯通的。他又能画,我藏有他在瓷青笺纸上,画着金笔梅花,金碧辉煌,益彰其美。一度这种瓷青纸坊间无货供应,他便备了纸张、颜料、胶水、明矾等,自行刷制,迄今家中尚有留存,但已应用无人了。他当时偶在黑油纸扇上调以金粉,画着梅花,疏影横斜也是很得体的。至于书法,曾应青年宫之邀请,讲课示范,凡若干次。又以说文五百四十部部首写一直幅,为篆书金针之度,见者无不惊叹。他又是上海书法篆刻研究会会员,参加中国现代书法展览,博得极高评价。此后各报刊纷纷载其作品,声誉远播海外。

季鸣是陶社的中坚分子,又是复兴陶社的负责人,所以他的《文无馆诗钞》,便列为《陶社丛编乙集》,陶社发起人为祝丹卿、谢冶盦、吴吏清、祝味三、章绂等十余人,结社于丹卿之怡园,诗酒言欢,甚为畅洽。既而周辨西适官江阴,周固词坛之雄,力为提创,定名陶社,以示对于陶渊明的崇仰。援拟苏斋祀苏例以祀陶,但考诸《晋书》本传及《名贤生日录》都不载明陶渊明诞辰,即询之各地陶氏后人,亦瞠目不知所对,致丹荔黄蕉,荐祀无从,引为憾事。陶社举行雅集十多年,直至丁丑(1937)而停顿。其时陈季鸣、谢冶盦、沙怀甫、吴亦愚、陈慕周、唐侣笙、朱士詹、章慰农,避兵海上,主张复兴社事,而玉佛寺住持震华上人,本一诗僧,慨然许假精舍数楹作为社址,季鸣、冶盦欣然筹备,甲申(1944)修禊日,又值浴佛节,举行复社雅集,公推吴亦愚为社长,钱名山为名誉社长。时为民国三十三年(1944)三月初三日,季鸣安排颇为巧妙。又辑刊《陶社丛编丙集》，甲集我未寓目，却知为合刊祝廷华、曹颖甫、陈慕周三家诗。祝为陶社发起人；曹在沦陷时期，骂敌被杀；陈为名医，工八法，订润鬻书。丙集分《愚谷修褉集》（吴亦愚太史居愚谷村）、《槟榔浴佛集》（玉佛寺在旧时名槟榔路）、《延陵挂剑集》、《展重九集》、《消寒集》、《难老集》、《赏荷酬唱集》（立秋日季鸣置酒郁氏田耕堂为诗钟雅集，并度曲赏荷）、《借中秋集》、《聚星酬唱集》，内容都是诗篇。季鸣的诗特多，末附《陶社诗钟选》中，其中季鸣每次都有佳作，可见他的才思敏捷，逸情云上了。

季鸣广交游，尤和谢冶盦为最契，冶盦曾受教于季鸣祖父式金之门，每从无锡来沪，辄访季鸣，我在季鸣处得识其人和书家王福厂。又高吹万、君藩父子，孙沧叟、缪莆孙、朱蓉庄、铭新父子、戴禹修、邓春澍、庄通百、沈剑知、孙邦瑞、陆君秀、章伯寅，等等，均为陶社社友，亦都和我相识。且章伯寅为我老师，陆君秀曾寓居我家，我有《观所尚斋诗文钞》，作者夏孙桐的书扇，即君秀所赠。孙桐与季鸣为同乡。潘伯鹰嗜饮，季鸣以江阴杜康酒赠之，伯鹰饮之大喜，称为玄酒。又与陈病树相唱和。病树为陈散原得意弟子，有句云"流传恶札满江湖"，自谦亦复自豪，与季鸣同岁，但季鸣不蓄须，病树却氍氍多髭。一次二人同乘舟作虞山游，一访红豆山庄遗址，舟人误以二人为父子，从此季鸣亦蓄须，俨然为老人了。又一次病树、季鸣与谢冶盦、戴禹修同游龙华，在龙华塔下，合摄一影，禹修题云："四人三百岁，一塔两千年。"原来塔建于三国东吴孙权，历年很久了。禹修居康定路某里，和季鸣所居康定路绿杨村相距不远，两人时相往来。这时青浦沈瘦东著《瓶粟斋诗话》，但生活很苦，所居窄陋，自比陆上牵舟。日食蔬菜，非亲自垂钓不得尝鲜，大有颜子箪食瓢饮之概。壁间粘着各处邮来的诗什，过一时换一批，他吟啸其间，自得其乐。常来上海，不是借宿在禹修处，便是下榻季鸣家。动辄经旬，竟倦始归，我是常访禹修、季鸣的，可是从没有遇到瘦东，可谓缘悭一面。同居绿杨村的，尚有孙沧叟，他大耄之年，大家都尊他为前辈，可是在范肯堂的集子里犹呼之为孙童子，他是一位诗人。又周南陔，著有《绮兰精舍杂记》，他和袁寒云为谱弟兄，也住居绿杨村，但不知所谓绮兰精舍，是不是指此而言了。我往访季鸣，就顺便趋谈，足以消闲半日。很奇怪的，南陔早年参加革命战争，被炮震聋双耳，到了晚年，双耳复聪了。那诗钟集，庄通百兴致最高，有钟王之号，季鸣不甘示弱，每次参加。一次由季鸣值课，即以绿村为题，指定鸿爪格，季鸣立成一联："春水绿波杨柳岸，秋风黄叶夕阳村。"浑成自然，通百甘自让步。通百该处居住多年，奈"文革"时期，被迫迁徙至常德路恒德里，缩小了居住面积，不久即下世。

季鸣的著作、诗钞付印外，尚有《文无馆诗词续钞》未刊，又《说文解字部叙》一册，《篆书千字文》一册，同形《篆文汇录》正反各一册，陆澹安、朱大可、吴眉孙、王福厂、陈兼与、孙沧叟等都有题识，以上皆属手稿，编印《江上诗钞》《先哲遗书》，又《江阴县续志》为桑梓文献服务，是不遗余力的。他的好学，诗古文辞外，学习英文，又学习世界语。喜摄影，自行冲洗，成绩甚佳。又喜观电影，以西洋影片为主。抗战前曾将说明书按年辑成精装本八巨册，名之为《烟云集》。首册有一序言，述上海影院沿革很详，皇皇置于玻璃橱中。"文革"时，所藏典籍失去，最可惜的，

《清史稿》中夹有某耆宿所书参加编史的经过及其中的内幕，为外界所不知，带有秘密性的一篇很长的笔述，也随《清史稿》而俱失。后来仅归还部分书册，零乱不堪。较完整的，只《汉魏丛书》二函，季鸣手书的标签尚在，但季鸣已一瞑不视了。所认为不幸中之大幸，那是完白山人所治的玉石六印，在乱纸堆中没被发现，成为漏网之鱼，完白山人为邓石如的别署，刻印是很珍稀的。季鸣用印，往往自镌，他生于七月，以阴历计，则为六月，旧说六月二十四日为荷花生日，他的哲嗣以鸿亦七月生，因此他刻了一方"先后荷花生日生"的印，也在归还之中，至于季鸣在家乡适园斜对面所建六百余平方米的居屋，却被拆毁。

他来沪后，依人作嫁，曾任徐士浩律师事务所文牍及房地产公司职员，生活并不富裕，亲友有所急需，辄倾囊与之，转而向人举债。继娶夫人汪叔宽，常州人。乙未（1955）十月初八日病卒，年五十九岁，季鸣有悼亡纪事诗，述及"八一三"战事，仓皇避难，彼此失去联系，凡数月之久，始得团聚，季鸣因一度名其居为珠还室，自号珠还室主。及悼亡，其时火葬尚不普及，他却力主火葬，以开风气之先。

陈以鸿为其嗣君，字景龙，与以浦为从昆仲。以浦字景侯，能画工诗，著有《小酉诗钞》。以鸿特殊颖慧，渊源家学，肄业交通大学，中途日军攻陷上海，校为伪方主持，乃入国学专修馆，照例称馆，不须向伪方立案，三年毕业而日军投降，复入交大毕其所学，其立志不苟如此。陶社课诗钟，以鸿载笔相随，为诸老辈叹赏。如大江东去双钩格云：

　　大风得意还归去，江水无情自向东。

元宵灯鸿爪格云：

良宵喜见灯火结，元日初闻爆竹喧。

雀战，诸葛亮分咏格云：

出师一表真名世，看竹何须问主人。

集句成之，尤具巧思。

又二月，十二分咏格云：

红杏枝头春意闹，碧栏杆外绣帘垂。

也是集成句为之。非有捷才巧思不可。以鸿亦擅书法，其父书一联不知何故缺三字未竟其功，季鸣去世，以鸿检得，即补写三字以赠我，作九十寿仪，若不说明，不辨出于二人之手，简直可以乱真。又精英文，唐文治晚年目盲，其子庆诒中年即失明，授英文于交通大学，目不能批阅课卷，遂请以鸿为之。以鸿又通逻辑学，曾与人合译逻辑有关之书。他的夫人王连荫治数学，一度和我同执教鞭于某校，转瞬已三十年了。

画坛寿星朱屺瞻

书画足以怡情养性，因此书画家大都寿命较长，耄耋称庆，但百岁高峰，还是绝少能跻身登陟的。有之，当推109岁的苏局仙和预祝期颐的朱屺瞻，为两大人瑞了。

朱屺瞻和我是数十年的老友，叙述其生平，以代华封三祝，这也是我应尽的义务。他早年名增钧，清光绪壬辰（1892）生于江苏太仓县浏河镇。祖父湘舟，号海民，虽治贸迁，而饶有儒行，于乡里善举多所创设，雅好书画，富收藏，能作兰竹，名载《太仓州镇洋县志》。父大堃，号原庵，克承祖业，经营太仓、昆山、吴淞、上海一带酱园。母乃施莲史之四女，亦浏河名门中人。

屺瞻六岁，从父亲识字，九岁，始入私塾读书，塾师童颂禹，清秀才，多才艺，善吹箫，能唱昆曲，屺瞻从其唱曲，并以竹枝自制箫管，晚暇吹之，引以为乐。塾师擅画，写兰竹，堪称清品，馆课之余，以挥洒自娱。屺瞻于画素有夙好，每为塾师磨墨理纸，涤砚洗笔，濡染既久，便自习作画，初于描红本上以毛笔作畹兰篱竹，继又以家中藏画为范本，摹作山水。八岁母病逝，屺瞻念及，辄啼泣不止，其悲切之状，塾师亦为之黯然，尝抚其首，为诵《诗经·卫风》句云"陟彼屺兮，瞻望母兮"，遂改原名增钧为屺瞻，以寓孝思。父大堃续娶宝山潘氏，为潘鸿鼎太史之胞妹，此后父卒，复诵《卫风》"陟彼岵兮，瞻望父兮"，因取名二瞻，晚年犹自号二瞻老民。抗战胜利后，又谐声屺瞻为起哉，但不久即废去。

屺瞻幼年好嬉戏，其家浏河，距长江入海口不远，清廷筑有炮台，驻水师防守，屺瞻常与塾中同学前往戏游，模拟军队进退攻守演习，营卒亦常围观以为笑乐，遂与相熟。一夕，屺瞻向营卒索火药一小包携归，于庭院中以二瓦盆覆之，外缚绳索，若土雷状，然后点燃药线返身狂奔，不数步，身后轰然作巨响，土雷爆炸，窗框俱裂，全家震惊，视之，则屺瞻瞠目掩耳立于硝烟尘土之中，继又鼓掌大笑，以试验之成功，以为乐事。

十四岁离私塾，入宝山县学堂读书，设有国语、算学、地理、历史等课，以生性不喜算学，每考试，勉强及格而已，图画成绩则列优等，常将画幅向《时报》投稿。县学堂毕业，考入邮传部上海实业学校，即今上海交通大学之前身。校舍在徐家汇，学监唐文治，为屺瞻之表叔。学校除工程课外，附设国文补习课，由唐文治亲自教授。时屺瞻寄宿校中，于学习之暇，仍致力于作画，唐文治再三告之曰："写字作画，点画皆须着力，切忌浮滑。"屺瞻常对人说："齐白石教我画须独立，唐文治教我画须有力。我此后作画，特别着意于力量之表现，这种垂训，我是终生不忘的。"

屺瞻兼习西画，时上海有伊文思洋书店，专售西画印刷品，屺瞻常在该店购买画幅及美术明信片。适刘海粟等于乍浦路创办上海图画美术院（后改名上海美术专科学校），屺瞻闻讯，立即入学。学校乃初创，设备简陋，仅学生数人，属于自习状态，初习木炭画，以毛笔蘸木炭粉临摹画片，复习铅画，作静物写生。明年受聘于上海图画美术院，教授笔画，与王济远为同事，晨夕相处，成为莫逆。屺瞻好学，每日昧爽即起身，先习书法，临魏碑及米南宫行书，继作铅笔静物。八时始早餐，开始一日之授课工作。课余，或作油画，或与济远同至公园及郊外作风景写生。晚上或作国画，什九为兰竹花鸟，兼习山水。有时去戏院观京剧，于汪笑侬、刘鸿声之唱腔尤为叹服，谓："雄豪畅快，犹丹青中之写意画。"1916年，汪亚尘赴日本留学，入东京美术学院，致函屺瞻，劝之亦来东京以求深造。屺瞻意动，孤身东渡，恐家人阻拦，直至海轮启航后，始由王济远代告其家人。海轮中晤俞寄凡，意趣相投，颇不寂寞。抵日后，进川端美术学校学习，导师为名画家藤岛武二，屺瞻学习很勤奋，平时除去东京博物馆外，几乎足不出户。数月后，家中电告继母病重，不得已匆匆归国，亲友问他日本的风土人情，东京的市容景物，他茫然不能对答，而东京博物馆中所见名画，却如数家珍。若干年后，汪亚尘任上海新华艺术专科学校教务长，屺瞻任教授，且举行朱屺瞻淞沪战迹油画展览，《民报》发表一文《从战迹画展览会归来》，认为这是画家一种沉着悲痛的精神表现。又在新华艺专附设洋画实习研究会，与周碧初、钱铸九等共任讲座。又筹资营办新华艺专绘画研究所。1937年，复与汪亚尘同赴日本，考察美术教育，归国时，为艺专购得各种石膏像数十件。

他交游很广，尤密切敬仰的，当推齐白石。他初不识白石为何许人，于展览会中见白石所作山水一帧，以为笔墨奇崛有大家气，遂在脑中留一印象。既而晤徐悲鸿，见其所用印，颇多出于白石手刻，遒峭雄逸，叹为观止。悲鸿愿作价求刻，他恐白石因此不收润金，乃按润例托荣宝斋代求，与白石打交道，由此而始，时白石年六十七岁，屺瞻年三十八岁，可谓忘年之交。戊寅（1938）春，白石作《墨梅图》寄赠，题识云：

> 屺瞻先生既索予作《梅花草堂图》，并题诗句，又索刻石，先后约四十印，今索画此墨梅小幅，公可谓嗜痂有癖矣。当此

时代，如公之风雅，难于再得，因序前事以记知己之恩，神交之笃。

这年白石又为刻印："屺瞻欢喜""太仓人""心游大荒"。每刻印成，白石必自装木匣，亲书地址及姓名，郑重投寄。一次，白石以"形似是末节""六十白石印轩"印见寄，屺瞻因作六十白石印轩图卷，跋云："湘潭齐白石先生以篆刻名天下，奏刀沉雄淬利，古迈绝伦，为予治印章六十余方，因名予斋曰'六十白石印轩'，以资景企。"叶恭绰有题云："齐白石，今之畸人，不可方物。朱君屺瞻，笃好白石所治印及其书画，有如板桥之与青藤，且名所居为六十白石印轩，风趣可想。"白石亦为作跋，如云："予刻印浮名扬于世，誉之者固多，未有如朱子屺瞻以六十白石印名其轩，自画其图，竟成长卷，索予题记，欲使白石附此卷而传耶？白石虽多知者，何若朱子之厚我也。"屺瞻以修竹吾庐为其祖湘舟之故居，毁于"八一三"事变，又求白石为刻"修竹吾庐"印，以资纪念。丙戌（1946），屺瞻拓《梅花草堂白石印存》，潘天寿题签，白石作序，略云："六十白石印富翁朱屺瞻，海上画家也。喜篆刻，二十年来，得予所刻印六十石，以六十白石印富翁自号。迄今丙戌已越三年，从乱离中绕道五万里外犹寄石来京，所添印又将廿余石，拓之成书，名《白石印存》，请为一序，予不能辞。"这年，张道藩邀白石南下，白石言："此次欲见者三人，梅兰芳、符铁年、朱屺瞻。"白石既来沪，屺瞻与梅兰芳、符铁年驱车往迎，白石与屺瞻万里神交垂二十年，一旦相逢，白石执手忘情，连声说："想煞我！想煞我！"白石寓居上海愚园路，赶制画幅，拟举办画展，闭门谢客，然对于屺瞻，每访辄欢谈竟日，屺瞻叩以画理，以"贵在独创"告之。又出示所绘梅竹,白石以为笔墨隽拔,清劲绝俗,画品一如人品,欣然为题一诗。及白石离沪返京,以十二寸半身像为赠,像侧大书"常相见"三字,嘱悬床头以当面晤。1966年,白石为屺瞻所刻印章,被迫上交,但作画所需,仍得钤印,时钱君匋闲居在家,乃请君匋奏刀,先后所刻,名号印七十余钮、闲章百余方,如"晚翠""清绝""不染尘""气昂藏""秃笔淋漓""郁郁葱葱""学而不厌""泼翻墨汁""梅花精神""屺瞻纵笔"等,颇有意趣。钱瘦铁亦为刻印。

唐文治,是屺瞻的父执,又复有师生关系,当然更多交往。三十九岁,上海艺苑真赏社为刊《朱屺瞻画集》,蔡元培为书封面,刘海粟、蒋梦麟、汪亚尘、王济远、潘光旦等都有题跋,光旦是屺瞻的表弟。首冠唐文治一序,略云:

> 昔东坡论画,以为山石、花木、水波、烟云,虽无常形,而有常理,非高人逸士不能辨,洵读画之审察者。屺瞻表阮,熟娴国画、西画,气韵超凡,随意点染,拓胜景于潇湘,参油画于巴黎,艾竹茅梅,兼施六要,殆摹其形而得其理者欤!

1938年,文治避乱来沪,寓南阳路,复迁居静安寺路,屺瞻时常往访,听讲《周易》与《孟子》及王阳明致良知与知行合一之学。文治又为屺瞻所绘《浏湄朱氏传家乐善图》作一长跋,知屺瞻祖湘舟组有浏湄文社,雅集赏荷,裙屐风流,极一时之盛。屺瞻又集其父书画遗墨及家训等,付诸装潢,藏之泽兰书屋。文治又为屺瞻《太仓十二古迹图》作跋,更昭著理学名儒陆桴亭及淮云寺等,以抒高山景行之慕。

林同济,粤人,字耕青,早岁留法学西方文史哲学,为著名之莎士比亚研究专家。归国后任复旦大学教授，能书，善诗词，与海上硕彦多有交游，而对屺瞻尤为推许，故得屺瞻画特多，尝自录诗数十首，屺瞻一一为之补图，长十余丈，装潢成卷，几粗若牛腰。又为同济绘《荷花诗意图》《墨兰图卷》，皆属精心之作。屺瞻别开生面，作《浮想小写册》十二帧，同济作序，略云：

> 余与屺瞻杯茶对坐间，辄以谈艺为乐。尝谓杰出的画家，都必深于哲理，对宇宙，对人生，都必有其一定的看法、想法，赞叹感慨之情，必反映于作品，反映于墨意笔法，此自古皆然。但进一步放手抒怀，发展为哲理画，在我国画史上尚付阙如。此《浮想小写》十二图，把玩之下，乃俨然一部对宇宙对人生的默思揭要也。错综点染中，托出画者哲理之轮廓，在我国画史上，信是一创举，一异彩。

周谷城、谢冰心亦为题。同济又为屺瞻题《仿王孟端潇湘图卷》，力称其画竹入化境。屺瞻著《癖斯居画谈》，同济为之整理，由上海人民美术出版社刊行。

1977年，始识冯其庸于避暑山庄宾馆，那是陈从周介绍的，同访夏承焘、赵朴初，朴初出端砚数方请鉴定。又访李一氓。其庸为红学家，以曹雪芹著《红楼梦》于西山黄叶村，遂绘《黄叶村著书图》赠其庸。其庸与尹光华为辑《朱屺瞻年谱》，上海书画出版社出版，封面瓦当，潘景郑提供，题签者，有王蘧常、陈从周、顾廷龙、俞振飞、俞平伯、夏承焘，其庸作序，又有一长文：《读屺瞻老人的画》，谓："屺老的画从无法到有法，又从有法到无法，自辟蹊径，我有我法。"又谓："屺老作画从简，不仅仅是技法的简，形式方面的简，更重要的是他首先从构思立意上力求凝练，力求概括更深远的意境和丰富的内涵。古人说'萧疏到简远',这是称赞一种极高的诗境,正可以用来说明屺老的简。"

其他友好很多,和黄宾虹相交有素,每得一书一画,便携往共赏,品评优劣,辨别真赝。宾虹绘《嘉陵江山水》赠之。柳亚子、郑佩宜夫妇访王济远于林荫路寓所,屺瞻适在座,济远为之介绍,一见如故。此后柳亚子故居匾额,即出屺瞻手。又为周碧初画《劲节凌云图》并题。蔡元培七十寿,和马寅初、沈钧儒、沈恩孚、于右任、刘海粟、林风眠、梅兰芳、李公朴、张寿镛、钱新之、林语堂、叶恭绰、俞剑华、朱孔阳、顾树森、张学良、雷震、王济远、萧友梅、丁西林、李四光、王昆仑等,一同发起募捐,创办"子民美育研究院"。他又组织和参加诸画社,如与江小鹣、王济远、李秋君、张辰伯、潘玉良等创办艺苑绘画研究所,潘玉良为雕塑头像,及参加孙福熙主办的艺风社,举行画展,又参加诸闻韵、潘天寿的白社画会。又参加徐悲鸿、汪亚尘组织的默社画会,他和颜文樑、张充仁、陈抱一、吴作人、钱鼎一同参加。又参加陈树人、何香凝、王一亭、徐悲鸿、黄宾虹、谢公展、张聿光、张书旂等的力社画展。1946年,上海美术会成立,屺瞻与郑午昌、汪亚尘、马公愚、郎静山、刘海粟、张充仁、徐邦达、颜文樑、贺天健、叶恭绰等被选为监事。屺瞻兼工书法,任中国书法家协会理事,为太仓公园墨妙亭、无锡寄畅园凤谷行窝书匾额。又参加孙玉声、郁葆青等组织之鸣社,社员四百多人。及南社纪念会,到会的凡一百五十七人,如柳亚子、朱少屏、朱剑芒、白蕉、林庚白、郁曼陀等,济济一堂,亚子称之为灵山一会。(这次我亦到会,但我与屺瞻不同席,我同席者为易大厂、冯自由、简琴石等。屺瞻同席者为刘海粟、谢公展、楼辛壶等，我们两席是相毗连的。）此后他又参加中国画会、美术茶会、上海文史馆，交游之广，难以言述了。

他的斋名，有省斋、养菖蒲室、乐天画室，尤以梅花草堂为最著。原来他在浏河，有新老两宅，均被日军所毁。不得已，乃拆老宅之余屋，修补新宅。时商业萧条，店铺纷纷以土地求售，屺瞻购下宅后空地，清理为园，并拓日军炸弹坑洼之处为铁卵池，复于池畔叠土为山，遍植梅花，约百余株，因颜之为梅花草堂，先后为绘《梅花草堂图》者，有王一亭、齐白石、黄宾虹、吴湖帆、贺天健、丁辅之、高野侯、姜丹书等，大都有意境，后又在上海南市淘沙场果育堂街购得空地亩许，植梅数十株，仍称梅花草堂，常来做客的，如陈士文、周碧初、钱鼎讨论西画，张大壮、贺天健、孙雪泥讨论国画。我亦往访，时梅方着花，于横斜疏影间，纵谈为乐，此情此景，迄今犹复萦系。

他喜扇，仿古为扇，如朱衣道人山水、倪云林山水、米元章山水、沈石田山水、苦瓜和尚山水，拟董玄宰笔意、杨万里诗扇，临傅青主水仙拳石。又不惜重价，购明季扇面，如史可法、黄道周、陈老莲、归庄、石涛、八大山人等一百二十帧，精装六巨册，榜之为"忠节扇集"。朋好以画扇为赠的，如陈半丁之《蔬果》，黄宾虹、余绍宋之《墨竹》，丁辅之《翠柏》，郑午昌之《春郊放牧》，王梦白之《野竹黄花》，为数很多。我六十寿，蒙他绘《红梅》扇，托我的同事邓广生送来。他又绘《杜鹃拳石》扇赠宋文治，文治初从陆俨少、张石园，得屺瞻介绍，遂为吴湖帆梅影书屋弟子。

他收藏书画不遗余力，对于金农（冬心）、石涛、青藤、八大等有创造精神之写意作品，罗致尤多。金农书画诗札，多时为数近百,八大书画亦有数十幅之多,真迹之外,凡有参考价值之印刷品如画册、画页,购置更多。一日,于某书贾处见日本精印沈石田山水册,仅二十页,书贾知屺瞻之癖好及慷慨,索价三百金,竟如数购之。唐云亦喜石涛,故时至屺瞻家,摩挲为乐。

他喜绘巨幅,又喜和人合作,如与唐云合作《梅花竹石》,与程十发合作《花卉》,与关山月、黎雄才合作《岁寒三友》,与谢稚柳、陆俨少、沙孟海、王个簃、诸乐三合作《东风浩荡图》,高一丈二尺。与黄胄合作《猫石图》,与钱瘦铁合作《山居图》,大气磅礴,令人惊叹。

他追摹名画,泽古功深,临夏太常、大涤子、王孟端、文衡山、李流芳、倪云林等,均从真迹摹仿,得其神髓。同时那位顾景炎的圆铁盫中所藏乡邦文献,有名沪上,尤以古画为多,屺瞻往往借之临摹。又他的嗣祖朱侠卿,也是一位丹青家,多少受其熏陶,加之自我努力,其成就当非偶然的了。

为了作画写生,足迹所至,什九为名胜之区,昔太史公文章得力于江山之助,作画亦然。他首访其家乡之张溥故居。与张聿光、贺天健、钱瘦铁,由屯溪至黄山,凡人字瀑、鸣弦泉、百丈泉、天门坎、玉屏楼、光明顶、石笋矼、清凉台、狮子林、始信峰、天都峰、莲花峰、百步云梯、排云亭等,皆留游踪,为中国画院成立后第一次之写生。又与严载如等赴北京,游故宫、北海、香山、碧云寺、颐和园。并绘《潇湘烟雨图》,即在北京北海公园漪澜堂全国国画展览会展出。又与黄幻吾、胡伯翔赴镇江、扬州、南京写生,游北固山、甘露寺、焦山、定慧禅寺、金山寺、个园,园堆石奇秀,分春夏秋冬四景,叹为独具匠心,复游梅花岭、平山堂、瘦西湖、小盘谷、夫子庙、栖霞山、鸡鸣寺、玄武湖、燕子矶、雨花台、中山陵、灵谷寺、明孝陵、牛首山、莫愁湖，参观扬州八怪陈列室，寻石溪和尚遗迹。又与唐云、王个簃、孙雪泥、林风眠赴江西景德镇，作瓷器画，初作釉上彩，后作釉下彩，以其与宣纸作画意趣迥异，而兴味甚浓。且在此啖西瓜，一枚竟重四十余斤，甘美殊常，为之大快朵颐。又与应野平、俞子才、孙雪泥、沈迈士游井冈山，观赏茨坪、花果山、黄洋界风景，至青云谱参观八大山人纪念馆及八大山人墓、牛石慧墓。这次闹了个笑话，王个簃的床铺，没有搭好，夜半，个簃从床上跌了下来，吓得大家都醒了，赶快把个簃扶起来，幸而没有损伤。孙雪泥癖酒，从上海带了佳酿来，笑对屺瞻说："酒味尚醇酽，你老也来尝尝。"岂知雪泥回沪不久便死了，屺瞻很为伤感。1977年，由其哲嗣人和陪同与唐云、谢稚柳、陈佩秋、陈秋草再游北京，晤黄苗子、冯其庸、华君武、李可染、李苦禅、夏承焘、张伯驹、赵朴初、郑可，郑可为作浮雕像。访恭王府，极赏进门之山冈，以为古拙有气势。去香山访曹雪芹遗迹，后至白家疃，观怡亲王祠。上八达岭，观燕京八景之一"居庸叠翠"、第二烽火台。冰心与其夫吴文藻来访。又与钱君匋、吴青霞、戚叔玉、糜耕云、应野平、万籁鸣、陈秋草、张雪父、沈迈士、黄幻吾游厦门，游鼓浪屿、开元古寺、石鼓山、武夷山，乘竹筏至九曲溪，上天游峰，绘《闽江烟雨图》《闽江无限好图》《武夷山居图》。与唐云同游常熟虞山、太仓，参加黄公望研讨会，遇美籍华裔国际著名物理学家吴健雄女士，健雄为袁寒云之子家骝夫人，亦浏河人，适返国，为其父吴仲裔所创办之明德学校捐款作奖学金，屺瞻亦捐款为助。该岁又与唐云、吴青霞、方去疾、富华等入蜀，至成都，谒杜甫草堂、武侯祠及宝光寺、望江楼，于成都诗书画院，晤启功、尹瘦石。继游都江堰、伏龙观、二王庙，旋至乐山，观江边大佛，复登峨眉山，游伏虎寺。翌日，游三苏祠、文殊院。至重庆，访红岩村、歌乐山。乘轮赴武汉，经三峡、葛洲坝，两岸景色，皆速写以记之，登武昌黄鹤楼。绘峨眉山色图。1978年，他与夫人陈瑞君及钱君匋夫妇同游柳州。后数日，应野平、富华亦至，又数日，影星黄宗英、赵丹来，相聚甚欢。赴桂林，遇程十发、费新我、沈子丞、陈大羽、李骆公，同上明月峰写生作画外，又复赋诗，共住二十余日。他把历次写生经验，著《风景写生学》一书，以飨后学。

1983年作一壮游，应美国旧金山市府之邀，飞往该市参加即将举行之国际机场开幕典礼，夫人陈瑞君陪同前往，备受当地欢迎，奉为上宾。至加州大学艺术博物馆参观，时适举办我国扬州八怪画展，该馆收藏我国明清书画颇多，馆长高居翰教授，慕屺瞻，破例邀入库房赏鉴，见石涛册页极精，乃张大千旧藏物。在旧金山近代博物馆，见毕加索、马蒂斯真迹。他绘的丈二巨幅《葡萄》，高悬于机场大厅，对之似临西域大宛，得赏其蔓枝硕果，彼邦人士，见了无不惊诧，叹为妙笔，旧金山《时代报》辟很大篇幅广为宣传，标题为"九旬画家朱屺瞻，风尘仆仆到金山"，金山指旧金山而言，归途又经日本，小事逗留，这是前度刘郎今又来了。

外界对于屺瞻的画，一致给以好评。从几位代表人物来讲，郁风云："那老辣而又天真的笔墨，那简单而又平凡的山水或花果静物，却有丰富的美的内涵，好像活生生地要和你说话。"应野平云："他在绘画上的反常合道，妙于得其奇趣。"程十发云："他在大自然中所触发的真情实感，尽情地抒写出来，他爱怎样表现就怎样痛快地表现。"关山月云："在数十年的艺术实践中，注意研究西画的造型、构图、色彩、理论，广泛吸取了西洋美术精髓，并为国画所化，为国画所吸收。"李苦禅云："是真正的中国画，有传统，有生气。"也有人对他的画，加以贬语，他也乐于接受，录入《年谱》中。他有一幅漫笔所绘的《钟进士》(馗)，髭须飘拂，手捧一线装书，题云："学无止境，进士还读书。"我很欣赏。他绘给我墨兰小幅，兰叶是柔的，所谓"喜气画兰"，可是这幅兰，叶子是刚挺的，但仔细看来，寓刚于柔，非有功力不办。

他对于前人的画，有他深切的评析。如云：

人称倪云林画为逸品。他的作品，我喜偶观，却不欲久恋，我所顾忌的，是淡近轻，逸近飘，学者宜慎。

徐青藤老年的泼墨有狂舞之趣，石涛变化多端，八大山人简洁老练，沈石田笔笔有交代，清楚利落，吴昌硕于诸家有继承，有出新。

任伯年师法陈老莲，但秀不如陈，功力亦逊。但任是一位全能画家，人物、花鸟、山水都擅长，题材广，技术熟练，手法清新，只是气质稍嫌薄些。

看吴昌硕画，当把画面、题款、印章，作三艺一体观，才能领略其全面之美。

齐白石画，用笔有时方而不圆，功力在吴昌硕后，但用笔简，施色狠，有野趣，是其出新之处。

蒲作英善用长锋羊毫笔，作画软中有硬，富韧性，殊可喜。

《芥子园画谱》，作为初学入门的课本是有指导作用的。若奉为经典大义，则永远画不出景物生机和自己的性灵。

画家往往有画语录，屺瞻所写的，尤为生动切实，今录存几条如后：

> 作画如果只是逼真如摄影，则何需作画，作画须画出摄影术所不能及处，这才是绘画存在的理由。我看到黄山胜景，感到许多颜色和线条，都不是现有的摄影所能照得出来，须靠画家的慧心慧眼来绘。

> 用笔有起伏、有轻重、有缓急，谓之节奏。用笔犹舞蹈、犹溜冰，俯仰欹斜，左右旋转，百变不失其平衡。

> 用墨经验到家，便能黑而不黑。黄宾虹晚年有眼疾，虽加重墨却能黑而不黑，看去仍觉舒服。初学者用墨，虽淡而有黑气，所谓不黑而黑，难入眼了。

> 色可淡而不可灰，灰则无生气。可厚而不可腻，腻则无神韵。

> 画有夸张法，不必拘拘于原物的色相，画一朵花可以比原物更加鲜艳，更加强烈，亦可以比原物更秀丽温雅，这同样是一种夸张，只是朝另外一面去夸张罢了。色彩如此，造型亦如此。

> 画山水，路要跑得多，要脚到眼到心到。我去过许多地方，各地山水，都有自己的特色。我最爱的是雁荡山，拔地而起的山势，山间又杂有农村，画起来别有情致。

> 一气呵成，要诀在气不断，不在笔不停。笔停气不断，则虽停而不停。

作画可野而不可狂，野不违自然之理，狂则入于做作之魔。

要多看当前的实物，留意当代的生活，多速写，多写生，才不至于脱离时代精神。

谈到屺瞻的生活历程，不是一帆风顺的。他的原配夫人郁静英，患脑溢血，于1947年逝世，屺瞻很为哀悼。1952年，他把上海、太仓、昆山、宝山一带的家传产业都请人代理，自己绝少过问，后来，各处经纪人纷纷以亏空或补交税收为由来索钱款，他不究所以，所亏皆由一己负担，致书画房产，变卖殆尽，所居淘沙场的梅花草堂让出，迁至南昌路。生活渐见困窘，所居屡次移迁，且愈迁愈狭小，乃榜其居为"屋小于舟室"，甚至屋租亦难于偿付。幸其续娶夫人陈瑞君，浙江四明人，贤淑殊常，在吴淞酿造厂谋得一会计职务，始得维持艰苦生活，然吴淞离市区甚远，不能每日往返，三女一子，年尚幼小，一应家务，都须屺瞻料理。又移居南市蓬莱路三〇〇弄过街楼，老少六口，局住一室。1955年，受聘于上海文史馆，月得津贴五十余元，生活日渐安定。

屺瞻容光焕发，可称白发红颜，曾经被评为全国健康老人，实则他的体质并不怎样硬朗，由于他胸襟开阔，自我调摄，所以越活越年轻，越老越壮强，凡谈养生之道的，应当把他老人家作为范式。他十八岁，读书实业学校，患脚气病，在校多方医治无效，回乡不数日即愈，于是病剧即归里，愈后便返校，习以为常。一次返乡，控自行车，倾覆河中，几死。一次骑马往戚家拜年，过一木桥，桥突然中断，马惊，倒压屺瞻于马腹下，亦几死。一度患喉痧。六十岁患肺病，治疗不见功效，复数次咯血，后经一秦姓医生以肺结核特效药为治，果日渐痊愈。八十八岁患便血，又咯血不止，昏厥于地，急送医院抢救。九十三岁，白内障至严重阶段，美国眼科专家马亨泰为施手术，重见光明。我在这儿深深地祝愿他老人家，不仅为20世纪的人瑞，更进一步为21世纪的人瑞。

尚有些可以补述的。在抗战时，全国艺术家举行大规模的书画展，捐助东北义勇军，屺瞻作品特多。为上海豫园书古井亭匾额，与陈从周、顾景炎等提议，园外之小世界、九曲桥、桂花厅皆宜重新圈入园内，使是园恢复其本来面目。他和上海音乐学院教授张隽伟、国画家王康乐、西画家李咏森、舞台美术家吴卓英有文酒之约，每星期轮流做东，聚餐一次，谈艺作画，凡所作，归东道主所有。他在童年，一次因玩弄烟具，被母亲痛打一顿，此后每看到烟具，必想到母亲，也就终身不吸烟了。我喜竹臂搁，备着数具，聊以自娱。一天，我去拜访他，他的竹臂搁，几乎堆满了半个桌面，我暗暗自惭，小巫见了大巫。他的友人姚荣铨问他长寿的秘诀，他说："长寿之道，只有一个字'画'，从小捏牢了一支画笔，什么心事烦恼都丢光了。人称笑一笑，少一少，我却认为画一画，少一少，宽怀可以长命。"朱夫人在旁插话说："他至今每天晨起要伏案两个小时，这好算他静心养气健身长寿的秘诀吧！"他画油画，功夫很深，但他喜把国画的运笔，用诸油画中，使油画国画化。有时用西来的水彩绿色，来画水仙，用丙烯来画山花烂漫，使西为中用。他的画和陆俨少的画，以宋文治收藏为最多，宋文治出其所藏，刊印了《朱屺瞻陆俨少国画精选》一巨册，引起艺术界重视。

从陶瓶说到裴石民

我喜在案头供些小文玩,读书写作之余,得以怡情娱目,认为是有益于身心健康的。

案头所供盆兰纹石、秦瓦铜尺外,我特别珍爱一只陶瓶。这瓶造型古雅,作方竹形,竹节突起,大干附着两个稚竹,一上矗瓶口,一及半而被枝叶所掩,色泽褐紫,分量之重,超越常品。这瓶是画家钱化佛转让给我的,本属莫悟奇旧物。莫悟奇是位魔术家,晚年设计制陶,小巧玲珑,以供清玩。瓶底没有款识,我从来历上考证,这是出于莫氏之手。最近我友崔听槐自宜兴来访,他见了这瓶,即指出这是裴石民的名作,很有艺术价值。事后,他把石民之孙裴峻峰所纪祖父石民的轶事寄示,始知石民生于1892年,他家在宜兴蜀山南街,1979年卒。14岁,从姐夫江祖臣治陶,刻苦钻研,在紫砂业中崭露头角。这样精益求精,经过了若干寒暑。时莫悟奇喜搏紫砂为小玩具,聘石民来沪,相互合作,所制瓶、壶、盆、碗及小动物,无不古朴入微,尤以所制螃蟹,两螯八足,团尖具备,栩栩如生,几疑从阳澄湖捕来,可以对菊饮啖的。

那位斥巨资修辟善卷、庚爽洞的储南强,一次在苏州冷摊上,购得一供春壶,这是出于明代艺人供春之手,供春一作龚春,所制名动公卿士大夫,有"天下良工"之号,迄今数百年,传世极稀,仅闻上海博物馆有一具,龚瞻麓太史有一具,并南强所有为三。南强于无意中得之,当然为之喜而不寐,因约老画家黄宾虹一同品赏,才发现了壶和盖风格不一致,壶是原物,盖是后人黄玉麟配上的，南强引为遗憾。乃请石民重配，石民揣摩风格，瘁心竭智以为之。既成，天衣无缝，浑然一体。南强又有明项圣思所制紫砂桃碗，请石民添配一托底，又有陈曼生所制紫砂毛栗，复请石民配一熟栗，凡此均载于《简叟陶话》，简叟为南强别署。南强已逝世，其女储烟水健在，不知尚存有石民遗物否。

老同学颜文樑

1988年，自春至夏，文坛艺林中离世而去的，凡若干人，文学家如叶圣陶、沈从文、蒋天枢、朱东润、冒效鲁、胡山源，刻碑名手黄怀觉，刻瓷老人杨为义，书画家陈秋草、谭少云，油画权威颜文樑，大有天丧斯文之概，为之慨然嗟叹！

这儿来谈谈颜文樑吧！他于清光绪癸巳六月初八（1893年7月20日）诞生在苏州城内干将坊本宅，1988年5月1日八时逝世，享年九十六岁。他名文梁，字栋臣，都是由他父亲纯生为他取的，纯生信五行之说，以其命中缺木，便把梁字加一木旁，因此文梁署名，辄作文樑，始终不更。他尚有一兄文焘，故乳名二官。钱伯诚为他编订年谱，自1893年直至1978年，我想伯诚今后是会补撰以成完璧的。从年谱可知文樑的曾祖为碧泉；祖知恬，治岐黄的；父纯生，名元，号半聋居士，原来他左耳失聪，喜绘画，拜任伯年为师。文樑虽作西画，但有些渊源的。我的岳父周蓉轩和纯生相交友善，所以岳家藏纯生画较多，甚至窗心、床板都装裱着纯生的花卉，绿秀红酣，非常夺目。我也拜见过他老人家，和蔼可亲，迄今犹留印象。那一篇《半聋居士先生传》，出于王德森手撰。德森，字严士，号岁寒老人，为一位儒医，工诗擅书，悬壶于苏州娄门小新桥巷，和我比邻居，吟声朗朗，隔院可闻，著有《劝学词》木刻一册，先师程仰苏为作一序，承见惠，今尚留存。又黄觉寺为撰《颜文樑和苏州美专》。我又和他自幼同学于长元和公立高等小学，长州县、元和县、吴县，均属苏州府辖。此外另设长元吴合立高等小学，简称第四高等小学，校址在草桥附近，濒玉带河，一曲清溪，映堤碧柳，与草桥中学望衡对宇。隔河为龙池禅院，钟声渡水，豁人襟怀。稍南为竹堂寺，曩年唐伯虎、祝枝山觞咏挥毫于此，境极清幽，今则伐树填河，辟为公园路了。钱伯诚为文樑撰年谱，亦提及我和彼同学事，如云："是年与先生同时入学并同班者，有吴万、顾颂坤、郑际云、潘锡厚、章元善、俞人龙等人。万字湖帆，颂坤字颉刚，际云字逸梅，后皆以字行。"实则文樑记忆有误，他和我不同班而高我一级，和湖帆、颉刚等确是同窗风雨，可是他和我很熟悉，且年久，无怪他误记有所出入了。他喜欢军号，每晨在家练习，父亲纯生好静，很厌恶他，不许他吹，他爬到屋面上，还是照样吹着。那时学校，每逢春、秋两季，例有旅行之举，穿了制服，排列成行，作行军式，他乐吹军号为前导，所以全校同学，没有一个不认识他。他又顽皮好动，住宿校中，每晚就寝后，例由舍监点名，熄灯，舍监离去，一时寂静无声，稍间，诸同学纷自被内跃起，举行战斗，门闩、帐竿、枕头等等作为武器，文樑也参与战斗行列。一次，行将失利，文樑取一溺筒盖权充盾牌，既脏且臭，致所向披靡，得以奏凯，及舍监闻声，秉烛而至，则各迅速地钻入被窝中，伪作鼾声，舍监去，又复蠢蠢而动了。文樑和顾颉刚很要好，某天，不知为什么闹翻，两人扭打起来，颉刚力大且凶，竟执着文樑的手腕咬了一口，文樑曾以伤疤见示，虽经数十年，痕迹犹留腕间。

第四高等小学，一时师长，蔚然高列。总理者王同愈，字文若，号胜之，江苏元和人，光绪己丑（1889）翰林，散馆授编修。副总理者蒋炳章，字季和，江苏吴县人，光绪戊戌（1898）翰林，散馆授编修。实主校政者，为章伯寅、朱遂颖、龚赓禹，均清季秀才，留学日本，接受新教育。每逢开学典礼，总理两位及县令，例必朝衣朝冠，翎顶辉煌，乘着官轿，莅临训导，章、朱、龚三位老师也穿着礼服款待如仪，这些怪服装，我们见了，为之匿笑。教师都属饱学之士，什九是留学生，其中最突出者，乃图画教师罗树敏，文樑作西画，是由罗师启迪的。罗师为江苏崇明人，铅笔画、水彩画、油画、毛笔画，无不兼擅，不但遍植桃李，又复推引同道，如樊少云、陈迦庵来苏，组织冷红画社，声誉大震，罗师年仅三十余岁逝世，樊、陈二师继承其课，我亦先后受其教泽。罗师每次授课，必先用粉笔在黑板上作示范画，而运笔似飞，仅数分钟，而溪桥山林，或鲜果秾花，赫现板上，生动灵活，罕与伦比，我们边临摹，边欣赏，觉得这一课时间特别快。那幅黑板画留至下一课，直使值日生及任课教师很觉为难，因为这样好的一幅黑板画，揩抹掉非常可惜，不揩抹又无从施教，结果还是把它揩抹掉，情绪上是很不自在的。罗师曾教过的学生而后来有名画坛的，除文樑外，尚有吴湖帆、陈子清、陶冷月、樊伯炎、顾公雄，多少在绘画上受到罗师的影响。

　　文樑的父亲颜纯生，为传统的国画家，当然希望其后人继承其衣钵。文樑十三岁，即指导他临摹胡三桥的画扇《钟馗》，纯生给吴昌硕观看，昌硕很为赏识，便在扇面上题识，如云："画稿出三桥胡君手，栋臣世兄仿之，益见高深独到。昔人云唐摹晋帖，非同王，仿佛似是。"署名老缶。这帧扇面，文樑始终保藏，且付诸装池，我也曾寓目。苏州玄妙观，在该城市中心，相传为春秋吴宫旧址，始建于西晋咸宁二年（276），迄今已逾一千七百年了。观有隙地，百戏杂陈，开铺设摊，也是洋洋大观。我经常课余往游，每游辄遇文樑，原来这儿的书铺摊，时有旧的西报和西杂志廉价出售，报及杂志载有西画，文樑目为大好的范本，满挟而归，引为乐事。又父执余觉（冰臣）孝廉公，他的夫人沈寿，刺绣有神针之号，得慈禧太后的赏识，又获国际荣誉奖，家里颇多西洋画本，为刺绣新范。文樑向冰臣相商，借来临摹，于是左右逢源，取之不尽。所以他的画艺，从幼即胜人一筹，很早就画了团扇，陈列在观前街诸笺扇庄待价而沽，为历来画家卖画博润的最年幼者。

　　文樑倾向于西画，孜孜矻矻，也曾一度游移，总之年轻人意旨不坚，是举棋不定的。当清季端午桥在南京倡办南洋劝业会，规模之大，为以前所未有，各省有一专馆，又有教育馆、陆军馆、实业馆等，轰动一时。第四高小，举行秋季旅行，即把南京作为目的地，我和文樑欣然参加，这时章师伯寅率队，伯寅的弟弟在南京新军队伍中，便带领了我们观新军操练，又到陆军馆一览弹炮烽硝、旗帜车辆的威武。他转念一想，执着毛锥子，庸庸碌碌，哪里及得到当一桓桓武士，冲锋陷阵，斩将立功，凯旋归来，何等的威风凛凛。他就思投笔从军，直至毕业，便欲如愿一试。奈父亲纯生不以为然，阻止了他，他抑郁于怀，什么都起不了劲，幸而他的长兄文焘知道他弟文樑生平从没有看到外国马戏团演技，恰巧上海正新到某国马戏团在报上登着广告，大吹大擂，文樑是心向往之的，乃劝父亲带了文樑赶沪，借观马戏以释文樑的一意孤行，这一下，果然有效。而这时上海商务印书馆招取技术学生，纯生乘机嘱文樑应考，报考者四百多人，录取三十名，文樑名列前茅。照例先须学习半年，由馆方供膳宿，教材以日本美术学校所编《洋画讲义》与两江师范学堂教习日人村井雄之助所编画帖为主。同学有廖恩寿、唐仲礼等，恩寿后来从事电影为摄影师，又为制三色铜版之先导。仲礼后来首创石印凹版。学生宿舍在北福建路，上课在宝山路，相距约有数里，文樑为了节约车资，每日徒步往来，月用不足，则由其叔秋泉资助，秋泉营怡盛洋货店于南京路，有陈晋甫者，任店员，诚笃勤恳，秋泉倚为左右手，晋甫亦以文樑颖慧，以女蓉珍许之，遂联秦晋之好。

文樑半年学习毕，分配在铜版室为练习生，从日人学习机制铜版术，灯光下为之，颇损目力，纯生爱子甚殷，乃辗转和商务印书馆编辑所所长蒋竹庄相商，调至图画室，主任为日本西画家松冈正识，文樑引为得所。大约隔了一年，文樑从戎之念已烟消火灭，纯生才叮嘱文樑辞职回来，即为新剧社绘制布景，那就需要油画了。油画的颜色是要用油配调的，用什么油？他不知道，也无从请教，只得自己摸索，煤油、桐油、菜油、豆油、鱼油、蓖麻籽油等都试用过，但都不合适，后来幸有一人指示说，要用亚麻仁油，才得调好，可是这个油，在苏州遍买无着，不得已，只好乘火车到上海，在科学仪器馆买到。先试其性能，涂拭卧室的门上，果然良好，开始用作油画。画的是新兴事物飞艇，事前，他在苏州火车站看到路牌广告，美国史天生小姐定于某月某日，在上海江湾跑马场举行飞艇表演，文樑对于新事物是极感兴趣的，便赶到上海，以饱眼福。那位史小姐穿着绛色的衣服，很引人注目，虽飞行不高，可是御风翱翔，观众已很惊异。文樑把这一刹那的景象，收入图幅中，陈列在一家镜框铺中，忽被某局科长王钟元所赏识，购之而去，且探询文樑居址，遂得相晤。钟元以商务出版社出版的沈良能所编译的《透视学》一书为贻。文樑得之，喜出望外，原来文樑已先购得《论画浅说》，其中有透视一章，但语焉不详，难以领略，得此始得豁然有悟，透视用之于图画，此其植基。

此后文樑掌教图画，各校争聘。民国初，商团辅佐革命，为社会所重视，何筱农为商团事务主任，请文樑教习吹军号，每晨早操，以军号进退，秩序井然。文樑之识吴子深，即由何筱农之介绍。子深名华源，号桃坞居士，擅画松及山水，又精岐黄，为御医曹沧州高足。家富饶，曾斥资修沧浪亭及五百名贤石刻，文樑办苏州美专，复出洋留学，端赖其力。复因子深得识顾鹤逸，鹤逸为怡园主人顾子山后裔，称吴中画苑祭酒。鹤逸为子公柔娶妇，文樑绘《婴戏图》以贺，盖鹤逸誉文樑为郎世宁，此画乃以郎世宁参中西法而成。

子深虽治国画，却也喜西画的阴阳向背，文樑作油画，子深在旁观其用笔，并嘱其四弟秉彝从文樑为师。时文樑获读矢野道也所著《绘具制造法》，深得调配颜色之妙，子深请作油画春、夏、秋、冬四帧，春曰《浅红嫩绿远山春》，夏曰《绿树阴浓村绕水》，秋曰《赤霞光烂火烧天》，冬曰《月黑灯昏残雪夜》。此后上海来青阁书铺主人杨寿祺亦请文樑绘苏州、杭州、无锡风景十六幅成为四组，以三色版彩色印之，销行甚广。寿祺与文樑为诚正学堂老同学，报以厚酬。文樑又为来青阁绘仕女月份牌。凡此我都寓目。杨寿祺其人，我由购书识之。他熟于版本目录之学，设书铺于汉口路之西。文樑应振华女学校长王长达之聘，长达为妇女界维新人物，以提倡天足闻名。又兼吴江中学图画教师，同事有夏汝仁、杨耕青，颇相得，直至1956年，文樑返苏州，知耕青尚健在，登门拜访，白头相见，欢谈永日。

民国四年（1915），江苏省第二届运动会举行于苏州，文樑绘一实景，陈列观前街某镜框铺，金鹤望见之，叹赏不已，知文樑执教振华，由女学舍监周女士之介，与文樑订忘年交，鹤望喜邀游，所至有诗，尝以诗意嘱文樑作《胜游图》十幅。后又根据诗意绘《太湖东山图景》四幅。旋又识杨左匋、杨锡裘昆仲，他们是吴江同里人，读书东吴大学。东吴大学有话剧团，布景均左匋所绘。新岁，剧团赴同里演出，左匋昆仲及朱士杰、文樑于幕间插演电光魔术，轰动一时。左匋后应英美烟草公司聘为画片设计师，得公司资助，赴美留学，参加迪士尼动画片《白雪公主》的摄制。杨锡裘，治建筑，尝设计上海百乐门舞厅与大陆游泳池，朱士杰与文樑同办苏州美专，均有声社会。

文樑的代表作，成于1920年，所绘《厨房》(1929年，曾在法国展出，并获荣誉奖)，据邻家的大灶间来写实，力求形象之逼真，色彩之调和，而于光影之向背明暗，尤为致意，极透视变化之能事。下一年又绘《肉店》，他回忆当时作画的经过，是很有趣味的。凡十四个半天，才得告成。原来苏州的陆稿荐是很有名的，因此到处的肉店都标志陆稿荐，文樑选定的一家是在城外，不意画的轮廓甫成，该店主忽然暴病不治死，店妇头脑迷信，认为被绘带来了不吉利，欲兴问罪之师。文樑为避免纠纷，把画毁去。后由其学生介绍其叔父在南濠街所设的老三珍肉店为对象，写生位置设在对门的糖果店内，这时为夏天，宰肉的大都赤着膊，听说这赤膊的模特儿，就是朱士杰。颜料只有二十四色，为了浓淡适宜，不得不添黑色木炭，以维持其光度，也就惟妙惟肖了。此后又一油画《百果丰收》，更花了很大的精力，果类不是同时生产的，为了据实写生，就花了好几个月时间，西瓜、葡萄、桃梨、香蕉、荔枝、莲蓬等，有的剥开皮壳，水汁欲流，增加了新鲜气氛。又为了增加生动气氛，画了瓢虫、蜜蜂、螳螂，这些虫，有的从自己的园中捉来，有向学校借来标本画的。其中复点缀一些花朵，益彰美的感受。画成了配着镜框，又换上了好几个，如棕色的、白色的、灰色的，结果用了灰色的，才衬出了果品的色调来。

他对于自己的生活衣着，却什么都不讲究的。他创办苏州美专，当时襄助他的只有胡粹中、朱士杰，是很简陋的。此后逐渐发展，教师也多了，如黄觉寺、顾仲华、顾公柔、蒋吟秋、金东雷、李咏森、承名世、陈碧筠、朱梁任，梁任为南社金石家，居住阊门外三六湾，拄着一根十多斤重的铁手杖，步行十多里来授课，是很引人注目的。又请了张充仁、叶楚伧、金鹤望、汪典存、王佩诤等为校董，重建校舍于沧浪亭之侧，屋巍然为罗马式，有人认为和传统园林的沧浪亭颇不协调，破坏了小桥流水、曲榭回廊的境界。

文樑为了艺术深造，留学欧洲。先到法国，参观卢浮宫美术馆，进入巴黎高等美术学校；又到比利时，观滑铁卢惠灵顿败拿破仑的作战遗迹；又赴伦敦画英国议会与海德公园；又游意大利。同游的有刘海粟、孙福熙等。此游先至罗马，继去佛罗伦萨、威尼斯，后至米兰。米兰有达·芬奇的名作《最后之晚餐》一画，为文樑渴欲瞻赏的，竟留若干天，以偿夙愿。在巴黎高等美术学校三年学习期满，改循陆道返国，借以多观异域风光，经德国柏林，至波兰、苏联，换乘西伯利亚火车，过哈尔滨、长春、大连，换轮船，经青岛直抵上海，扩大了眼界，增多了写生面，收获是很多的。

他在留学时，非常节约，省下来的钱，不是买旧的美术书，就是买石膏人体像，其中以希腊古罗马与文艺复兴时代的名作为多，两三年间，竟得四百余件，这是他为苏州美专置备的，随购随交轮船公司托运回国。他返校，开展人体写生，画室中充满了这许多玉体横陈的裸像，校董金鹤望是旧头脑，看了大为反对，说："堂堂的学府，一变而为女澡堂，成何体统？"经文樑细为解释曲线和美的原理，鹤望烦言方止。

文樑是好音乐的，喜欢吹笛，吹军号，没有军鼓，把牛皮蒙在蒸笼上来充当，用七只碗敲击，作为独来米发沙拉西唱歌曲，他在留学时，在某个文艺会上曾高唱郑板桥道情"老渔翁"，外国人虽听了莫名其妙，可是抑扬亢坠，都为之鼓掌。有一个女学生陈衣云，是能画能唱的，每到他家，总要叫她唱一曲以娱耳。1987年，苏州草桥中学八十周年校庆，我和他都是老校友，我是亲去参加的，他已蹇步不能行动，没有前往，却自己唱了一歌，用磁带录音托人送去。他虽年龄很高，犹童心一片，我们无不为之大笑。

他很善保存，在青年时期，外出写生，把画具储放在一竹筐内，这个竹筐，迄今尚在他家。他的母亲张氏，勤俭治家，亦擅丹青，父亲画人物，辄由张氏代为布景，父亲画花卉，张氏为之研朱调粉，惜仅中寿，五十一岁即患病而死。死的前一日，持一苹果给文樑，当时没有啖食，日久成灰，文樑以玻璃具储存，留为纪念。保存心强，当然是恋旧的，对于我特别恳挚，认为我是他在上海唯一的老同学，我去，总是无话不谈，曾许为我绘一油画，用以张壁，且问："您需画些什么？"我说："我喜欢朝曦，红彤彤的光彩，渲染着林野，那是多么充满着朝气啊！"他说："好！一定这样画给您。"可是此后彼此步蹇,杜门不出,我又没有写信去催他,日久遗忘,这个画债,也就不了而了。

他平素喜发议论,颇多耐人寻味,如云:

> 什么叫天?什么叫地?看你从什么角度去看。我站在月球上看地球,地球就在天上,我站在地球上看月球,月球就在天上,可以这样说,天上与地上,实际是一样。

> 空气是淡的,水也是淡的,空气中有气味,就会对人体不利,水咸了,就不能喝,所以还是淡的好,我主张要把名和利看得淡。

> 李时珍亲尝百草,徐霞客跋山涉水,历尽艰苦,当时并无谁给他们报酬,在有些人看来,这种人都是傻子,其实世界上的许多事情,都是傻子做成的,我也情愿做傻子,而不愿做聪明人。

> 一个画家要画到最后一笔死,一个音乐家要作到最后一曲死。能够这样,他的艺术生命才得长存。

> 我有一盆宝石花,深秋时即呈萎谢状。我向花匠请教,花匠说:"少晒太阳之故。"我立即把宝石花搬到太阳下,但花匠说:"已经晚了!"学画亦是如此,早先如不肯下苦功打好素描基础,到将来贸然创作,就会感到生硬不自如,再欲提高素

描，那就来不及了。这和未晒太阳与宝石花到深秋时晒太阳一样。

真善美是我们艺术工作者追求的宗旨，而真是善与美的基础，不真何来善美，不美不善者必失真，因此，我们画家首先要求真。

世上的色泽，只有黑与白，其他什么都没有。所谓红、黄、青、蓝、紫，任何那一色，浓到无可再浓便成黑，淡到无可再淡便成白。

人不能庸俗，但不能不随俗。

关于文梁的琐碎事，尚有可述的。他雇了一个常熟老农夫名竹溪，为美专校工，颇称职。一日，徐悲鸿来校访文梁，见之，以其貌拙朴，用作模特儿，画入《田横五百壮士图》中。文梁赴法留学，曾从吴孝培读法文。他幼读苏东坡《承天寺夜游》一文，深羡月景的幽静，遂喜夜出写生。一次隆冬之夜，他到田野间作画，还至都市，严寒彻骨，又复饥渴，见路边有卖糖粥的，即倚担旁，啖了一碗，觉其味无穷，胜于琼浆玉液，至老不忘。但家人禁止其晚间外出，为之徒呼负负。他晚年作画，喜题诗画上，我一再劝阻之，谓你的画之功力深，你的诗之功力浅，两者不相称，与其不称，毋宁不题之为得。他晚年双耳失聪，然颇健谈，客必高声倾耳与之对话，客去，他亲送至门口，立望至客远不见才回座，其恳挚如此。他居住旧霞飞路的新康花园，上层为越剧名艺人袁雪芬所居，他住在楼下。

他去世时治丧于上海龙华，吊客盈门，刘海粟挽以联，长垂及地。

汪亚尘的画艺与品德

汪亚尘的百年诞辰,由其门生故旧及夫人荣君立编了《汪亚尘艺术文集》,洋洋数十万言,委我撰了一篇序文,把亚尘的画艺与品德,作了轮廓式的记述,好在字数不多,我就转录于此,为本文的开场白吧!

我认识汪亚尘时,他还是风度翩翩的一位美少年,地点在上海嵩山路吴湖帆的梅影书屋。每天午后,那梅影书屋,总是座客常满,书画盈壁,彼此谈笑品评,引以为荣,我本不识亚尘,即由湖帆介绍的(这天刘海粟亦在座,我不识海粟,湖帆同时为我介绍),此后,创办美术协会,举行美术茶话,自此我和亚尘来往就较多了。

大约20世纪30年代,上海美术协会成立,亚尘夫妇与贺天健、孙雪泥、陈定山、马公愚等为理事,且出书画以供展览。及筹备上海中国画会,他又请张大千、叶恭绰等任指导。这一系列的成绩,都是昭彰人目的。杭州经亨颐,创寒之友社,特购地西湖仁寿山麓,仿西泠印社制,作为同道游憩之公共场所,亨颐病危,临命委李祖韩承其遗志,主持未竟之功。其时亨颐哲嗣利涉,立即声明放弃继承权,请亚尘与姜丹书作书面证明,也属雅人雅事,足以传述。亚尘生于1894年6月8日,浙江杭州人,原籍黄山,别署云隐楼主,和他的夫人荣君立是怎样结合的?君立撰的《我与汪亚尘》一文中这样记载:

我和亚尘的相识,是在上海美术专科学校求学时,那是

1921年的夏天，正值二十三岁的我，刚从无锡荣氏女校专修绘画科毕业，在专修科谢公展老师的鼓励下，继续学画，我就进入了上海美专。上理论课的汪亚尘先生刚从日本东京美术学院学成归来，他年轻有为，这次是特地邀请前来教授西画的。记得亚尘给我们上第一堂课时，他身穿淡黄色西装，梳着分头，戴着眼镜，说话温和谦恭，那宽广的知识面，深入浅出的讲学方法，像磁铁一样，把我们牢牢地吸引住了，每次上他的课，我总是认真听讲，仔细做笔记。看着他洒脱自如的神态，我对亚尘从敬佩到爱慕的心情与日俱增。我早年失恃，继又丧父，和嗣母继母们一同生活，不很愉快，因此向往着一夫一妻的温暖小家庭，我心目中爱人应该如亚尘这样有理想、有抱负、有才华。学校每年春秋两季，都要组织学生旅行写生，某年秋季，同学们由刘海粟校长、亚尘等老师的带领下前往无锡，我喜出望外，正好让家里的长辈们，看看亚尘的人品，为我们结合事作准备，我就尽地主之谊，陪同他们游览，记得那一天似有雨意，大家提议在我家作室内写生，亚尘要我做模特儿，我换上一套浅绿色的衣服，亚尘终于把我的肖像画好了，画面上的我比实在的我，平添了一抹抑不住的神韵，我很欣赏，亚尘竟把这画送给我，留作纪念。遗憾的是，这幅画几经战乱散失了。但两颗炽热的心却牢牢地拴在一起。然而当时的社会婚姻是循着旧规矩经历了一番波折的。1924年秋，我和亚尘结成了伉俪，寓居沪市顺昌路天祥里十九号，互敬互爱，次年生了女儿听逸，后一年有了儿子佩虎。

1928年，夫妇一同赴欧旅游，先到法国马赛，又由马赛到巴黎，住了一个多月，遍览名胜古迹。参观卢浮宫博物馆，收藏品达三十余万件，大饱了眼福。又到郊区，参观法王路易十四和路易十五的宫殿，巧逢刘海粟和傅雷，他乡遇故知，倍感亲切，一同往枫丹，访现实主义的画家米勒故居。他们夫妇对名画都作了临摹。亚尘每到一处必作日记，凡所见所闻，对美术作品的观摩感想以及名流派的评价意见，完全写上，共数十册。他们又游历了布鲁塞尔，凭吊了滑铁卢战场，又赴德国首都柏林，并在特拉贝登，瞻仰拉斐尔的杰作《圣母图》。1930年秋，君立急病，留在法国，亚尘由其弟子吴恒勤伴游伦敦，回到巴黎，又同君立去瑞士和意大利，在日内瓦考察瑞士的工艺美术，还上山观看了气势宏壮的冰河，又去文艺复兴的圣地佛罗伦萨，亲睹文艺复兴巨匠米开朗琪罗的雕塑精品，直至1930年12月，始考察结束，回到上海。

亚尘原本是日本留学生，1937年春，为了办好教育事业，又和朱屺瞻同赴日本考察，为期两个月，访问了东京美术学校及川端美术学校等，同日本艺术教授和画坛权威举行座谈。亚尘又特地去拜访了他留日时期的老师横山大观（日本著名画家）。师生相见，欢欣殊常，临行他又购买了十余尊石膏像，其中有一尊比真人还高大，后来徐悲鸿见到，提议复制，与南京国立艺专复制的石膏像交换，使两校的学生，能多多地观摩和写生。

君立与亚尘结合后二十三年，从没有分开过，直至抗战胜利，亚尘为了艺术教育事业，前赴美国，君立因要抚育儿女，未能同去，1947年底送走了亚尘。不料此别竟达三十三年之久，归来时亚尘已白头了。

亚尘到了纽约，举办一次个人画展，当时驻美大使顾维钧闻讯亲来参观，盛极一时，即接受耶鲁大学、哈佛大学、哥伦比亚大学等处轮流讲学的邀请，他还在这三所大学里开办暑假绘画班，又在纽约附近的师范学校及华美协进会开办中国绘画班，招收中外学生，使欧美人士对东方艺术有所了解。

亚尘除教育工作外，仍从事创作，他的作品，深受美国艺术人士的喜爱，被珍藏于纽约大都会艺术博物馆中，数量很多。

亚尘在美，处处守着中国人应有的风格。有一次，亚尘举办了小型画展，美国总统肯尼迪和他夫人杰奎琳同来参观，杰奎琳赏识一幅奔马的展品，但这幅是不标价的非卖品，奈杰奎琳喜爱至深，向亚尘商请割爱，亚尘为了国际友谊，慨然允诺。她喜出望外，立即掏出支票签了名，不写金额，要亚尘自填，以示敬意（君立后来亲自告诉我，当时只填一千元，填了也始终没有去领取）。杰奎琳欣然挟画去，在旁的一些人，对亚尘说："既然支票金额由您自填，就填上若干万元，反正她有的是钱，不在乎此。"亚尘听了，生气地说："我是中国人，应当有中国人的人格，非若干万元所能卖走的。"杰奎琳得知此事后，为之感动。于是就拜亚尘为师，跟他学画，甚至迎接亚尘居住其家为上宾。

亚尘在美期间，那旅居巴西的张大千，每来美旅游，必访亚尘谈艺论古，畅叙甚欢。这时亚尘住在里法塞爱脱河边，恰巧李宗仁亦住该处，对窗可望，成为异乡朋友。宗仁且劝亚尘早日回国，可是回国谈何容易。1974年，中美恢复邦交，驻美的黄镇大使，邀亚尘作华盛顿之游。黄镇知亚尘怀念国内亲人甚切，提议不妨先去探亲一次，再作打算，请杨嘉墉博士陪同，于1975年回到了阔别二十八年的祖国，君立欣喜极了，和亚尘一同游览北京，由于"左"的倾向，一些门生故旧，都害怕沾染上所谓"海外关系"，故而未敢登门拜访。探亲不允许延长，不得已，便赴台暂作寓公，直至1979年，他的儿子佩虎到香港，和其翁通了电话，一切安排好，亚尘才从台到港，然后再到上海，时已1980年了，体质衰颓，即在1983年10月13日患脑血栓逝世，年九十岁。遗画无偿捐献了中国美术馆，又一些捐献了上海美术馆，大家都深赞君立的慷慨无私，君立不但如此，在亚尘任新华艺专教务长，君立襄理总务，这时教育部规定，凡私立学校立案，先要有一定的校屋，然新华艺专是一些热心教育的同仁白手创办的，哪里有什么校产，为了这个问题，大家束手无策，君立却设法把存在无锡家中的钱移到了上海新华艺专名下，又朱屺瞻等也捐助了一些，问题才得解决。

亚尘交游甚广，齐白石、徐悲鸿每来上海，常住在亚尘家的云隐楼。后白石一度寓居上海，常与亚尘合作作画，有一幅题云："亚尘道兄画鸡，弟白石画枇杷，时年八十又六，尚飞机来海上。"当他任新华艺专课时，同事如方雪鸪、陈秋草、李咏森、江寒汀、钱鼎、姜丹书、张聿光、王陶民、王个簃、颜文樑、周碧初、刘质平、贺天健、应野平、黄宾虹、唐云、郑午昌、陆抑非、顾坤伯、诸乐三、潘伯鹰，以及郁达夫、王独清、田汉等，都很莫逆。尤其对于徐朗西，非常尊敬，认为他是孙中山先生的老友，热爱艺术教育，富有正义感。亚尘弟子之多，难以数计，最得意者有徐孝穆。他是柳亚子的外甥，深受其师艺术同源的垂教，由书法而绘画，由绘画而雕刻。举凡刻印、刻砚、刻竹、刻紫砂壶等，无不驰誉海内外。又一位伏文彦，更为亚尘的入室弟子。亚尘曾告诉他："学画要有一分天才，但必须用九十九分工力，不能追逐名利，投机取巧。学画决不会像孙悟空那样,从石头里蹦出个齐天大圣来。"又说:"要读书,写字,学传统,师造化。"这番话,一直激励他勤学苦练,成为终身不渝的座右铭。

亚尘习艺,先从书法入手,那是渊源家学。此后他读小学,喜上图画课,一位陆姓教师给他一幅国画范本,他奉为至宝。后随父来沪,时上海四马路小花园有文明雅集(茶馆名),是哈少甫等主办的,设有书画研究会,亚尘每日临摹《芥子园画谱》,乃由陈汉甫、邬始光介绍参加其间。亚尘兴趣很高,每晚必到,认识了一些老画家,如蒲作英,常对客挥毫,画着墨竹,使他看得出神,吴昌硕、倪墨耕、黄山寿等,也经常在此合作,亚尘揣摹之余打好了国画的基础。又从邬始光学英文,学西洋画,在画学上融会贯通,归根结底,还是得力于国画。既而留学日本,遇到漫画家沈泊尘,由泊尘介绍,相识廉南湖,南湖携了许多古画,又一千零五十页明清两代名家的扇面真迹,举行展览,引起了日本人的注意。亚尘时常去为廉招待宾客,这也使他大大地开了眼界。

大家都知道亚尘的国画以金鱼为最胜,实则他所绘的花竹翎毛,都很潇洒有致,唯山水少见而已。至于金鱼,当然是具有代表性的,即就我本人而言,我极喜爱他的金鱼,承他以金鱼册页见贻,我视之为至宝。"文革"时失去,我为之沮惜万分,为了弥补这个缺憾,花了大力,才得以其他名画与人交换了一帧亚尘的金鱼扇,引为合浦还珠。

凡提到汪亚尘,总要谈到他所绘的金鱼,闻有一位从黄山寄给他一张明信片,不写姓名及地址,仅写"上海金鱼先生收",居然由邮递员送到无误,这好比有人写信给卓别林,不标国名地名和人名，只在信封上绘上一双大皮鞋一根司的克（手杖），即送到了卓别林手里，同为趣事。

至于亚尘为什么绘起金鱼来，这是别有原因的，他对于清末海上画家虚谷上人极为欣赏，谓虚谷的画"气息浑厚，风格高古兴雅，冷峭隽美"。虚谷是喜画金鱼的，便引起了亚尘画金鱼的动机。但据鄙见，虚谷的金鱼仅仅浑厚而已，至于活泼轻灵，亚尘还是后来居上。又亚尘每逢学校的寒暑假，总要到无锡岳家小住数周，君立的三叔荣序馨好养金鱼，在后花园中，蓄着十余大缸的名种金鱼，亚尘除偶然外出写生外，时常蹲在园中观察金鱼的动态，又复特意取来一只大玻璃缸，将碧藻红鳞移入缸中，细察它们憩游上下，先用西画方法进行速写，然后再用国画笔意写出金鱼的姿态，使它活现在纸幅间。他在美国，求画金鱼的络绎不绝，初以每尾一元美金计，后应接不暇，才破此润例不以为准则了。

写到这儿，还得补充一些遗漏之事，承君立夫人出示甲午同庚会的名单，原来事隔数十年，大家都失忆了，即询诸上了年纪的老友，也说不出二十位寿星的全名，那么这二十人的名单，也就珍稀可贵了，兹录名单如下：

一郑午昌、二李祖夔、三张君谋、四陆兆麟、五范烟桥、六秦清曾、七孙伯绳、八吴湖帆、九汪亚尘、十章君畴、十一席鸣九、十二汪大圻、十三蔡声白、十四梅兰芳、十五陆铭盛、十六陈少荪、十七徐光济、十八张旭人、十九周信芳、二十杨清磬。

原来这二十人，均生于1894年，岁次甲午，都是属马的，当五十诞辰，合之做千岁寿。郑午昌生日最早为马首，杨清磬生日最迟为马尾。时复旦大学名教授洪深，亦甲午生，可是把他遗忘了，没有邀入，事后，洪深自称为一匹野马。这次宴会，假座魏廷荣的五松园，饮的是千岁酒，以讨口彩，摄影以留纪念。

亚尘一次留胡适之在家便饭，胡谈到他所著的《四十自述》一书，亚尘有感于怀，也撰了《四十自述》，所述都是他自己早年的艺术生活。亚尘逝世，他的夫人君立，又撰了《我与亚尘》，两种合起来，可成为一部年谱，这两种都收入于《汪亚尘艺术文集》，皇皇数十万言，邵洛羊、徐孝穆、王震、杜家春、王秋野合编的，邵洛羊、徐孝穆都是亚尘的弟子，弟子为师服其劳，至于供稿和印资，那都是君立一人之力。

亚尘和柳亚子，有"江南二亚"之称。孝穆见告，当1935年冬，亚尘夫妇召集亚子、公虎、小鹣、聿光、屺瞻于云隐楼合作书画，小鹣绘绿梅、屺瞻绘红柿、公虎绘青果、亚尘绘鲈鱼、聿光绘雉、亚子为题一绝：

　　梅花绿萼吐奇艳，柿果鲈鱼快朵颐。

　　嚼蕊吹香吾事了，江南休唱雉朝飞。

这首诗信手拈来，没有收入《磨剑室诗集》中，可是别有寓意的。

最近台湾刊印了一本《汪亚尘书画集》，首冠王梅一序，对亚尘极为推崇，蒙君立夫人见示，文长不备录了。

吴湖帆精于鉴赏

吴湖帆是近几十年来在国画界具有代表性的人物。他当时与赵叔孺、吴待秋、冯超然为海上四大家。他与吴待秋、吴子深、冯超然,被称为三吴一冯。岁月流逝,这几位老画家,都先后去世,无一存在了。

吴湖帆,江苏吴县人,因为诞生在燕北,所以取名燕翼。更名万,字遹骏,又字东庄,作书画则署湖帆。这些名号,知道的人恐怕不多了。他是金石大家吴大澂的文孙,大澂为清代大吏,擅山水篆籀,著述较多,如《愙斋诗文集》《愙斋集古录》《古籀补》《古玉图考》《权衡度量考》《恒轩吉金录》等。当时嘉惠士林,而复延泽后代,影响是很大的。大澂兄弟三人,兄大根,弟大衡。大衡原名大淳,为避清同治帝"载淳"讳,改为大衡。大根号澹人,子本善,字讷士,为湖帆的本生父。大澂子早死,以湖帆为继承,因此湖帆成为大澂的直系。他的本生父讷士,写得一手极好的行书,主持吴中草桥学舍,造就人才很多。

湖帆生于1894年,即清光绪甲午七月初二,幼就读于长元吴公立第四高等小学及草桥学舍。当地环境绝胜,绕着玉带河,两岸垂柳飘拂,附近一龙池禅院,隔水钟声,更形清越。这时同学有叶绍钧、顾颉刚、王伯祥、江小鹣、颜文樑、陈子清、范烟桥、蒋吟秋、江红蕉、华吟水等,我亦肄业其间,风雨一堂,相互切磋。湖帆颇喜绘事,崇明罗树敏、樊浩霖、陈迦庵任图画教师,胡石予任国文教师。石予擅画墨梅,对湖帆也有一定的影响和启迪。湖帆喜临池，初学董香光，中年摹瘦金体，晚年得米襄阳《多景楼诗》手迹，朝夕浸淫海岳，挥洒自然，作擘窠大字，益见魄力。又学篆刻，仿吴让之、黄牧甫，但不多作。陈巨来尚藏有湖帆所刻"吴万宝藏"朱文印，范烟桥藏有"愁城侠客"闲章，烟桥在"文革"中去世，此印不知去向了。

  湖帆和陈巨来有着特殊的友谊，原来巨来学刻印于嘉兴陶惕若（善乾），1924年，拜赵叔孺为师，经叔孺指点，巨来渐渐懂得了刻印的章法和刀法。有一天，巨来访叔孺师，见座上有人出示隋代《常丑奴墓志》，请叔孺审定，巨来始知这人是吴湖帆。叔孺见《墓志》的卷首钤有"丑簃"二字白文印，刚柔兼施，颇有功力，问是谁所刻？湖帆答以自刻。巨来对之，暗自钦佩。这时叔孺即将两人互作介绍，湖帆对巨来说："您的印神似汪尹子，我有《汪尹子印存》十二册，可供您参考。"当时巨来对汪尹子其人，尚无所知，叔孺告诉他："汪尹子为清初皖派大名家，和程穆倩、巴慰祖齐名。现在湖帆既有此珍藏，你可假之一观，以扩眼界。"湖帆告辞时，便邀巨来同往其家，一观汪氏印谱。巨来看后，爱不忍释。此后治印，炉火纯青，白文又极工稳老到，主要得力于此。湖帆所用印一百数十方，其中颇多为巨来所刻。湖帆得宋黄山谷手书《太白诗草》卷，卷首句为"迢迢访仙城"，又得宋米襄阳书《多景楼诗》，有句云"迢迢溟海太鳌愁"，因请张大千画《迢迢阁图》，复出明代青田佳石，请巨来刻"迢迢阁"三字印，巨来立即奏刀，为一精心瘁力之作。湖帆家藏《十钟山房印举》大本凡三部，每部九十九册。盖山东潍县陈簠斋（介祺）藏有三代秦汉魏晋古玺九千余方，夸称为"万印楼"，拓辑《十钟山房印举》，乃为小型本，拟重拓十部大本，而资力有所未逮。这时吴大澂方任湖南巡抚，即汇银三百两，资助其事。簠斋拓成十部大本后，以三部答酬大澂，并附贻小本，又专拓两面印十二册，玉印一册。壬戌年（1922），湖帆以大本一部售与上海商务印书馆，代价八百元。商务印书馆印《十钟山房印举》，每部售二十元，即湖帆家藏本。又一部被张鲁盦以银一千两购去。那专拓两面印，便赠给巨来。又湖帆家传古玺印四十余方，官印五十余方，将军印二十八方，大澂生前特别珍爱，装在乾隆紫檀匣内，湖帆全部请巨来精拓，朱墨烂然，很是夺目。湖帆画扇，巨来藏有四十五柄之多，有山水、花卉、翎毛，翎毛尤为难得。

湖帆多旁艺，雅擅填词，尝请教于当代词家朱古微、吴瞿庵。与廖恩焘、冒鹤亭、夏敬观、金兆蕃、仇述庵、吕贞白、吴眉孙、林子有、夏瞿禅、林半樱、龙榆生、郑午昌、何之硕辈结"午社"，刊有《午社词集》，传布海内，和"春音社""着涒社"相声应。湖帆集宋人词为《联珠集》，复影印《佞宋词痕》五卷，附补遗及外篇，均湖帆亲自录写成一大帙，异常古雅。湖帆藏有四种欧帖，称"四欧堂"，这四种欧帖中，除《虞恭公碑》为其家传旧物外，其余《化度寺》《九成宫》《皇甫诞》，乃其夫人潘静淑家所藏。湖帆珍此四帖，即名其长子为孟欧，次子为述欧，长女为思欧，次女的名也有一欧字。1949年后，湖帆便将这四种欧帖让归公家了。静淑逝世，年仅四十有八。所作词稿，名《绿草词》，湖帆因丧偶取奉倩伤神之意，更名为倩，号倩盦，并请陈巨来为静淑刻名章，凡十余方，钤在遗物上，以示悼念。以后，他和顾抱真结婚，抱真于《绿草词》后，题《一点春》云：

319

>避难离乡日,已经十八年。当时未晓寄身处,花满河阳烂漫天。绿遍池堂草,艳称如眼前。瑶琴一曲听天上,料理夫人断续弦。

湖帆为抱真作《凤栖梧》一阕云:

>患难夫妻余十载,情性相融,不是能求买。危处同忧安共快,精神饥渴如连带。坦率心肠无挂碍,辛苦家常,顺逆多深耐。裙布荆钗风未改,从经离乱存仪态。

足见伉俪是很相得的。可惜在"文革"中,湖帆谢世,抱真在一次劳动中因疲惫仆地,又复失于医治,不久逝世。

潘静淑比湖帆长两岁,生于1892年,当1921年,静淑虚岁三十,是年岁次辛酉,正与宋景安刻《梅花喜神谱》干支相合,这谱亦为潘氏家藏,静淑父亲潘祖同即把这谱赠送静淑作寿,湖帆为之大喜,便榜其斋舍为"梅影书屋"。"书屋"的收藏,海内闻名的,有唐高宗临《虞永兴千字文》、南宋杨皇后《樱桃黄鹂图》小横幅、宋梁楷《睡猿图》、宋王晋卿《巫峡清秋图》、宋赵构《千字文》、刘松年《商山四皓图》、赵松雪《杨妃簪花图》及山水三幅,继得管仲姬画竹一幅,喻为"赵管合璧"。别有松雪书《急就章册》、怀素《千字文》、郑所南画《无根兰》、吴仲圭《渔父图》、王叔明《松窗读易图》、宋人《画竹》、宋人《汉宫春色图》、黄大痴《富春山居图》残卷、扬补之《梅花卷》、倪云林《秋浦渔村图》、鲜于伯机所书《张彦享行状稿卷》、伯颜不花旧藏《朱元晦送张南轩诗卷》、沈石田《竹堂寺探梅图》、唐子畏《弄玉吹箫图》和《幽人燕坐图》、李竹懒《溪山入梦图》、马湘兰和薛素素合作《美人香草卷》、薛素素自画的《吹箫小影》、董香光《画禅小景册》、金红鹅《美人秋思图》、恽南田《雨洗桃花图》、王石谷《六如诗意图》、吴梅邨与杨龙友等《画中九友册》、柳遇《王玄珠兰雪堂图卷》、钱叔美《碧浪春晓图》、改七芗《天女散花图》、吴冰仙《水墨花草卷》等。拓本方面除四欧帖及《梅花喜神谱》外，尚有《汉沙南侯获碑》、金拓《蜀先主庙碑》、隋《常丑奴墓志》、隋《董美人墓志》、怀素书《圣母帖》宋拓本、苏东坡书《西楼帖大江东去词》宋拓本、魏永平《石门铭》、魏毋丘俭《纪功刻石》、明拓孤本《七姬权厝志》、明拓四汇本《砖塔铭》《攀古楼汉石纪存》，以及孙吴大泉《五千泉》、宋刻《淮海长短句》、纳兰容若珊瑚阁藏《玉台新咏》等等，都是珍稀之品。其时吴兴庞莱臣的《虚斋藏画》印有若干集，以有郑虔而缺郑所南为憾，见湖帆所藏郑所南《无根兰》，羡慕不止，一再求其割让，既归于庞氏，庞氏答赠以其他名画，作为交换。过了几年，湖帆高足王季迁赴美，在美某富豪家，看到郑所南这幅画，函告湖帆，湖帆为之懊丧累日。有一次，我到他家里，他谈及此画，谓虽寥寥数笔，却颇传神，稍缓当背临一幅为赠，奈彼过后忘之，未果。那《常丑奴墓志》，乃金冬心旧藏，被湖帆的外祖沈韵初所得，后归大澂，大澂授给湖帆，湖帆因号"丑簃"，及得《董美人墓志》，他携带随身，晚间入衾，说是"与美人同梦"，特镌刻"既丑且美"一印。

　　湖帆的吴中故居，为金俊明的旧宅。俊明字孝章，号耿庵，明季诸生，参加复社。画竹石萧疏有致，墨梅最工，载《吴县志》。这所旧宅，名"春草闲房"，距今已三四百年。梁溪孙伯亮偶于冷摊购得一玉印，镌刻高古，赫然为"春草闲房"四白文，伯亮珍藏不失。湖帆在上海嵩山路的寓所，为两幢三层楼的西式屋子，画室和卧房都在楼上,楼下空着,便赁给他的稔友许窥豹、兰台父子居住,直到他逝世,没有迁移过。斜对门便是冯超然的画寓,称为"嵩山草堂",两人都精于画艺,桃李门墙,蔚然称盛。湖帆的外甥朱梅邨,擅画人物仕女,也住在附近。

湖帆交游甚广,对冒鹤亭、叶遐庵两前辈,礼敬有加。遐庵在沪时,经常来湖帆家,遐庵以书名,有时也画松竹,往往请湖帆添补数笔,以求苍劲。看到湖帆用的书画笔,什九不开足,遐庵辄把它濡化开来,并对湖帆说:"笔毫必须放开,着纸才得酣畅,宁可大才小用,切莫小才大用。"有人赠茅龙笔一支寄遐庵,遐庵不能掌握,便转送给湖帆。抗战胜利,湖帆无端被汤恩伯软禁于锦江饭店数日,苦闷得很,幸由遐庵为之设法,才恢复自由。

湖帆的画艺,为有目所共赏。我曾为他作一小传,谈及其画,如云:

> 挥洒任意,入化造微,绛莲翠竹,如宛洛少年,风流自赏。山水或叠嶂崇峦,而不觉其滞重,或遥岑荒沚,而不觉其寥简,烟云缥缈,虚实均饶笔墨。托兴作金碧楼台,错采镂华,极其缜丽,却一洗俗氛伧气,而别含古趣。偶临内府走兽,虬髯胡儿,控一骥足,雄迈超越,比诸韩幹之《照夜白》与《玉花骢》,毋多让焉……

湖帆画以山水为多,花卉次之,画走兽较少。一次作《五牛图》,或仰或俯,或正或侧,线条刚柔兼施,非高手不能画。湖帆画翎毛,也是少见的,陈巨来所藏湖帆扇中,一柄以朱砂加西洋红画一绶带鸟,栖于翠竹上,精丽无匹。又有《荷花翠鸟》幅,为幼庵所藏。幼庵尚藏有湖帆旧物,如董香光所临李北海《大照禅师碑》、柳诚悬《清净经》，仿欧阳询、褚河南《书哀册》，仿薛稷、怀素、米南宫、赵松雪、苏长公、蔡端明等各家书卷。湖帆有跋云："是卷初藏裴伯谦，后归吴渔川，渔翁专收董书，集其精华，数以百计。余先后获观，亦二三十品，几无一不精。是卷归慎庵方兄秘籍。方兄以金针医术负盛名，而其长兄幼庵，不但能传其术，癖好书画甚于其翁，方兄遂授幼庵藏之。"凡此种种，都足以见湖帆的生平交谊。又湖帆与潘永瞻相熟稔，潘藏有湖帆所作《辋川诗意》扇，裱成册页，请黄秋甸为题，秋甸谦抑，迟迟未着笔。"文革"中，潘家被抄，这扇幸在秋甸处，得以留存，永瞻对此益加珍视。湖帆精品，有摹画中九友笔法而成的小册页，自谓生平得意之作，后归安持精舍主人陈巨来。又为王季迁作八尺长五寸高两手卷，一仿元四家，一仿明四家，联翩着笔，一气贯之，而自成各种笔法。如仿元四家，第三段崇山峻岭，为黄鹤山樵，将及第四段时，笔乃渐疏而为平原远坡。季迁远渡重洋，挟之而去。湖帆颇喜为人作图，如为钱镜塘画《小方壶图》，为冼玉清画《琅玕馆修史图》，为周錬霞画《螺川诗屋图》，为尤墨君画《塔西掷笔图》，为许窥豹画《今雨楼图》，为吴小钝画《慧因绮梦图》，为陆颂尧画《陇梅图》，为俞子才画《石湖秋泛图》，为孙鸿士画《双山游屐图》，为关颖人画《梅花香里两诗人图》，为汪旭初画《碧双栖论词图》，为冒鹤亭画《水绘园图》，为叶遐庵画《梦忆图》，为沈寐叟画《海日楼图》，为王栩园画《小孤山图》，为吴瞿庵画《霜崖填词图》，为蔡巽堪画《梅花草堂填词图》，为杨铁夫画《桐荫勘书图》，为陆蔚亭画《秋夜读书图》。还有一饶有历史意义的《秋夜草疏图》，原来辛亥革命，张季直与苏抚程雪楼，假阊门外唯盈旅馆草疏，请清帝退位，湖帆为作此图。既成，湖帆觉画太明朗，不似夜景，又重画一帧。又为我画《纸帐铜瓶室图》。某年盛夏，我执一章太炎篆书扇拂暑，至湖帆家，湖帆看到这扇一面尚属空白，便就扇头绘一绿萼梅。又有一次，他绘一红梅横幅，上题《折红梅》词一首，问我："折红梅之折字，您觉得有所忌讳否？"我答以"生平没有忌讳事"。他就把这幅画脱手见赠。实则他也是百无禁忌的。一度他木刻书画润例单，用扁扁的仿宋字刻，他问我"是不是类于讣告？"抗战时期和抗战胜利之后，物价经常上涨，所以润例逢到节日，往往盖上印章，节日后照例增加若干。许多笺扇庄投机取巧，动辄在节前预定单款数十百件，先付润资，等到他润例增加，笺扇庄便保住利润而以较低于润例者出让，生意大好，湖帆乃定单款倍润，借以抵制。

湖帆画山水，以云气胜，往往展纸挥毫，先以大笔泼墨，俟稍干，用普通笔蘸淡墨略加渲染，寥寥数笔，已神完气足。一经裱拓，精神倍出，耐人玩索。他这种奇妙熟练的画技，他人学之，罕能成功。

湖帆作画，临摹较多，他曾经这样说："学古人画，至不易，如倪云林笔法最简，寥寥数百笔，可成一帧，但临摹者，虽一二千笔，仍觉有未到处。黄鹤山樵笔法繁复，一画之成，假定为万笔，学之者不到四千笔，已觉其多。"这确是临摹的有得之言。湖帆的画，山水苍茫雄隽，泛涉各家流派。花卉腴润秀丽，仿佛南田，由于陆廉夫是学南田的，曾在大澂处为幕僚，湖帆早年作画，未免受些熏陶。湖帆见有破损古画，以廉价购之，他在破损处添补得毫无痕迹，交刘定之加以精裱，神采奕然。他的题跋名家作品，颇具见解，能道人所未道。丙子（1936）夏日，得唐六如《雪山会琴图》真迹，装成题之云："六如居士，赋性放逸，所作书画，都挥洒立就，与文徵明处处经营不同，且性喜画绢素，故纸本十不得一，而纸本画亦往往荒率随笔，刻意者又绝不见也。余所见《春山伴侣图》外，此其仅存矣。"又题沈石田画云："石田翁早年学云林，其师赵同鲁谓笔太繁，晚年参透痴翁，便不觉其繁矣。此《策蹇行吟图》，兼具倪黄二家之妙，恰到好处，不能增损一笔，宜六如衡山北面而事之。"又题董其昌画云："思翁神来之笔，直追痴迂，此图天机流畅，非寻常随笔可及。审其笔势，在七十岁以上所作。"又题吴渔山画云："墨井道人，早岁专师玄照，晚年始由子久叔明直入董巨，自成化境。道人五十岁学道澳门，六十五岁乃返上海，不复他出，其画益奇逸。此图题有'江空不遗渔郎到，落尽桃花自掩门'之句，其为归隐之作无疑。况其笔法神而化之，刚柔并济，干湿兼施，洵晚年杰构。视此则南田太轻，石谷太甜矣。"又题方兰坻画云："乾嘉之际，石门方兰坻与钱塘奚铁生齐名画坛，但奚画每易获观，方画则十不一二。此方氏真迹，又得奚氏题词，二难并合，夫岂偶然哉！"

湖帆善于鉴赏，他生长于状元渊薮的苏州，曾动脑筋搜罗清代状元所写之扇，他的祖父大澂已蓄着状元扇若干柄，在这基础上再事扩展。清代每一新科状元，照例须写些扇面赠送亲朋，在新状元方面，只须略事挥洒，不费什么，在亲朋方面，一扇在握，却以为奇宠殊荣，视同至宝。因此，状元写扇，流传较多。湖帆满拟把有清一代每位状元的写扇，只须稍事物色，不难成为全璧。岂知实际殊不容易，往往有许多可遇而不可求的。也有些状元后人，和吴家有世谊，湖帆认为向他后人商量，一定有把握，可是扇是写给人家的，不可能写了自留，这样按图索骥，还是落空。但湖帆具有信心和毅力，千方百计地搜求，历二十年之久，才获得七十余柄。及范烟桥主持苏州博物馆，湖帆毅然全部捐献公家。

湖帆其他的收藏，有铭文累累的周代邢钟和克鼎，那是大澂遗传下来的，名其室为"邢克山房"。金石拓片，装成二十余巨册。案头常置着虎齿笔架，那是大澂打猎所获的。丁卯岁（1927），湖帆在杂件中发现重三钱的黄金一方，上有阳文"秦爰"二字，不知为何物。一日，陈巨来见了，告其曾在袁寒云处目睹类似的金块三丸，其一上有"楚爰"二字，寒云对巨来说："这是战国时代的罚锾。"寒云且以"三爰庵"为斋名，可见这金块是很宝贵的。某岁，许姬传出示昌化石章，红润似山楂糕，湖帆见之，爱不释手。后来姬传求湖帆作一小幅画，送润一百金，湖帆不受，姬传即以红色昌化石为赠。湖帆又藏有两油画像，不知何人所绘，一绘其祖父吴大澂，一绘邓世昌。两人皆为甲午战役参加者，神情毕肖，动人心目。湖帆又藏有二楹联，联语一用笔画最少之字，少至无可再少为止，一用笔画最繁之字，繁至无可再繁为止，相形之下，别有情趣，惜我失忆书者姓名并其联语。又海上书家沈尹默，高度近视，人以为他不能作擘窠书，但沈却写赠湖帆一丈二尺的大对联，在沈书中为仅见。湖帆收藏五花八门，琳琅满目，家中简直像个长期开放的文物展览会。

湖帆的鉴赏力高人一等，古今画幅，均能立判真伪，且能说明其人作画的时期。又能指出其画是谁画的山头，谁补的云树小汀。某明代画是清人的伪品，某元人伪画，是明人所作。所下断语，百无一失。抗战胜利后运往伦敦国际艺展的故宫旧藏，先在上海预展，聘湖帆为审查委员。经他鉴定，才知大内之物，真伪参杂。全国美术展览会、上海文献展览会、苏州文献展览会，都请他审查。他对作品的审查，结论精确，令人佩服。我曾问他鉴定真伪是否以笔墨、纸缣、题款、印章为标准？他说："这些方面，当然是不可忽视的要点。但善于作伪者，都有蒙混之法，一经幻弄，往往碱砆乱玉。我的着眼点，偏在人们不注意的细小处，因为作伪能手，章法布局，运笔设色，都能摹仿得一模一样，唯有细小处，如点苔布草、分条缀叶，以及坡斜水曲等，作伪者势必不能面面俱到，笔笔留神。我便从此打开缺口，找出岔子，真伪便不难辨别了。"

湖帆刊印了若干种书册，除上面提到的《联珠集》《佞宋词痕》《绿遍池塘草题咏集》《梅影书屋画集》外，又印《梅景画集第二册》《梅影书屋印选》，还为其先伯祖大根刊《澹人自怡草》，为其先祖大澂刊《愙斋诗存》及《吴氏书画集》，这是他和夫人潘静淑共同校订的。夫妇共同鉴定所蓄金石书画，共一千四百件，都撰识录。謇叟王佩诤誉之为"合归来堂鸥波馆寒山千尺雪于一冶"。大澂别署愙斋，是因藏有宋微子鼎，下有"为周愙之文"，便作《愙斋歌》。是鼎不幸于离乱中失掉，经过数十年，出现于天津柯氏家，湖帆斥了高价向柯氏赎回，拓了鼎文，分送戚好。1949年后，归苏南文管会保存。

湖帆五十周岁时，和梅兰芳、周信芳、汪亚尘、郑午昌、范烟桥、李祖夔、杨清磬等同龄二十人，结成"甲午同庚会"，宴于沪市魏氏园，共饮千岁酒，制有纪念章，图纹为千里马，因午年是属马的。午昌生日最早，称为"马头"，清磬生日最迟，称为"马尾"。当时大家兴高采烈，欢聚一堂。

湖帆死得很苦，中风过两次，继患胆石症，在华东医院施行手术，取出胆石一块。晚年忽而喉道梗塞，不能饮食，又施手术，通管导纳，从此喑不能言，偃蹇床榻，痛苦殊常。我去慰问他，他屈着大拇指以示向我致谢。接着，"文革"开始，他所有的书画文物被抄，他愤极，拔去导管而饿死。时为1968年7月18日，年七十有四。

回忆梅兰芳

梅兰芳为四大名旦之冠，在敌伪时期，不为敌伪演出，又是爱国艺人的典范。他的私生活相当严肃，不吸烟、不喝酒、不狎邪、不赌博。他培植的许多弟子如程砚秋、张君秋、言慧珠、杜近芳等，都具很高的艺术造诣，享有很高的声誉。

我与梅兰芳相识，当时是得报界工作之便，兰芳耽丹青，从王梦白为师，又和陈师曾、汤定之、齐白石、姚茫父、金拱北相切磋，我与吴湖帆是苏州草桥中学同学，甚为稔熟，兰芳作画，有时画僵了，便去湖帆的梅影书屋，请为添笔；我又常与之相遇。湖帆丧偶，续娶顾抱真，是日喜宴席上，我又与兰芳同桌，相谈甚契。

兰芳，名澜，字畹华，1894年农历九月二十四日生，长我一岁，1961年逝世。他的祖父梅巧玲，伯父梅雨田，父亲梅竹芬，直至他的后人梅葆玖等，剧艺四代相传，成为梨园佳话。他生于北京李铁拐斜街，幼年家住北京百顺胡同，与杨小楼比邻；多少受到杨氏的熏陶，又正式拜吴菱仙为师。十一岁，开始在广和楼演出，雏凤清声，不同凡响，崭露头角。兰芳在北京住过无量大人胡同、西旧帘子胡同、东四九条、护国寺街、鞭子巷，又典了卢草园。梅在鞭子巷居处搭了许多鸽棚，养鸽一百五十对，清晨，亲自喂饲食料，又复放鸽远飞，鸽群高翔云表，他极目眺望，引以为乐。兰芳演戏，扮相绝佳，深惜眼神不好，认为未免逊色，因为双目在五官中占主要地位。由于他天天放鸽，天天眺望，果然收到了效果，眼神转好，益增妩媚。所以他逢到同道，总劝人养鸽。家有一大酒坛，是吊嗓子所用，对着坛口，声不外溢，不会扰及邻家。

他初到上海演出，年仅弱冠，从此京沪往返，岁以为常。为了便利起见，上海也有一个家庭，地点在马思南路（今名思南路），榜之为缀玉轩。他蓄猫多头，猫很驯良，偎依入抱，有名"小花"的，有名"大白"的，他唤着名字，猫能应声而来。每次返京，他念念不忘，致书沪寓，必附笔询问猫的肥瘦。

抗战军兴，上海沦陷，他局居不出，敌伪当局企图利诱他上演，他置之不理。这年他的生辰，敌伪意为他祝寿，他潜往高安路黄岳渊家，躲避一天。

兰芳和吴湖帆、汪亚尘、周信芳、郑午昌等同生于甲午年（1894），当他们大衍之庆，二十人合作一千岁寿，称为"甲午同庚会"。诗人王退斋与兰芳为泰州同乡，为纪念兰芳诞辰九十周年，绘了一幅遗容，广征题咏，我也题诗一首：

莫问今人犹昔人，唱残白雪值阳春。

梅魂菊影商量遍，合配琳琅万轴身。

前二句集王荆公，后二句集龚定庵，似尚切合。

范烟桥及其邻雅小筑

我是南社社员，但参加南社已在20世纪20年代后期。在此以前，我在1917年于苏州组织过一个文学团体"星社"。开始时，社员共九人，是范烟桥、顾明道、姚苏凤、孙纪于、范君博、范菊高、屠守拙、赵眠云及我。之后参加者甚众，如周瘦鹃、程小青、蒋吟秋等，均为星社社员。1949年后，烟桥、瘦鹃、小青、吟秋被尊为苏州四老。我在1927年已迁沪地定居了。

烟桥是我在苏州草桥中学念书时的同学。那时学生中，有叶圣陶、顾颉刚、吴湖帆、江小鹣、庞京周、王伯祥、江红蕉等，后来都成一时俊彦。教师有胡石予、程瑶笙、程仰苏、余天遂等，均为当时名流。烟桥参加南社，也早于我，不少南社耆宿，也都是他给我介绍的。他长我一岁，生于甲午（1894），曾和梅兰芳、周信芳、吴湖帆、郑午昌、汪亚尘、杨清磬、李祖夔、秦清曾等二十人，在五十岁时结为甲午同庚会，假五松园举行千岁宴会，极一时之盛。

烟桥的一生工作，与我相仿，也是写作兼教书的。他执教苏州东吴大学时，又兼附中的国文教师。那位蒋纬国公子，其时正在附中读书，也是他的学生。烟桥后来主持苏州博物馆的工作，为国家搜罗文物。知吴湖帆藏有清代状元扇七十多柄，便动员其捐赠，湖帆慨然应允，仅提出一个要求，因清代状元凡一百多人，余三分之一，湖帆尚未求得，请公家继续努力，务求齐全，也是苏州博物馆的杰出贡献。柳亚子逝世后，烟桥去北京拜访亚子夫人郑佩宜，请以亚子所藏书籍及南社文献捐之博物馆。烟桥著作甚多，唯晚景凄惨，脑溢血不治而死，当时往吊者仅周瘦鹃一人。不久，瘦鹃亦投井自尽，竟无一人往吊矣！

烟桥的尊人，是同治孝廉，移家吴中，购屋温家岸十七号。这是一所具有园林的广厦，却廉值购得。墙东为雅园遗址，乃榜其东偏小室为"邻雅小筑"。烟桥有"一角雅园风物旧，海红花发艳于庭"之句。宅中老榆参天，浓荫长蔽，有池塘一泓清水，奇旱弗涸。当时星社社员经常在此聚谈，苔痕阶绿，草色帘青，又复缥帙缃囊，牙签玉轴，到处都是图籍，有时清微的花香不知从何处飘来，真是个好环境。烟桥对于名胜古迹，备极爱护。以虎丘塔日益倾侧，有堕坏危险，立请当局，从事修葺，并请园林建筑专家陈从周亲往探察。从周历级上陟，知损坏程度，研究之余，用数十只大铁圈，围固塔身，更以粗钢丝紧紧扣住，塔基低陷处，填以大量水泥和石子，才得保住至今。且从塔顶取得晶莹如玉的越窑青瓷莲花碗、精致的檀龛宝相，及涂金塔、铜佛像、铜镜、锦绣经帙，为全国重点文物保护单位。

烟桥多才艺，一度曾应上海明星影片公司之请，担任编撰事宜，兼教郑正秋之子小秋读书。古装片《西厢记》中红娘一角，为金嗓子周璇所饰，所唱《拷红》一歌，其词即为烟桥编撰。

烟桥卒于1967年2月21日，享年七十四岁。

陶冷月与新中国画

周瘦鹃、陶冷月和我，都是生于清光绪二十一年乙未（1895），未年生肖属羊，因此有人称我们为"三羊开泰"，且我们三人，又是苏州同乡，同隶星社，同在上海谋生，甚为巧合。三人中，瘦鹃的诞辰，是闰五月初二，较长，我为九月初二，居中。冷月的生日，最容易记得，恰为南海观音大士的生日，九月十九。尚记得我们六十花甲，诸友好为我们称觞祝寿，设宴于淡水路的冷月画室，觥筹交错，谈笑风生，严独鹤即席赋了一首七律。我们三人自己交换了礼品，也算是缟纻联欢了。当我们七十岁那年，诸友好又为我们祝嘏，假沪市南京路新雅酒家举行，宴毕，合摄一影，共二十二人，直至深宵始散。及我们八十岁，瘦鹃已逝，不毋黄垆邻笛之感，不再庆叙，仅仅冷月为我绘了一幅《纸帐铜瓶室图》，我为冷月撰了一篇《东风时雨之楼记》，聊以点缀而已。当我九十那年，冷月病废卧床，艰于行动，我更觉踽踽孤寂，难以遣怀。不意再隔一年，乙丑（1985）之冬，冷月便赴玉楼，我在他灵前，撰一联语：

劭德在乡邦，遽尔仙踪竟杳；
纪筹同岁月，凄然我道其孤！

苏州分长洲县、元和县、吴县，办有长元吴公立高等小学，分着地区设立，我虽没有和他同一地区，当时有位罗树敏老师，兼教图画，那么我们又是同师了。他作画七十年，我写稿也是七十寒暑，这一点又复相同，那是多么难得啊！他在苏州居蔡汇河头即画名远播。此后我饥驱海上,他却应聘湖南雅礼大学,这大学是西人创办的,西人校长看到他所绘的夜景山水,素魄流辉,境绝幽渺,大为赞赏,连呼 Coldmoon,他原名陶镛,便改署冷月。既而他娶了湘籍夫人,来到上海,我们过从甚密。那位夫人擅治肴馔,邀我吃饭,为之朵颐大快。他被谬列右派,失去自由,我偷偷地去慰问他,并介绍他的画件。他的幼子为淦,对英文很感兴趣,我领着他请益于翻译家裘柱常,得窥门径,进步很快,即柱常亦认为可造之才。奈找不到工作,很是苦闷,某次因细事,被里弄组织故意讥讽,他一愤之余,不别而行,致生命莫卜,这是冷月非常伤感悬系的。从此体力日衰,视觉和听觉渐失功能,郁郁而死。一代画家,晚境如此,能不为之潸然涕下!

冷月渊源家学,他是词章家陶芑孙(然)之文孙,画家陶诒孙(焘)之侄孙。髫龄即习丹青,诒孙和恽派画家陆廉夫友善,常相往还,廉夫见冷月涂抹,谓其"下笔有清逸气,善导之,将来可以成家",称赏有如此。读书长元吴公立高等小学,名善镛,旋改单名为镛,字咏韶,成名后,始署冷月。至于宏斋、柯梦道人,这是他晚年所取的别号。小学毕业,入两浙师范第一届本科,成绩高出侪辈。某次考试,一同学请冷月代画一帧,谋得优等分数,冷月不愿捉刀,拒绝之,同学忿然作色说:"不要自以为了不起,看你将来靠此为生!"岂料日后冷月果为名画家,卖画以博润资。

姚全兴在《美术史论》杂志上,撰文专谈冷月,称之为"推陈出新的老画家",这是根据北大校长蔡元培为"冷月画评"撰写的赠言而发。蔡校长这样说:"陶冷月先生本长国画,继而练习西法,最后乃基凭国画,而以西法补充之,创作新中国画数十帧,一切布景取神，以至题词盖印，悉用国画成式，唯于远近平突之别，光影空气之变，则采用西法。町畦悉化，体势转遒，洵所谓取之左右逢其源者。他日见闻愈博，工力更深，因而造成一新派，诚意中事。"这是1924年所谈的，冷月的新中国画，还是初发于硎。蔡校长又写了一副对联赠给冷月：

尽善尽美武韶异，

此心此理中西同。

冷月对他所作画，有他的主张，他认为："作画当以客观的现实为基础，而以主观的理想完成之。与宋范华源之以古人为友，以造化为师，而以吾心为法，不谋而合。"因此他的作品，不背古，亦不泥古，不违自然，又超乎自然，自有精密、宁静、浑厚、幽雅之感。他喜画月景，曾对我说："日光是动的，月光是静的，动即有杀机，静则一片和平气象。画月无非提倡世界和平，化干戈为玉帛，借以造福人类。"他又喜画瀑布，白浪奔腾，顺流而下，如淙淙汩汩，声溢纸素之间。所画的，有瀑下累积着石块，亦有一无所阻，似银河落九天的，他对这个也有说法："瀑布自有瀑龄，瀑龄长的，累石冲去，瀑龄短的，石露其骨。"他什么都肯下研究工夫，于此可见一斑。为了画瀑布，每到一名胜处，凡有瀑流的，他必留驻数天，对景写生，来捉摸造化之奇。他任教湖南雅礼大学、四川大学、河南大学，到过的地方很多，几乎踪迹半中国。他喜读《徐霞客游记》，那还珠楼主的《蜀山剑侠传》亦时常展阅，说该小说涉及各地风光，其中颇多他游踪所至，阅之倍觉亲切有味，不啻重温旧梦。

他寓居上海较久，据我所知，一度在北河路小桃源弄，这是和医学博士尤彭熙同居一处，我认识尤彭熙，即由冷月介绍。彭熙也参加星社，他遍游欧美诸国，我还记得他有一夸语，说："地球并不大，我到处都遇到熟人。"后来冷月和彭熙不投契，便搬至淡水路丰裕里九十八号二楼，那儿和钱君匋、陆抑非诸画家为近邻，以画会友颇得切磋之益。这时时局不靖，他榜其斋名为"风雨楼"，以寓风雨飘摇之意，且"风雨"又和"丰裕"为谐声，的确很为适当。一自时局变迁，有所好转，乃改为"东风时雨之楼"。这时我八十寿辰，承他绘《纸帐铜瓶室图》见赠，那么来而不往，非礼也，我就写了一篇文言体的《东风时雨之楼记》，其中涉及冷月的生活环境，和画艺的经历，兹不惮辞费，录在下面：

> 陶子冷月，居沪圩之南，近市而不嚣，毗园（复兴公园）而足息，是亦堪称佳境者矣。榜之曰"东风时雨之楼"。陶子秉铎上庠，优游退老，益以丹青自娱，胸中逸气，往往溢之于缣素。方其冥想兀坐，彼孩提扰扰其前，有若未睹也，邻户喧喧其侧，有若未闻也。迈往熔今，兼综脉贯，有不期然而然者。平生足迹多涉乔岳巨浸之胜，巅崖崛伸，大泓澄深，顾盼骋怀，吐纳万有。迨夫拂楮濡颖之顷，遂构形兴象于灵府，振笔所至，奇诡不可名状。渴而润泽之；湿而苍化之，斯艺毕矣，夫何慊焉。尤进而拓樊昌绪，别辟霭澹溟濛云瀹水涌之月景，即潜曜韬采而曜采自隐现于静穆幽渺之中，使人对之悠然而意远，悄然而神凝。曩北雍祭酒蔡子民先生赏之，以其独见逞臆，异标别徽，目之为新中国画，侪辈为之敛手慴服也。陶子志洁情芳，又复癖耽香草，摘华散藻，晕碧渲红。其画梅也，必错绣成堆；其画荷也，必缀珠盈盖。不以残菀零落，妄

希入古，乃所以寓时代之精神，符世风之好尚。至若松也、菊也、芍药也、凌霄也、离离之枸杞也、灼灼之夭桃也，泊乎空谷之兰、小山之桂、南天之竹、西府之棠，靡不勾勒默染，极暄葩露叶，掩冉葳蕤之致，合黄荃富缛徐熙清妍于一炉而冶之。每一画竟，辄张之粉壁，骤视之，几疑锦屏翠帱黼黻螭凤之昭宣炳焕也。是故疏林绕郭，崇堞依岩，东风时雨之楼，忽为山水之窟；垂柳栖禽，柔条止蝶，东风时雨之楼，顿成花鸟之乡。盎然而春煦，萧然而秋爽，霞举飚发，更忘其扰扰喧喧之在其前在其侧。则此东风时雨之楼，能不称为佳境也哉！陶子盘桓其间，克家有子，颐寿无涯，庶足以蔬蒇矜诩，轩眉啸傲者矣，因乐而为之记。

冷月所绘的这幅《纸帐铜瓶室图》，长约三尺，浅绛出之。我自己所作《纸帐铜瓶室记》，其中谈及该图，有那么几句话：

<blockquote>
陶子冷月为作图，茅屋三间，梅竹绕之，乔松亏蔽，一鹤梳翎而立，陂泚突阜，交相映带，厥境僚如而饶清致。此冷月臆之所造，却为余心之所向而未之能践实也。
</blockquote>

冷月很重视他的作品，每一画出，必摄影以留痕迹，且记在簿册上，这画的尺寸怎样，题款又怎样，画归什么人，都录存以便他日的追检。他能诗，每画有题，有时事冗，间请他的表叔王佩诤代笔。佩诤为吴中名士金鹤望的高足，才思敏捷，顷刻即就。记得某次我和他闲谈，谈及联语的嵌名，他不假思索，即席撰成"逸梅"嵌名联十副，我大为惊叹，可惜这十联都失去了。既而冷月觉得题画与其作品评式的自负或自谦，反不如直接录昔人佳句之为得。因发愿多读昔人诗词集，择其入画的，或录全首，或摘一两句，有合

于山水人物的，有切于花卉翎毛的，穷数年之力，分门别类加以编次，成书数十册。

他画花卉，以梅花为最多，为了画梅，一再至梁溪的梅园，邓尉的香雪海，又赏沧浪亭对宇可园的铁骨红，就地写生，得其神态。他又喜扬补之、王元章、金俊明、金冬心的梅幅，吸取其精华，融入西法，而自成一格。赵叔孺见之，谓："陶冷月的画梅，无一败笔。"吴昌硕尤以冷月的画梅迥异寻常，乃以自己画梅所钤的印章"明月前身"赠给他。他的画，注意透视，说："凡画圈梅，都认为必须圈得浑圆，为画梅的基本功。实则不能一概如此，有时也须圈得带有扁形，从下上窥，那就非扁不可。"他的斋舍中，悬有巨幅梅花，有低枝、高枝花一千几百朵。他又讲给我听："低枝近，高枝远，近大而远小，所以着笔要有分别，否则高低一致，那又违反透视原理了。"有时画雪梅，对之森然有寒意，画复瓣梅，又复妍冶入骨。画月梅，则"月明林下美人来"，符合着诗的韵味，那是以西法出之了。那位姚全兴说得好："冷月画月，有四季的区别，春月是明媚的，夏月是爽朗的，秋月是高亢的，冬月是清寒的。"

有一次，我的同学夏石庵，家里有盆昙花，昙花是晚上开放的，我就邀了冷月同去欣赏。冷月便备了一大叠画纸，对花凝视着，从蓓蕾而初坼，从初坼而开放，从开放而大盛，从大盛而渐萎，足足有两三小时，所谓"昙花一现"，就是指它花时之短。冷月在两三小时内，勾稿达六七十幅之多。冷月是对什么都要研究一番的，他看到莲叶承露如珠转玉盘，而叶上绝不沾濡水迹，他断为莲叶丛生细毛，细毛中含有多量空气，水分因以被拒，其理与鹅鸭入水，不濡羽毛相同，鹅鸭的羽毛，外被特殊的油质，起抗拒作用。但其主要原因，亦以其羽毛浓密，含蓄空气之故。

他很注意身体锻炼，曾从拳术名家乐焕之游。饮食上，讲究营养，如枸杞子能明目，赤豆能治脚肿，他都注意到。其他副食品，或作食用，或作药用，或两者兼用，他谈起来，头头是道。他是吴人，吴人不大吃辛辣的菜肴，他却例外，因为他夫人娄新华是湘人，湘人什九嗜辣，夫妇共同生活，也就成为习惯了。一自他注意身体健康，知道辛辣味刺激性太厉害，便毅然戒绝不吃了。他有一新发明，说："嗓音失润，以松花皮蛋蘸糖霜啖之，音自响亮。"娄新华也擅丹青，夫妇合作，俨然赵松雪与管夫人，惜早卒。续娶薛昌文，善治家，鸿案相庄，白头到老，今尚健在。

冷月被谬列右派，无事可做，生活又很艰困，不知他从哪里获得一块很细致的石片，花了几个月的工夫，琢成一砚，砚石中间，天然有绿茵茵的影痕，就在砚侧，镌刻"绿萍砚"三字，并加题识，含意为"乐贫"。我和他开玩笑说："人苦贫，而君能乐贫，胸襟自胜人一筹，但我认为乐贫，心中尚有一贫字在，最好能更进一步，不如忘贫吧！"他又喜搜罗印章，散佚后，犹有五百方，一匣一匣地装着，很为齐整，有些自制印套，那是较珍贵的了。作画不论春岚秋壑、翠竹绛莲、夕曛朝曦、风偃雨润，他都有适合的闲章配钤着，有相得益彰之妙。他自己也能奏刀，某次，陈巨来刻一印，深憾章法不惬意，冷月磨去，代为经营位置，巨来喜其古朴，出于意外。钤印亦须轻重得体，巨来谓当代擅于钤印的凡四人，即吴昌硕、张大千、唐云、陶冷月。他和黄宾虹友谊很深，一度同事暨南大学，又一度和宾虹相偕入蜀，原来宾虹应某新创大学之聘，不料该大学以费绌未能成立，致宾虹进退维谷，彷徨无计。而冷月开画展，颇多润资，因此宾虹得济涸辙。有邓只淳其人，赠冷月一金丝竹杖，宾虹为刻"益友"二字。又赠冷月"心迹双清"印章，印有黄小松（易）边款，但是印却同样有两方，一藏博物馆，一即赠冷月者，宾虹谓：他所赠者为真，博物馆所藏者为伪品，而博物馆则谓博物馆者为真，宾虹者为伪，真真伪伪，无从得知了。

他的画幅，所裱的绫子，都是定织的，粗看是一朵朵的团花，细看却为"冷月"二字组成的图案。他的画扇，也是定制的，表面上看不出什么，可是向日光或灯光一照，夹层有"冷月"二字的水印。他间或画五色牡丹，荧煌炫转，缛采缤纷，几如集西施、南威、昭君、飞燕、太真于一堂，而翩翩起舞哩。又画猫尤推能手，我曾见他画猫杰作，一猫蹲于牡丹丛中的石磴上，猫双目炯然有光，我是爱猫成癖的，不自觉地伸手抚之，及触纸素，才悟此非真实猫，无非丹青点染的，于是益叹冷月笔墨的出神入化。

我的孙女有慧，从他画梅，历若干年，窥其门径。不论红梅、绿梅、墨梅、雪梅都有一手，完全出于冷月的指导。有慧为谈冷月训徒有方，凡从他学画的，他往往出纸，命其徒随意画上几笔，乃因材施教。范本很多，由浅入深，由深入古，由古入今，说是这样的画，才有生活气息，才有时代精神，所以临摹和写生，必须相辅而行。有慧临摹到相当程度，他就别出机杼，把一幅示范梅画，花枝自右而左的，命改作自左而右，花枝自下而上的，命改作自上而下，经过多次练习，便能自己创稿，不被临摹所拘。他教山水画，也是如此，临摹到相当程度，他拿出几幅画幅命之移动位置，疏者密之，密者疏之，也无非循循善诱，使学徒走上创作的道路。所以从他学的，无不成绩斐然。

他丹青余暇，喜饮酒，谓"酒可以浇愁，酒可以助兴"。因此他乐则饮，不乐亦饮。独坐则饮，群处亦饮，但能自制，从不醉倒，守着先哲"唯酒无量不及乱"的意旨。他喜糖食，又常以花生浆，调入糖霜，冲饮为食，称之为"素牛奶"。

他子女较多，有娄新华所产的，有薛昌文所产的，都已成家立业。据我所知，有为治、为渝、为沣、为衍、为浤、为俊、为淦。女则为梅玲、正玲。能继画艺，有声社会，则推为浤，不仅能画花卉山水，且能画月景，月景在画坛上，是稀如麟凤的。

冷月晚年多病，偃卧于床，耳失聪，目失明，神智有时不清，经常由王正公医师为之治疗，得稍好转。一度上海文史馆为开冷月师生画展，特备一特制车辆，俾冷月亲临会场，摄了多帧照相。1985年冬，苏州市博物馆，又为开冷月师生画展，那时冷月已不能起床，由为浤赴苏照料，岂知画展开幕之日，即冷月逝世之期，为浤奔丧返沪，已不及见最后一面了。遗画一百数十件，油画则仅两幅。他历年用珂罗版精印的画册若干种，也有活页成套的，这些什九散佚了。

写到这儿，陶为浤来谈，他的父亲冷月所用的印，石质都很精究。曾得一对瓦钮石章，亲加琢磨，然后请金石家吴仲坰镌刻。仲坰名载和，擅书画，治印更具功力，为莫友芝拓《邵亭印存》传世。冷月请刻的，一为"冷月私印"，一为生肖章，冷月属羊，即作羊的圆形。不料仲坰尚未奏刀，便一病逝世，他的后嗣，非此道中人，把所有书画印章，悉数售给朵云轩书画铺，并冷月请刻的一对石章都在内。同时上海有两位冷月，陶冷月之外，别有一位赵冷月，那是书法家，也颇有名的。不知赵冷月怎样得到这个消息，便向书画铺买了回来，请来楚生镌刻的，以偿陶冷月的夙愿。这事有些传奇式，作为小小补文吧！

艺术大师刘海粟

我和艺术大师刘海粟早在 20 世纪 40 年代即相识,而岁月迁流,如今都已白发苍颜。他今年八十有六,我还叨长一岁,诵陆放翁诗"老未全衰亦自奇",真是值得相互庆幸的。近年来,百废俱兴,海粟静极思动,历应各地当局及艺术组织的邀请,天南地北,遍驻游踪,奕奕煌煌,挥其彩笔,因此在家息影的时间很少,又复难得把晤的机会。讵意去秋十月底,忽得在上海大厦握手言欢,并见其夫人夏伊乔,丰采依然,那是何等的欣喜快慰啊!

他精神矍铄,七上黄山,邀游目的是找画材,所以不去则已,一去辄逗留一两个月,对景写生,涉笔不倦。原来黄山的奇妙,在丹青的皴法上,如什么斧劈、披麻、折带、牛毛等等,是应有尽有的。他那幅瀑布,气势奔腾,千丈直泻,骤对这画,令人突然发生错觉,下意识地退却若干步,深恐水花飘沾襟袂,稍一凝神,才知这是画中的银涛,不会离纸而飞溅的,不禁为之哑然失笑。他自己曾这样说着:"我是经过亲身感受,从心灵深处来表达我对黄山的深厚感情的。"那就是天人相接,入于化境了。

他的画路很宽,花卉又别具一格,所作露莲风竹,汀蓼畦兰,那遒致逸趣,充溢缣素。我更爱他的葫芦,藤纠蔓牵,乱而不乱,几乎不是画而是颠旭的狂草,加之敷色漱润,纯任自然,尤为难能可贵。他画牛又独擅胜场。听说,他有一幅墨牛,在美国纽约市场上拍卖,竟有人斥五十万美金购去,真可谓海外奇谈。可惜这幅画,这儿看不到,我们所看到的,是一幅《群牛图》。牛或仰或俯,或正或侧,可比诸唐代韩滉的《五牛图》。但《五牛图》,牛各孤独分画着,他的群牛却相依相偎在一起,在章法上较难布置。且《五牛图》遗貌取神,《群牛图》则阴阳向背,勾勒逼真,把貌和神统一起来,也是较高一筹的。他有时画人物,绘神仙,吴带当风,曹衣出水,在他笔下,不当一回事。书和画,原是一脉相通的,他的书法,纵势取姿,指挥如意,一似其画。总之,他不仅从前人书画矩度中探索,而且还进一步触类于旁艺,仿佛张旭之观公孙大娘舞剑器然。他在黄山,遇到丁玲,便和她切磋琢磨,谈论稗史。曩年在日本东京,遇到柳亚子,就和亚子谈裴伦及苏曼殊的诗歌。当时亚子有一首诗赠给他:

相逢海外不寻常,十载才名各老苍。

一卷裴伦遗集在,断鸿零雁话苏郎。

陆丹林的遗嘱

陆丹林，为南社老社员，我籍隶南社，就是他和许半龙介绍的。他字自在，号非素，其他别署很多，如：枫园、杰夫、凤侣、清桂、逊舆、于勤、甘霖、紫枫、霞菲、肄江、恩和、赤子、居长安、接与翁、楼空老人、顶湖旧侣、淞南吊梦客等都是。广东三水人，生于一八九六年十月一日。幼时，读书粤中达立学堂，孔子诞辰，学校举行祭孔典礼，派他充当陪祭，他反对向偶像行礼，竟被学校记大过一次。后入广州培英学校，该校设在珠江南岸花地，即古代张维屏听松庐原址。这时朱执信主校政，丹林受革命思想的熏陶，于黄花岗之役的前夕，参加同盟会，曾学一年多西医。他初次来到上海，赁居静安寺路中国寰球学生会宿舍，认识学生会主干朱少屏，介入南社。他能书，叶遐庵深许之，劝其多临碑帖，必有所成。但他没有听从遐庵的话，在八法上未求深造，可是他为《南社丛刻》所题的签条，还是遒逸可喜的。他所藏楹联，颇多佳品，如谢无量集古人句云：

我书意造本无法，

此老胸中常有诗。

他觉得甚为得体，珍爱异常。康有为集龚定庵诗成一联以为贻，句云：

天地埋忧毕，

关山拭剑行。

陈散原老人以丹林斋名红树室，为撰联云：

>青山作屏，朝挹爽气；
>
>红树围屋，夜起幽吟。

女书家萧娴，以丹林有碧江柳岸钓月图，作四言联：

>碧江钓月，
>
>柳岸眠琴。

既而知丹林不置琴，认为与事实不符，改易下联为：

>柳岸观鱼。

丹林自己撰了一联：

>愿终老是乡，灯下美人襟上酒；
>
>问归帆何处，碧江烟雨柳堤风。

请徐季龙为之一书。

他性不随俗，行径往往有特殊处，如对于清代书家，不喜爱刘石庵、邓石如、何绍基，有人赠给他，他拒而不纳。认识齐白石，也不要白石老人的画。阅《翁同龢日记》，谓："翁在北京做官时，函中常有叩头跪拜字样，十足奴才态度。罢官返乡，看风水，修坟墓，祀祖宗，简直与鬼为缘。"他有一日，访周梦坡，客厅中，姚虞琴在座，为介绍周家西席金蓉镜（甸丞），丹林开口即说："大名早已听到，是清季湖南靖州大知府。"蓉镜立现局促不安状，原来蓉镜在靖州知府任，曾判革命烈士禹之谟死刑，未免内愧于心，所以最怕提及往事，丹林故意提出，使他难堪。有一次，他到女书家冯文凤处，见室中悬有徐某所绘的小画屏，他请文凤把这画除去，文凤答以"这是徐某裱好送来的"。丹林云："这种恶俗作品，您怎能挂着，岂不辱没自己身份。"立逼文凤把画撤除，文凤犹豫，他代为之。逢到约会，他必准时赶到，对方过了数分钟不来，他认为不守时间信用，便毅然离去。赴丧家吊唁，例不向遗容敬礼，人诘问他，他说："生存时我没有向他行敬礼，为什么死了要向他鞠躬呢？"他每日写日记，什么都写进去，毫无隐讳，抗战时付诸一炬，就此停辍不继。上海大东书局，请他编写《从中兴组织到国共合作》史料，约二十万言，其中颇多珍闻秘事，外间从未发表，材料十之七八，是由陈少白、于右任、谭延闿、徐季龙、唐少川、马君武、冯自由、居觉生、叶遐庵、邹海滨等所口述，由他笔录，惜乎没有刊成，稿都散失了。他和叶遐庵交谊很深，有时遐庵离沪，竟把图章交给丹林，代管经济出入。丹林的著作，有《岭南吟》，这是和杨千里、景定成合刊的。丹林很少作诗，即《南社丛刻》中，亦无诗篇披露，我仅见其题柳亚子《秣陵悲秋图》一绝。如云：

君是秣陵悲秋客，我亦顶湖感旧徒。

秋石惨亡韩情死，青天碧海泪同枯！

《秣陵悲秋图》，乃丁卯岁（1927），亚子追悼张秋石（应春）女士被难于南京市而作的。

丹林有《革命史谭》《革命史话》《当代人物志》，这是世界书局和大东书局替他刊印的。又《枫园琐谈》，连载在《正言报》上，没有单行本。其他尚有一些，我没有寓目。他主编的刊物，以《逸经》，最受社会欢迎。这是半月刊，设社址于沪西愚园路的愚谷村。门类分文学、诗词、史实、艺林、逸闻、人物、纪游、特写、小说、杂志。主持者，为太平天国史学专家简又文，当然该刊登载洪杨史料，较为丰富。丹林为编辑主任，供稿的，如俞平伯、叶恭绰、陈子展、谢刚主、王重民、柳亚子、胡寄尘、郁达夫、林语堂、宋春舫、赵景深、谢兴尧、瞿蜕园、金息侯、徐一士、徐蔚南、谢冰莹、李青崖等，均一时名作家。那冯自由的《革命逸史》等，最初即连载该刊，后来才刊单行本的。

该刊物给稿酬，和一般刊物不同，它不仅计量的方面，尤重于质的高下，字数作为参考而已。又对于名作家，特别尊重和优待，如某作家要求保留原稿，不得沾污，丹林特委事务人员为之誊抄，以副本发排，原稿奉还作家保留。且凡名作家，每篇刊出，将该文多印二十份，寄给作者，俾作者保存。续有所作，即续为复印，积多了，装订一下，俨为一单行本，这个办法很博得作者的欢迎。他首先获得瞿秋白的《多余的话》，载该刊上，销数激增。共出三十六期，第三十七期为章太炎专号，只有校样本，以抗战军兴，没有刊行。所以他所藏的，比外间多一册，引为珍希之品。《逸经》停刊，不久丹林赴香港，主辑具有《逸经》风格的《大风》。

丹林主编的刊物，此外尚有《人之初》，吕白华襄助他，期数不多。又有《中国晚报》《大光报》《国画月刊》《蜜蜂画刊》。蜜蜂画社，创立于1929年，丹林与郑午昌、贺天健、孙雪泥、张善孖、谢公展一同发起。画刊有一小言，略云：

> 蜂微虫，出处以群，动息有序，采花酿蜜，供人甘旨，劳弗辞，功弗居，其义足多。同人集协棉薄，研求美术，撷艺苑之精华，资群众之玩索，志愿所在，窃比于蜂，拮据所得，有类乎蜜。

又有《广东文物》《文化界两周刊》《宇宙风西风逸经联合刊》《道路月刊》等。

《道路月刊》，出版十六年，封面逐期更换，书法家及知名人士，均被罗致，有两百人左右，篆隶真草，各有其体，丹林把这许多墨迹，合裱成册，存社中，作为文献，但在"八一三"战役中失掉。这刊物为上海道路协会所发行，丹林每天去办公，隔邻恰为沪市公用局局长徐佩璜的私人住宅，徐的住宅没装电话，徐以公用局局长身份，经常到道路协会借打，概不付费。有一次适被丹林撞见，佩璜不打招呼，昂然拨着电话机，丹林立加面斥，佩璜怫然作色，诉诸市长吴铁城，吴氏谓："借打电话，扰人办公，且假公济私，亦不合理。"从此徐氏自装电话，不再揩油了。

丹林为人刚直，是他的一贯作风。有一次溥心畬（儒）假上海南京西路康乐酒家举行书画展，事前宴请新闻界及鉴赏家，我和丹林亦在被邀之列，且复同席。这天来宾很多，那爱俪园的姬觉弥（本姓潘，得犹太巨商欧爱司哈同、罗迦陵夫妇的信任，主管爱俪园，交识遗老，附庸风雅，遂为社会知名人士）前来赴宴。这天，姬氏很高兴，酒酣，持杯向各席敬酒，当然大家起立，共干一杯。既而持杯来到我席，丹林瞧不起姬氏，非但不起立为酬，并斥姬氏："我不认识你，干什么杯！"姬氏讨着个没趣，退席而去。又杭州有碧峰居士其人，办一书画社，为客代求当代名家书画，诩谓："任何不易求得的书画家作品，本社均能辗转请托，如愿以偿。"实则该社雇得平素默默无闻的书画和篆刻作手，摹仿伪造，借此骗取润资罢了。这个秘密，给丹林知道了，故意开一书画家名单，其中有健在的，也有逝世的，托言受南洋华侨所委，按这名单，每人作一直幅，并附尺寸，邮寄该社，询问能否办到？那位居士认为这是一注大宗收入，完全包办下来。丹林得此回信，在报上发表文章，带着讥讽说："某社不惜人力物力，为爱好书画者服务，不仅能求当代名家的缣幅，并在天之灵，在地之魄，亦得通其声气，以应所求，为旷古所未有。敬告海内大雅，如此良好机会，幸弗坐失……"不久，该社也就停业。常州谢玉岑词人知道了这事，便和碧峰居士绝交。

某出版社刊有涉及邹容烈士一书，乃柬邀诸同文举行座谈会，每人各赠该书，请提意见，大家都认为内容丰富，史料性强，以及其他种种阿谀之辞，丹林突然发言："这真是活见鬼，年月有极大出入，事实上生死倒置，刊物宜向读者负责，岂容如此草率！"闻者为之愕然。主编在座，立即自我批评，谓："我应负失检之责。"某出版社以丹林耿直敢言，持论正确，遂聘之为顾问。又《永安月刊》，我为编委之一，力主多载掌故一类的作品。丹林写了好多篇，我征求李鸿章后人李伯琦撰写晚清宫廷史迹，伯琦提到李鸿章，辄称"先文忠"，丹林不以为然，谓："在此民国时代，不应当再见封建性的旧谥法。"

丹林预写遗嘱，略云：

> 人总是要去世的，自己做好身后的安排，那是必要的。我离世后，遗体送殡仪馆，不要再换衣服，也不要整容，这是愚蠢的人所做的笨事，切勿盲从，否则是遭掉物料，对死者无补，对生者有损。遗体送到殡仪馆，自行结账，定于何时火葬，不必管它。这样做得洒脱，省却许多无聊琐事。骨灰不要取回，交托殡仪馆即可。因为它没有一些用处，反成累赘的废物。黑纱、纸花和其他形式的东西，和虚伪庸俗的陋习，都应该彻底扫除。即朋好也不须你们通知，我已预托一人代为函知一些朋辈了，我生平集藏的文物，早已星散，现在没有什么，

只剩几件破旧衣服，此外有一端砚，砚底刻有文字，可以留为纪念（此砚为黄宾虹遗物，刻有文字，即宾虹手笔）。至于所存的书，我在世时，还可以看看，其他可选择一些，给大光存阅，因为他爱好史料的。我平日生活俭朴，量入为出，素不负债。近年经济困难，百病丛生，才向友人挪借周转，我在生时，应由我设法归还，死后就不能清偿了，朋友是会体谅的。本件分写两份，一交朱杏如、陆少兰、陆大光收执，一交陆筱丹、余慧蕾、陆敬平、陆禹平收执。

一九七二年三月五日

这年的七月三日，他便逝世，七十六岁。朱杏如是丹林的继室，我见过多次，某岁，吴江朱剑芒夫妇来沪，我和丹林宴请于某酒楼，杏如来伴剑芒夫人。大光、少兰，朱氏所出。筱丹等是前室苏燕翩所出，燕翩参加南社，字凤宜，一作凤仪，广东顺德人，我也见过。凤宜卒，丹林别署凤侣，又署楼空老人，取凤去楼空之意，可见伉俪之情是很笃的。

他是喜写文史掌故的，和我有同癖，因此同文往往把丹林和我并称。当我的《近代野乘》一书付刊，南社陈仲陶赋诗为题云：

掌故罗胸得几人？并时郑陆两嶙峋。

渝州频作荫庐客，绕座风涛茗碗春。

这是指刘禺生客渝时，寓居荫庐，喜与客谈同光以来掌故。仲陶把他作为衬托而已。丹林生前，曾和我作一约定，尔我两人不知谁先死，后死者当为先死者撰写小传，责无旁贷。岂知他竟先我而死，迄今执笔，已逾十载沧桑了。

他参加南社，曾提议柳亚子，把南社的种种经过，编写一部史料性质的书册，可是柳亚子认为社事太烦琐，成员太庞杂，不容易涉笔，愿把所有的资料和图片，供给丹林，请丹林一挥椽笔，可是丹林却敬谢不敏，默尔而息。实则他对于社事和社友是相当熟悉，当时他没有争取撰述，是很可惜的。直至1980年，这个任务，卸在我肩头，我不揣荒陋，编写五十四万言的《南社丛谈》，翌年由上海人民出版社印行，丹林已不及目睹了。

他旅沪数十年，还是乡音未改。记得冒鹤亭前辈，生于广东，因名广生。某年，粤省修志，请鹤亭参加辑政。这时鹤亭误丹林已作古，把他列入儒林传中，丹林知之，引为生入儒林传，这是破例的光荣，叩门往谢，鹤亭向之道歉，遂为订忘年交之始。后来冒鹤亭和丹林时时商榷文字，竟成为文学知己。

丹林一目失明，装一瓷目，宛如天成，人罕知之。一足微蹇，我问了他，才知他早年遇盗，他大胆抵抗，被盗开枪，击中足踝，幸未丧生，但影响步履罢了。

他喜搜书画，有出于遗老的，也有出于革命人士的，截然两个阶级，是处于敌对的地位，他却从艺术角度来看，无分轩轾。在民初，顺德有位书画家温其球，他慕其名，便托同社蔡哲夫代求一画，温慨然为绘《红树室图》，丹林从此以红树室为斋名。此后又倩人为绘《红树丛中自在身图》，又因红树而衍为枫园，别有《枫园读史图》《枫园忆凤图》，题咏纷纷，蔚为大观。他又喜搜罗印章，宜兴储简翁（南强）得一明人所刻的瓷印，恰为"丹林"二字，即寄赠丹林，他大为得意。又红树室印，有简琴斋、杨千里、邓粪翁、王个簃、吴朴堂、朱其石刻的。其石所刻，且有好多字的边款，如云："人是丹林室红树，为冒鹤亭题红树室图句。丹林吾兄属刻，庚子秋日，朱其石并记。"又冯康侯、单孝天、顾青瑶、吴仲坰、李涤、邓尔雅、王福庵、方去疾、秦伯未、张祥凝、千尺楼主等，也都为之奏刀。他复自己试刻自在长老四字朱文印，颇饶古意。总之，他的名章和闲章，凡一百多方，最小者仅二分，出陈巨来手。最大者高四寸，出易大厂手。丹林对于女子刻印，评为顾青瑶胜过谈月色，赵含英又胜过顾青瑶（柳亚子"青兕"二字印，即顾青瑶刻，顾为顾若波孙女）。

丹林和张大千为莫逆交，藏大千画一百多幅。有大千为书的六尺巨联，句云："无忧唯著述，有道即功勋。"集屈大均句，浑成自然，书法大气磅礴，见者无不称为大手笔。他又有大千所绘六尺巨幅荷花，翠盖亭亭，红裳灼灼，甚为绚丽，中华书局印《张大千画集》收入集中，丹林为该集撰一白话长序，时在抗战胜利之后。

他所辑的刊物，有一种《中国美术年鉴》，这是民国三十六年（1947），上海市文化运动委员会出版，王端（扆昌）主编。他和戚叔玉、姜丹书、俞剑华、屠诗聘、王小摩为编审委员。若干年前，香港某出版社把这书影印一下，称之为《中国现代艺术家像传》，列丹林为主编。《年鉴》内容，有师承纪略、书画、篆刻、竹刻、木刻、牙刻、雕塑、摄影、图案、论文及工艺、染织、建筑、舞台设计等，香港影印本，仅取传略一部分，余都删去。影印本出版，丹林已作古人了。

造型创新画家潘天寿

一代大师吴昌硕,桃李门墙,一时称盛,潘天寿是昌硕晚年的得意弟子,《吴昌硕作品集》出版,时为1957年,天寿即撰有《回忆吴昌硕先生》一文以代序,述及师生之谊,不妨摘录于此,以见其实况,如云:

我在二十七岁的时候,到沪任教于上海美专。得老友诸闻韵的介绍,始和昌硕先生认识。那时候,先生年龄已近八十了。身体虽稍清癯,而精神却很充沛。每日上午大概作画,下午大概休息。先生和易近人,喜谐语,在休息的时间中,很喜欢有朋友和他谈天。我和先生认识以后,以年龄的相差,自然以晚辈自居,态度恭敬,而先生却不以此而有所距离,因此谈论诗画更多请益。回想种种,如在眼前。那深情古道,淡而弥永,真有不可以语言形容之慨。有一天下午,我去看昌硕先生,正是他午睡初醒之后,精神甚好,就随便谈起诗和画来。谈论中,我的意见,颇和他的主张相合,他很高兴,第二天就特地写成一副集古诗句的篆书对联送给我,对联的句子,上联是"天惊地怪见落笔",下联是"巷语街谈总入诗"。昌硕先生看古今人的诗文书画等等,往往不加评语,看普通晚辈的诗文书画,也往往不加评语,这是他平常的态度,他送给我这副篆书集联,自然是奖励勖勉,实觉得有些受不起。也更觉得郑重而可宝贵,很小心地什袭珍藏,惜在抗战中失去。回忆联中所写的篆字,用锥画沙之笔,有渴骥奔泉之势。不论一竖一横，至今尚深深印于脑中而不磨灭。

从这篇文章中，显见天寿对于昌硕的尊重，两人的交谊也可见一斑。

凡作设色花卉，那么需要藤黄、石绿、花青、胭脂，记得我师胡石予先生画梅三十年，大都是水墨的，间或应人点品也画红梅，题句有云：胭脂买得须珍重，不画唐人富贵花（指牡丹）。此后画家废胭脂不用，改用西洋红，不仅简单化而又色泽浓艳，可自哪位画家开始谁也说不出来。潘天寿却又归功于昌硕，如云：

> 昌硕先生绘画设色方面，能打开古人的旧套，最显著的例子，是喜用西洋红，西洋红的颜色，原是海运开通后来中国的。我国在任伯年以前，未曾有人用它来画国画，用西洋红画国画，可说开始自昌硕先生。因为西洋红的红色深红而且古厚，可以补足胭脂淡薄的缺点，再则深红古厚的西洋红色彩，可以配合先生古厚朴茂的绘画风格，因此极欢喜用它。

这个带有掌故性的常识，凡从事绘画者所应当知晓的。

天寿生于浙江宁海县北乡冠庄村，时为丁酉三月十二日（1897年2月14日），生肖属鸡。书香门第，父秉璋清县学生员，擅书法，母周氏，贤淑劳瘁。下世时天寿仅七岁，抱企瞻之痛。艺人大都名号累累，天寿也不例外，据潘公凯的《潘天寿传略》及《潘天寿年表》得知他原名天授，谐声为天寿、阿寿。幼年家贫，曾樵牧于西山雷婆头峰，别署雷婆头峰寿者。又心阿兰若住持，那就性耽禅悦了。

他七岁入私塾，既而进县城小学递升浙江省立第一师范学校，课余即喜绘画，摹临《芥子园画谱》，自学篆刻及书法，以天资颖慧，均有相当造诣，驰誉乡邦。1923年始到上海，得吴昌硕赏识，从之为师，一方面任上海美专中国画教授，时新华艺专方成立，兼为新华艺专教育主任。编撰《中国绘画史》作为教材，同时俞剑华亦编有《中国绘画史》，称为瑜亮，两书备受读者欢迎，后均脱销。奈坊间重印了俞著三次，潘著仅两次而止，迄今难以访觅，更珍似拱璧了。

天寿的《中国绘画史》是他生平的主要作品，我所寓目的，便是上海人民美术出版社的重印本，分古代史、上世史、中世史、近世史共四编，要以三、四编所述为详。有弁言、结论及域外绘画流入中土考略。铜版图片三十二帧，如晋顾恺之的《女史箴图》，唐吴道子的《释迦降生图》、李思训的《江帆楼阁图》、王维的《伏生授经图》、韩幹的《照夜白图》，五代荆浩的《匡庐图》，宋巨然的《秋山问道图》、郭熙的《早春图》，马远的《探梅图》，元王蒙的《秋山草堂图》，明徐渭的《青藤书屋图》、唐寅的《山路松声图》，清八大的《荷花翠鸟》、恽南田的《五清图》，都是代表作，铸版又很清晰，足资观赏。

他一度任浙江美术学院院长。闻花鸟画家陆抑非名，延之执教中国画系直至如今，造就人才很多，兹虽年迈，犹带研究生若干。朝斯夕斯，训导不倦，凡谈到陆抑非，也就谈到潘天寿。

杨成寅集了天寿的画语全录，数千言，金针度世，非常可贵，摭取数则，以窥一斑。如云："自然的形和色，不等于画，人们说西湖风景美如画，而不说西湖风景就是画，意思是说画是艺术，画比自然风景更美，是高于自然的。故西湖风景虽好，只能说如画，人类必须有艺术，禽与兽不可能有艺术，艺术是人类在劳动中依靠自己的智慧、思想感情，凭借工具、环境，以及历史积累的经验创造出来的。"又："作画必须有艺术处理。这里就有艺术的问题，而不是纯科学的问题，纯科学讲效能，而不讲形式和精神。电灯是爱迪生发明的，别人可以仿造，仿造出来的东西，与被仿造出来的东西价值同等，不分这是美国的形式精神，那是法国的形式精神，艺术却不然了。对同一题材不同的艺术，必须有不同的处理。这个画家画成这个样子，那个画家画成那个样子，十个画家画得各不相同，不同才是艺术。"又："造型要不一般，造型一般，不能别开生面，但别开生面也要使人懂，只追求奇，而脱离对象，而不知其为何物，那是欺人的。"又："中国画的布局，一般都是上轻下重的，这符合物理学上地心引力的道理，重则有下沉的引力感觉，也合乎一般的生活感觉。中国画是直挂的，布局上需要头轻脚重，才感舒服，头重脚轻的布局，则感到不舒服。"又："画中印章的朱红色，沉着鲜明热闹而有刺激力。在画面题款下，用一方或两方名号章，往往能使全幅的精神提起，起首压角章，也与名号章一样，可以使画面色彩变化呼应，破除平板，能使画更丰富更具有独特的形式美。"说法都很新颖。

他对于当代画家，尤其是辈分较高的，都很尊敬，且独具只眼，别有看法，如谓吴昌硕云："昌硕先生在绘画方面，全以他篆书的用笔移到画面上来，苍茫古厚，不可一世。"他自己也以为用钟鼎籀之笔入画，是他的特点。他作画，极力主张气势。他常说："作画时须凭一股气。"谓黄宾虹云："宾虹先生有时为了突出画眼（如山水画中的人物），便将四周之山虚掉。有时虚是为了使前后分明。有时虚是为了使人有思索之余地。他晚年的山水，往往千山皆黑，乍一看，竟是黑到满幅一片。然而满片黑中往往画些房子和人物，所画的房子和房子四周都是很明亮的，房子里又常画有小人物，总是更明亮。人在重山密林中行走，人的四周，总是留出空白，使人的轮廓很分明，故人和房子都能很空灵地突出，这就是利用空白使主题突出的办法。"谓齐白石云："齐白石先生的画，六十以后，才别具一格。他绘画上的设色布局等大体从昌硕先生而来，加以自己的变化，表面上看，他的这种风格，可说与昌硕先生无涉，但仔细看，实从昌硕先生系统中支分而出。"

天寿对于指画颇有研究和兴趣，所以他的《中国绘画史》叙述较详。据云："清以前，未之前闻，仅《历代名画记》张璪手摸绢素，乃指画之始，至清初高其佩以指画驰誉，凡花木、鸟兽、人物、山水，靡不精妙，雨烟远树，蓑笠野翁，云气飘拂，更为奇绝。"以其难度高，颇乏继承人，天寿确是一位后起者，用指如挥毫，甚至指头的气息，胜于笔底的烟云，在艺术上是别树一帜的。

他的书画，刊有《潘天寿书画集》上、下二册，那是北京人民美术出版社出版的，画共三百一十六幅，书法十三轴，图章四方。附其哲嗣潘公凯为父所撰的《传略》，李蒂的《潘天寿的美术活动年表》，王靖宪的《潘天寿的艺术思想及其创作》，此文旁征博引，最为详赡。惜书版只三十二开本，黑白印，不能见其作画和敷色的气魄。

从天寿学画的数以千计，但我所知不多，仅能举一二，如吴冠中，他和乃师天寿很密切，并知道天寿的饮食嗜好，喜啖炒面，常备炒面，供师朵颐大快，可知对于老师的生活是无微不至的。当抗战时期，学校西迁，在农村上课，条件很差。冠中等跟随着他，后来天寿回浙江探亲，冠中这些穿草鞋的穷学生，依依不舍步行送天寿到青木关，抢着替师父挑行李，天寿死，冠中还撰了一篇纪念的文章《潘天寿绘画的造型特色》。又如寿崇德，他早岁酷爱绘画，得天寿的《白社画集》，对于天寿十分敬羡，那时天寿在重庆，他只十六岁，只身入蜀，访得了天寿，天寿感其赤诚专志，纳入他所主持的国立艺专，并引见了林风眠、吴茀之、吕凤子等画师。崇德努力潜修，颇有成就，历年来天寿为崇德绘了《蜀山烟雨图》，且为题画二十余幅，给彼的信札数十通，是为永久的纪念。还有一位白凡，他是天寿执教杭州艺专的学生。天寿还有一个很有名的学生，大家都不知道，那就是小说家和园艺家的周瘦鹃，从他学画花卉，可是学了一年，东涂西抹，没有成就，便半途而废了。

天寿通英文，他的《中国绘画史》中涉及他自己的学习办学：

> 民二年春，我每天到乌始光家里补习英文，晚间在四川路青年会夜馆念书。某日，在始光家里，遇见了刘季芳，就是现在上海美专校长刘海粟。季芳和始光，都是周湘背景传习所的画友，从那天起还合了丁悚、夏剑康、杨柳桥等五六人，想筹备一个图画学校。那时候季芳比我小二岁，始光比我大九岁，始光在上海住得较久，普通的英文，很能对付。我会见季芳那一天中午，始光请客，邀季芳和我三个人，便到乍浦路日本人开的料理店宝亭午餐，从窗口望出去，看见对面墙上，贴着招租字条，是一幢半中半西式的房子，餐后，打听房价不贵，就由始光赁定下来，我们一起办起上海图画美术院，这就是上海美专的始基。

天寿擅我家郑虔三绝之才，又复工诗，刊有《诗剩》《听天阁诗存》，此外又有《听天阁画谈随笔》，也颇多涉及诗。他到雁荡山写生，即有一诗：

  一夜黄梅雨后时，峰峰云白更多姿。
  万条飞瀑千条涧，此是雁山第一奇。

其他零什诗句，都很耐人玩索，如：

  笔砚永朝朝，流离真岁岁。

  不入时缘从我好，聊安懒未与心违。

  书空乞米天为帖，叱指点金人来仙。

  涉世已疲牛马走，点睛为破壁龙飞。

  画题那么一句，如画竹，写上："斜风细雨做春寒。"画兰题："淡到无言自可人。"画荷题："晚风暗递苦荷香。"又："芰荷一院上楼栏。"画鸡题："一篱草色长鸡雏。"画山水题："雨后千山铁铸成。"画雁题："秋酣南国雁初飞。"画松题："暮色苍茫看劲松。"都是具有情趣的。

  书通于画，天寿是位画家，也是一位书家，但外间谈他画的多，谈他书的少。我友沙孟海是书法名手，却著有《潘天寿的书法》一篇，当然说的都是内家话，足以证实的。他说：天寿的隶书、行书，境界很高，他自己平日题写，也用这两体为多，我们欣赏他的隶书，要从平中求奇，奇中求平，才能得其实际，他的行笔对晋唐法帖，有相当厚的基础。中年以后，特别喜爱黄石斋，但也不以黄石斋的成法自囿。运笔方圆并用，变化多姿，同时应用绘画上经营位置的技法来经营字幅，大小疏密，斜正错落，一任自然。天寿自己也说："作大写意之水墨画，如书法家之写大草，执笔宜稍高，运笔须悬腕，利用全身的体力、臂力、腕力，才能得写意的气势，以突出物体之神态。作工细绘画之执笔、运笔，与写小正楷略同。"他在1963年曾担任中国书法家代表团副团长访问日本。同年，他在他所负责的浙江美术学院开设书法篆刻班，为以前所没有。谈到篆刻，天寿也是一位能手。他自用的名章、斋名章以及闲章，大都是他自行奏刀的，有朱文，有白文，有深雕，有浅刻，尤其那"一指禅"三字印，更属舒展自如。他自己说："画事不仅三绝，而须四全。中国的诗文、书法、印章都有极高的艺术成就。所以绘画熔诗、书、印于一炉，极大地增加了绘画的艺术性。"

他遍访名山，游览胜景，无处不是诗情，无处不是画意，画过泰山南天门、杭州美女峰和钱塘江、长城的云台，以及雁荡山、小龙湫等地，又有山河新貌，画了《江山如此多娇》《秦皇岛外打鱼船》。他为了职业，到过湖南沅陵、四川重庆、云南昆明，随处挥洒，画境大开。又在安徽黄山逗留了一个时期。

回忆我古稀之年，腰脚犹健，步行直登天都峰、莲花峰。当时《人民画报》的记者，诠为奇迹，为我拍了好多帧照片，登在《画报》上。我在半山，晤见了画家唐云，承唐云见告潘天寿也在黄山休养，并说明住处，我欣然往访，岂知他外出疏散，也就有唐人诗"松下问童子，言师采药去。只在此山中，云深不知处"之慨。但认为来日方长，识荆有待。岂知此后各奔前程，始终没有遇合的机会，也就缘悭一面，引为遗憾了。

天寿虽死，但终于昭雪，恢复了名誉，大家称快之余，为他举行画展及座谈会以志纪念。这个会到的人很多，如王朝闻、李苦禅、常书鸿、庞薰琹、蔡若虹、刘开渠、潘絜兹、胡絜青，都发了言，一致承认天寿是位有艺有德的大师。从他的画论来看，又是不平凡的哲学家。他不是影响一时的名家，而是影响后代的大家。他深入地研究传统而在这基础上创造了新的艺术。也有风趣地比喻天寿的画是在演黑头戏的张飞，粗壮中别有妩媚。

1981年，浙江美术学院学报编辑部刊印了《新美术》，作为纪念潘天寿的画册，图文并茂，丰富多彩。封面就是天寿的墨乌鸦，刚劲生辣，仿着八大山人，确是天寿的代表作。从这专册中，得知天寿的遗著，尚有《自述》《中国书法史》《顾恺之》《中国画院考》《中国国画题款之研究》《中国绘画的民族风格》《中国画的基本训练》《谈中国画的布局》《治印丛谈》等。他一生是勤于笔墨的，他自己却别署懒道人，实则是位勤道人。

闻杭州建有潘天寿纪念馆，可是我蹇于步履，杜门不出，没去参观过，只得系诸梦寐了。

书法大家林散之

林散之，名霖，以两耳失聪，一署散耳，我辑《南社丛谈》，他即署散耳为书扉页。他喜书、诗、画，耽此不倦，自称三痴生，但他于三者，认为功力上，诗第一，刊有《江上诗存》三十六卷，又外编六卷。书次之，画又次之。然客观评论，大都推崇他的书法居最高位。他爱清洁，时赴附近一浴堂洗浴，堂分二浴池，一温度较低，人都就之，一个温度较高，患皮肤病者，借以杀菌。散之年逾古稀，足力较弱，不慎滑入高温度的浴池中，致被烫伤，从此行走不便，自号半残老人。

散之，于1898年，出生江苏省江浦县乌江江家坂，颖慧胜常童，嗜书画，波磔点染，自成章法，先后从书法家范培开及清季进士张栗庵游，有出蓝之誉。既而从国画大师黄宾虹画山水，学金石博古，艺径大开，得益更宏。

有某赠老人以金鱼若干尾，他即致一短札给其忘年相契之陈慎之云："我家金鱼真正好，头小眼小尾巴小，君如不信请来瞧，却是龙种天下少。"慎之赶忙领命前去观赏，一见为之匿笑，便选取了几尾送给老人，谓："此乃真正的龙种。"老人大笑。慎之是经常趋候的，有一段时间，因事忙疏于领教，老人语含责怪之意，慎之向之道歉。老人在纸上写道："我今天宽恕你，下次请你常跑跑。我也如邵子退一样走了。"原来邵子退是老人的旧交，不久前逝世。

因邵子退想到散老念旧情深，异于常人。在1983年，市书法协会和南京电视台合拍《林散之》艺术片，在拍摄过程中，散老提议一定要去乌江,为相交数十年的老友邵子退,摄一镜头。于是摄制组专程前往,那邵子退住在一个简陋的屋子里,久病卧床,散老握住他的手,子退难于站立,后面由人撑着,才得勉强摄取。这片是散老的弟子章炳文编导的,曾对他的老师,有这样几句颂扬的话:"老师的为人,生前逝后无可非议,这实在是不容易啊!淡名利,重情谊,是我们中华民族的优良传统,无论昨天、今天、明天都是需要的。"

还有散老的高足尹树人,谈到散老和高二适的情谊,也是令人敬仰的。散老和东台高二适初次见面,那是1962年,二适访散老于湖上寓庐,长游深谈,抗怀今昔,散老立成一诗云:

小阁江南夜,风尘揖上宾。

人间初见面,天外正逢春。

此后时相交往,杯酒论文,一次二适和郭沫若争辩《兰亭序》真伪,沫若斥之为伪,迹近武断,二适提出若干证据,引以为真,散老认为有卓见支持之,二适对散老益深知己之感。从此馈赠相投,二适以西蜀霜橘贻散老,散老以阳澄肥蟹为报。礼轻情重,心心相照。1977年,二适谢世于南京,散老以泪和墨,撰写一联以挽之:

风雨忆江南,杯酒论诗,自许平生得诤友;

烟波惊湖上,衰残含泪,那堪昨夜写君碑。

原来"江南诗人高二适之墓"的墓碑也是散老手写的。除了书碑撰联,还亲往高宅吊唁,坐在二适书桌前,久久不肯离去,陪同散老的嗣君昌庚,恐其翁悲伤过度,多次劝返,散老却连连摇手,大声说:"为什么不让我多坐些时候?"在旁闻者,无不为之动容,数日后，散老以哀恸失健，未能出席二适的追悼会，乃写了一信致二适的女儿可可："余自尊大人去世后，即将心脏查一查，鼓楼许同庆医生说心律不齐有杂音，要注意，不能多写字和其他动作。我那天写那副挽联心里空虚，发慌，才到医院去查的。所以赶快回到乡下，休养一时。因南京找写字的人太多，无法摆脱。那天尊大人出殡，未能前来，罪甚罪甚！你母亲面前代为致意问好。"信中还谈到对故友身后事的关注，随信附有与亚明笔谈的一份稿子，内容有追悼会的筹办和规格，丧葬费及抚恤金问题，遗作的整理出版问题，等等。一片深情，流溢于字里行间，当二适逝世十周年时，散老作诗纪念，并有跋云："自二适去世后，无人可与谈诗，哀哉痛哉！"出版了《林散之书法选集》，即寄二适女可可，题写"丙寅年（1986）十一月二十二日，于玄武湖畔九十老人林散之"，犹不忘故人之后。1987年，江苏省美术馆，举行高二适遗作展览会，散老坐了轮椅，由学生推挽而去。有些作品，陈列在三楼，学生且把轮椅抬上三楼，可见他桃李门墙的弟子，对于老师也是情至礼尽的。当南京市书法协会，编刊了《金陵书谈》一书，散老的弟子及故旧如尉天池、徐纯原、陈乐村、桑作楷、冯仲华、迟明、萧平、张尔宾、王宜早、李不殊、杨康乐、徐利明、石怀玺等，每人撰写了一篇，提供了许多难得的资料，我就博罗约取，充实了我的写作，这是足以感谢的。

　　散老为了写生，遍游太白终南、峨眉等名山，历程一万八千余里，且有些是很惊险的，知师莫若弟子，尤其高足李秋水记之更详，兹略转一些如下：

　　　　当1935年，首途嵩山，在孝义径的旅店是窑洞，店主人知道他去嵩山,劝说:前途多匪,请他改了行装,敝衣破帽,作流氓打扮,以免被劫。在嵩山登上高岩,有些地方,崖断横之以木,架为阁道,一望无底,为之战战兢兢。由白鹤观再上真武庙,径绝仄,又陡又滑,云气迷蒙,咫尺莫辨,足疲坐石稍息,云雾越来越多,绵绵密密,把人裹在其中,上不见天,下不见地。少顷,大风吹来,豁然开朗,见所坐断石,在壁立千仞旁,移动一步,即坠落深渊,粉身碎骨,散老吓得神魂俱失。又探华山博台,相传是陈抟的弈棋处,散老偕一樵者、一采药人,结伴行,樵者在前,采药人在后,散老在中间,望见对面的博台,由崖鱼贯而下,约数十丈,手握铁索,脚顺随之移动,索尽摩崖而渡,反侧九折,复从石隙,仰上数百步,才至博台顶,台危然耸立,四无依附,散老为之懔懔然。回到住宿处,因太劳累,致手足不能屈伸。又太白山乃秦岭最高峰,散老雇了张某,为他肩挑行囊,从云头口入山,缘峭壁行,沿路多野兽遗矢,大惧,疾走至平安寺,久毁于火,成为一片荒址,时日已西沉,前去为牧羊寺,后退为斗母宫,各二十里进退无计。正惶恐间,张某在左近找到一个石洞,地上铺有干草,似有人住过,张某忙搬乱石作为洞门,睡时,两人用脊背抵住洞石,意为即有兽来,可挡一阵。夜深,果闻嚎啸声,山鸣谷应,其声极凄厉,渐近洞外,呼吸气粗逾牛,两人益惊恐,不敢动。少顷,声渐去渐远,究不知是虎是熊。彻夜未眠。寒甚,微见晨曦,即离洞急奔,山愈高愈陡愈冷,穿上所带衣服,犹感瑟缩,日色无光,阴森惨栗,殆非人境。至金锁关,峰峦排列,草木不生。仰上,数里为大太白池,山石纯白，与雪浑成一色，觅一土坑宿，取池水治饭，水寒彻骨，炊饭不熟，半生食之。夜风大吼，雪大似掌，大骇，共张某商议，如风雪封山，携粮尽，奈何？相对默然。一天，散老坐崖间勾勒画稿，隐约听到鼾声，心想莫非有什么名僧高道，在附近参禅修炼，机缘难得，遂攀藤附葛，寻声走去。鼾声已在脚下，俯身向下一看，万没有料到有两条黄褐色大蟒，身在洞中，两头伸出洞外，头粗似桶，这一惊非同小可，屏住呼吸，轻轻翻身就逃，越急两腿越软，浑身冒汗，回到原处，催张某挑起行李，快快避走，两人没命地跑，一口气翻过一座山，到了一个小山村，才敢停下来。又游黄山，登天都峰，流连观赏，不知山中落日光景短促，暮色沉沉，散老大惊，天怎么黑得这样快，慌忙下山，翻过鲫鱼背（胜迹之一），黄山已被夜幕严严裹住，急得大喊，没人接应，自忖必冻死在天都峰了。忽有人提着灯笼，敲着梆子走来，原来是文殊院的和尚，每晚都来作一巡查，以救被困的游客，散老感激之余，连呼："善哉！善哉！"凡此种种，均属险境，可是他老人家大胆作风，说："奇境都在险恶处，不冒险，怎能探奇涉胜呢？"在旅途中，投宿前，他故意打开行囊，任人检点，其中尽是画稿和诗稿，知无利可图，才免被害；复遇无可理喻的兵卒，硬把他作为奸细，囚禁了数天，才得释放。在这壮游中，得画稿八百多幅，诗二百多首，游记若干首，散老认为绝大收获。

听说李秋水，还是他的女婿。

散老在旅途中，最感兴趣的，是峨眉九老洞的驯猴，游客去九老洞，先在入口处，把银圆向专司其事的和尚换取铜钱，一元可换铜钱几百枚，入山峙夹道有数不清的猴子，伸手要钱，游客便给每只猴子一枚，它们得钱即跳跃而去，不给，便抓住你的衣服不放，猴子得钱交给和尚，和尚把钱收购花生、干果及栗子、山芋、玉米等食物，待到冬季雨雪封山，每日定时定量发给猴子们。散老临此，引为见所未见，喜成一诗，记得其四句：

　　此中有驯猴，时时清啸哀。

　　老僧唤之来，饲之以青梅。

散老有一本手写的诗稿，由其嗣君林昌庚保存下来，捐献给安徽省马鞍山市采石公园，太白楼旁的林散之艺术馆。昌庚谈到这本诗稿，由散老自己装订，封面且亲笔写"古棠三痴生拙稿"，扉页具着自己当时的名字"林霖"，钤"痴墨"印章，末页用行书写"甲寅（1914）九月十三日午时"，共二十七页，录诗一百十七首，用的是竹纸，大部分在稿本上作过修改，有的改动较少，有的完全没有改动。甲寅年，散老只十七岁，是他从范培开学习书法的第二年。可见这时他的书法已开始形成自己的风格，凡熟悉他书法的人，一看便知这是林散之的字，这说明尽管后来的书法不断变化，但基本面貌和少年的字仍然是一脉贯通的。此后尚有《江上诗存》三十六卷，当时由其弟子胡舜庆助之选录，再请四明词人李白野誊抄，舜庆尤爱其中论艺纪游诗，别辑为《散翁论艺诗目》，送呈其师留存。

散老的书名很大，当时人称他为"南京的沈尹默"，而称沈尹默为"上海的林散之"。有位庄希祖论断很中肯："楷书从唐人入手，后习魏碑；隶书遍临隶碑碣，集各家之长，成自己之貌；行书学王、学米，习李北海、王孟津，并掺入其师黄宾虹笔意；草书成就，最为突出，不论是笔墨线条的内蕴，还是结体章法的布置，以及激情的倾注，神采的外耀，均达到出神入化的境界。"他的草书手卷，有《李白草书歌行》，由江苏美术出版社出版，是他七十六岁的作品。

散老的画，流传不多，且画名为书名所掩，实则他著有《山水类编》，很自负说："不能诗，便不能画。"他既享盛名，对于老师黄宾虹还是推崇备至，张尔宾是散老的学画弟子，散老指导说："古人名迹罕见，不必舍近求远，从中国绘画传统的浩渺烟海中，我感到黄宾虹先生的造诣，博大精深，是集中国绘画传统之大成者，是承前启后的一代宗师。"那傅雷号怒庵，是宾虹的好友，收罗宾虹的画，兼及散老的画，都有相当的数量。

散老又擅刻印，有《论印诗》未发表。他五十年前，受黄宾虹影响，刻过不少印，并藏有许多印谱，此后目力不济，便不刻了。

他的江上草堂，是在乌江缑山，环境很好，据到过他那里的单人耘说："草堂前有一块平地，通向柿园的竹篱门，旁有一株樱桃树，暮春时节，樱花盛开，小溪边，摇曳着几行垂柳，新绿映入门扉，一排四五间瓦屋，砖砌庭院，日间很静，没有人来，蜜蜂嗡嗡地飞来飞去。散老坐在一张藤椅上，手持一卷，朗声吟哦，把乌江特有的口音拉长，显得高亢、苍凉，好听极了。"

散老所用的手杖，足以一述，起先乃一根竹杖，是出门用的，截取竹子，把它打通，其中塞以纸币，裹着金戒指二枚，然后两头坚密地封着，这是防途中遇盗，洗劫一空，留此则生活无忧。回家后，散老将其给母亲使用。散老晚年用的是藤杖，纠结斑斓，甚为可喜。一天，他的弟子某侍师游玄武湖动物园，以杖引逗猴子，被猴子夺去，再三设法，始得取回，然已被猴子折了半段，不能用了。

散老逝世于1989年12月6日，享年九十二岁，这时他寓太平门外南京林业大学宿舍，由宿舍进鼓楼医院。临卒前还和学生谈话，可见他的绝命，是没有什么痛苦的。

散老的琐琐屑屑，这儿补叙一下，也使人回味。他喜啖玉米，在江上草堂柿园外，就有一大片玉米地，他认为在乌江江浦乡间，吃到新煮的玉米，是其味无穷的。他玩雨花石，以十八枚彩色雨花石，请一玉工师傅，每枚钻个小孔，用丝线穿起来，成为一串佛珠，经常摩挲作为消遣。他又很风趣，有一位端木丽生，拜他为师，他不收，问他缘故，他笑着说："端木这个复姓，是孔老夫子七十二贤子贡的后代。先贤之后我收了，孔老夫子定要发火，打我板子。"他又很慈祥，一次夜半，他一觉醒来，听得锯树声，知道是偷树的。他穿了衣服起身，轻着脚步，走到偷树人背后，偷树人突然发觉，即叩首求恕想溜走，他却叫住了这人，对他说："树已锯了一半，留来没有用，索性锯了去，尚可卖几钱，以后如有需用，不妨白天来，说明一声，偷偷摸摸干什么！"他打太极拳，很有功力，和他一同打拳的何雪芦称："林老打太极拳，犹如他写草书，柔里含刚，动中寓静，绵绵不断，神完气足。"他晚年耳聋，室中常备着铅笔和纸条，客来辄作笔谈，这些纸条，尚保存未失。我友汪孝文，珍藏散老山水一幅，乃与王伯敏、朱砚英、程啸天、段无染所作合装一卷，名《栖霞请益图》，委我题识，盖五子都是黄宾虹弟子，栖霞为宾虹所在，真所谓琴樽几辈，衣钵传人，亦属可珍之文献。

邓粪翁、邓国治父女

从前孔老夫子这样说："不得中行而与之，必也狂狷乎！"由此可见狂与狷，犹为宣圣所容许，不摈诸门墙之外。在我的朋侪中，狷者多而狂者少，狂的方面，如吴兴赵苕狂、吴中尤半狂，竟把狂字来标名，当然是狂的了，也有不标名狂而实际很狂的，邓散木便是其中之一。

邓散木于清光绪二十四年（1898）生在上海，乳名菊初，原来是东篱菊秀的时节，呱呱坠地的。这个乳名，大家都不知道，连得他的正式学名，能举出的也罕有其人。直至散木逝世，他的女儿邓国治撰写了一篇《我的父亲邓散木》，在该文中，提到他的学名邓士杰。《中国书法大辞典》编撰较早，时散木尚在人世，在世的例不列入，可是却收入另一个邓士杰，则云："清人，字贯伦，闽人，流寓嘉定，孚嘉弟。善刻竹。"可知是同姓名的邓士杰了。

他从常熟赵石农（古泥）学篆刻，刻印用铁笔，且他秉性刚强，和铁差不多，便署名钝铁，后又觉得钝字和他的姓谐音，乃略去这个钝字，径称邓铁。邓铁成了名，有人把他和吴苦铁（昌硕的别署）、王冰铁、钱瘦铁，合称为江南四铁。他的邓铁署名，一直用到三十岁，才废之不用，改署粪翁。粪为秽物，为一般人所不取，他却一反其道而乐取之。实则，粪字有扫除的意思，《左传》"小人粪除先人之敝庐"，《国语》"絜其粪除"，那是作动词用的。他认为旧社会太肮脏，非扫除一下不可。此外还有一个含义，他幼年读书上海华童公学，这是一所英国人办的教会学校，注重外文，听说毕业了可直升香港大学。有一次，英国校长康普，无端责备他，他不服气，康普在他头上敲了一下，他大为气愤，自动退学，不愿受这种奴化教育。这个粪翁取名，就带有佛头着粪的余愤。他的书法篆刻既高人一等，不久这粪翁之名，又为社会人士所习知了。

曾经有一个富商，愿出厚润，求他的书件，但请不署粪翁而署邓铁，他大不高兴，坚决拒绝。又有贵人，请他撰写墓志，也同样提出不署粪翁的要求，他也置之不理。其时报纸上，曾有一段小文记载其事，如云：

> 某公钦其艺，斥巨资，托与翁之素稔者，求为其亡母著墓志，并书其碑，唯不喜翁之名粪，请更易之，与翁之素稔者，亦婉言劝其通融，翁怫然曰：公厌我名耶？美名者滔滔天下皆是，奚取于我？我固贫，宁灶冷，易名非石难转也。

实则他鄙视富贵，而尊敬蓄道德能文章的前辈先生，吴江金鹤望，著有《天放楼诗文集》及《孤根集》《皖志列传》，为散木所钦佩，而鹤望也很推重散木的草书，谓有清以来，作真篆隶者，大有其人，草书寥寥无几，粪翁乃一夫荷戟，万夫趑趄者，便请他作一草书联，亦要求他复用邓铁署名，散木竟从善若流，一开其例，毅然萃力写一草书楹联，署邓铁奉呈鹤望，鹤望诗以谢之。

散木以粪翁署名时，榜其斋为厕间楼，朋好来访，称之为登坑，且自刻小印："遗臭万年""逐臭之夫"。一次，假座宁波同乡会举行他个人书法篆刻展，请帖印在拭秽的草纸上，印刷所不接受，再三婉商，才得允许。付了印刷费，及印成，印刷所复提出要补偿油墨费，因草纸质松，吸收油墨特多，当时是出于意料之外的。我藏有这份草纸请帖，保存了多年。

他的署名，由邓钝铁而邓铁，由邓铁而粪翁，由粪翁而散木，由散木而一足。分成五个阶段，以时期言，用粪翁署名为最长，用一足署名为最短。他所以用散木代替粪翁，也有他的思想过程，一则接受了金鹤望的教益，一则粪翁署名太久了，有些厌烦。一则笺扇庄代收他的书件，有些商人请写市招，总觉得粪字不登大雅之堂，坐失了应有的润资。一则他傲气稍敛，取名散木，带有谦抑的意思（《庄子》："匠石曰：己矣，勿言之矣，散木也。"乃是指无用之木而言）。书件之多，收入之丰，以散木署名时为最高峰。至于取名一足，那是在1950年之后，他应教育出版社之请写小学语文课本，及写铅字铜模，又参加中国书法研究社，主持书法讲座，又参加筹办第一届时人书法展览等，做了许多工作。1957年后，他三次进医院，两次施行大手术，还是很坚强地顶着，后来因血管阻塞，截去了左下肢，从这时起，便自署一足，又因《尚书》"夔一足"，便把所作的诗，名之为"夔言"，又刻了一方印章"白头唯有赤心存"。

致残后，杜门不出，注释了《荀子》二十三章，数十万言，还诠释了《书谱》及《欧阳结体三十六法》等古代书法理论。又撰《中国书法演变简史》《怎样临帖》《草书写法》等书法普及读物。这些著述手稿都保存着，直至他逝世后十六年，才有部分问世。这些普及读物，大都是不署名的。他在病榻上，有人来请教书法篆刻，他就忘了病痛，口讲指画，一一解答。东鲁有一弟子某，积存散木关于篆刻的复信数十通，内容有篆刻技法的解答，及各种印拓，并为某设计的印样，某订成一大册，这些东西倘影印出来，作为后学津梁，是很有价值的。

他住在上海山海关路懋益里，我是常去的。现在他的内弟张承轩君还住在这儿，承轩君告诉我许多散木的琐事，使我写这稿充实了内容，那是很可感谢的。

记得某年，我自称"旧闻记者"，备了石章和润笔，请散木刻一印，恰巧散木招了个理发师在家理发，我便把这个小包塞给他，不多打扰即走了，不料过了一星期，他把刻好的印托人送来，润笔退给我。这方印是朱文的，很古雅，保存未损。直至前年，上海电视台为我家摄成文化生活片，放映电视上，开头就是扩大放映了这方印章。我想可能邓家已散失了所有的印拓，便把这个印拓寄给北京散木的女儿邓国治，但寄去杳无回音，一经探听，才知散木仅有的后嗣国治，竟自尽了。

我和散木最后的一面，是在牯岭路的净土庵，峪云山人徐朗西请客吃素面，我和散木同席，谈得很愉快，这天所吃的面是绿的，但很可口，我惊异这种特殊的面条，散木告诉我，这是把菠菜切细，和入面粉中，然后搓成面条，配着麻菇香菌才煮成的。不意即此一面，竟为永别。

一自散木北上，和他很少通问。后来我们几位同文，每星期日的下午，例必在襄阳公园茗叙。余空我喜做打油诗，常和散木假邮筒以打油诗相酬唱，蒙空我出示散木所作，极滑稽可喜。我知道散木的诗兴不浅，乃写一信寄给他，并告以我近来搜集了朋好所作有关梅花的诗词图画，成《百梅集》，请他写一首与梅有关的诗，以备一格。没有几天，他便从北京寄来一首：

阔别多年郑逸翁，忽然千里刮梅风。

> 梅诗理合题梅画，老母相应配老公。
>
> 胡调诗成头竟触，谢媒酒罢例先春。
>
> 它年寿到千分十，介寿堂前辟拍蓬。

识语："逸梅老兄，属撰梅花诗，谨遵台命，报以油腔诗，只八句而累寒斋连吃数日无油菜，孽哉！癸卯（1963）一足。"他尚有《一足印谱》，我没有看到。

散木颇多正规诗，生前未付梨枣，直至逝世后，由他的女儿国治编了一本《邓散木诗选》，归天津市百花文艺出版社印行，前几个月，散木夫人张建权从北京来沪，特地见赠了一册。这《诗选》，画家唐云写了一篇序文，谈到各方面，如对散木的书法，略云：

> 大约在1934年左右，他来杭州为净慈佛殿写匾额。每字横竖几丈，他用拖把当笔，站在纸上奋力疾挥，写得刚辣润秀，使围观者非常佩服。

对散木的为人，略云：

> 散木人品很高，可以用古诗两句来概括："立身卓尔苍松操，挺志坚然白璧姿。"

对散木的诗，略云：

> 他的诗汪洋恣肆，兼有李白的洒脱，杜甫的浑厚，白居易的通俗，苏轼的豪迈和陆游的闲适，而这些长处，都是以自己独特的风格表现出来。

散木喜游历，故诗以纪游为多，如方岩、括苍山、兰溪、双龙洞、龙湫、石门潭、鹰窠顶、宋六陵、禹庙、基隆、阿里山、日月潭、天坛等。次为与师友酬答，如赵古泥、金鹤望、沈禹钟、白蕉、施叔范、章行严、汪大铁、王个簃、若瓢、火雪明等，又《论书绝句》，推重伊秉绶、杨见山、李梅庵、高邕之、沈曾植、郑太夷、萧蜕庵、吴昌硕。散木榜其室为"三长两短之斋"，三长，指刻、诗、书，两短，指绘画和填词，实则他擅画竹。《诗选》中有自题所绘墨竹、朱竹、绿竹。有时绘墨荷，亦极有致。词则少作，仅见其《多丽》一阕，咏绿化运动，可见他对于此道，非不能也。

散木的别署，有天祸且渠子、楚狂人、郁青道人，又含有对高蹈自命之流的讽刺，称居士山人、山人居士、无外居士，都刻了印，但不常用。在这小小的行径上，透露出他的狂诡来。

又他的书斋里，挂着一纸"款客约言"，如云："去不送、来不迎，烟自爇，茶自斟，寒暄款曲非其伦，去！去！幸勿污吾茵！"那就狂诡率真兼而有之了。

其他生活琐事，足资谈助的，他喜素食，鱼肉登盘的极少下箸。备炒素一簋，朵颐大快，花生酱，亦视为美味。有人说：豆腐浆最富营养，他就用豆腐浆淘饭。他睡得很迟，天未明即起身，或书或刻，忙劳不停，而口里总是咕哝着："来不及了，来不及了！"一度喜锻炼身体，举铁哑铃，或掼沙袋。一度棋兴很浓，曾与棋王谢侠逊对弈，谢故意让一子，他竟得胜利，引为快事。凡生活困难的，把衣物质诸长生库，这是不体面的事，大都隐讳不言。散木不善治生，金钱到手辄尽，质库是他常临之地，且把质票贴在墙壁上，作为点缀品。朋友有急难，他往往把质来仅有的钱，倾囊相助，自己明天瓶粟告罄，不加考虑。

当时有一经商而颇风雅的蔡晨笙，对于书画，研究有素，任何人的手笔，他一目了然，散木写一联赠给他，联语为："郑人能知邓析子，徐公字似萧梁碑。"又在报上，发表了一篇小文，叙及此事，其文云："偶为'中报'题眉，戏效爨宝子法，吾友志功好事，隐名征射，应者纷至，独晨笙先生一发中的，喜集定公诗为楹帖以报，对仗切实，不可移转，真有天造地设之妙。"联语中的邓析子，乃散木自称，萧梁碑，即爨宝子。恰巧晨笙也住在懋益里，和散木为近邻，彼此不相识，经过这个联语的介绍，乃成为友好，相互往来，晨笙所藏的书画，颇多散木的题签。

他愤世嫉俗，凡不入眼的，便作灌夫骂座。即朋好有过，他当面呵责，毫不留情。某人做了一件不正当的事，他知道了，及某来访，他立斥拒之门外。隔了几天，某再踵门，引咎自责，即彼此和好如初。谓："其人能知过，知过能改，无害友谊。"

他和张建权结婚，不雇车轿，不点龙凤花烛，女家伴有喜娘，被他辞去。只给知己的朋友，发了一张明信片。如云："我们现在定于中华民国十五年（1926）四月十八日，星期日下午三点钟在南离公学举行结婚仪式（南离公学，乃散木所主办，在海宁路，张建权执教该校），所有繁文俗礼，一概取消，只备茶点，不设酒筵。到那时请驾临参观指教，并请不要照那可笑而无谓的俗例送什么贺礼。倘蒙先生发表些意见，和指导我们如何向社会的进取途径上前趋，那便是我们较贺礼要感谢到千百万倍的。你的朋友邓铁、张建权鞠躬。"

结婚后伉俪甚笃，有时建权偶有些小意见向散木提出，散木方饮，说是不要扫我的酒兴，临睡再提出，散木又说不要妨碍我的安眠，明天再说，也就一笑了之。

散木对他母亲，孝思不匮，原来他是盘脐生，难产很痛苦。父亲邓慕儒，留学日本，归国后，不治家人生产，母亲支撑门户，劳瘁备至，加之姑婆虐待，抑郁而死，因此散木回忆及母，辄饮泣不止。有一次，至吴淞，望海大哭而归。

大家都知道散木学书于萧蜕庵，但他从萧之前，尚有李肃之其人，李和慕儒同事会审公廨，李擅书法，为慕儒写了屏条四幅，张挂在客堂中，散木天天对着屏条临摹，练习了半年光景，有些像样了。慕儒便带领了他去拜见李肃之，获得李的指导。及李逝世，散木遂入会审公廨继承其职位（公廨在浙江路七浦路口），这个主要任务，是鉴别罪犯的笔迹，借以定案。但笔迹往往有近似而实非者，不易捉摸，偶一失检，加重被系者的罪状，于心有所不安，因此不久辞去。

入华安人寿保险公司，公司董事某，徇私舞弊，他大不以为然，力揭其隐，致不欢，又复弃职。

他自知不谐于世，从此在家，专事书篆，博微润以糊口。他曾经这样说："艺术必先供我自己欣赏，倘自己觉得不够欣赏，怎能供人欣赏，那就非努力加工不可。且我行我素，不媚俗，不趋时的孤傲，是我的一贯作风。"

散木对于书法篆刻，孜孜不倦，从他的日记和自课上，可以窥见。如："1945年2月下旬至4月初，计临《兰亭》四十五通。""1946年5月30日至6月18日，手写全部《篆韵补》。""8月21日至年底，手写全部《说文解字》六大本。""1948年1月7日至3月6日，手写《说文谐声孳生述》八大本。"自课有云："上午六时临池，九时治印，十一时读书。下午一时治印，三时著述，七时进酒，九时读书。星期六、星期日下午闲散会客，工作时间，恕不见客。"他自称他的篆刻在书法之上。这部《篆刻学》本是一本课徒讲义,一再修改,于1979年影印问世,且由日本译为日文。散木于1963年10月病故于北京,已不及目睹了。这书分上、下编,上编有述篆、述印。述印分官印、私印、印式、印钮。下编有篆法、章法、刀法、杂识,面面俱到,大大地嘉惠了后学。他涉及有关印章的常识,很足使人取法,如云:

  磨下之石粉,宜积贮一器,遇刻刀伤指时,取粉一撮,置于创口,用布条紧缚,旋即止血止痛,且可不致溃烂。

  印之平正者,钤时垫纸不宜过厚,大寸许者十数层,次之五六层,最小者一两层足矣。如代以吸水纸,则一两层便可。大抵印大则钤时用力宜重,印小用力宜轻。白文宜轻,朱文宜重。

  市售晶印,多以玻璃代之。试晶印之真伪有二法:一察其本质,水晶内多呈棉絮状物,玻璃则无之。二试其温度,以晶印紧压面颊,虽盛暑亦冷于冰块,玻璃则不然。又印泥遇金属,久必变黑,故钤金印,须别备较次之泥用之。印盎只宜用瓷器,若金银铜锡之类,贮泥其内,不数日即败坏。市购新瓷,性多燥裂,宜先入沸水中煮之,去其火气,拭于冷却,然后可用。

  拓款之墨,以重胶为佳,如普通之"五百斤油"即可,以胶重则易使拓面光亮,如用佳墨或松烟为之,反晦滞无光。

都为经验有得之谈。

他所作的印谱较多,有《豹皮室印存》《粪翁治印》《三长两短斋印存》《厕间楼编年印稿》《高士传印稿》《旅京锲迹》《癸卯以后锲迹》《摹两汉官印》,凡五十七本,三千三百方,最近他的得意高足毕茂霖（民望）为编《厕间楼印存》，由华东师范大学出版社影印。字帖方面，有《钢笔字写法》《钢笔字范》《简文汉字钢笔字帖》《三体简化字帖》《简化隶范》《四体简化字谱》《五体书正气歌》《篆声母千字文》《分书大招》《散木书老子》《散木书三都赋》《散木书陶诗》《篆石鼓文》《篆诗经》《写字练习本》《行书练习本》《草书练习本》《从音查字本》《正书百家姓》《简化字楷体字帖》《汉字写字本》《简化汉字大楷字帖》《简化汉字钢笔字帖》《绘图注音小字典》《简化汉字小楷字帖》《正书耕畜管理饲养三字经》等，亦洋洋大观。散木固擅英文，英文用毛笔书写，作美术体，亦极可喜。

　　散木的女儿国治，任职北京中国新闻总社。她生而颖慧，和散木生而迟钝，恰属相反，在散木心目中，认为小时了了，大未必佳，实则前人所言，不足凭信。国治三岁时，听散木谈徐悲鸿和蒋碧微离婚，她已懂得人事，呆了一下，忽大哭起来，说："相依为命的两个人，怎能离开，离开了，日后如何生活啊！"她长大了，出笔甚快，能诗，又擅书法。日本拟邀国治赴日举行散木父女书展，国治不之措意，未果。她不喜观剧，无论京剧院、电影场，都不涉足，散木也是如此，但散木晚年，忽破例欣赏西皮二黄。一次，购了两张戏券，拉国治同观，国治坚决不去，扫了散木的兴，把戏券丢掉了。国治有个怪脾气，抱独身主义，母亲一再劝她，她始终拒绝，又经常作厌世语，结果于1983年，自服某种药片而死。

缘缘堂主人丰子恺

现在报刊，不是都有漫画吗？谈到漫画，就得谈上始创者丰子恺，记得1925年，上海文学研究会所办的《文学周报》，郑振铎托胡愈之向子恺索画，赓续在《周报》上发表，加上"漫画"这个题目，从此我国始有"漫画"的名称。他撰有《我的漫画》，又《子恺漫画》，朱自清为作序，此后美术出版社刊行《丰子恺漫画选》风行一时。谈到开明书局，就得谈上老编辑丰子恺。谈到中国画院，就得谈上该院院长丰子恺。谈到弘一法师李叔同，就得谈上大弟子丰子恺。实在可以谈上的太多，一连串地谈着，未免累赘，使读者生厌，不如到此截止吧！

丰子恺一作子颛，名润，又名仁，又名仍，乳名慈玉，后从李叔同皈依佛门，法名婴行。清光绪二十四年（1898）九月二十六日，生于浙江崇德县石门湾，1975年9月15日辞世，年七十八岁。他的父亲名镤，清末举人，弃儒就商，设丰同裕染坊。母钟芸芳，娴雅温淑，生子女十人，子恺行七，九岁丧父，赖其母抚养成人。他自幼即喜绘画，印描《芥子园画谱》，小学毕业后，赴杭州入浙江省立第一师范学校，从李叔同学图画音乐，从夏丏尊学写作，成绩斐然。

子恺的画，植基于李叔同，又受日本画家竹久梦二的影响，他又在《太平洋画报》上看到陈师曾所绘的《落日放船》《独树老夫家》等简笔画，更启迪了他。他的人物画，取法七道士，七道士所作画，粗笔焦墨，别具轮廓，仿佛漫画，而苍劲自具意致，非率尔为之。七道士,世往往不能举其真姓名,《广印人传》有云:"曾衍东,山东人,流寓永嘉,字七如,别号七道士,工书及篆刻,善写人物花鸟。"我在钱玉斋处见七道士所作《塾戏图》,诸生徒捉迷藏,状态生动,神情毕肖,是不易多得的。子恺自谓:"漫画创作,分为四个时期,第一是描写古诗词时代,第二是描写儿童相时代,第三是描写社会相的时代,第四是描写自然相时代。但又交互错综,不能判然画界,只是我的漫画中含有这四种相的表现而已。"总之,他的漫画别具一种风格,和钱病鹤、马星驰、丁慕琴、杨清磬、黄文农、毕克官、华君武、胡亚光等强烈于讽刺性不同,他喜画杨柳,起因有那么一段话:

> 昔年我住在白马湖上,看见人们在湖边种柳,我向他们讨了一小株,种在寓屋的墙角里,因此给这屋取名为小杨柳屋。此后常取见惯的杨柳为题材。

又说:

> 埋头写作到傍晚,不免走到西湖边的长椅子里去坐了一会,看见湖边的杨柳树上,好像挂着几万串嫩绿的珠子,在温暖的春风中飘来飘去,飘出许多弯度微微的S线来,觉得这一种植物实在美丽可爱,非赞它一下不可。

便以画代赞,续续不已。他又这样说过:

> 爱杨柳,是爱其贱的秉性,无求的生活,不忘根本的美德。剪一根枝条来插在地上,它也会活起来,后来变成大树。它不要高贵的肥料和工深的壅培,只要有阳光、泥土和水,便会生活,而且生得非常健美。杨柳主要的美点,是其下垂,花木大都向上发展的。向上原是好的,但我往往看见枝叶花果蒸

蒸日上，似乎忘记下面的根。怎么只管高踞在上面绝不理睬它呢！怎么只图自己光荣，而绝不回顾处在泥土中的根本呢！只有杨柳，越是高，越往低，千万条细柳，条条不忘根本。

言外有意，耐人深思。

子恺受叔同的佛家思想，不杀生物，绘有《护生画集》，这是1928年祝叔同五十寿辰而作的，共五十幅，作于上海，叔同为书，由佛学书局出版。第二集，共六十幅，1939年作于广西宜山，也是叔同书的，佛学书局出版。1940年有英译本。第三集七十幅，1948年作于厦门，叶恭绰书，翌年由大法轮书局出版。第四集八十幅，1960年作于上海，朱幼兰书，是年由新加坡时代图书公司出版。第五集，九十幅，1960年作于上海，朱幼兰书，1965年，由新加坡时代图书公司出版。第六集一百幅，1973年作于上海，由虞愚书，1979年亦出版于新加坡。

《护生画集》，先后费时达半个世纪，共作画四百五十幅，乃子恺所有画集中最大的一部作品，也是他生前最珍视的一部画稿，因为这画稿是为其老师李叔同祝寿而开始的。李叔同出家，子恺思想受到很大的影响，子恺《画集》第三集序言中说："护生是护自己的心，并不是护动植物。详而言之，残杀动植物这种举动，足以养成人的残忍心，而把这残忍心移用于同类的人。故护生实在是为人生，不是为动植物。"当时马一浮深表同情于子恺。

我曾看到《护生画集》的一部分，觉得很有意思，如画一人持帚扫雪，远处有一小鹿，奔驰在雪地上，题云："自扫雪中归鹿迹，天明恐有猎人寻。"又一人踞坐石上，仰首观枝头栖鸟，题云："好鸟枝头亦朋友。"又书斋前细草蒙茸，题云："绿满窗前草不除。"又一女童作画,一猫蹲其肩头,题云:"小猫似小友,凭肩看画图。"子恺爱猫,所以所作颇多狸奴。他阅到高吹万《望江南词》有句云:"鸡抚群雏争护母,猫生一子宛如娘。"他绘成一图赠吹万,吹万为制诗笺。又画一人拟杀鸡,一客趋前阻之,题云:"客人忙拦阻,我今天吃素。"又一人持竿,水波不动,题云:"香饵自香鱼不食,钓竿只好立蜻蜓。"又陋屋前飞燕成双题云:"唯有旧巢燕,主人贫亦归。"又瓶插花枝题云:"残废的美。"又鸟鸣笼中题云:"囚徒之歌。"又厨房烹鱼题云:"刑场。"又扑蝶题云:"残杀的儿戏。"又一犬蹲于门前,一人擎伞提灯归,题云:"风雨之夜的候门者。"均蔼然仁者之言。

关于《护生画集》,却有一个曲折的小故事。子恺在厦门,和广洽法师很要好,后来广洽法师赴新加坡,住持龙山寺,把《画集》合刊成为巨册,附言中谈道:"唯第二集画稿,行踪最奇,先由出资刊印者某君保存,战后,其人家遭变故,原稿不知去向。"云云,不知什么机缘,溆浦朱南田,供职上海酿造厂,擅诗词,爱好书画,一日忽于古玩市场上,发现《护生画集》第二集文画原稿,已装裱成册,索价一百二十元,一再还价,以九十二元成交,奈南田手头拮据,先付订洋二十元,回家筹措,为数不敷,结果售去一件三人沙发,凑数购归,他喜心翻倒,做了一首五律诗:

  未识丰翁面,先联翰墨缘。

  护生心恻恻,祝寿意拳拳。

  画笔简而约,书风静茗禅。

  沽资何所得,鬻椅凑囊钱。

子恺闻此佳讯,喜不自胜,即探得南田住址,致书南田。谓:

"衲正打算重刊各集，苦于复制品不甚清楚，不宜重行制版。"其意颇思一观该书，以温旧梦。南田翌日便持这"画集"呈阅，子恺大悦，此后来鸿去雁，往还不绝，后竟请南田割爱，信上说："昔李易安爱藏书画，凡见心爱物，沽金钗、典貂裘，掷千金不吝，收藏甚富。及至世乱，辗转流离，损失殆尽，写《烟云过眼录》以记其事，世人对藏书画称子孙永宝，其实能传三四代者有几，岂能永宝。看来佛门倒还有千年藏经，所以我以为藏之佛门，比个人保管为好。"南田慨然允诺。由广洽法师携往新加坡，把六集原稿，收在一起。直至1984年，广洽参加丰子恺石门"缘缘堂"重建落成典礼，《画集》原稿六册，捐献给浙江博物馆，且在杭州文澜阁举行《护生画集》捐献仪式，南田也参与其盛。

朱南田和我很熟稔，他著有《红雨润心庐诗稿》请子恺题签，子恺谓："我给你题几句，扉页我去请马一浮先生写。"时一浮在黄山避暑，未备印章，仅署蠲叟。子恺谓待我去杭州，请他补钤名印。又子恺弟子胡治均，也是我的熟友。他的母亲张爱稼太夫人百岁寿庆，定制了寿碗贻送戚友，蒙他见惠一对，预祝我期颐百岁，这是很可感的。他在"文革"中经常偷偷去慰藉其师，子恺性格刚强，日间虽被批斗，晚间还是画他的画，有时把画就的小幅，给治均带去，日子既久，所以子恺的画，积有成数，甚至子恺又把所有的近作，装成一袋，袋上写着"敝帚自珍"四个字，也给治均保存，治均奉为至宝。

子恺的画，有闲适意致的，我看到他有一幅，疏帘高卷，月儿一弯，照在栏杆和桌子间，桌上杂列着紫砂壶和几只茶杯阒无其人，题云："人散后，一钩新月天如水。"着墨不多，具有空旷寂静之感，署名为TK，毋怪郑振铎对这幅画感兴趣。子恺又曾为王凤琦画两个儿童捧大西瓜，尚存在着。又新加坡的周颖南家，壁间悬着子恺精心之作，颖南子女很多，大儿子看到了，请其父颖南为他代索一件。可是其他子女，都嚷闹着每人要一件，这使颖南很为难，觉得如此无餍之求，不好意思向子恺开口的，只得敷衍子女，俟有机会，一一代求，不料子女迫不及待，一再催促，颖南无从应付，只得以实情向子恺相商，讵意子恺慨然奋笔，居然每人一幅，如愿以偿，这一下直使颖南合家欢腾，如得天赉。又朱南田一日去女画师顾青瑶家，见她案头铺着一幅将完工的《柳塘春晓》，画的杨柳，袅娜多姿，力称其妙。顾说："画杨柳当推丰子恺为圣手。"南田这时，尚未认识子恺，萦诸心中，苦于识荆无从。后若干年，有幸认识了子恺，谈及往事，恰巧报章上发表了子恺的画，把原稿由邮寄回，即赠给了南田，南田直到目前还是挂在墙上，题着"小语春风弄剪刀"。这幅画，两个姑娘，坐在窗前，相对剪裁，喁喁私语，窗外几枝杨柳，从高处直垂下来，在春风中轻轻地飘拂着姑娘的云鬓，一双燕子在柳枝边掠过，似乎偷窥姑娘们的作业。

子恺随遇而安，如在浙江上虞白马湖畔的，称为小杨柳屋。贵州遵义南潭巷的，称为星汉楼。重庆沙坪坝的，称为沙坪小屋。以及上海的日月楼等处。他生长于石门湾，一度迁居嘉兴杨柳湾金明寺弄，又常去上海江湾关心所办的立达学园，所以有人戏称他为三湾先生。最主要的当然是他家乡石门湾的缘缘堂。这堂是在原有的老屋惇德堂翻建的，他亲自绘图设计，极高大、轩敞、明爽、朴素之美，时在1933年，是一幢三开间的南向楼房，楼下中间是厅堂，西边为书斋，东边是家人就餐处，"缘缘堂"三字匾额，出于马一浮手笔，两旁挂着李叔同写的屏条，又有吴昌硕画的梅花巨幅，沈寐叟、李叔同的对联，他自己也写了楹帖，录王荆公的诗句："草草杯盘供语笑，昏昏灯火话平生。"庭除间有半圆形的花坛，他亲种樱桃、蔷薇、凤仙、鸡冠、牵牛等花木，还有一个扇形的花坛，种了芭蕉，以体现"红了樱桃，绿了芭蕉"的词意。书斋里藏着图书一两万卷，由此可见主人何等的志得意满，准备终老是乡了。但不意仅享受了五年清福，及日军侵略肆意焚毁，这样好的家庭环境，竟成为一片焦土，子恺痛惜之余撰写了一篇《还我缘缘堂》，立主抗战到底，在最后胜利之日，定要为无数同胞因暴敌侵略所受的损失，和自己缘缘堂的损失，一起向日军算账。

1983年，徐春雷撰了《访重建后的缘缘堂》一文，在这文中可以窥见一般概况，我摘录些于下：

> 整个建筑，由三楹高楼和一个小院及后园组成。从东边墙门走进小院，首先跃入眼帘的，是正厅上面叶圣陶手书的"丰子恺故居"，横的匾刻成阴文，石绿填字，显得淡雅悦目。回转身来，才看到墙门上方的"欣及旧楼"四个大字，这是子恺生前将缘缘堂，与老屋惇德堂相比之下欣然题写的，现在集了子恺的字仿制复原。小院中栽着子恺喜爱的牵牛花和数株芭蕉。"缘缘堂"三个隶体大字，是马一浮写的，亦仿制而成，那幅吴昌硕所画的红梅中堂，由唐云重绘了。堂的两旁悬挂对联，一是李叔同书"欲为诸法本，心如工画师"。一是子恺自书："暂止飞乌才数子，频来语燕定新巢。"都是仿制品。其他尚有钱君匋、曹简楼、谭建成、赵朴初、沈本千、沈定庵、赵冷月、吴长邺、岳石尘、刘雪樵等书画，居然琳琅满目。又有

一尊半身铜像,这是广洽法师及弟子陈光别捐资,由子恺弟子曾路夫雕塑的。又前楼作为陈列室,陈列子恺各个时期的照片和他的一些作品与遗物。原来的卧室兼画室,基本照原样布置,靠后壁是一张简易双人垫架床,两侧为书箱书橱,前面窗口放一九抽屉的写字台和一把藤椅。所有的床、台、橱、椅,均为上海日月楼旧居的原物,书桌上放有子恺生前用过的文房四宝及《辞海》等书籍,书橱中陈列有他的出版著作和译作原稿。此外还展出一些他生前用过的烫酒紫铜壶、缘缘堂笺纸、画笺木刻印版、烟管、眼镜、暖炉、手杖等。特别要提的,是那支陈旧的橘红色的派克钢笔,据一吟(子恺之幼女,一名一宁)介绍,这支钢笔伴随她的父亲有几十年之久,建造缘缘堂的费用全仰仗它的辛勤耕耘。

当举行开幕典礼,被邀参加的人很多,我和一吟是相识的,但她不敢邀我去,因为我年逾九十,她担不起责任,实则我是心向往之的。胡治均归来告诉我一些,并谈及当时缘缘堂被焚,由子恺的叔父加林抢出两扇大门,外面斑斑焦痕,里面尚完好,现在重建的缘缘堂,这大门依旧移用,但翻了一个身,把里面作为外面,留着日军焚掠的遗迹,以示不忘。

子恺于二十二岁和徐力民结婚,子女较多,除一吟外,我都不相识,据我所知有陈宝、宛音、华瞻、元草、新枚。有一次,子恺和小儿女在一起,子恺提出一问:"什么事情最好玩?"不知其中哪一位,稚气可掬地回答着:"最好玩是逃难,逃难既得乘火车,又得登上大轮船,多么开心。"子恺为之大笑。

子恺的趣事,尚有可谈的,当1947年,他在杭州连开两次画展，一次是浙江美术协会举办的，一次是省民众教育馆举办的，专为招待外宾。奈两次画展，子恺的画，每次被偷去一幅，为此，子恺在报上发表《告窃画者》，公开召请窃画人来，愿为补题上款。又一次，他画了三头羊，每头系着一索，由牧羊人牵着走，有人看了对他说："羊是合群的，所以'群'字从君从羊为形声字，只消系了一头羊为领先，其他跟随着不须多系。"子恺恍然大悟，弃去重画，这无异名画家戴嵩，画两牛相斗，牛竖着尾巴向前猛冲，甚为得势，但受到牧童的窃笑，诘问他，才知牛斗时，尾搐在两股间，和他兽不同。子恺始叹什么都得体验考察，闭门造车，是不合辙的。他什么都画，家中小儿女的动态也入了他的画幅，如《阿宝赤膊》《软软新娘子、瞻瞻新官人》《瞻瞻的脚踏车》《阿宝两只脚、凳子四只脚》《花生米不满足》等，都是寥寥数笔，甚至只有一簇头发，连脸的轮廓线也没有，但形象却跃然纸上，真是化工之笔。曾有一个挽车工人，忽然附庸风雅，叩门求索子恺一画，子恺竟允其所请，立即伸纸挥毫，且为题上款。另有一故事，这是子恺后人宛音亲自讲给人听的：子恺为了作静物写生，特地到一家陶瓷店选购一瓶，店伙见他挑来挑去，总是不合适，连忙从架上取下一只金碧辉煌的细瓷花瓶，一再称赞怎样的精美，可是子恺看不上眼，更自行挑选，他偶然在屋角发现了一只瓶子，虽瓷质粗糙，且蒙着灰尘，十分满意，店伙连忙解释说："这是江北瓶子，且又漏了，买去没有用。"子恺说："漏了不要紧，我就要这个。"说着忙付了钱，携了漏瓶就走，原来这瓶线条自然而流畅，具有一种简朴的美，店伙哪里理解。又在20世纪20年代，子恺到农村去，看到田野旁树丛里，几个农妇在耕作，各种各样的姿态，引起他的画兴，他立即掏出速写本，躲在大树后面画了起来。当他画兴正浓的时候，不料被其中一个农妇发觉了，这时风气闭塞，除耕稼外什么都不知道，她立刻提醒同伴，接着一群娘子军赶过来，大兴问罪之师，责问："你画我们做什么？准是画了去卖给洋人，叫洋人来捉我们的灵魂。"她们气势汹汹要抢这个画本。弄得子恺有理说不清，正在危急的时候，幸亏本村一位老乡亲来为他解了围。

子恺为了谋生，为了抗战逃难，行踪无定，除了上面所谈的居处外，曾住过上海江湾同安里及安乐里，立达学园的永义里（李叔同来沪即寓居该处）。又迁居旧法租界雷米坊，又杭州皇亲巷及马市街、田家园、静江路，又石门湾南深浜，又桐庐宁蕙坊，又长江天鹅塘，又桂林马皇背、泮塘岭，又迁黔北遵义的罗庄、南潭巷，又重庆刘家坟、凯旋路，又厦门古城西路。此后回到上海闸北西宝兴路汉兴里，又迁至南昌路邻园村其弟子钱君匋所办的万叶书店楼上，又福州路三山会馆西面六百七十一弄七号，乃开明书店章锡琛的旧宅。我曾到那儿做客，蒙子恺书一小册页。后又迁陕西南路，直至终老。

子恺相熟的人，都一时名流，如叶恭绰、叶圣陶、吴梦非、梅兰芳、郑振铎、陈之佛、郎静山、欧阳予倩、梅迪生、竺可桢、胡刚复、柯灵、宋云彬、胡愈之、巴金、王西彦、张梓生、郁达夫、田汉、舒舍予、朱自清、鲁迅、谢冰心、陈望道、周予同、徐调孚、沈雁冰、邵洛羊、朱光潜、关良、姜丹书、刘海粟、舒新城、内山完造等，结苔岑之契，联缟纻之欢。

李叔同有两位大弟子，一刘质平，一丰子恺。我曾看到一帧照片，是1918年，叔同将入山修梵前摄的。叔同高坐在中间，刘质平盘膝坐在地上，子恺亦盘膝坐于右面。大家认为刘质平传受了叔同的音乐，的确质平的音乐，造诣很高，他的哲嗣雪阳，也是个音乐家。丰子恺传受了叔同的佛学。实则子恺兼两者而有之，擅奏钢琴和提琴，编了《音乐入门》《孩子们的音乐》《近世十大音乐家》《世界大音乐家及名曲》《西洋音乐楔子》《音乐的常识》《近代乐圣的生涯和艺术》《开明音乐讲义》，且在春晖中学教授音乐课，没有修养，哪有这许多成绩，真可谓多才多艺了。

世有"须眉男子"之称，可见须是男子的特征。最近看到报载："美国的长须者，他的一对八字胡须，长达一百八十五厘米，这人名米勒，年五十三岁，为加州的货车司机，十一年前开始蓄须。"且附有照片，这是多么怪异啊！又传说翁同龢为光绪帝的训蒙师，翁长须飘拂，光绪常爬上翁的怀抱，拈着师傅的须儿，这又是多么有趣啊！因此我就想到几位名书画家，颇多蓄须，如曾农髯、张大千、黄蔼农、汤定之、吴待秋、朱大可等，子恺也是其中之一，他居母丧，即开始留须。

闽诗人陈兼于，和我同隶上海文史馆。我在他那里看到一首有关丰子恺先生的七律诗，并附有识语，亦极有意致，录之以殿我文。其云：

秋夜读丰子恺先生《我与弘一法师》一文，顷为法师百年祭之辰，丰翁亦下世数年矣，书此志感：

浙山闽水底处寻，百年精气郁萧森。

艺臻物我相忘境，学有天人一贯心。

寺塔长空圆日影，海潮终古振雷音。

丰翁妙语层楼喻，把臂真看共入林。

附识：子恺先生以人生比作一个三层楼，一是物质生活，二是艺术生活，三是灵魂生活。法师之出家，由于不满足于艺术生活，登上三楼，一探宇宙之真相，人生之究竟。宗教为高度艺术之境界，故其为僧，出于生活之要求，无足为异云。

记朱大可、朱其石昆仲

我历年来所写人物掌故，对象大都是我熟悉的亡友，或较熟悉的名流，就我自己所掌握的资料外，再找访对象的后人及其亲朋故旧，这样不但丰富了内容，且充足了历史的真实性，也就不同于一般的道听途说了。

我这篇所记述的朱大可和朱其石两昆仲，和我是数十年的老友，大可的哲嗣朱夏一名小可，和我也很熟稔，他撰有《怀念我的父亲朱大可》，及《追忆二叔朱其石》。又庄一拂、徐公豪，是大可、其石的同乡，也和我相交有素。又和其石时相过从的史念，对于大可、其石，都有较详的笔录，凡此均足供我采纳，匡我不逮，这是我应当表示深切的谢忱。

大可尊翁丙一，以廉吏及擅书法名，生三子一女，均以同声分合之字为之取名，大可为长子，名奇，字大可；长女名琪，字其玉；次子名碁，字其石；幼子名麒，字其鹿。大可生于清光绪二十四年戊戌（1898）正月十四，原籍金陵，因祖父曾任嘉兴府秀水县巡检，遂家禾城鸳鸯湖畔。曾负笈南京农学堂，后因学无所用，遂致力于教育，潜心国学研究，先后任上海务本女中、爱群女中、正风文学院、正始中学、比乐中学及无锡国学专修馆、南通学院等教师、教授，一度与严独鹤、陆澹安等合办大经中学，作育英才，一时称盛。

他居乡时，常与金蓉镜、庄一山等诗酒唱酬，他酒量极宏，晚年有诗忆及云"当时酒阵无余子"，自注："余少年嗜饮，乡里有常

山赵子龙之目。"又有一诗,悼及诸酒友云:

> 香花桥畔客车停,共醉春醪竹叶青。
> 只惜几番兵燹后,布帘难认旧旗亭。

他一生与诗酒结不解缘,诗则数千首,自删存数百首。酒则饭前必喝,加之卷烟不离手,晚年中风,一足偏废,不能起床,这大约受了烟酒的影响吧。他对于梓里风光,一再入诸吟咏,1928年,诗坛宗师朱古微来禾,他伴游南湖,并访朱庵,庵在禾城东门外,有桂树两株,大逾二抱,高可三丈,各分七段,望之如塔,明代故物。时适秋令发花,金粟飘香,清芬笼袂,大可即填"桂枝香"词,古微以"好事近"词为酬,大可哲嗣小可,尚在垂髫之年,亦吟出一句,父执为之称赏。丹青家郭和庭为绘朱庵访桂图,成为一时韵事。越岁,大可又招沪杭诸友来游嘉兴,朱庵是必访的,武进邓春澍复作图以留鸿雪,姚劲秋、郁保青、郑质庵等数十人均有题识。一自他旅食海上,对于故乡,兀是留恋不已。

大可来上海,旅居蒲石路畔,因号蒲石居士,同时我友孙颂陀,为无锡诗人,亦寓蒲石路,也以蒲石居士自号,我拟介绍两人作一良晤,因循未成事实。大可处,月必三五次有我的足迹,这时苏仲翔(渊雷)家和大可相距不远,就得认识了苏仲翔,直到目前,还是频通音问。此后蒲石路改名长乐路,他把蒲石居士,也改称长乐老人,杭州周采泉致彼诗:"郑公长寿君长乐,各占春申一段街。"牵涉及我,舍间是在长寿路的。他又有《朱庵台桂被斫有悼》诗,仍有身居海上,心在禾中之概。

他一生寝馈于典籍,所居楼下一箱箱的都是书,楼上一橱橱的也是书,连得厕所的竹架上也是书,到处可以检得书,他引以为乐，所谓："朝来摊饭夜浇书，退老优游孰我如。"

他握椠怀铅，老而不倦，已刊的，有《唐诗三百首校注》《古籀蒙求》《中风集》，其他尚有《说文匡谬》《耽寂宧诗存》《怀人诗》《诗坛纪旧》，庄一拂深惜该书之未刊，谓："所记都是平素交往的诗友事迹，既是诗话，又类笔记，饶有风趣。"我也希冀他的哲嗣小可设法付梓，即使没有条件，不妨油印一下，传阅亲友门生。他还有成书未刊的，如《宋诗研究》，又朱古微集联语为《桄鞠录》，大可作《桄鞠续录》，其他未刊的，尚有《墨池集》，一名《论书绝句》二十七首，前十二首次包安吴《艺舟双楫》韵，后十五首次康南海《广艺舟双楫》韵。且附识语，所咏都是前人（他对于王羲之《兰亭序》，世多横议，纷纷谓非出右军手，他欲肯定为真，指出序中两览字均作揽，右军避其曾祖王览讳，此明证无疑）。又《新论诗绝句》，则所论的都是近人，如李梅庵、曾农髯、郑海藏均称之为师，沈寐叟、朱古微、冯梦华、吴昌硕称之为丈，罗振玉称之为翁，其他不加称谓的，有康有为、杨见山、张丹斧、狄平子、任堇叔、王西神、潘兰史、谢玉岑、陆澹安、刘山农等寥寥数人而已。刘山农一署天台山农，曩年海上市招，都出其手，乃大可的母舅。山农为《小说新报》后期编辑，大可任副编辑，山农以书件多，忙不过来，有些文字是大可代笔的。又山农一度与孙漱石合主《大世界报》笔政，报社附设灯谜组织，称萍社，大可参与其间，亦为制谜能手。他又和孙漱石、陆澹安、施济群等办《金钢钻报》，也都是萍社同文。奈大家各有职务，不能分身，结果归给济群独办，大可还是源源惠稿，如《嘤鸣诗话》《生春云楼杂录》《百怪人传》。又和诸友合撰集锦小说，如《明星劫》

《江南大侠》，他尚有长篇小说《春明梦》，以樊樊山、易实甫老名士为书中主人翁，诗酒声色中，寓以家国兴亡之感，惜若干日而中辍，未能成书。我在"一·二八"之役，毁家失业，承令《金钢钻报》主编，大可的稿，颇多经我寓目，每篇无不写得端端正正，我对他说："这样的稿，当然大受手民（排字房）欢迎，但岂不太费力费时吗？"他说："从来书法不苟的，什九享高寿。"果然，他殁于1978年戊午8月23日，享年八十有一，虽未臻期颐，亦已寿登耄耋了。

大可工诗，兼工书法，但书名为诗名所掩，初作分书，见陆澹安作分书，便致力籀篆，治许叔重学，手为说文数过，书来真力弥满，而求之辄应。犹忆先母六十寿诞，蒙他以正楷书珊瑚笺堂对为礼。我八十生辰，请他为书纪念册，这册是日本式，两面开展的，封面都出他的手笔。一面题"逸情云上"，一面题"梅书千年"，合嵌逸梅二字为鹤顶格。又在里页写了七律一诗，开头两句，即"郑翁八十不知老，腰脚犹强眼未昏"。又追记为我作的七十寿诗，铺写在前一页，也是七律，且每句都用郑姓典故，尤为难能可贵。当我六十岁，他也有寿诗，奈越岁久，追忆不起了。他写毕，夹一字条："请留二页，备九十、百龄再写。"不料我九十初度，他已赴玉楼，偶检此册，为之怆然。敝箧尚有一刻兰扇，请某名家画兰，一面由大可录前人《兰赋》全文，作细楷，甚为工整。有一次，我偶得潘君诺所绘立幅，一石一竹一梅，清致盎然，可是不着一字，没有题款，我持去请大可为之补题，他思索一下，挥笔书"三藐三菩提"一句佛家语，我问他："这是什么意思？"他说："当作谐音读，不是三妙三无题吗！"他对于后进奖掖有加，我孙女有慧，喜画梅花，有一次，画了红梅、绿梅、白梅、黄梅，且色彩缤纷，大可见了，欣然为题四诗。他所用的笔，有两支极为珍惜，原来曾农髯喜扶桑人所制之品，这是特向彼邦笔工定制，择其尤者以赠大可的。农髯死，留为纪念了。

他家问字之车不绝，后都成学成才，负社会声望，如王翰之，乃八卦拳权威王壮飞的嗣君，为当今八卦拳第四代传人。澳门电视台为摄纪录片，以示其拳路才、识、胆、力、形、神、功、韵造诣之高，一度赴美竞技，现居新加坡，当地奉为拳王。曩年在沪，从大可学《易经》，得其深造。又女弟子李旦旦，其家世更具传奇色彩。原来旦旦是广东李应生的女儿，应生于清末蓄志革命，曾在广州炸死驻防将军凤山。其时凤山出巡，大轿经过他居住的这条路上，他正抱着旦旦，在晒台上眺望，及见凤山的仪仗，立刻放下了旦旦，把早已预备的炸弹掷下去，恰巧命中，应生乘着秩序大乱，携着旦旦逃走。此后应生一度赴法，1926年来上海，与黎民伟合创民新影片公司，旦旦便任电影演员，连演了《玉洁冰清》《和平之神》《海角诗人》《天涯歌女》《五女复仇》《西厢记》《木兰从军》七部影片。及应生脱离了民新公司，旦旦改名为李霞卿，赴国外学飞行，为我国历史上第一位女飞行员。曩年张善孖赴美，访罗斯福总统，款洽善孖，即命中国女飞行员李霞卿驾驶飞机在白宫上空绕行一周。霞卿是从大可学书法的弟子。

大可见人，昂首不为礼，潘伯鹰固狂士，初次和大可相见，大不以大可为然，在陆澹安前，大诋大可的倨傲。澹安说："下次见大可，不妨即以其人之道，回治其人之身可也。实则他谦抑为怀，品性是很醇厚的。"大可寡言笑，严容如被霜雪，朋辈以西方冷面明星裴司开登比之,可是他为人又是热心热肠,具有侠义行径的。他和顾佛影为诗友,当壬寅日军侵华,佛影供职闸北宝山路商务印书馆的涵芬楼,为了往返便利起见,就近赁居虬江路,及祸难作,闸北大火,大可不知佛影生死存亡,没法探询,只得在报上登招寻广告。大可是诗人,这广告也用诗的语言,怪有趣的,诗曰:

> 我友顾佛影,世籍隶江苏。
> 身材顾而长,面黑无髭须。
> 为人颇脱略,自谓嵇阮徒。
> 所居虬江路,适当战火区。
> 寇至或已去,未必守故株。
> 但虑道路间,颠踬无人扶。
> 又愁饥饿馀,庚癸空号呼。
> 世有君子人,博爱如耶稣。
> 流亡载道中,曾见此人无?

可是这广告没有效果,还是音讯杳然,大可以为佛影已牺牲于枪林弹雨之中,为之痛哭失声。幸而日军不久即撤兵,佛影避难南市,和大可把晤,一时惊喜交集,从此诗酒往还,相契更深。第二次避难,佛影走宜兴,辗转赴乐山、成都,胜利来上海,不料被车辆所撞,折其胫骨,这时佛影尚没有定居,大可得讯,立即舁之来家,特辟一小室,设榻其中,并请伤科名手石筱山为之治疗,每天供奉饮食,悉心调护。这样经过一百二十日才愈,大可没有一些德色,又复介绍一个学校,俾佛影得重执教鞭,维持生活。越若干年,佛影患癌,移居中山路村舍间,大可时常驱车十余里前往慰问,有所馈赠。七月初六,佛影病卒,大可又收存了佛影的遗诗。

大可夫人孙企馨，名慕徵，毕业于杭州蚕桑学校。又从林铁尊、许默斋、姚劲秋游，能诗，有"离人魂梦关山远，寒士生涯道路难"句，郑质庵叹为"饶有唐音"，当他举行婚礼，文明结婚时，我友陆澹安尚在仪式中，为秉龙凤花烛，送新夫妇进入洞房呢。大可名士气重，柴米油盐什么都不问，一切由夫人料理，处置井然，大可得潜心于学，伉俪之情，老而益笃，颇有归宿之念，其《赠妇》诗云：

君应久熟桑麻话，我亦曾研耒耜经。

安得承平好时日，南湖归去课樵青。

可是此愿，始终未偿。夫人劳瘁了一辈子，七十三岁，一病逝世，大可的悲哀，当然不可言喻，作了十八首的悼亡诗，如云：

我家鸳鸯湖，不见鸳鸯鸟。

君当笑此湖，徒负虚名好。

我言君勿然，虚名堪实造。

君鸯我即鸳，双飞直至老。

因思就湖滨，买地营佳兆。

环植桃李妍，杂种松梅矫。

庶几百年后，题作鸳鸯岛。

又沉痛语："回头不见君，雪涕空如雨。"的确，他们夫妇形影不离，大可展卷执笔，夫人总是在案后操作家务，大可笔倦，往往回头和夫人攀谈，如此成为习惯，一旦失常，难怪恻恒掉泪哩。生二子，一小可，名夏，留学瑞士，治地质学，亦事吟咏，有《地质旅行纪诗》，以科学入诸诗篇，别成风格；次再可，年纪轻轻死去，这使大可很为痛心。

大可善制联语，如挽金蓉镜云：

吏治如陆平湖，学问如朱秀水，砥砺气节如张桐乡，三载记从游，回首清尊成故事；

义理在太极说，经济在减赋书，感慨沧桑在遗老集，一朝悲永诀，伤心残稿付何人？

又曾农髯庚午年（1930）殁于沪上虹口东有恒路寓所，与余倦知之死，相差一日，大可挽之，涉及倦知云：

大节比姜斋，千古衡阳两遗老；

同归有倦叟，一时海上共招魂。

又其弟其石辞世，他撰一挽联云：

书法师浙，刻法师皖，鲤对记趋庭，许尔聪明能继武；

前年丧妹，今年丧弟，雁行惊失序，嗟予老大剧伤情！

又代襄阳公园诸茗友挽其石云：

是书家，是画师，是金石巨子，更欣同客香江，常亲道宇，浙派数名流，不愧渊源承老辈；

有贤妇，有哲嗣，有聪明文孙，只惜未登耆寿，遽谢尘寰，襄园怀旧侣，最伤风雨失斯人！

据我所知，关于大可的轶事较多，拉杂述之如下：大可赠庄箨山诗有"白茅庵里白头僧"句，白茅庵在嘉兴南湖之滨。嘉兴有东西两南湖，当时朱竹垞《棹歌》"湖东不住住湖西"便是。唐兰，曾任故宫博物院副院长，嘉兴人，作古后，其子唐复年，访寻遗迹，问白茅庵何在？无知之者，卒由父执朱瘦竹导往，即庄箨山的故居。大可生平不穿皮鞋，不用钢笔，亦未注射西药针剂，人以"今之古大"称之。大可母，德清人，与俞曲园同乡里，能诗，有

《紫石英馆诗集》稿本，每诗经曲园亲笔批改，大可藏之，请朱古微、郑海藏、金蓉镜、潘兰史等题词，最后乞林半樱加题，经乱失去，大可为之嗟惜。又蔡某善制禽类标本，大可赠诗，诗为五言推律，每句用一禽典，不意在推敲之顷，忽从窗外飞来一小鹦鹉，蓄饲之，奈饲非其法，小鹦鹉死，大可又作悼诗二绝。又《檇李历代先贤像传》，乃庄逸庐所辑，蔚为乡邦文献，图像大都求诸旧家轴册，或生前所留的照片，得160幅，请山阴冯悦轩、秀水陈贤林画照，郭蔗庭补图，装潢成册。其子一拂赓其先人遗志，续为搜集，先后共得二百家，钱自严、张宗祥作序，大可赋诗三十二韵。又朱古微作《词台点将录》，署名觉谛山人，自许为双枪将董平，赞语未全，委大可代补，稿留大可处。又陈石遗辑有《近代诗抄》，曾几何时，所列诗人，先后凋零，而大可却为仅存的硕果，吴仲珺为刊"近代诗抄剩此人"七字朱文印。大可读王渔洋诗，深惜王渔洋未到过杭州西湖，致六桥三竺九溪十八涧之胜未入诗篇。语云："无巧不成书。"大可反而言之："无书不成巧。"谓："哪有这样的巧事，巧事是做书人造出来的。"又谓："世俗称每一制钱为一文钱，实则一文钱乃一枚钱之误。钱上铸有文字为某某通宝，绝非仅仅一文。"他又说："天干甲至癸，均属兵器，地支子至亥，均属动物象形。"大可时有谐作，他早蓄须，有句云："来日东阡南陌上，不妨对面看罗敷。"时苏州有四老，为周瘦鹃、范烟桥、程小青、蒋吟秋，瘦鹃、烟桥均过世，只留小青、吟秋二老，大可咏之云：

苏州耆旧剧凋零，却剩吟秋与小青。
试向沧浪亭上望，大家共指老人星。

及程小青作古，年八十有四，大可挽之：

高年仅次包公毅，

　　正命非同周国贤。

公毅乃天笑之名，年九十有八卒。国贤乃瘦鹃之名。大可自谓："生平三不想，无理不想，无法不想，无趣不想。"又他有龙骨化石，徐朴生见之，为之镌刻，大可笑称："君真雕龙妙手。"又朱竹垞生前，倩人为绘一像，题者皆一时名流，嘉兴金甸丞以二百金购得。甸丞以大可深慕竹垞，因谓大可曰："俟我死后，君可斥二百金向我后人商购。"大可欣然，及甸丞死，像由他人购去，大可徒呼负负！又蓄闲章甚多，钤成一册，每印一诗，颜曰："与石同寿。"贻赠马其昶后人伯讷。又喜蓄金鱼，辟紫金鱼室。又长物室，那是指破书、败笔、空樽而言，他又笑着说："若我颓然一老，列入其中，则为四长物了。"至于藏书，自称"小小万卷楼"。

谈到朱其石名宣，又名棋，别署括苍山民，为什么取这个名和别署是有来历的，叙述出来，也兼为他篆刻渊源作一说明。他的尊人丙一，工书善画外，又擅篆刻，清季任浙江处州府宣平县县令，那儿政简刑清，非常空闲，丙一便把书画篆刻，作为客中遣兴，更凑巧的，宣平与青田为邻邑，青田石为印章佳材，取之殊易，因得大量罗致，且并该地的石质文具，购了很多，一一装在箱箧之中，后来母丧丁忧，即把这许多笨重的东西，满载而归，不料引起宵小的注意，认为宦囊充斥，尽是资财，竟致凿垣肆窃，闾里传为笑柄。其石当时诞生在宣平署中，因取名宣，时为清光绪丙午年（1906）八月，正值桂子飘香，此后即署桂庵。又谐声为赓庵。且宣平县在括苍山下，复号括苍山民，至于他最初之名为宗悌，那知之者是很少的了。

记朱大可、朱其石昆仲

　　1907年，丙一归里，其石便成长在嘉兴。丙一晚年，为海上寓公，其石和他的长兄大可，随侍杖履，有似机云并美。其石母舅刘介玉，别署天台山农，鬻书海上，颇著盛誉，其石耳濡目染，于书法进步更速，又因山农得识吴昌硕，在篆刻上获得启发和鼓励，更看到许多玺印、封泥，及各家印谱，扩大了他的眼界，且悟虚实相生、疏密有致之理，造诣之高，一时罕与匹敌。扶桑人慕他的名望，纷纷请他刻印，视为瑰宝。他的侄子小可，和其石很为亲密，有《追忆二叔朱其石》一文，谓："20年代，我在故乡度过了童年，于长辈中，我最亲密的是二叔。回忆当年，如真如塔下捕野鸽，三塔堂边削水片，鸳鸯湖泛舟采菱，寄园品茗赏菊，种种永志于童心，而难忘于垂老。至于我倒翻画碟或偷弄铁笔，二叔似嗔还喜的神情，更是音容宛在。"又谓："二叔二十余岁，即以绘刻著名，屡在上海、南京等地展其所作。抗日战争开始，叔婶携幼弟朱苐（小石）仓皇避难，经浙西而皖南，备受流离之苦。但二叔在乞梨觅枣之余，仍展其画笔，使山川之天然佳胜，与乱离的生活气息尽融腕底，既而入黄山，深居数月，遍登群峰，尽采幽壑，烟峦云嶂之朝夕变幻，奇松怪石之森矗清蔚，一一收入画囊。乱后归来，画境由此日高。1964年春，我自北京南归，恰巧和名画家傅抱石同一车厢，傅云：'有人以令叔与我并称江南二石，可惜从没有见过一面。'"

　　其石虽自己说"平生无能事，能事画梅花"，实则他的能事，刻印还在画梅花之上。他有"抱冰庐印存""朱其石印存"，又有"名印拾遗"，连载《金钢钻报》，印之且附识语，惜未刊单行本，历年刻印不下六七千方，朱白参半，牙石相互。其友徐公豪称其治印有的"酷类吴让之",有的"俨然汉官印之浑穆",是变化多端的。犹忆当我七十寿辰,蒙他见贻二印,一朱文"逸梅藏牍",一白文"郑逸梅之玺",今则一存一亡。他的印文颇趣,如南汇诗人顾佛影有句云:"硬语盘空我未能,甘心做了软诗人。"他即刻"软诗人"三字印章给佛影。他又刻自用闲章:"任头生白发,信手写黄山。"又"且画梅花过一生"。其石晚年,患于腕萎缩症,乃废刻印,其最后一印"费长房缩不了相思地"九字,为陆陇梅刻。其石有一高足朱良揆,藏其石手迹册凡四,凡其石所擅各种书、各种画、各种篆刻,应有尽有,又其石曾佐其兄大可编写《古籀蒙求》,尽探甲金文字之奥,遂究心古玺,施诸铁笔,瘦硬矢矫,骎骎乎自树一帜,这也是他治印借助得力处。小可治地质学,深究矿岩,其石希望小可对于寿山、昌化、鸡血石,有所评析。

其石书学苏东坡,画则山水花卉,无不兼长,山水突兀苍茫,别饶气韵,画梅往往半红半素,参杂为之,大有昔耶居士所谓"白白朱朱,春光满眼睫"之概。抗战前,沪上诸书画家,如张大千、谢玉岑、陆澹安、马万里、张聿光、俞逸芬等组织艺海回澜社于金钢钻报社楼上,其石被推为理事长,主持其事,宿于社中,我这时恰承乏《钻报》笔政,因此我和其石每日相见,成为莫逆。抗战胜利后,我们几位老友,如大可、其石昆仲,以及徐凌云、陆澹安、林若瓢、平襟亚、王小逸等,每星期日午后,辄茗集于襄阳公园,又复每周一见。其石喜集藏,如藏虢季子白盘拓片,吴大澂手拓瓦当。藏名人手札,和我同癖,彼此交流。火花亦不少,照相尤夥,曾蒙他复印了吴谷祥等画家小影及小说家徐枕亚北上燕京,和刘春霖状元女儿结婚的集体照。最有历史意义的,为末代皇帝溥仪的一组照片，约一二百帧，大都是十二寸的，甚为清晰。这些照片，是当抗战胜利，国府大员接收故宫，秦翰才和许大路随从着，那些较珍贵的文物，由大员检收，那些柬札图片以及照片等等，大员们是不屑一顾的，目为废纸，翰才对之，亦不感兴趣，大路却姑妄检拾若干，携之而归，大路和其石为同乡，并很契合，他知其石喜集照片，便给了其石一大批，其石又把照片缩印成册，标为"我的前半生"，图片录和溥仪所撰的"我的前半生"为姊妹编，每帧附识该片的地点和人名，送了我一套。其石复藏有日本文《禁苑之熹光》一书，丁士源题签，内多照片，有溥仪在大殿屋顶上饰剑侠一影。

其石热心于乡邦文献，支持嘉兴中心博物馆的筹建，他把自己的藏品捐献了一大部分，又向同乡及至好劝募，特别是钱镜塘捐献了嘉兴籍的名家书画，且以精楷书写作者的简介。魏廷荣捐献大批蒲作英的遗作，其石又复搜罗了蒲氏的集外诗词，汇成巨册，沈子槎捐献了一整套的历代古钱，都出于其石的鼎力。更为嘉兴图书馆征集典籍，并托沈叔羊、朱契、朱家济，在京、宁、杭各地征集到的，为数甚多，他又把家中积存的旧书、旧杂志及亲拓的印谱，一股拢儿给图书馆收藏。著名版本学家赵万里曾往嘉兴参观，撰了"南下访书日记"。又嘉兴成立南湖书画社，广征当代书画家作品，各地名家，纷纷响应，也是其石花了很大的力量。凡此种种，其石概不取任何酬报，仅博得一嘉兴县文物管理委员会委员一个名义而已，前人介之推不言禄，其石可称为现代的介之推了。

其石对于《清明上河图》很有研究，收集了许多资料，加以考证。又溥仪的《我的前半生》，他藏有三种不同的版本，一是最早的油印本，二是排印的烦琐本，三是修改的正式本。

其石有些事颇趣,他和步林屋相识,林屋治辞章,曾参袁项城幕府,又擅岐黄,为冯国璋夫人诊病,数剂而愈,及来沪上,求诊者不绝。一日,其石往访,适林屋拟出诊而无代书药方的,便强拉其石承乏,可是其石不谙药名,随书随问,为之暗暗叫苦,从此不敢再上林屋之门。他喜蓄扇,曾请九十高龄钱冲甫写扇面,冲甫是清季显宦钱应溥之子,耄年犹能作蝇头小楷,一面又请画家黄西爽的儿子画山水,西爽的儿子年仅十九,家学渊源,对于绘事,很有造诣。这把扇子的书画作者,一九十,一十九,年龄的差距,抑何其大,荀慧生艺名白牡丹,请吴昌硕写一斋额"小留香馆",昌硕误写为"小留云馆",须重写一帧,而这"小留云馆"额,其石向昌硕索取,什袭藏之。最有趣的,他在家乡,是素有声誉的,一些附近的店铺,和茶坊酒肆的掌柜者都认识他,所以他出门往往不带钱囊,什么都赊欠。有一天外出,照例身边不命一文,忽然遇到了一位熟友,说:"今晚碛石有精彩的灯会,我们一同到那儿观赏一下吧!"说着,拉了他就走。其石说:"且慢,容我回家关照家人,并带些钱去。"不料,这位朋友迫不及待地说:"我们须赶乘火车,这是末班,不能脱时的,至于钱,由我请客,一切放心。"其石不得已,只委托了一熟人,代向家人说明赴碛,今晚不归,也就安心前往了。到了那儿,天已垂暝,观灯的人山人海,先就餐馆谋果了腹,既而万灯齐明,城开不夜,兰膏莲炬,照眼生花,尤其雕镂之细,形式之奇,为他处所不备,正在恣观间,一个人潮拥挤,把他们二人突然冲散了,其石大为惶急,找了半天,实在人多,彼此都找寻不得,只能分手,可是其石没有钱,住宿成问题,没有办法,便随着灯会川流不息地绕走通宵,走得精疲力竭。黎明赴车站等候那位熟友,及彼此相见,大家不约而同说:"我找得您好苦啊!"

其石是1965年逝世的,逝世前手腕萎缩,不能举动,进餐不能运箸,关了门自己不能旋开。乃由其子小石接他回乡侍养,不久病死。大可把哭弟诗书成一卷,请胡亚光为其石绘一遗像,赋诗寄之云:

妙手传神比老迟,阿连况早托深知。

仪容从此留长巷,襟袖还堪补小诗。

丘壑闲情原不休,人琴余痛倘能支。

只惭高谊浑难报,润笔曾无帛一丝。

(陈老莲别号老迟。)可是亚光疏懒成性,迟未报命,及大可辞世,此事也就不了而了了。

我也来谈张大千

张大千画师，是有口皆碑的人物，谈的人很多。记得《内江文史资料》主持者，曾约我写一篇纪念张大千的文章。时隔数年，这个刊物，尚在手边，觉得内容充实，具有参考价值，兹节录于此，俾作本文的开端吧：

张大千，四川内江人，和张善孖为兄弟。善孖长大千十七岁，性严肃，不苟言笑，故大千对善孖很是敬畏，善孖且指导他作画，故凡从大千为师行拜师礼，大千说："我的画是我哥哥教出来的，拜我为师，必先拜我哥哥善孖。"善孖以画虎驰誉，大千生平不画虎，让善孖独擅其胜。某年，大千获得张大风名迹，便榜其斋为大风堂，这个斋名，也是兄弟合用的。大千的父亲怀忠，官松江，久居三泖九峰间，故善孖夫人即娶自松江，大千也能操松江方言。一天，大千于席间遇见女画家周鍊霞，笑对鍊霞说："某年月日，我第一次得瞻风采，您穿着淡蓝衫子，粉红色裙，珠耳环，翡翠约指，在松江禅定寺求签，得签上上大吉，您当时把签诀交给一小沙弥，这小沙弥便是我。"原来大千曾出过家，但仅三个月的空门生活，即还俗了。大千在北京，每逢金少山、郝寿臣两大净角登台，必往观剧，且先赴后台，坐在少山或寿臣开脸的桌旁，细观用笔之法，因两大净角，大千都很相熟，大千对人说："寿臣勾脸极工细，一丝不苟，似仇十洲的作画；少山恰相反，勾脸神速，大刀阔斧，寥寥数笔，近看极粗，似八大山人的画。"但两人登场，都神采奕奕，不分上下，这对我的画启发很大。

大千和国剧艺人，颇多往还，与梅兰芳更为友善，曾在吴湖帆处相叙，湖帆画兰，兰芳补梅，索大千题，大千填《浣溪沙》以应之。兰芳携归缀玉轩以为壁饰。一次，梅氏与大千同赴某处宴席，各不肯坐首位。大千推梅氏云："您是君子，我是小人，首位当属君子之座。"梅氏不解，询其所以，大千曰："俗语不是有所谓'君子动口，小人动手'吗？您唱戏是动口的君子，我绘画当然是动手的小人。"在座者无不大笑。大千和程砚秋也是相稔的，时砚秋在北平前门外中和戏院演出，大千住在颐和园，每演辄往观之，且由砚秋介绍，与俞振飞相晤，大千一直作画赠振飞，振飞前夫人黄蔓耘，又在香港正式拜大千为师。大千又喜老供奉孙菊仙黄钟大吕之音，撰联为赠。又在余叔岩家赏黄芍药花。在台北又与名须生李金棠、名丑角吴兆南相交游，赠兆南一联更具妙趣：

从人笑我生张八，举国传君活赶三。

大千在昆仲中行八，赶三乃刘宝山的别称，他是丑角中的杰出者。当光宣时，京剧界规矩，每一演员，只许在一个班内演出，他名声大，各班纷纷邀请，他从北京城外三庆园演完，又赶内城，先后演于东四牌楼和降福寺街的景泰园、泰华园，到处受人欢迎，因称之为刘赶三，1894年卒。又和陈刚叔相交，刚叔别署天罡侍者，为孙菊仙弟子，海上名票。凡此可见大千对于戏剧是很有兴趣的。

大千广交游，早年寓居上海西门路西成里，黄宾虹住在楼上，大千住在楼下。陈巨来访宾虹，适宾虹外出，即由大千接待，他喜爱巨来所刻的印章，所有画幅上所钤的，大都出于巨来之手。此后大千有一习惯，每隔五年，必把印章全部换过，一新面目。一次作画太多，请巨来于半个月内，赶刻六十方，巨来昼夜尽力，其中刻有元朱文、宋满白等多种，大千为之欣慰。当巨来父渭渔病重，须日服羚羊角，巨来力不能胜，大千亦正囊涩，立绘仕女及山水各一幅以赠，俾得善价以沽。

大千在成都，叶浅予曾寓大千处，浅予画翩翩舞女，大千亦戏为之。大千到广州，访黄君璧于容安居，见所藏董香光墨笔《秋山图》，大为欣羡，君璧即赠之以订交。李祖韩与李秋君为兄妹，卜居沪西瓯湘馆，大千来沪，常借寓其家。某日，胡亚光往访，即在馆中为大千画像，神态俨然。柳亚子与善孖、大千相晤，为题《黄山纪游图》。陈定山与夫人十云，伉俪甚笃，大千诗以调之。有云："好在十云情不妒，从君广列女门生。"大千七十四岁自画像寄沈苇窗，八十二岁又绘桃祝苇窗寿。徐悲鸿推崇大千为"五百年来第一人"。谢稚柳且随大千赴敦煌处临壁画。后来，大千以在南美采集的牛耳毛在日本制成的两支毛笔寄给稚柳。大千又和画家陆抑非为近邻，时相往还，抑非的夫人孙淑渊，乃鉴赏家孙伯渊之妹。伯渊设集宝斋，售碑帖骨董，大千经常到斋中观赏，和抑非更增加了友谊。他和谢玉岑也是西成里的近邻，相亲如兄弟，我认识大千，还是玉岑介绍的。这时我主编《金钢钻报》，大千、玉岑与朱其石、马万里、张聿光等组织艺海回澜社，设在报社楼上，大千常来挥毫谈笑，我且在《钻报》辟半版，为大千出书画专号。这时假使我请大千绘寸缣尺幅，那是不成问题的，可惜失此机会了。吴作人是徐悲鸿的弟子，因悲鸿得识大千，称大千为师伯。张岳军与大千均嗜藏石涛、八大画，各相竞胜，岳军得石涛通景屏十二幅，李梅庵称之为"天下第一大涤子"，大千为之折服。1928年，教育部筹划全国第一次美术展，叶恭绰与大千同任审查，两人始相识，此后又同寓吴门网师园，共数晨夕者近四年，恭绰拟购木渎严氏之羡园，为彼与善孖、大千兄弟读书绘画之所，奈日军来犯，未果。张伯驹与其夫人潘素都擅丹青，媲美赵管，和大千也属旧交。时港澳友朋函邀伯驹夫妇前往香港，以图良晤，因多阻碍，未能启程，大千在台，听到音讯，即设法由港代备飞机票二纸，以促早日成行。那主办生生美术公司的孙雪泥，和大千相交有素。某年，雪泥之弟三十揽揆之辰，雪泥为之广征画家，每人画册页二帧，借以祝寿。大千立即挥毫，一观音、一达摩，苍癯慈祥，各极其妙。今此二画，归我纸帐铜瓶室收藏。其散失在外，我辗转得之的。

大千在台北，有一好友台静农，即介绍庄慕陵伴之同观书画、瓷铜玉石等各种文物，流连数日，当时大千的大风堂镇山之宝有董源的《江堤晚景图》《潇湘图》，又顾闳中的《韩熙载夜宴图》，都钤有"东西南北只有相随无别离"的印章。大千以有日本之行，即以这三宝，暂存静农家。

荷兰华侨总会副会长夏俊杰，为该地知名人士，也是大千的好友，他家厅堂上，即悬有合锦巨幅，大千芍药、张红薇苍松、楼辛壶石、马孟容灵芝、郑午昌水仙、郑曼青山茶、何香凝天竹、方介堪铜瓶，合为《岁朝图》。侨民纷往欣赏。俊杰和我时通音问，他知我为大千撰记述文字，蒙以有关大千事见告，充实我的写作资料，这是我非常铭感的。他和夫人陈宝玉，于1981年专程赴台，拜访大千于外双溪摩耶精舍，那精舍建筑格式，是我国传统的四合院，由大门进入天井，通过小桥，走向客厅及画室，塘水环围，植以芙蕖，鱼漩其下，古松垂柳，兼峥嵘婀娜之妙。大千每天午睡既醒，就在这儿会见宾客，摆起龙门阵，无话不谈，尤其有朋自远方来，更为欢迎。俊杰操温州语，大千就陪着说温州话，由温州谈到方介堪、马孟容、马公愚一些温州故侣，头头是道，记忆犹新，但较近的事，反都忘怀了。来见大千的人，总以为他是一位国画大师，名震寰宇，一定目空一切、具大架子，岂知他却平易和蔼，可亲可接的。他家中雇有名厨，制四川菜，这天就备了佳肴，向俊杰夫妇餐后引着参观各胜迹各斋室。陈列的器具，红木雕花，古香古泽，他穿长袍短褂、布鞋，手执藤杖，俨然画中老人，嗜饮茶，饮的是铁观音和乌龙茶，饮具为宜兴紫砂。俊杰赠他杭州特级龙井与泰顺毛尖，他十分喜欢，由香港国际摄影公司高岭梅父子为摄影以留念。及告辞，大千亲送到大门口，俊杰一再说不敢当，请留步，大千谓我们是中国人，不能把旧礼节都忘了。俊杰又告诉我，他出国四十年，未曾见过我国古代的礼法，却在大千家里看到了。大千孙辈，自学校放学回来，首先向爷爷行叩拜礼，这些礼貌，可能也只此一家了。大千的客厅里，经常悬着其二兄、三兄和四兄放大照相，又其老师曾李的对联，凡此种种，足见大千性厚谊重。

西方大画家毕加索，和大千交流画艺，毕氏的画为之中国化，且谓："白种人无艺术，艺术在中国，其次在日本，但日本乃师法于中国。"那么我们中国人，足以自豪了。

其他国内名流，和大千结翰墨之缘的，如吴昌硕、王一亭、于右任、溥心畬、刘海粟、黄君璧、徐邦达、林语堂、郎静山、常任侠、王济远、王贵忱、黄苗子、黄般若、郑曼青、柳君然、张谷年、邹梦禅等，那是不胜指屈的。

至于大千的师承，最早从其母亲曾友贞学画，大千事母很孝，母亲故世，不无失恃之痛。一日，忽有人以其母遗墨《耄耋图》印刷画片，出示大千，大千大为激动，认为此图可能尚在世间，便托沈苇窗代为访求，愿出任何代价。苇窗受此重托，全力以赴，结果有志竟成，得此原迹，且有太史公傅增湘长题，尤为珍贵，可是大千已离世而去，不及目睹，只得送交张大千先生纪念馆，永久保存，所以沈苇窗挽大千，有那么一联：

　　三载面敦煌，事功俱在莫高窟；
　　万里求遗迹，伤心未见耄耋图。

此后大千再受其兄善孖的熏陶，又参加曾李同门会，曾为曾农髯，李为李梅庵，同门有李仲乾、马宗霍、蒋国榜、马企周、姜丹书、江道樊、江一平、江万平及善孖、大千，皆一时俊彦。

大千的门生很多，真是所谓桃李满天下，负盛名的，如在美筑明轩，仿吴中殿春簃而别具丘壑的陈从周教授。上海文史馆馆员糜耕云、陆元鼎、厉国香，为大千整辑诗稿的曹大铁。又高龄的陶寿伯，最近自台来，见告其四十岁即从大千游，晚年常趋摩耶精舍，大千师塑一蜡像，白须霜鬓，作执笔挥洒状，宛然如一真人。寿伯且在蜡像之侧摄一照片，不啻当年坐春风聆清诲哩。

大千的临摹功夫确是超群出众，不仅临摹石涛，即其他各家，都能乱真。一次在上海开个人画展，不半天，全部陈列品被订一空，且纷纷复订，红标签累累皆是，及结束，以黄金计，凡数十条，他立即挟赴北平，购得董源的《潇湘图》《江堤晚景图》及顾闳中的《韩熙载夜宴图》。郑曼青有诗戏之云：

　　旷古画家数二豪，张爱倪瓒得分曹。
　　腰缠散聚且休论，百万相看等一毛。

413

大千得此,杜门谢客,约月余,乃邀诸画家及鉴赏家,往其寓一观其新获的瑰宝,来宾无不叹为古气磅礴,精彩照耀,引为生平眼福。过了一时期,大千又邀前次来观者再行一赏,他乃告人说:"这才是真迹,前次是我的临摹品。"大家都为之呆了。

大千什么都能画,画得出色当行。他有才有气,但从不矜才使气,真至晚年,目力不济,才用泼墨泼彩法,以墨彩和水,运用巧腕,泼在矾纸或绢素上,再加点染,添增了墨彩的层次,且融合了中国画中的破墨积墨技法,又接受了西方现代美术,尤其抽象表现的作画,在中国画坛上具有很大的影响。善孖画虎亦画马,大千与之作《双骏图》。其画之最大成绩,当推临摹敦煌壁画,莫高、榆林二窟数代之作,选印成册。张大千画集,海内外出版了好多种,不自吹嘘,而独对于鉴别书画真伪,却极自称许,谓:"法书宝绘,看纷纶之满前;秦镜温犀,乃照烛之无隐。一触纸墨,便别宋元,间抚签暨,即区真赝,世尝推吾画为五百年所无,抑知吾之精鉴,足使墨林推诚,清标却步,仪周敛手,虚斋降心。"可惜他的珍藏,在吴门者,毁于丁丑(1937)之交,在蜀郡者,又失去,加之辗转流徙,不无散落。大千喜自画像,一次绘钟馗,即对镜以己貌为之,题云:

　　醉折榴花斜插鬓,老馗还作少年看。

大千复善书法,集《张黑女志》二十五联,集《石门铭》二十六联,上海艺苑珍赏社印入《碑联集拓》中。又喜摄影留念,如绘巨幅庐山图,大千居中挥毫,夫人徐雯波为之伸纸,张群、王新衡、张学良后立观看,又一影为大千夫妇在法国坎城附近古堡会见毕加索,又大千在莫高窟所住上寺门前逗玩所养之黄鸭,又大千应邀赴印度国际大学讲学，梅兰芳在沪送行合摄之影片。又大千旅居巴西，与前往探亲的长女张心瑞合影，又大千游台湾太鲁阁，为世界奇观，乃绘其入山处长春祠为一大幅，摄影亦一大帧。大千喜畜猿猴，闻在印尼见长臂猿二，以巨价购之，运至巴西，运费不赀，绘猿留影。以上若干影片，合为一组，印入《张大千生平和艺术》一书中，由中国文史出版社出版。资料由大千长子心智及长媳苑钟淑供给，费了很大心力。

大千远游，据吴作人所考，"初至印度，次迁香港，又移南美，曾在巴西建八德园，居十数载，复转趋美国蒙特利，筑环荜庵，于20世纪70年代后期，居台湾省台北市外双溪摩耶精舍，三十余年往来亚欧美诸邦，声噪国际"。

大千所居，大都有所布置，在巴西向意大利商人购得三百七十亩土地建八德园，布局和风格，全部中国化，除植松柏桃李外，又从各处购运中国的牡丹、修竹及各名种的梅花，开浚湖荡四个，筑亭五座，华侨和西人，纷纷往观，莫不引为中国园林，别具雅致。既而巴西政府拟筑水库，八德园适当其冲，不得已舍之，往美国蒙特利，筑环荜庵，虽是小型的设置，亦殊玲珑可喜，书一联云："聊复尔耳，可以休乎！"有人携宋琴往弹，大千自称为牛，盖俗有所谓"对牛弹琴"也。台北的摩耶精舍，列有一大石，由美国运来，四周植梅，大千题之为"梅丘"，所奇的，这石恰与台湾省地图相形似。

大千又擅烹调，他自听到孙中山说"烹调一道，也是艺术"。又据所知，那位冒辟疆请一北方名厨娘来家做菜，厨娘坐了大轿，随着仆从嫚女，大千遂认识到烹调的不平凡，乃亲下厨房，学习调味和烹煮,得其诀窍。一次,邀客家宴,一时徐伯郊的夫人,和坤伶章遏云等闻风都来做助手,轰动于时,说者谓其制肴和作画融合为之,调味用调墨调色法,而浓淡深浅亦两相配着哩。

大千的生卒年月及别署琐屑,尚得补叙于后,他于己亥(1899)四月初一(5月19日)生于四川内江县城郊安良里象鼻嘴堰塘湾。卒于辛酉(1983)四月二日,因心脏血管硬化,导致心力衰竭,不治而死,享寿八十五岁。骨灰安厝摩耶精舍梅丘下,从其遗嘱。

他原名正权,后改名爰,一作援,又作季爰,字大千,有时署大千逸者、爰杜多、昵燕楼主,又和谢稚柳、黄君璧、于非闇称东西南北人,合刻一印,曰"稚柳生浙东大千西川君璧南海非闇燕北"。海棠有色无香,大千在昌州独挹海棠之香,天下乌鸦一般黑,有人从青城携来白玉鸦赠大千,大千思乡心切,旧俗念殷,庚子(1960)除夕,与友在瑞士湖滨旅馆守岁,画水仙、红梅、墨竹、青松为四友图。又有一诗云:"行遍欧西南北美,看山还看故山青。"又云:"五洲行遍犹寻胜,万里归途总恋乡。"大千在台北,体不健适,患心脏病、消渴疾,服安眠药,仍通宵不寐,进野山参,犹步履维艰。左耳聋,右腿折,双目内障,配隐形眼镜,无济于事,直至一眼不视,天丧斯文,抑何其酷。儿孙均以心字为排行,如心瑞、心庆、心裕、心一、心珏等。张善孖养虎,大千有一文记之,颇翔实有趣,录之于后以为我文之殿。如云:

> 先仲兄善孖,他爱虎,因而豢虎画虎,他平生养过两小老虎,一个是在四川,后来因为牛肉买不到,老虎又不吃素,不得已饲以猪肉,养到三年多,那个老虎就生病死了。居苏州网

师园的时候所养的,是抗战时在山西殉职的郝梦麟所赠,那虎才生出来六个月,先兄爱到极点,不加锁链,不关在笼子里,驯服过于猫犬,先兄每天和它盘旋,观其一切动态,心领神会,所以画来没有不出神入妙的。先兄在美国时,罗斯福总统在白官专宴招待,先兄即席挥毫,画了二十八只老虎,题着"中国怒吼了"。

南北两大藏石家

海上爱石的，先有沈钧儒，每到一个名胜古迹的所在，总得拾取些石子，携归珍藏，辟"与石居"及蓄石之所。其他如徐悲鸿、朱孔阳、高络园，也都置石于盎，注以清泉，作为雅供。又黄裳的"花步集"，有云："到雨花台的江南第二泉去品茗，买了价值2000元的雨花石。"2000元当时为一巨数，人称豪举。我七十岁那年，出游黄山，取道南京，我也选购了一大袋的雨花石，不怕累赘，携带回来。原来我平素喜爱那些小玩意儿，觉得小玩意儿点缀居室，不占地位，实在我的书斋堆满了许多书，再也不能容纳那些商鼎周彝、秦砖汉瓦，只有取些小东西玩玩，那雨花台五色石，便是最适合我小室的大好点缀品了。这种石子，光润圆滑，的确可爱，那是山石经过长期的风化，崩塌下来，成为碎砾，由山洪冲洗磨荡，百千年后，棱角自然消失了。至于色彩，据云那是地壳深处，岩浆喷射时烘托出来的。

海内有两位藏石大家，南方为许问石，北方为张轮远，这两位我都不认识，徒慕其名而已。有一天，孙伯亮谈及许问石的藏石，我欣然色喜，颇想一识荆州，并观赏其珍秘，可是不敢冒昧，不料过了数日，许问石致函见邀，才知伯亮已为我先容了。我就如约和伯亮同去观赏了一部分奇石。越年又来邀请，我撰了篇《观石记》，那是用文言写的，录之于下：

  毗陵许振翁有石癖，因字问石，以哀积之夥颐，又榜其斋为千山万水人家，卜居沪西仙霞路畔，林木森翳，隐潜垣宇，似与尘世相隔,佳境也。承折东见招,乃驱车往访,经岁不叙,握手腾欢,煮茗之余,出示其所藏雨花台名石,累累列于瓷盎,清泉倾注,顿呈斑斓璀璨之文。翁曰:"石有神品、妙品、逸品、佳品,一似包安吴《艺舟双楫》所判别然。若干年前,曾应和平公园主持者之约,举行展览,凡两越月,观者数以万计,此即畴昔展出载誉归来之物也。且谓当观赏之顷,宜于灵府中先存以供奉诗情,与右丞画意,然后接于目,即于脑,缘意会情,则诗若画自于个中泉涌而出,否则匆匆一瞥,不啻芥子之纳须弥也。"时一窗暄日,几案生辉,翁谓:"君斯时来赏,纤毫豁露,最为良适。"随指骈比之四石曰:"此梅也、菊也、竹也、兰也,凝视之,则横斜之梅、傲挺之菊、抱虚之竹、吐馥之兰,靡不具体而微,令人涉身于畹畦篱落之间亲挹其清劳逸韵也。"又一石绛白分明,绛疑蒸霞,白如流水,一翼翩然而下,翁曰:"是落霞与孤鹜齐飞,秋水共长天一色也。"为之叹绝。翁更示一石,从涤悬崖间,着一婵娟子,金姿宝相,月靥莲眸,余曰:"此岂南海观世音乎?"翁欣然而喜曰:"然,当年获此石于雨花台,适为观世音诞日,其巧遇有非臆料所及也。"而文石之蹊径别开者,则鸟雏栖止于枝头,呢喃作细语,复有双狸奴相对仗,奕奕具神态,余曰:"此中倘添一翩翩之蝴蝶,则耄耋成图,不啻丹青缣素矣。"最殊异者,一戎装甲士,持枪作击刺状,旁缀一小帜,类东岛之国徽,翁曰:"此为日本之武士道,彼邦某学者,见而爱不释手,愿斥兼金以为易,乃婉却之不忍割舍也。"翁藏石不下千余枝,精微幽奥,蔚为大观,或如游鱼露雨,孤鹤舞风;或如垂柳生烟，秋出咽露，而夕霭朝岚，奇峰巨浸，远坡平壤，茅屋荒郊，有莫罄形容者。色泽则渥然以赭，墨然以黑，泊乎冷红寒碧，浅紫轻黄，不一其彩，仿佛登贾胡之肆，珊瑚翡翠，木难火齐之错陈左右也。翁兴会飙举，续检不已，余恐其过疲，力请歇息，谓："留此不尽之缘，为他日再来之计。"翁笑颔之。夫翁之嗜石也。由少而壮，由壮而老，始终不渝，今已八十有八龄矣，视听犹不稍衰。古人云："美人之光，可以养目。"而石之温润莹洁，其养目之功，殆胜于钗黛倍蓰，兹以我翁证之而益信。况海内之藏石者，如华亭朱叟孔阳、杭州高叟络园，虽辉丽缤纷，结藻组绣，尚不克与许翁相骖靳，然翁亦足以自豪矣！

此后，我刊行《艺坛百影》，又写了篇《藏奇石的许问石》，那是用语体文写的，兹摘录片段于下：

海内藏奇石，有北张南许之称，北张为张日轹，字轮远，雍阳人，著有《万石斋灵岩大理石谱》行世，已早作古。

许问石名泽初，是南通张季直的弟子。嗜石成癖，一度服务金陵，一有暇隙，便到雨花台物色石子，有惬意的，不惜重价购买，和那些出卖石子的铺主，结为友好，每遇特殊的石子就留给他。后来许翁移居上海，铺主得便来沪，还常带些石子来给他选择，积年累月，藏石不期然而然地多了起来，致有今日之大观。

以上云云，补了《观石记》的不足。实在他老人家藏石太多，每次观赏，仅仅一部分，未窥全豹。记不清是哪一年，他又来书邀赏，并云："留有几枚较好的石子，拟送给你，作为纪念品。"可是，我俗事很忙，加之彼此相距甚远，因循没有去，不料不久，接到讣告，他遽尔离世，年龄超过九十。他所藏的许多奇石，不知如何处理了。

我上面提到张轮远早已作古，岂知是海外东坡之谣，他健在津沽间，看到我这本《艺坛百影》，来了一信，附"读艺坛百影诗"，不但不责备我，且致仰慕之忱，为之愧赧不已。不久，又蒙他邮贻《万石斋灵岩大理石谱》一厚册，这书为非卖品，印数不多，今已难以觅得，当然是很珍希的了。我极喜欢这些专谈小事物的书，获得了，以瑰宝视之，且所谓灵岩石，即世俗统称的雨花台石，实则此石产自江苏省六合县灵岩山玛瑙涧，或称文石、绮石、锦石、五色石，至于雨花台产石不多，大都由六合载运而来，便名之为雨花台石了。我既喜爱雨花台石，蓄置案头，作为清供，既有这书，得知雨花台石的许多掌故和前人咏叹的篇什，毋怪为之手舞足蹈了。

这本《万石斋灵岩大理石谱》封面题签，出于柳溪词人向迪琮之手。刊于1948年冬月，不分卷，上编为《万石斋灵岩石谱》，下编为《万石斋大理石谱》，附着铜版图多幅。首冠李一庵序和轮远的自序，题词累累，如顾凤孙、姚君素、张一桐、陈邦荣、于公稼、王巽言等，他的夫人李淑云也题了二绝。那篇自序，概述了要旨，节录如下云：

尝参古之玩好，多有专书研究，如《金石录》《养鱼经》《砚史》《墨志》《琴操》《菊谱》等书，不胜枚举。至于石类，只有宋云林、明素园、清诸九鼎《石谱》之著,而所论园林几案陈列之山石,又仅仅标别品流,稽核产地,对于灵岩石,惜均略焉不详,简而寡要,不能作专门之研究,岂非好灵岩石者一大憾事。甲子(1924)初秋,天气初凉,夜长无事,因集平日考证所得,并将奇妙诸石,罗列案头,目击心摹,笔之于篇,得十余章,名曰《灵岩石谱》,主论尽依科学方法,并参考哲学、审美、心理、物理、矿物及考古诸家折中之说,使好此者,得识灵岩石之源流,统系之大凡,文质形色之条理,及石品之优劣,不敢稍涉臆断,以自欺欺人,或为鉴别灵岩石时之一助欤!

最后一篇永清刘云孙的跋识,又说明了轮远的行径和习性,也是很可玩索的。采录如下云:

> 余客津有年矣,赁庑于墙子河西联兴里,与轮远为邻,甚相契也。后轮远他徙,丙戌(1946)春,复见于庆华里(轮远居天津十区岳阳路庆华里四号),贵阳李一庵(国瑜)与之善,一庵隐于酒,轮远癖于石,友人陈诵洛谓予老尚耽诗,三人时相晤对。每酒酣谈艺,玩石论诗,烛残灯阑,相与酣嬉,淋漓颠倒而不厌。轮远旧有《灵岩大理石谱》之作(最初名《梦石录》),久未成书,迩来风鹤频闻,戚戚靡骋,因重重排比编列,予暨一庵及于君寄因,有时代为校订,遂获杀青。或谓:"当此时,高材捷足,何途不可奋迹,而子独急急于无益之事何耶?"轮远曰:"余之嗜石谱石,盖有慕于东坡襄阳及素园云林之所为,等于一庵之唯有饮者留其名、云孙之诗卷长留天地间之意,自乐其乐,人笑所不计也。"轮远之为人,介

而通，韫而明，质而文，涅不缁而磨不磷，性与石近，此谱之成，非独自乐其乐，盖所以适性也。

这书的内容，共二十五项：

1. 癖石者之心理；

2. 癖灵岩石者历史考略；

3. 灵岩石之出产地及名称；

4. 六合县灵岩山概况；

5. 灵岩石之矿物成分；

6. 灵岩石成因之研究；

7. 灵岩石总论；

8. 灵岩石质论；

9. 灵岩石形论；

10. 灵岩石色论；

11. 灵岩石文论；

12. 灵岩石像形论；

13. 灵岩石之命名；

14. 灵岩石鉴别之商榷；

15. 灵岩石等次之分类；

16. 灵岩石品；

17. 灵岩石陈列法；

18. 灵岩石保存法；

19. 灵岩石答客问；

20. 灵岩石闻见录；

21. 万石斋藏石琐记一；

22. 万石斋藏石琐记二；

23. 万石斋灵岩石子小传；

24. 万石斋石谱附钞有关于灵岩石之记述；

25. 万石斋石谱附钞关于灵岩石诗词。

可谓无微不至，有美皆备的了。

万石斋的名称，带些夸张性，实则收罗三十余年，三千余枚，盖屡经挑选，以存其精，且命其长孙绪缄为之绘图，愈示珍贵。他的藏石，植基于其伯兄志瞻，志瞻所藏，悉归诸轮远。又有王秋其人，别署很怪，称为猩囙，也嗜石成癖，相互交流，当庚申（1920）除夕，轮远以一佳石赠给王秋，作为献岁纪念。及丁亥（1947）秋，王秋一病甚剧，乃遗言："如有不讳，石仍归原主。"以示两人交同金石，生死不渝。

至于万石斋所藏，究属有哪些可珍可贵之品？他写的《石子小传》，就是他自炫所藏，兹摘记若干，虽未窥清秘之藏，却在文字之间约略见之，殆亦可谓慰情聊胜于无吧：

一、黄石公，即由其伯兄志瞻自金陵物色而来的。石形椭圆，黄白斑斓，呈现一公字，波磔崭然，似北魏造像始平公之公字。

一、黄山云雾，黄质中杂以绿文，作峰峦起伏状，背面亦然。黄山多奇松，36峰幻为云海，他把这石视为黄山缩影。

一、黄冈竹，上笼黄色环形，下作翠竹状，随风摇曳，遂名之为黄冈竹，原系王秋所有，让给轮远，列于黄石公、黄山云雾之侧，鼎足而三，戏呼之为三黄，又尊之为万石斋三皇，借以冠冕群伦。

一、雪岭朱霞，石为透明体，一面似雪山绵亘，一面如天半朱霞，相互掩映，仿佛冰天雪地中，突现十丈赤城霞，夏日炎炎，把玩之，顿觉遍体生凉。

一、上清仙境，绿石质与白透明体相混合，绿的在内，透明体绕之于外，望之若青峰覆以白云，千山万壑，苍翠欲滴，神仙窟宅，不知为几洞天。

一、柴门雪夜，石质色黄，间以少许白色，若冻云初合，夜雪飘空，更有深褐色条纹杂呈其上，幻成寒梅数枝，横斜于柴门篱落之间，以待春风送暖然。

一、御沟红叶，石白纹如流水，左方浮一红叶，绝鲜艳，顿觉顽石多情，若为于祐与韩夫人作寄书邮者。

一、莫高石窟，石色黄而纹淡，古佛列其中，二童子左右侍之，庄严法相，气象万千。

一、万里长城，石润如玉，黑白错出，有纹高低起伏，蜿蜒如长城，不特雉堞宛然，更有堡垒间之。

一、金带围，石粉白色，腰围黄带，俨然一金带围着各种含苞欲放的芍药。

一、蜘蛛结网，石色黑透明，白纹丝丝布其上，由小而大，层层如蛛丝，中更伏一蜘蛛，若正运用其机巧，坐待虫豸之自投罗网。

一、达摩面壁，石淡黄色，一苍癯古佛面壁坐。

一、鸟篆残文，石深褐色，遍布不规则之白色深纹，或直或曲，或圆或方，朴拙古雅，酷肖上古残存之文字。

一、凤鸣朝阳，黑质而黄章，正面纹形一巨鸟自左飞来，作右顾之状,谓为瑞鸟,诚非虚语。

一、百兽之长,石浅灰透明,深纹似一山君,目耽耽而欲逐逐,口大张作噬状。

一、一点红,石白色透明,隐现浅兽纹,如春到人间,众绿滋茂,而左角着一点红,绰约如花,具有"嫩绿枝头红一点,动人春色不须多"之概。

一、疏篱秋色,石紫色,有花十余朵,类牵牛沾露盛放。朱子衡诗:"多少红楼昏梦里,不知秋色到疏篱。"因以为名。

一、鹿逐中原,石褐色,中间幻出一黑色之鹿,双角耸然,作奔驰状。

一、生公说法,石中一僧,衣黄袈裟,群石围之。

一、残荷听雨,唐玉溪生诗:"秋阴不散霜飞晚,留得残荷听雨声。"这石苍绿色,黄白间之,饶有经霜残荷诗意。

一、周郎赤壁,石纹峰峦突起,峭立江上,大有乱石穿空、惊涛拍岸之势,而造化神笔,更以赧色点染之,顿成一幅天然赤壁图。

一、五色线,石具红紫螺旋纹,层层围绕,间以褐绿等色,灿烂缤纷,悦人心目。

一、万斛珠,石色浅红,具白色鳞纹,或大或小,或隐或现,错落匀圆,如万斛之珠,精光逼人。

名目种种,无不妙切。

他的夫人李淑云和他有同癖,有些名目由他夫人代拟。当然未拟名目的占绝大多数,徒觉其光怪陆离而已。他乐此不疲,在居室中悬挂联语:"曾拥图书逾万卷,幸随顽石共千秋。"他藏这些灵岩石，朝夕把玩，几忘寝食，他说："米南宫拜石，呼之为兄，我亦拜石，呼之为姊。"

他藏大理石，撰《大理石谱》，始于乙酉（1945）初秋，有一序，作于析津寄庐，共分十八个项目：

1. 大理石出产地；
2. 大理石之成因；
3. 大理石史略；
4. 大理石之采取；
5. 大理石之作成；
6. 大理石形论；
7. 大理石质论；
8. 大理石色论；
9. 大理石文论；
10. 大理石优劣之鉴别；
11. 大理石真伪之鉴别；
12. 大理石之用途；
13. 大理石前途之展望；
14. 大理石之装置；
15. 大理石收藏保存法；
16. 万石斋大理石屏纪略；
17. 万石斋石谱附钞关于大理石之记载；
18. 万石斋石谱附录关于大理石之诗文。

洋洋洒洒，都若干万言，海内藏石大家称为南许北张，南许仅限于灵岩石，不及大理石，两者相较，那么北张胜于南许了。

他所藏大理石屏，凡百余方，他每方题诗，以志喜爱。所藏之尤者，如五岳独尊，系一方幅屏，纵横约1尺2寸，白玉质，苍绿纹，层峦叠嶂，对之如登上小天下之泰山。又华岳三峰，横幅屏，高1尺2寸，宽1尺8寸，白质褐章，突出三峰，高耸天半，大有崔颢"天外三峰削不成"诗意。又黄山云海，方屏，纵横各1尺2寸，质微灰，黄绿纹，峰峦起伏，云雾弥漫，俨然黄山胜迹。又雁荡一览，集锦屏，嵌石14幅，质白如玉，纹绿似染，争奇竞胜，酷类雁荡山水。又白云在望，7寸圆屏，远山浮翠，白云笼笼，一童独坐仰望状，生动异常。又青鸟使，石系纵横8寸之方屏，质白纹绿，山巅二鸟翱翔上下，因以青鸟使名之。又湖山夕照，横幅屏，具黄绿二色，一湖秋水，万叠青山，返照夕阳，益增其美。其他如江村雨霁、荒山积雪、奇峰独秀、春山如笑、点苍春晓、谷口莺声、绝岛惊涛等，大自然的景色，石假人工，而呈现于石上，令人不可思议，抑何奇妙乃尔。

大理石载诸典籍，早于灵岩石，如宋欧阳修有松石鸦月屏，苏东坡题有月石风林雪林屏，这些都是大理石，此后如《蝶阶外史》《清异录》《徐霞客游记》《前尘梦影录》《好古堂书画记》《泉南杂志》等书，也都涉及大理石。甚至日本人大村西崖所著的《中国美术史》，更把大理石的历史推到唐代，谓："元微之及僧无闷，有咏山林石屏之句，文献足证，足供研究。"据轮远所考，前人癖嗜大理石，无过于清代的阮元，他的著作，如《石画记》《论石画》《大理雪浪石屏用苏公雪浪石诗咏》《大理石拟元人四时山水小幅》《题仇池穴小有天大理石屏用杜工部诗韵》《大理石仿古山水小册十六幅歌》《四更山吐月石画砚屏》《题点苍山画仙人石画像》《点苍山中画仙人歌》《快雪时晴石画砚屏》，他一股拢儿把它们收入《大理石谱》中。

那位以撰《红杏出墙记》及《春风回梦记》著名的北方小说家刘云若，和张轮远有友谊，参观了他所藏的奇石，作了一篇《拜石记》，略云："上星期六日，应张轮远兄之约，赴其寓楼观石，同往者有刘云孙、李一庵、程卓云、姚灵犀、张异诸兄。轮远兄为司法界名人，而嗜石成癖，所藏为大理及雨花两种。余虽僻陋，而所见奇石，亦殊不鲜，今见轮远佳品，如久涉培楼者，初登喜马拉雅山；如素航内河者，乍进太平洋，始知过去所见不值一笑。盖天地奇秉、山川灵秀之钟毓于石者，轮远尽搜而有之，几疑天下精英，悉集于此……"

轮远逝世于1986年3月31日，享寿八十有八，其内侄婿曹洁如，与轮运诸故旧寇梦碧、于化一、哈墨农等为之整理其诗稿《余霞集》，取刘禹锡"莫道桑榆晚，为霞尚满天"诗意。他生前印成一册，并传略哀挽诸什，分赠戚友，承洁如邮寄其一，从他所撰的传略中，获悉轮远的生平行径及遗石的处置，借以充实我文之篇幅。

轮远生于清季光绪二十五年己亥（1899），祖父步俊，父际庭，均以名德重于乡里，他生而颖悟，读高等小学仅二年，即考入天津私立南开中学。毕业后，保送金陵大学，以水土不宜，乃北返，进北京大学法律系，复列于国学名家黄侃、吴北江之门墙，二师循循善诱，得益良多。既卒业，考司法官，先入司法储才馆肄业二年，及格后，由司法部派充太原、石门、天津各地法院推事及检察官。"七七"事变，华北沦陷，感于时局日非，战氛愈炽，乃托病告归，杜门隐迹，始肆力于诗，故五十自寿，有"癖似元章唯爱石，老同高适始为诗"之句。初学以陶诗入手，继以元遗山为宗法，晚年喜香山、放翁，因此所作，以明白显达为归，有"南郊纪游诗"二百首，则在《余霞集》之外了。他有一印章"颇有闲情弄石头"，且把它做了辘轳诗三首。

至于他的藏石，除他的伯兄志瞻在宁所搜集外，有的是他在南京自己采集到的，有的是他在古玩铺买到的，有的是亲朋好友赠送的，物归所好，数十年间，蔚为大观了。

1979年，他有感物之私有，不如归之公藏较有保障。他毅然把所有捐献给了北京地质部的地质博物馆，博物馆陈列馆内，供科学研究之用，他很高兴，也做了一诗志喜。

南京于1984年成立雨花石协会，苦乏资料，探得轮远地址，由该会赵瑞民致函联系，索取《石谱》，时轮远病情严重，已不能阅览来函，他的内侄婿曹洁如代为答复，并寄去《石谱》，协会会长严奎元拟奉轮远为师，洁如向轮远征询意见，轮远晚年对于灵岩石研究，颇有后继无人之叹，今竟在垂危之际获得唯一继承弟子，乃点首同意。奎元拟别撰《雨花石谱新编》。该会当时即聘轮远为名誉顾问，并给奖状，不料聘书与奖状到达，他已一瞑不视了。赵瑞民也是心香一瓣要拜轮远为师的，不得已乃拜严奎元为师，作为轮远的再传弟子。

1987年10月中旬，南京雨花石协会，应中国历史博物馆的邀请，严、赵一同参加，在故宫端门东朝房十间，展出雨花石数百枚，轮远捐献的为主要陈列品。又把轮远的两句诗"曾拥图书逾万卷，常随顽石共千秋"镶嵌镜框，悬诸展览厅内，很引人瞩目。

尚得补充的，轮远的弟子严奎元，也成名为藏石家，某年，南京夫子庙举行雨花石展览会，严奎元尽出其藏，如鸳鸯石、白牡丹、白日依山尽、百万雄师、鉴真东渡、林海雪原、溪山行旅、秀才看榜等，以及池澄、汪真、姚安、谢明富等所藏，陈列三阅月，参观者几乎户限为穿，并有国外贵宾，均为之赞不绝口。

轮远一次倾跌，伤及左胯，卧床不起二寒暑。1980年，应聘天津文史研究馆，有所作辄发表在《文史选辑》中。生有二子一女，长子绪缄，次子绪峤，女质默。蒙曹洁如见示刘学仁所撰《聋哑书画家张绪缄》一文，始知绪缄既聋且哑，而在聋哑中为杰出人才，曾收入《中国残疾名人词典》中，那确是了不起的。绪缄字慎言，聪慧好学，四岁即能丹青涂抹。十六岁，拜著名画家陈少梅为师，少梅初以为聋哑者难以指导，及见他所绘，具相当功力，便欣然收为入室弟子。（同时尚有孙墨佛的哲嗣天牧也拜陈少梅为师，和绪缄相互切磋，甚为相得。）所作在展览会中，多次获奖，他的书法，或凝重，或淡逸，笔情墨趣，兼而有之。20世纪60年代初，供职故宫博物院，专事复制历代古画，如费时半年复制的元代李衎的墨竹卷，潇洒有致，可以乱真。又用4个月绘制的古代彩陶，至今陈列在故宫瓷陶馆，博得行家的赞美。他不仅善绘事，且工书法，以行楷见长，以画法融注书道之中，别具面目。他初临王右军圣教序，继临晋唐小楷、汉礼器碑、石门颂等十几种碑帖，晚年又喜月仪帖、出师颂、急就章等，神与古会，力透纸背，真所谓能者无所不能，闻今年已六十七岁了。女质默，也是聋哑者，能画不亚于兄绪缄，现供职天津工艺美术设计院。绪峤，天津大学毕业后，任沈阳药学院工程师，都属一时才俊，故人有后，良足欣慰，据闻轮远与夫人李淑云结合，乃出于其母的意旨，双方为近亲，有血缘关系，以致所生子女为聋哑残疾，这是青年结婚者当引以为戒的。轮远还有侄子翼青、侄女中放、孙女其英，均为刊印《余霞集》斥资费力的。

谢玉岑与王春渠

江南一带，文风称盛的，当推苏州和常州。常州两百年来，有三才人，一黄仲则、一吕绪承、一谢玉岑，所奇者三才相若，遭遇相若，早死相若，其可传者亦相若。当时即有人提议，一俟承平之世，当于吾乡菱溪之上，辟地数弓，筑屋数楹，祀此三人，榜云曰：常州三才人祠。兹者黄仲则之两当轩旧居已修葺为纪念馆，那么谢玉岑的纪念馆，或许成立有望，在迟早之间而已。

谢玉岑于清光绪二十五年（1899）出生常州市东宫保巷。谢氏世代书香，祖父养田，著有《寄云阁诗集》。伯父仁卿，著有《青山草堂诗词集》，父仁湛，著有《瓶轩诗词集》，合刊为《谢氏家集》，叶恭绰编入《全清词》中。玉岑从小继伯父名下，奈十三岁父与伯父先后逝世，家道中落。玉岑幼慧擅诗词，卒后，刊有《谢玉岑遗集》，卷一为文，卷二为诗，卷三为《白菡萏香室词》，卷四为《孤鸾词》，夏承焘、符铸、张大千、王师子、陈名珂、陆丹林、叶恭绰、钱名山、唐玉虬等题序，钱小山为作一传，盖玉岑从武进名宿钱名山读书，名山剧赏其颖慧，且风度翩翩，有似玉树临风，乃以其长女素藻妻之，小山为名山哲嗣，所知较为详赡，也就言之有物了。

在这些题序中，涉及玉岑的交游和学养，足资参考，爰摘录一二于此。张大千谓："予与玉岑交好，乃过骨肉。玉岑之殁，在乙亥（1935）三月十八日，年三十有七，时予客吴门网师园，其日午夜，先太夫人闻园中双鹤频唳，惊风动竹，若有物过其处，意必玉岑魂魄之来临。当其卧病毗陵，予居吴门，每间日一往，往必为之画。"陆丹林谓："玉岑骈俪文探源徐庾，而能驭以奇气。诗清丽似王渔洋，沉俊如龚定庵，词则出入两宋，在清真梦窗之间。"钱小山又谓："玉岑尝以简笔写松梅山水，老手叹勿如。"陈名珂谓："乙亥（1935）岁首，余自里门过毗陵，值大风雪，乃舣舟，即走访玉岑于其卧室，见玉岑高谈今古，一如平时，而拥厚衾六七重，熏炉暖壶三五，犹瑟缩不宁，阳气若竭，深虑膏明自煎而不能永年，别三月，玉岑果死矣。"

玉岑以贫鬻艺，书有润例，且倩人作青山草堂鬻书图，附印于润例后，画不以问世，盖彼谦抑为怀，自以为尚未熟练，不敢贸然从事，偶有所作，仅以贻赠朋好，其他虽求不应，故流传绝少。敝箧却藏有玉岑所绘之山水扇页，张大千补以人物，极淡雅可喜。

玉岑和大千相契很深，因此有合作之机会，一度二人赁庑上海西门路，彼此为比邻，大千作画，辄由玉岑为题，甚为相称。有一次，大千绘丈六尺的长幅山水，付诸装潢，苦难悬挂，与玉岑相商，卒锯去沿壁之楼板一窄条，长画张之，直穿楼板之隙而下，于是上半幅在楼上观之，下半幅在楼下欣赏，为古今所未有，二人相视大笑。谢氏代有收藏，金石图书文房之属，不幸遭劫，付之于火，而玉岑之于书画品评殊高，谓："画之妙者，不离乎情，宜于诗词中抽绎情思，以诗入画，以词入画。"彼与大千习处日久，不毋受大风堂之熏陶而有所影响。

玉岑夫人钱素蕖，名亮远，生于1900年（比玉岑小数岁）庚子六月二十四日，是日旧称荷花生日，且堕地时，池中适开一白莲花，硕茂殊常，因又字素蕖。1932年，素蕖死，张大千为绘天长地久图，又郑午昌为绘菱溪图，菱溪是素蘋的墓地，亦玉岑读书游钓之处，复请大千绘白荷花百幅。（兹据谢伯子所述："当时期以百数，虽未全画，亦已画了数十幅。其中一巨幅五色荷花，用金粉在各色花朵上勾划出金丝和金芯，绚烂夺目，风神绝出，确是罕见精品。"）玉岑有妹月眉，花鸟有宋人笔意，亦问道于大千之门。大千西出嘉峪，展佛敦煌，玉岑弟稚柳随之，临摹佛像，植基甚深，今已名驰海外了。玉岑与名山不仅为翁婿，谢氏与钱氏，且世为姻亲，如玉岑祖母，为名山二姑，名山与玉岑之伯与义为中表，相爱若兄弟，名山撰有谢二姑及二谢传，名山哲嗣小山又娶玉岑之妹，两家过从亦密。玉岑生有三子，伯子为长，以血缘关系，乃病暗不能语言，然绌于彼却伸于此，伯子之书画，高超逸群，继承风雅，玉岑地下有知，亦当告慰。次子仲迈，三子叔充，女谢钿、谢连，玉树庭阶，均有声誉。

玉岑爱书画，甚于生命，当其卧疾匡床，度其药炉生活，犹作札求朋好画扇，知我师胡石予先生擅画墨梅，托我转求，既得，为之大喜，诗以致谢。至于我与玉岑相识，尚在吴中枣墅赵眠云家，眠云比邻沈和甫家之西席为钱名山高足陆孔章，玉岑来访孔章，辄晤眠云，时我寓居眠云家，得以相识，既而我饥驱海上，主《金钢钻报》笔政，玉岑为撰《墨林新语》及《清诗话》，报刊为之生色。后玉岑与张大千、朱其石、张聿光、马万里等组织艺海回澜社，设于报社楼上，并举行长期展览，因此我和玉岑几乎每天晤叙。大千商借《钻报》篇幅，辟张大千专号，玉岑和我同为辑述，后玉岑执教斜桥之爱群女子中学，我与之同事，玉岑以病请假回常州，我为之代课，国文课外又兼文学史，凡一学期。时我弟润荪，侍母居于西门静修路三乐里,距斜桥不远。我每次授课,必顺便探母,并就午餐,我母常备我所嗜之肴馔以待,今日回忆,历历如在目前,而风木之悲,黄炉之恸,一时涌集,不觉双泪涔涔而下。

写到这儿,回笔述其悼亡时,别撰《孤鸾词》十七阕,自署孤鸾,以寓失偶之痛(此可与报坛严子材丧妻,改称独鹤相比,独鹤孤鸾,恰成一对)。我又在玉岑妻弟处,见玉岑一家书,措辞甚为沉痛,如云:"令姊有北宫婴儿之志,自归寒门,而有儿女之鞠育,家庭之琐屑,离别之感伤,贫贱之困苦,亡精销魂,致损其天年。曩忧我病,祷天茹素,形神槁瘁,今病者犹存,忧者遽去,未来岁月,纵有钟鼎竹帛之名,陶朱猗顿之富,松乔龟鹤之年,极人世之朊华光荣,亦何足回地下故侣之一盼!"因此他发誓"欲报师恩,唯有读书,欲报妻恩,唯有不娶"。又请方介堪刻"孤鸾室发愿供养大千居士白荷一百幅"一大石章。

玉岑广交游,曾与张善孖、张大千、汤定之、符铁年、谢公展、王师子、郑午昌、陆丹林九人结九社,以联诗酒之契。某次,海上举行赈灾书画展,玉岑与冯文凤女书家,一同参与其盛,凡玉岑所书之联,乃署文凤名,文凤所书之联,乃署玉岑名以开玩笑。玉岑慕沈若婴书,请之书一扇面,但若婴五十岁起,不书折扇,玉岑强之,破例为之,及书成,玉岑已下世,若婴挽之有云:"疏慵结习浑难破,已觉多情愧故人。"又与贺天健、郑曼青、孙雪泥参加蜜蜂画社,社友数百人。又与汪英宾等结秋英社,书画同文,往来益众,彼评汪英宾、王个簃,皆吴缶老入室弟子,而画笔不侔,一则撷其中年之神,一则守其晚年之法,所谓真卿诚悬,各得右军一体。又与寒之友画社社友相结识,如钱瘦铁、商笙伯、李祖韩秋君兄妹、张红薇、谢公展、赵半跛、杨清磬、马孟容、马万里、楼辛壶及吴青霞、顾青瑶、赵含英诸女画家。他又为周瘦鹃题紫罗兰庵图，为陆丹林题淞南吊梦图。又金鹤望招饮苏州虎丘冷香阁，晤高吹万、费韦斋，又举行惠荫园秋禊，来会者陈石遗、王蘧常、钱仲联、曹纕蘅凡二十八人，大千且绘一图。又偕小山、稚柳同听鼓孃方红宝鼓词，制《珍珠帘词》为之张目，海上胜流，继声咸起，符觚庵、赵苇佛、张丹斧、宋小坡、陈文元排日传笺，引为胜事。玉岑与夏承焘相交甚早，当时同执教温州第十中学，得一杰出弟子苏渊雷，治文史哲学，复通梵贝，玉岑目之为畏友。承焘与玉岑商量两宋词，频通音问，钱璱之整理承焘致玉岑手札五十八通，并秦渭阳《江南词人谢玉岑》同刊《文教资料》。又某藏素蘡遗札百余通，亦极难得。

玉岑后人谢伯子（宝树）和其兄弟姊妹斥资刊印《谢玉岑诗词集》，借以纪念玉岑逝世九十周年，乃根据《玉岑遗稿》而加以增补，有谢钿的《半个世纪的怀念》、谢宝树的《永恒的记忆》及玉岑遗著《亡妻行略》，缠绵悱恻，尤为动人。又玉岑署名懒尊者，撰《大风堂苹聚记》，叙述大千之作画、治肴、交友、抚雏等等，极饶情趣，为我前所未睹，遗诗中有《题逸梅小品》一绝：

笔粲奇花舌咒莲，灯前酒畔话蝉嫣。

我开一卷堆盘鲭，何用何曾食万钱。

玉岑朋好虽多，而唯一的知己，却为武进王春渠，而春渠对于当代人士，最仰慕者仅二人，一为张大千，一即谢玉岑，可见王、谢二人相知之深了。

王春渠名学田，号曼士，生于清光绪庚子（1900）十月二十一日，卒于1989年8月8日。父理中，字贯休，一字冠时，生春渠仅36日即去世，赖母抚养成人，因事母甚孝，母通文翰，能诗，年四十四岁病死，春渠收集遗稿，得诗十余首，为刊《寸心草堂剩稿》，盖大都散失了。世业盐，春渠继之，历任丹阳无锡盐署事，热心公益，曾创办新群小学、新群书社，不遗余力，得士绅之称誉。又精鉴赏，蓄贮搜罗，许多名家手迹，如恽南田、唐荆川、汤雨生、钱鲁斯、孙渊如、黄仲则、黄小仲、洪北江等，凡地方文献靡不收罗。近世之作，藏有翁松禅山水八帧，清道人画马立幅、曾农髯为题，李越缦为沈寐叟作山水纨扇，又沈寐叟白描大士像及设色花卉卷，大士像画于刘石庵小楷书多心经卷内，寐叟且作长跋，对于石庵书，备极謦折，春渠又复倾倒于寐叟八法，因此奉为至宝。春渠对于书画鉴赏，独具只眼，上海收藏大家，首推刘靖基，有今世项子京之称，但所藏辄请春渠鉴别，以定真赝。

春渠为钱名山得意弟子，名山以侄女妻之，与玉岑不仅同学，又有关戚谊，玉岑工诗，他亦擅吟咏，早年有怀玉岑诗：

　　春老江南又一年，玉兰花谢柳吹绵。

　　池塘一夜连纤雨，芳草天涯忆惠连。

这诗是常州戴博元追忆录示的。并告春渠书法，酷似名山，但不多作。

那部《玉岑遗稿》得留存，当然出于其戚友钱小山、陆丹林、夏承焘的搜罗整辑，承焘且有征求遗诗小启，骈俪出之，遗诗遂由各处纷至沓来，厥功殊伟，然据唐玉虬所述，则知王春渠对于玉岑遗稿之保留，风义之高，更甚于洪北江收黄仲则之两当轩遗作，如云："玉岑所著，多不存稿，曼士（即春渠）检于箧笥，询于朋侪，并搜之于积年报章，亲为校勘编次。前年，郡城陷于锋镝，曼士检其家中之琳琅秘籍，皆不取，独抢玉岑稿，逾江淮，出徐泗，经汴郑，历湘汉，抵粤之九龙以放乎海，水陆数万里而至沪上，攘之戎马仓皇之间，夺之波涛蛟龙之窟，而卒付之剞劂。曼士于倚声，与玉岑有同好，固玉岑之钟期，而为之刊有此稿，又为玉岑之程婴与公孙杵臼也。"

春渠之《当代名人书林》亦有功于文献，此书用金属版影印，题签者宣哲（古愚），首列张大千为绘之微波阁图，所征集者凡一百数十人，均录各人之诗篇，可谓写作并佳。所附目录，且有传略，可资证考。如樊增祥书于绿伽楠馆，陈三立书于匡山寄庐，杨昧云书于云在山房，杨云史书于石花林，张仲仁书于心太平斋，高野侯书于梅王阁，任堇叔书于长阿傩室，王蘧常书于海上双如轩，黄蔼农书于蔗香馆，郑岳书于玉井草堂，溥儒书于寒玉堂，其他有冒鹤亭之呵冻书，张大千、吴湖帆挥汗书。正草篆隶各体俱备，而高吹万却谦称为笔破墨干，力不胜纸。出于女子之笔则有庄闲、李秋君、冯文凤、萧娴，寥寥无几，今则唯有萧娴，为仅存之硕果。所有书幅，均有上款，先生或仁兄，唯有章太炎则径写春渠属书，不加称呼，这是他的惯例。这书印成即遭兵燹，原件悉付祝融之厄，幸早影印，尚留一些痕迹，且印数少，坊间已难访觅。而自录其诗者，今大都赴道山，有刊诗集者，亦有未刊诗集者，即刊诗集，而此为集外遗珠者，那么此书名《当代名人书林》，亦可作为《当代名人诗林》，弥足珍秘。数年前，郑州王朝宾有《民国书法》一书，洋洋巨册，我曾贡稿数十帧，其中尚有春渠上款者，那就是翻印《当代名人书林》的。春渠于《书林》梓行之日，曾撰一序述其经过，乃录存于此，文云："晚近以来，国学放佚，诗若文无论矣。即书家八法，亦废而不讲，世所谓艺术者，类以丹青相标榜而不及书，窃独异之。己巳（1929）冬，谢君玉岑在里，相与数并世能书之士，欲乞其翰墨，为观摩遣忧之具，得若干人，爰仿旧京精制以楮界丝栏博征之。其以诗文名者重其词翰，以书名者贵其临抚，书有博约之殊，文有长短之异，则别行间为广狭以就之。北极燕云，南至滇越，历寒暑凡三，所得近二百家，去其不经意者，存百二十四人，则是编所载也。体类万殊，灿焉俱备，饰以文绣，张之四壁，俯仰左右，顾而乐之。嗟乎！予少尝有志于文学，习于怠荒，无所成就，弱冠以还，涉猎西籍，及从仕宦，益堕尘俗，今乃丐人文字，以寄其好尚，不亦太可哀乎！昔项忆云有言云：不为无益之事，何以遣有涯之生，窃尝叹为至言，然而忆云之所谓无益者，固已裒成巨帙，足以传世而名家，非真无益者，予今所为，其果能如忆云也耶？玉岑以文章书法知名当世，征集之功，太半出于其力，次则张君大千、郑君午昌、陆君丹林，相助尤多，而上海中华书局陆费君伯鸿、舒君新城，慨然为谋印行，尤为盛事，书成，记其缘起如此。壬申（1932）立冬日，武进王春渠书于白云溪上之微波阁。"书作狭长形，甚为别致，我所藏为残册，闻最近有复印之讯。

我和春渠相交很早，曾到过他的沪寓，他知道我喜收罗名人手札，承见贻常州名人尺牍，我什袭藏之。后大家失去联系，既而由其同乡黄葆树见告其新址襄阳南路389弄1号，奈彼此年迈，不良于行，遂书翰往来，以代面晤。他患白内障，所书字迹不易辨认，兹把可以辨认者，摘录部分于下："今岁为吾公九十华诞，欢欣鼓舞，时时在念，不敢以俗物奉献，求之箧中，尚有康南海致沈寐叟札子八通，幸经保住无恙，素稔公喜蓄近代名人尺牍，举此奉呈，聊表微意。康氏手札，尚非难得，唯此为致寐老者，似与一般有殊，且札中对其自己书法颇为自负，亦可见得意之处，此数纸乃当时慈护（寐叟嗣子）出让他物时之附带品，今以奉之吾公，可谓物得其所，一笑。"又云："冬间大病几殆，后虽侥幸苟全，然元气销蚀已尽，至今卧床时占十之八九，动作已无能力，两眼观物，如在云雾，握管作字，全凭指头习惯，虽如此，究竟多少要用些视力，因此对于作书写信，视为畏途，偶不得已作一纸书，如办了一件了不起的大事，须写写停停，经几日才得完工，其难如此，缘此近来对故旧通问，几濒断绝，不谅者，或将疑我为傲慢，斥责为偃蹇。"又云："多年足不出户，市肆景色，遂同隔世，友人为言，市上无他，唯见月饼，如阜如陵，满坑满谷，若几家名牌，必须排队购买，甚为难得，拈笔成月饼打油诗，博梅公一笑。"诗云：

  为求月饼忘朝昏，队列长蛇盼断魂。

  求得可怜不自享，擎来稽首献朱门。

  月饼能赢利万千，饼家岁岁乐无边。

  何妨废却中秋节，干脆呼它月饼天。

又云："朋好凋零为之哀叹。"因有句云：

  绝怜同调世间少，反羡知音地下多。

春渠书均钢笔出之，虽草草率率，以其作札之艰困，我亦留存。

他喜阅我的作品，我每一单行本出版，辄邮呈请政，他在强光的台灯下并加放大镜阅之，而《逸梅随笔》出版，又承题诗二首，更为难得，诗录于下：

> 莫讶期颐健绝伦，从来瓜豆有前因。
> 先生怀里生花笔，文作千门万户春。

> 遗山野史未成编，人去亭空七百年。
> 往事由来皆有主，名亭今日属梅仙。

我从他的友好，如承名世、戴博元、黄葆树处得悉其琐事。如云他有洁癖，但拭涕用拭秽之草纸，不备手帕。手颤，进膳不便用箸，常以面包代饭。他颠倒晨昏，有时数夜不就枕，有时数日不起床，黄葆树辑《黄仲则书法篆刻》一书，请春渠为撰一序，春渠旁征博引，目不交睫，倾数宵之力以为之。他平素闲居一室，不启窗户，后邻一园，卉木蔚然，他也不开窗一窥，他生平不服药，垂死亦不延医饮汤药，且不知己病之严重，所有钥匙，亦不交给家人，及逝世，家人不得已，招匠启其笥箧，遂得出其藏物。有文徵明之田黄石章，为其生平所宝。又黄仲则《悔存斋诗钞》，亦属珍秘之本。春渠又藏恽子居手迹册，装以紫檀木匣，爱护备至，现由其女瑞萱贮藏。予以撰文，缺少春渠遗影，向之索取，旋即复书附来，书法秀雅，真所谓中郎有女了。

章草巨擘王蘧常

章草巨擘王蘧常突然于1989年10月25日离世而去，这使我非常伤感，因不久前，连续接到史学家陶菊隐、篆刻家朱复戡的讣闻，天丧斯文，抑何其甚，为之喟然太息！

关于王老蘧常的生平，以相交有素，当然知道很多很多了，反觉得有一部廿三史从何谈起之概（这是前人的旧话，目前来讲，不是廿三史，而是廿四史了）。记得蘧老于1982年，刊行了《王蘧常章草选》，我撰一后记，这一篇后记，谈到蘧老的书艺，爰录存于此，以便再加补充吧。后记云：

我昧于八法，也就不可能运笔濡毫，写成有体势、有矩度的寸缣尺幅，可是很喜欢欣赏书家的摹王临米，更喜欢老友王蘧常所作的章草。他老人家握灵蛇之珠，抱荆山之玉，所作端正清遒，笔笔入妙，观之目炫心倾，有不知其所以然者，我想提一问题，世间是否有所谓天才？倘有的话，那么王蘧常的出类拔萃，迥异侪辈，可断之为天才书家了。

王蘧常，字瑗仲，浙江嘉兴人，生于1900年，今已寿臻耄耋了。他多才多艺，旁的不谈，专谈他的书法。他的书法，不仅驰誉南北，并东瀛人士，也很推崇。1978年的日本《书道》第六卷，载有《章草名家王蘧常》一文，竟称为"古有王羲之，今有王蘧常"。1981年，又有《现代王羲之》一文，评其书法。这样的评价，是否恰当，尚待讨论，但蘧常是一位了不起的书家，那是不容怀疑的。蘧常自幼即接受他父亲的庭训,以读书写字作为日课。习字范本为石印唐拓《十七帖》,这是他学习草书的起始。此后虽学北碑,然草书仍经常习练。及师事沈寐叟,沈启迪他说:"治学必须别辟蹊径,一探古人未至之境,或少至之境。倘亦步亦趋,循旧轨辙,功效实稀。《十七帖》虽属右军胜迹,然千百年来,已被人学滥,不如冥索右军所自出之章草为得。"他听从了师训,开始学章草。一天,他把所临章草就师请教,沈笑着说:"昔赵松雪、宋仲温、祝希哲所作章草,不脱唐宋人之间架与气味,尔所作不脱北碑间架与气味,总之是一病。须知章草出于汉黄门令史游,史游以散隶名,故习章草宜先学汉隶。"蘧常从善如流,又致力于汉隶,把汉隶的笔法运用到章草中去,务使章草写得更质朴、更典雅。蘧常书学功力扎实,所以他有《书法答问》,提出六个要诀:"一在专一,二在敏速,三在诚正,四在虚心,五在博取,六在穷源委。"这都是学书的度世金针,尤其是学章草。故其章草特点,没有一笔不具古人的面目,却没有一笔不显示自己的精神,入而出之,出而入之,掉鞅驰骋,变化多端。即从他师事沈寐叟而言,有相同点,也有不同点,寐叟用侧锋,他用中锋,寐叟用指力,他用腕力,直至晚近,各地出土文物很多,汉简、汉陶、汉砖、汉帛,都得目击,扩大了视野,他更是博取古泽,冶之于章草之中,所作恢宏丕变,蔚为大观。《千字文》,出梁周兴嗣,而后人书以章草,托之汉章帝刘炟,宋王著不学,以断简入阁帖,实属可笑,然借此可知以章草书《千字文》由来已久了。蘧常以章草所书之《千字文》,先后凡五本,这本是七十岁以后所作,距今已阅多年,精粹所在,付诸影印。承不弃菲葑，委写后记，乃据实胪陈，固不敢妄加溢美，想亦他老人家颔首俞允吧！

这本《章草选》，所选入的为《千字文》，署名欣欣老人。又临赵松雪《急就章》，署名明两翁，此乃赠给其弟子朱子鹤的，陆维钊见之，大为称赏。

别有一八开本的皇皇巨册《王蘧常书法集》，铜版纸精装，既厚且重，我腕力弱，几乎不能持取，这是1989年5月浙江人民出版社出版的，由沙孟海、潘景郑、顾廷龙、谢稚柳、杨仁恺、朱东润题签，张伟民加以英译。首冠蘧老九十近影，神采奕奕，是彩色的，简历："王蘧常，字瑗仲，别号明两、涤如、甪里翁、玉树堂主、欣欣老人等。1900年生于天津，浙江嘉兴人。"中间，历述他所教的各大学及无锡国学专门学院一系列，不备载。后面为其主要著作，有《商史·汤本纪》《商史·典坟志》《增补嘉兴府志经籍志》《礼经大义》《诸子学派要诠》《先秦诸子书答问》《严几道年谱》《沈寐叟年谱》《明两庐诗》《抗兵集》《国耻诗话》《书法答问》《明两庐题跋劫余录》《顾亭林诗集汇注》《秦史》等等。近又主编《中国历代思想家传记汇诠》。此外，尚有与钱萼孙合作的《江南二仲集》，原来他字瑗仲，萼孙字仲联，素有江南二仲之号，蘧老年长于萼孙，有嘉勉语，如云："尊作伉爽有奇气，渐脱清人气味。如能于豪放中求深沉，空灵中求密致，则更高人一等。"萼孙今尚健在，为吴中文坛祭酒，去年犹蒙他惠赐近作《梦苕庵诗话》，所涉及的，如樊云门、黄公度、杨云史、钱名山、徐澄宇、沈希乾等，颇多掌故。对于蘧老提得很多，如云："数年前与瑗仲合辑《古今人论诗诗钞》，以抄胥乏人，先成《论诗绝句诗钞》八卷，两三千首，多传抄珍秘之作。"对于蘧老的诗，评价很高，如云："瑗仲诗于少陵、昌黎、昌谷、义山、东坡诸家，用力极深，而落笔则陈言务去，自铸雄词，冥搜万象，摆荡乾坤。近来致力考据，无意于此，大似孙渊如中年以后。然天葩奇芬，不自遏抑，即今所诣，已足观矣。"

这本《书法集》，序文出于苏渊雷手笔，内容如沈寐叟的斋名东轩，额匾佚失，蘧老补写。又补写了寐叟的曡采楼、驾浮阁额。蘧老自题"双如阁"，这是丙寅（1986）初冬题的。又取康熙旧纸为陈兼于题"兼于阁"三字，加以长跋。又丁卯（1987）元辰摹金文自寿其夫妇，乔迁新居。楹联凡若干幅，他的先师唐文治茹经纪念堂落成献一联云：

先放翁一日而生，终见中原北定，教还洙泗；
继考亭千年之绪，会听高风西渐，气作河山。

蘧老对于康有为颇崇敬，因此亦自称弟子。实则他和康氏有未成事实的翁婿关系，原来康氏有鉴于蘧老幼年颖慧，愿以幼女同倓许配给他，可是蘧老以康家门第太高，齐大非偶，婉言却之。此后康氏幼女同倓在沪愚园路寓邸相近遭车祸，当时即送医院，由名医牛惠霖抢救无效死。蘧老闻之，也深为悼惜。后来才娶沈钧儒的堂妹沈静儒为其贤内助，但在数年前病逝，蘧老更为悼惜。当康氏墓重修，墓门前一联，是蘧老献奉的。联云：

万木风高，际海蟠天终不灭；
一言心许，铭肌镂骨感平生。

康氏遗作，在香港中文大学展出，蘧老又撰了长联，悬于会中。那位红学专家冯其庸，为他得意弟子，他一再赠以书联，并为补跋，署"明两翁记于珠朗楼之南轩，时年八十有一"，又集华山碑字而以隶草所书之联为贻。陈从周也是他的高足，赠联云：

叠石疏泉，长房缩地；

模山范水，云林复生。

跋云："从周吾弟，工书画，尤擅古园林法式，近仿吴门网师园，为美利坚设计明轩于纽约市，可谓万里在目，宛然如范晔书所称费长房者矣。"蘧老新居在沪西吴兴路的一幢大楼，这幢楼为高级知识分子荟居处，如孙大雨、程十发、王元化、陈念云等，都属邻居，真所谓"德不孤，必有邻"了，孙大雨随时供给他鲜花，为插瓶之需，姹紫嫣红，芬芳不绝。陈念云关怀他老人家，是很恳挚的，近水楼台先得月，所以也获得了他老人家的墨宝多幅。朱子鹤也是他的门生，周甲退休，从事丹青，蘧老撰五古长句赠之，写作俱精，子鹤奉为瑰宝。又我友邹梦禅的墓志铭，蘧老作，盖梦禅亦慕寐叟书，一次摹写于扇头，蘧老惊其神似。他致冯其庸的信较多，当王运天辑这本《书法集》时，都收入其中，述及他的病状，其一云："鄙近患头眩，大约为轻度之美尼尔症。直至现在略好，初写章草，恐不适宜，改写楷书。"其二云："鄙自两月前，突患坐骨神经痛，牵及手臂，剧时日夜不安，不但不良于行，且不能作字，近始略好，弟嘱当少缓写寄，虽小件亦当郑重也。"其三云："我久病，去岁秋冬起病眩，今年入春，又病胃出血，初颇严重，疑癌、疑溃疡，最后检查，为小血管破裂，方安心。不意一波未平，一波又起，突患癃闭，其苦万状，医言须施手术，幸渐平复，可纾绮注。"其四云："近两足大肿，几不能纳履，行路挥汗。"其五云："因内人患膀胱癌，继小女患肾结核，时时在惊涛骇浪之中，鄙亦病矣。"其六云："鄙患急性黄疸肝炎，九月八日起，病来势凶猛，热至三十九度五，数日不解，淹瘵三月有余，近始渐趋正常。"又一书致公略云："一月初，书画社送来香港人嘱写扇面三叶，言之再三，不得不书。是日下午，勉强动笔，未数行，觉手颤头晕，犹坚持写完，方循视感叹，忽后仰不省人事，溲下痰上，势已危殆，幸小女在侧急救，经十余分钟，始渐苏醒，幸手足无恙。不意元宵后，文化局嘱书，向日本大阪展出，又不得不书。凡两大幅，晚又发高烧，至三十九度四，风中之烛，竟如废物矣。"他的病情于此可见。总之，他的病很复杂。记得某年，我和朱大可到他宛平路故居，他既患高血压，又患糖尿病，糖尿病即汉司马相如所患的消渴疾，他自诩患的是"风雅病"，我们为之失笑。他手颤不能持箸，执匙喝汤，动辄倾翻，但作书却运转自如，引为奇事。他患心脏病，结果还是心肌梗死致了命。

当他逝世的一天，某报犹登载他的诗稿：

> 五月十四日，葬内子沈静儒于翁家山椒，余以病未能往，诗以记之：
>
> 三年觅地将同穴，石瘦泉清惬旧盟。
>
> 撷取冢前一抔土，栽花相对似平生。
>
> 常言无福到西湖，首蓿清寒愿屡辜。
>
> 今日烟霞同供养，却怜谁与话欢娱。

此墓穴设有蘧老的寿域，且亲书墓碑，由刻碑圣手黄怀觉的嗣君黄良起精镌，奈西湖为名胜区，例禁新营窀穸，因此移葬嘉兴。

一"口占"，几女忧我衰老日甚，故作豪语以慰之。

> 纸田耕万亩，笔阵扫千军。

九十谁云老，壮哉古未闻。

还有巧的，他在上海龙华殡仪馆举行追悼会，那位金石大师朱复戡的追悼会，也在龙华举行。哀挽蘧老的诗和联很多，陈从周诗云：

惊传噩耗信非真，小草难忘栽植恩。

五十年来浑如梦，白头此日哭先生。

听说，某年蘧老祝钱仲联寿，书一联赠之，觉得太素净，嘱从周就联上加绿竹，成为合璧。

我是喜爱书画的，对于蘧老的法书，当然非常欣羡，但知道他老人家常困二竖，不敢去烦劳他。他却在某报上载一联句，如云：

郑老逸梅，今年八十有九，亲故循俗醵饮，预祝九秩，余以病未愈，贺以联云：

同名冠香山，群尊司马；

绮梅开春日，再颂罗浮。

且附注云："唐香山九老，怀州司马胡杲，年八十九，列第一。又明文徵明年九十赋诗，有云：'次第梅花春满日。'又张两铭有姚罗浮九十寿序，人称善颂。"也就失之交臂了。直至目前，载着联语的报纸无从觅寻，幸而彭长青留存着，抄给了我，我亟录入本文中以为纪念。我的纸帐铜瓶室所藏的蘧老遗墨，一册页，极精审，一纪念册，他题了"人淡如菊，品逸于梅"，那是祝我八十寿的。他奖掖青年，我的孙女郑有慧临了石涛的山水，略有变化，装一直幅奉呈他，他赞赏不绝口，且悬在他座头的对面，谓："峰峦在望，聊供近游。"他听得有慧将应新加坡的邀请，举行个人画展，承他撰了两首诗，书一条幅见惠，款为"有慧世再侄女画展，王蘧常时年九十",钤一白文印"蘧常章草"。有慧珍之为连城之宝。我处尚有蘧老手书的文章,凡三页,名《书中知己琐志》,外间从未发表过。文中述及的人很多,如沈寐叟、金甸丞、康南海、陈柱尊、唐蔚芝、沙孟海、周振甫、汤志钧、虞逸夫、沈蔚文等。沈蔚文,名炳儒,是蘧老的内兄,擅画芍药,有沈芍药之称,曾为我画扇。

蘧老绝笔,是承名世受其常州同乡华泽苍之托,以何绍基所临《张迁碑》长卷,请蘧老写一引首,蘧老即书"镕秦铸汉"四个大字,并附识语。题讫搁笔道:"恐此后不能再执笔了!"嗣后病倒,竟成谶语。

蘧老的《抗兵集》,那是抗战时撰写,由其弟子王亢元为他刊行的诗文类编,颇多激昂慷慨之作,诗有《八百孤军》《闻平型关捷报》《洛阳将军行》《大刀勇士》《胡烈士歌》等。文如《论倭不足畏》《许心鲁殉难事略》《胡阿毛烈士传》等。

书后附有斐尔先生的《上海名人论》,原载钱芥尘所辑的《大众杂志》,蘧老便是上海名人之一,这篇长文,不但很详赡,且极风趣,但不知斐尔是谁的化名,我在这儿采录一部分,无从向他打招呼了。"他教书不大认识同学,往往见过三四面,还要问尊姓大名。但是他读书,记忆力相当好,他作文老是佶屈聱牙的,可是讲课,新名词特多。他跟人闲谈,眼睛睁得挺大,讲课老是合着眼。他平时挺和气,一上讲坛就威严得可怕了,这些全是矛盾,因此学生们私下喊他矛盾先生。"又:"他到校就上课,下课即走,不大跟人寒暄,总是独往独来,所以在某大学教授三年,还没有认识教务主任和校长。"又:"一个朋友请他写扇子,中间脱了几个字,朋友说:'脱了字了。'他瞪着眼说:'你要我写字呢,还是替你抄书?'"

又:"一天,校工阿火畏畏缩缩地说:'先生能不能替我写一副对,我的儿子结婚用。'他笑道:'可以可以。'上款写着'阿火校友文郎合卺之喜'。"又:"写给人们的信草得很厉害,竟有一大半不识,端详了好半天,才晓得一个大概。信封上也写草书,怕邮递者失误,旁边加上小注。""他练字很勤,但请他写字,却非常懒,一两年等到一把扇子,是经常的事,假使向他催,他老是说:'抱歉得很,一两天内,一定交卷。'但是过了一百个一两天,还是不交。他有一个老友,竟因此要和他绝交,忿忿地说:'这一点面子,这一点交情,还够不上写几个字,算什么老朋友!'他润格所云:'疏懒成性,不胜文字之诛求,往往失欢朋好,常用疚心!'确是实话。"又:"一次,他开导师茶话会,我们事先约定,把他包围,他没奈何,只得答应写字,想不到越写越起劲,一共写了三十多副对联,我们一致恭维他'挥毫落纸如云烟',他说:'这何足道,何子贞晚年,一天尚能写七十幅呢!'大约请他写字,除如此包围式的请求,是不容易奏效的。"

他还有一篇《回忆趋庭三十年》,这是夫子自道,而由柳翼谋后人曾符笔录的,资料颇足珍贵,不容放弃。文长节取一些如下:

我自小受教于父亲郘畇公(讳甲荣),他亲自教我读书写字。大概我十五岁时,这年父亲手臂得了风疾,写字十分困难,我暗想,要是能代他写就好了。有一天,父亲要写一副挽联,我向父亲请求代写,父亲不同意,我又恳求道:"一副白竹布挽联,写坏了,也不过五六毛钱,让我试试吧!"总算同意了,我不由心中大喜,取了联认认真真把挽联写好,给父亲过目,父亲不置可否,送往丧家,及父亲吊丧回来说:"你写的这副挽联,居然还有人称赏呢!"又一次,父亲为人写一堂寿屏,共有十六条,每条长六尺,红色蜡笺,上面打了格子,写时一个字也错不得的。父亲又适患病,我又代父亲写了,工工整整的欧体字,人家很合意,送了三十金的润资。在我十九岁那年,嘉兴南埝新造一座白苎桥,父执金甸丞先生做了一篇《白苎桥落成记》,要父亲写了刻石,我又向父亲央求代写,父亲先是不答应,后来说:"可以让你写,但不要写那种北碑的怪字。"原来我父亲在科举时代曾和蔡元培、张元济、梁启超同年中过举人,他主张写规规矩矩的欧体唐碑,所以我小时候在他督教下专临欧字《九成宫》和《化度寺》,都临过数百遍。但是十六岁时,在我大哥迈常的影响下,改习当时流行的北碑,大写《郑文公》,而我父亲则不喜欢北碑,所以说不许写怪字。当时我还是想写北碑,便用北碑中最规矩的《张黑女》字体来书写,采取了折衷的办法,也就送出去了。那时我家搬到嘉兴北门芝桥,赁的是谭其骧(现复旦教授)祖父的屋子。过了几天,忽听得门口有人呼金大人到,我一听大为吃惊,赶紧躲上小楼,原来金甸丞老先生中过进士,所以门房呼他金大人。我想一定是字写得太糟,把金老的文章写坏了,所以找上门来。一时间,只听得楼下谈笑风生,不像有人发脾气。既而父亲唤我见客,我心中七上八下地下楼。金老一看见我,就拍拍我的肩头说:"刘延清(统勋)居然有子,但石庵不过写帖,而世兄却能写碑!"(刘延清和刘石庵父子都是清代的书家,现在金老用石庵来比我,我料不到得此夸奖,所谓不虞之誉了。)又书法家沈寐叟先生,和我家有戚谊,从小我就叫他四公。我十六岁,他来嘉兴,我就投书问业。我十九岁,父亲命我到上海从他学书,他是写北碑的,所以鼓励我写《爨龙颜》。一天,我挟了一包临写的字去请他指导,到后,见他那里先有客在,寐叟为我介绍,知道竟是鼎鼎大名的南海先生康有为。这时,我就在他对面一张椅子上坐下,康老见我腋下挟了一包东西,便问我带的什么,我告诉他是自己写的字,想请四公批改的。康老向寐叟叫了一声四兄,让我来代劳吧!说罢,便把我的字要了过去,一看之下,连声呼好,一气打下四十八个圈,回头对寐叟说了一句:"咄咄逼人门弟子。"寐叟便说:"休要长了少年人的骄气。"康老对我实在垂爱,他邀我到他愚园路的游存庐去玩。他家屋子曲曲折折,天井中放了个井栏圈,说是梁武帝舍身同泰寺的寺中故物。大厅中的东西多得目不暇接,只看见当中案头放着一个硕大无朋的玳瑁。他又给我看了许多的法书名帖、金石鼎彝,使我增长了不少见识。

从这文中,获知他和康有为和沈寐叟的更进一步的渊源,这儿我还得补充一下,蘧老为了敬慕寐叟,曾向寐叟索得用过的毛笔一支,什袭珍藏,至今不失。他又告诉我说:"寐叟写字能全面运转其笔,我却只能运转其半,无能为力了。"

1988年6月19日,蘧老的门生故旧,假座上海市静安宾馆,举行王蘧常教授从事教育工作、学术活动六十五周年暨九十寿诞,当时我和顾廷龙、陈从周、苏渊雷、钱君匋、蔡尚思、周谷城、张世禄等都是发起人,并刊印了一本纪念册。照片很多,如蘧老就读的荐桥小学遗址,嘉兴旧居之书房窈窕轩、双如阁,及20世纪20

年代与夫人沈静儒合影，30年代至80年代的照片，又与钱穆、陆俨少合影，又与子女合影，1957年在杭州虎跑泉的，又无锡国专迁沪后与唐文治校长合影（蘧老是最早的无锡国专第一班第一名的毕业生）。这一系列的照片，都能保存下来，是很不容易的。

蘧老秉性刚直，不趋炎，不媚世，落落大方，浑浑古道，为侪辈所尊敬，其时某显者拟引荐之，他复书拒谢，在这书中，径述他的怀抱，如云：

> 辱手教，奖饰过当，既感且愧。蘧椎鲁不解世情，尤不谙酬酢。二十五六时，以世谊谒某公，某公宾客盈门，坐而求见者二十余人，皆屏息待。日晌午，某公犹未出，予不耐，即拂衣去。他日某公召见，曰："奈何不少待？"曰："野性难驯。"某公大笑。今阁下必欲縻以爵位，见爱不可谓不深，奈野性之不合蓄樊中何！此不敢承命者一。蘧性拙直，见不可意，即悻悻然显于颜色。今世尚诈伪，往往外鹄美名而阴行其恶，植党以营私，排异以自固，欲默尔而息，则胸腹间轮囷垒块，必上塞而闷死，欲快然一吐，则言未终而险衅随之，言不言皆有致死之机焉，爱我者当不忍见其如此，此不敢承命者二。蘧学文，唯古是好，佶屈聱牙，黔黑臃肿，不合于世久矣。士大夫且相笑以为怪，矧欲下喻于流俗浅俚之人，是南其辕而北其辙也，则虽欲助阁下，亦无益于事。如欲其改容易饰为时世妆，则能者众矣，又何假于仆，此不敢承命者三。幸鉴下衷，不胜大愿。

蘧老的古文辞，渊茂深邃，曲折能达，任何世俗事，经他涉笔，都能化俗为雅。他于书法是很自负的，曾刻了印章"三王",那是骈列王羲之、献之父子之间。又一印章"王蘧常后右军一千六百五十二年生",那么他的书法是凌轹于世的了。但据我的偏见,认为他的诗什,可和书法齐驱并驾,若把杭州西湖的名胜来比喻,那就是所谓"双峰插云——书法和诗什并美"了。爰撷录一些于下:

心从行旅小,眼到客灯明。
溪静鱼忘水,春和风谄花。
天凉能引梦,屋老易生风。
榴红烧树出,风软护花飞。

寒气结成魂一片,月光细铸树千声。
满地鸣蛙人独立,碧天如海一灯骄。
万户立烟春欲动,一灯飘梦客初归。
傲骨三年成百折,狂奴双泪亦千秋。

在大世界高楼观市上提灯会有云:
男儿何必凌霄住,历历星辰在下头。

蘧老一日见寐叟于海上,寐叟知其方治经学,对他说:"在在皆诗,即经亦可发诗,吾乡(朱)竹垞固以经发诗者,而能结唐宋分驰之轨。"蘧老大悟,诗境由此益高。

关于蘧老的琐事,可以补充的,拉杂记之:他的著述已付印而稿本遗失的有《曾国藩著述考》。又《曾国藩论学杂钞》交大东书局承印,大东书局解散,稿本不知去向。《朱子大全集校释》《钱侃石年谱》，秦翰才有抄本，捐献上海图书馆。又《秦史》五十六卷，未印。至于《江南二仲诗》，那是合《明两庐诗》与《钱萼孙诗合刊》而名的，由常熟印书店出版，印数寥寥，外间不易寻访。又《国耻诗话》，台湾有翻印本。

他于清光绪庚子（1900）五月初六生，生在天津，其时八国联军犯京津。他生甫十八天，即在母怀中仓皇避难，颠沛南归，所以我一度对他说："您老人家，真可谓生不逢辰！"他付诸一笑。

他和一百有八岁的苏局仙彼此敬慕，局老屡次以书件寄给蘧老，蘧老拟往周浦访晤，奈一在沪西，一在浦东，相距甚远，加之步履不健，有此心愿，无此机缘，始终没有成为事实。

苏老患白内障，几致失明，最近由美国眼科专家为之施行手术，经过良好，一昨曾邮寄一诗给我：

> 九五健康一老人，日将文字养精神。
>
> 不知尘世年和月，笔墨淋漓万古新。

钤一印"局仙百龄以后诗书"，我当然非常欣喜，但以齿论，那就有东山小鲁，泰山小天下之判了。

蘧老与徐燕谋同事光华大学十年，徐教英文，当蘧老选注梁任公诗文，遇西方事迹不了解的，必询诸徐氏。

又邻家幼儿，见蘧老夫妇必笑，邻家以为奇，因请为幼儿取一名字，蘧老即名之为瑷穆，其夫人沈静儒，字穆如，取夫妇二人之字，合成为一了。

又某岁之夏，与谢玉岑逭暑吴中网师园，时张大千寓居该园的殿春簃，联床论画，引为生平乐事。

又用篆文写日记，赓续六年之久。

又蘧老八十寿，钱仲联作五古八十韵以贺之，谓："非我莫能为，非君莫能受。"又蘧老以仲联诗少许多，即古人亦侃侃肆其讥弹，无怨辞，乃以诗中之商君韩非子比之，谓其酷刻少恩。

又沈寐叟逝世，生前所收润资而未应之件均由蘧老代为完成。

又李君维听蘧老在课堂上讲全祖望的《梅花岭记》，谓："当讲到清兵破扬州城，史可法至死不降时，文中有句话——忠烈乃瞠目曰：'我史阁部也！'他念到此句，怒睁双眼，炯炯逼人，我几乎把他当作英雄史可法了。"

又蘧老以羲之有《十七帖》，他发愿写《十八帖》，邓云乡去访候，曾见到这帖，文字有长有短，已写了不少！

又他下饭喜吃肉，能啖豚蹄，他开玩笑说："食肉者不见得就鄙，孔老夫子也喜欢吃肉，三月不知肉味，就要抗议了。"

又陈从周为名胜古迹的建筑整葺，蘧老委托他提出保护沈寐叟故居的方案，经嘉兴市政府与文物部门的同意。

又王退斋得陈声聪与蘧老草书墨迹，装成长卷，欣喜之余，题有句云："寒斋双璧在，高妙两难追。"

又沦陷时期，国专为了维持弦诵，而经济困乏，教薪极低，蘧老亲登张世禄、蔡尚思、郭绍虞、朱大可、夏承焘之门，请勉为其难，允任课务，承焘谓："蘧老以诚感人。"

又唐文治于临终前四日，含着眼泪，紧握蘧老之手，嘱咐要恢复国专，多年来，由于种种原因，未能实现。现在国家实行改革开放政策，他对重建文治国学院提出倡议，受到海内外有识之士及国专校友的响应，于1987年在上海组成文治国学院筹委会，1989年，苏州大学也组成文治大学筹委会，并向国家教委、江苏省教委呈请审批，不料蘧老突然辞世，遗愿未偿，成为莫大憾事。

又王运天为蘧老私淑弟子，在沪西衡山宾馆附设多宝堂，专售文房四宝及书画文物，乃请蘧老写丈二尺的巨联，悬挂堂中，标价两万元，见者诧为奇迹。实则如此昂值，是无人敢于问津的。在运天的用意，无非引着人们的瞩目，来销售蘧老其他的印刷品而已，可是一般青年佳侣，就宾馆举行结婚典礼，大都择取这巨幅昂值的对联作为背景，照影成双，出以夸人，于是不知其详的，纷纷传说，蘧老已成为面团团的富家翁，讵知依然如故的书生本色。

又顾济之为气象学之专家，常来我处，济之和蘧老为儿女亲家，因这间接关系，彼此情况我得多所了解。又我处有蘧老的生活照片，他正在阅看我的《艺坛百影》，王运天当场摄得一照，携来见赠，我保存作为永念了。

我这篇纪事文，供给资料的，有黄鉴如、黄葆树、陈左高、彭长青、朱子鹤、范文通、潘慈中诸子，特此附笔，以伸谢忱。

艺术大师朱复戡

朱复戡的艺能，是多方面的，又是非常突出的。他是明代宗室桂王的后裔，生于光绪庚子（1900）八月二十九日，卒于1989年11月12日，出生在上海，故居在鄞县，享寿九十岁。

我和他在上海文史馆相识，一见如故，每次相晤，他的夫人徐葳，年轻于彼，婉雅温文，随侍不离左右，本来是他的女学生，从他学习书法的，给我印象很深。连年来，我撰人物掌故，发表在《大成》杂志，正想为朱复戡也写一篇，奈资料不够，因循未果。而事有凑巧，忽有一位丁大文，邮来一函，尤其对于我写的《传世之人丁福保》一文，更感亲切有味，因为大文是丁福保的文孙、医学博士丁惠康的哲嗣，酷喜艺术，拜朱复老为师，又尊之为义父，上海成立朱复戡艺术研究室，徐葳为主任委员，大文为助理，打算把整理所得朱复老的第一手资料供给我，写成一篇较完整的记述，我当然是欣喜接受的。蒙徐葳夫人惠赠一册《朱复戡金石书画集》，以及其他的图片和复印件，又有丁大文亲自述录有关复老的琐闻轶事，有的从港地邮来，有的托艺术研究室委员韩至城特地送来，这种盛情，我是非常感谢的。

资料太多了，我综合去取一下，然后下笔。北窗寒冷，在所不顾了。

朱复老原名义方，字百行，号静戡，四十岁后改署复戡。时上海有朱有方其人，人往往误为昆仲，实则有方为安徽泾县人，擅摄影，与义方是不相干的。

复老的别署，多至二三十个，由百行引申和谐声，为八寅、白婴、伯赢、伯行，至于复戡，那是大病复苏之意，又引申为静戡、伏堪，其他尚有朱方、朱起、子训、公陶、适存、振邦、虎闇、石郾山樵等等，所以马公愚称他"于名信手拈来，于利随手挥去"。实在太复杂了，使人弄不清楚。曾闹过一个笑话，某年，全国书画名家，在青岛举行展览，朱复老和钱松岩、潘天寿、俞剑华、王雪涛、王个簃、李可染、陈大羽等相叙一堂。大羽问复老："朱义方和您老是不是本家？我学篆刻，就是从《朱义方印谱》开始的。"复老听了，笑而不言，俞剑华在旁，介绍说："朱义方即朱复戡的原名。"大羽乃恍然大悟。无独有偶，山东外贸系统人员，赴日本访问，日方欲购中国名家书画，并开出一纸名单，分为已故的和现代的，已故的列有吴昌硕、齐白石、朱义方等，现代的有沙孟海、唐云、程十发、朱复戡等。也是经外贸人士说明，日方才知误一人为两人了。在20世纪20年代，有通俗小说家姚民哀其人，化名累累，有人和他开玩笑，做了一首打油诗给他："一人三四十名字，从此阎王捉不来。"就有一位稔熟的友人，以复老化名繁多，把这打油诗，读给他听，谓："即此一点，我老长寿，可以预卜的了。"彼此相与大笑。

复戡自幼颖慧，由其父督促，每晨必执毛笔，面前置一青甎，蘸水在青甎上练习书法，干了再写，尽一盘水为限，严寒盛暑不辍，居然有所成就。时沪上各店铺及居家，例于元旦，张贴春联，以代桃符，所谓"爆竹一声除旧，桃符万户更新"，春联大都用颜欧楷书，写在红纸上，以讨吉利。各笺扇庄，除为客代求名家书函外，兼售春联，南京路抛球场，有一家怡春堂营业更盛，一般擅八法者纷集其间。这时复老才七岁，大除夕，随父亲赴怡春堂观看，即席挥毫，春联例不署款，无非是一般能书而默默无闻者所为，挥毫若干联，进入内室休憩，复老其时既然见到案上墨有余沈，不觉技痒，乃爬上桌子执着大笔，在空白联纸上挥写起来，父亲阻拦不住，他淋漓尽致地写着，那怡春堂经理在旁称许他："写得好！"他一经称许，更为高兴，录着《楹联大观》的现成句子，连写十多副，越日被购一空，购者哪里知道这些出于孺子之手，但奇迹终究有人传扬开来。这时，上海有位黄楚九创办游乐场"大世界"，和"新世界"相竞争，为了吸引游客，特邀七龄朱童子来场表演，并在各报登着广告"神童对客挥毫"，这一下真有吸引力，连得大书家吴昌硕也赶来了。坐在他的对面大椅子上，看他伸纸执笔，应付自如，所书当场即被人抢购而去。且出丈余素纸，写石鼓文。吴昌硕是书写石鼓文的圣手，那神童却不顾班门弄斧，毅然为之，而昌硕频频点首，望之出神，临走，手抚复戡的头，也呼"神童！神童！"那幅石鼓文，黄楚九把它留着，悬挂在大世界的共和厅，引人瞩目。

他很敬仰吴昌硕，遵照昌硕指导，先学篆书，后学刻印，熟读许叔重《说文解字》一书，旁及训诂一类的著述，融会贯通。十六岁时，扫叶山房的《全国名家印选》即列入复戡的印。二十三岁，由吴昌硕说项，刊行了《静戡印集》。此后，又有《复戡印集》，又《朱复戡篆刻》等，炉火纯青，寓险诡于平凡之中，而蕴藏其内在之美，非浅识之流所能领略也。有位雨路先生，固邃于此道，所述更详，谓："复老博览历代彝器、玺印、权量、诏版、泉布、封泥、碑碣拓本，以及其他各流派的印谱，涉古功深，视野广阔，其成就令人似游建章宫千门万户之概。"他以名高故，忌之者很多，陈巨来刻印，当时亦负盛名，赵叔孺称之为"元朱文为近代第一"，巨来自尊心很强，认为己之造诣居最高地位，朱复戡次之。朱复戡自尊心也很强，对之极不服气，以张大千介绍他，谓："漫游南北，数十年来，近代名家书画篆刻，能超越时流，直入周秦两汉晋唐，融会百家，卓然开一代宗风者，唯朱君一人而已。"复老因此更昂首天外，睥视侪辈，即对陈巨来亦仅许为第二高手，巨来不甘居次，致两贤相厄。有"既生瑜，何生亮"之叹。

山东为古代齐鲁旧邦，文物荟萃，复老流寓多年，对碑碣颇多探讨，那山东博物馆许多钟鼎铭文，殊难认识，馆长请复老一一加以释注。泰山麓下的岱庙，有着如林的历代碑石，煌煌炳炳，古泽生辉，尤以《泰山刻石》为最珍稀，是秦始皇登泰山，群臣为他置立的。出于李斯手笔，共二百二十三字，为秦篆的代表作，奈历经二千年的悠久岁月，风化残蚀，甚为严重，至今仅存十字，引为莫大遗憾。1983年春，山东省文物保护单位负责人士和复老谈到泰山碑问题，谓："不仅为国内旅游者所重视，连国际人士也很关心，有位日本朋友说：'你们中国有着第一流的考古家和书法家，为什么至今没有把泰山石刻重建起来呢？'又一位研究中国古代史的美国学者，甚至提出：'《泰山刻石》是世界闻名的文物，你们重建缺乏资金，我们愿意捐助，俾得恢复旧观。'"复老听了这些话，心情非常激动，认为这是当务之急，义不容辞的，一自正式委任，他立即应允，便逐字考证原碑的内容，一一补齐缺字，而所补的个个劲遒浑穆，古气盎然，与原碑字体，一脉相承，保住了斯篆的面目，这不能不推为中国书法史上的大贡献。

他在山东，适蒲家庄修复了著《聊斋志异》的蒲松龄故居，举行开放典礼，他题了一首诗，写成直幅，与李苦禅所作花卉一同张诸壁间。故居主持人王幼学甚为重视，摄影以赠来宾，《文汇报》且辟专栏载之，时为庚申夏日。

凡到过阳谷县景阳冈的，都知道景阳冈村十字街，有一座武松打虎处古碑，这座碑系何时建立，因历年悠久，风雨剥蚀，原有碑文，仅有个别字依稀可见，其他一片模糊，更查不到立碑的岁月。访问老人，翻检县志，均无答案，即请教数位专家，说是明初所建，也没有可考的证据。直至1988年，复老到此，才从"武"字和"虎"字上，辨出明人没有如此写法，只有宋人如此写，断定碑始建于南宋，经过他一番话，多年的疑问顿释，至于武松其人的真伪，则众说纷纭，莫衷一是。复老谓武松打虎处建碑，远远在施耐庵成《水浒传》之前，此碑不可能是凭《水浒传》而捏造，给研究《水浒传》的考证提供了依据。还有一张隋代所拓的曹植墓碑，其中有难以辨识的怪字，复老指出是合体字，经他诠释，也就句通可解了。他并说，古人间或也有不规范的字，不要给它吓倒，犹诸现今颁布简体字，便有杜造的简体字发现，一经猜详，也就理解了。

书法艺术，复老往往用平常的言语，生动的比喻，深入浅出地讲解，使人容易接受，不似他人把书法讲得神乎其神，秘乎其秘，什么坐姿如何，向前弯曲多少度，执笔要在几寸处，握着笔管，不能被人拔去，为了练习悬腕肘的功力，在手背上置一碗水，手移动时，水不能泼出，这未免使学书的，加上了心理压力。总之，要如何坐就如何坐，坐得舒服为首要。须知写字不是练杂技，也不是学苦行僧，且写小字时何必悬腕悬肘，自讨苦吃，写大字要前后呼

463

应，顺势贯气，如同演戏的情节起伏，有张有弛。吸引观众从头看到底，回味无穷。这就是艺术效果。

他的书法，上追古代彝鼎，因此有《商周艺文精华集》的辑刊。如齐侯尊、殷大金、陈钟、周公鼎等，都是具有代表性的，他进一步自己设计古器，有乙丑爵、中华鼎、九龙宝鼎、变音钟等。

1987年，忽然泰安云海饭店主持人，派员来沪，请复老为该店书写巨招，楼高十层，所以字须两米见方，才能相称。泰安地方没有大笔，也没有放大的仪器。来人说："您老不是写过阿育王寺的横匾吗？现在正需要这样的大字，以壮观瞻，您老当益壮，务求不吝墨宝。"他听了这些话，高兴地一口应许，用四大张纸粘成一大张，然后用新扫帚代替毛笔，蘸着墨汁写了"云海饭店"四个大字，结构凝谨，笔力刚劲，制成铁匾，悬在十楼顶屋上，大家仰首瞻望，无不拍手叫绝。

那阿育王寺，在宁波，大雄宝殿的横匾，乃复老十二岁时所写的，在"文革"中被毁。该寺方丈统一法师听到朱神童尚健在，便特邀复老旧地重临，重书横匾，这消息给上海新闻记者及电视台摄影记者知道了，随着复老夫妇，前往宁波，车辆一到，方丈开了寺院大门，迎接入内，那寺院大门照例不轻易开的，除非皇帝御驾，其他总是边门进出，这次破例，表示特别隆重，复老受宠若惊，立即挥毫，重写"大雄宝殿"四个大字，当时轰动了宁波，摄影记者摄了好多镜头，报刊纷纷登载。同时还重写"法相庄严"横额，那也是毁于"文革"的。上海电视台放映了纪录片，这录像迄今犹保存在朱家。总之，他生平不轻易为人作书，书则郑重出之，稍不惬意，立即撕去，他曾这样说："一点失当，如美人之病一目，一画失当，则如壮士之折一臂，那是不可不慎的。"

他的书法也有声香港，某出版公司为他刊印了《大篆简本》。那位包君玉刚为了乃翁包兆龙先生，捐助上海交通大学二十万金，兴建二十三层高的图书馆，落成，撰文纪念，并请复老写碑，该碑高大逾垣。他研究一下，认为写碑要古朴有金石气，更须一般人能识得，因此不用篆体和草书，而以楷隶出之。他忽而想到包兆龙的龙字，在龙字上打主意。有《张猛龙碑》《爨龙颜碑》《龙藏寺碑》，用这三种碑作为包兆龙图书馆书碑文，最为合适，后又考虑到三龙碑古穆有余，活泼不足，于是又略参章草笔意，挥成，陈列在图书馆中。

复老是位金石家，一切艺能都有金石气，画也不例外，婀娜刚健，兼而有之，且题诗亦殊相称，有牡丹、绛荷、红绿梅、孤松、雄鸡、苍鹰、仙鹤、骏马、钟馗、武士、仕女以及山水，均擅胜场。且他学过西画，光线和透视，面面俱到。

丁大文有《香雪海畔》一记。1984年，他侍着义父朱复老作香雪海之游，一行十余人，在梅花丛中逗留了大半天，复老欣喜极了，回来画了许多梅花。直至如今，大文家的客厅墙上，犹挂着一幅老人家所画的《仙梅图》，红白相间，横斜有致，宣纸是古铜色的，益雅韵可喜，这确是复老生平的杰作。

承大文的深情，见惠复老的书画篆刻照、青年和老年照、居室照，以及与钱瘦铁合摄的、与刘海粟夫妇合摄的照片，又复老生前自述的录音带十三盒，托韩至诚亲自送来，为之感勉不置。

有人评复老的艺事，画固佳妙，书更胜于画，篆刻更胜于书，诗若文，其余事也。他对于自己的篆刻，亦很自负。有一白文巨印，刻文真如铁，又一印边款"簠斋见之必目为三代出土文物"，印有朱有白，有秦有汉，有虬龙，有山水，有自刻肖像，真所谓挟笔纵横意趣遒哩，他刊有《复戡篆刻》《朱复戡篆刻》，台北《印林》尚有《朱复戡专辑》，日本《知远》复有《朱复戡书画篆刻专辑》，日本学者中岛春绿加以誉扬。某岁，美籍华裔获得诺贝尔奖者丁肇中教授，和外籍马苏珊女士举行结婚嘉礼，复老刻两印为礼，中间中文姓名，四周围纹，按传统篆刻风格，不但把两人的英文姓名刻入，且把两人的英文头衔，也不漏遗，使英文而古篆化，丁氏夫妇得了大为惊叹。

复老认识许多书画前辈，这是他十七岁正式拜吴昌硕为师开始的。昌硕呼之为小畏友，诸前辈对他，也刮目相看了。

当时上海汕头路，有一个书画组织"题襟馆"，汪渊若、俞语霜、任堇叔先后主持，吴昌硕为名誉会长，昌硕每晚必到，人以其和蔼可亲，都包围着他，有似众星之拱北辰。座上客如哈少甫、冯梦华、陆廉夫、金甸丞、王一亭、狄平子、高野侯等。复老随师而来，也就风雨无阻了。昌硕有时吃西菜和复老同餐，进餐时，昌硕说："吃东西用筷子，何等文雅。西菜动用刀叉，尚具原始习性，是野蛮习惯，不足取法的。"昌硕喜观京剧和昆剧，亦常携复老同赴梨园，因此复老对于京剧也很爱好，参加了票房"雅歌集"，这个组织是袁寒云和红豆馆主、夏山楼主创办的，复老嗓子很好，引吭高歌，颇有功底。在这方面，又认识了余叔岩、龚云甫、梅兰芳、程砚秋等，更增加了他戏剧方面的知识，梅和程先后逝世，他都撰诗哀悼，梅诗用梅派八剧名，程诗用程派八剧名，非常贴切。他在老师昌硕那里，得益良多，是终生不忘的。

当 1984 年，为了纪念吴昌硕诞生一百四十周年，上海《书法》杂志，出了《吴昌硕专辑》，复老作了一篇《怀念吴昌硕》，情文并茂，是值得参考的，可惜我目力不济，蝇头小字，看不清楚了。

复老是张美翊的外甥婿，也是美翊的弟子。美翊在宁波有后乐园，今为宁波中山公园的一部分，为一风雅渊薮，沙孟海与复老常会晤于此。所以复老逝世，沙孟海挽联有"弱岁记游踪，后乐题襟寻鸿爪"等语，以示不忘其旧。杭州亦有"题襟馆"，今为西泠印社一部分。沙孟海为西泠印社社长。

复老和刘海粟相交很早。海粟办美专，即聘他为教授，交谊数十年不断。1984 年，海粟和夫人夏伊乔邀宴复老夫妇于衡山宾馆，席间无话不谈，甚为欢洽。刘夫人说："宾馆的菜，实在吃得腻了，只有家常菜反觉吃不厌，现在子女都在海外，两个老人，没有照顾，只得住宾馆吃大众菜。"复老夫人听了，便说："你们夫妇倘不嫌简慢，就到舍间来吃家常菜。"即约定次日傍晚到朱家吃夜饭。第二天，复老夫人备了八个菜：一盐水虾、二拌海蜇、三炒草头、四香菇菜心、五煎爆盐黄鱼、六芹菜炒鱿鱼、七清蒸甲鱼、八火腿冬瓜汤，另外再加一碟是夏伊乔喜欢吃的煎臭豆腐。这类家常便饭，大家吃得津津有味，海粟说："我好多年没有享受到这样的好口福！"又说："我和别人有合作画，与您还没有合画过，今天乘兴合作一幅，作为纪念吧！"于是调着丹青，说画就画，复老画松，海粟画铁骨红梅，伊乔画翠竹，徐葳题诗，成《岁寒三友图》。

他曾与永嘉马孟容同执教于上海美术专科学校，因得识孟容之弟公愚，彼此甚为投契，切磋交谈，公愚对他称许备至，谓"生平最钦服之一人"。《复戡印集》问世，公愚为作一序。时有许壮图其人，收藏当代名人刻印数百方，颇以未得复老所刻为遗憾，但不悉复老寓址，询之钱君匋、方介堪、邓散木，均无下落，以《印集》有马公愚一序，乃致书公愚，始知在泰安，即致函求之，并详述以往慕访之情，复老引为生平难得之知音，精治仿古印章以寄之。壮图得瑰宝，因此复老深感公愚之撮合。

他和丁福保子丁惠康，也有几十年的交谊，时到惠康家，谈笑甚欢，且以书画为赠。某岁，复老在鲁，谣传泰山一带，行将地震，复老避灾来沪即寄居丁家。惠康哲嗣丁大文，耳濡目染，深受熏陶，惠康夫人徐葳，从复老学书，颇有成就，既而惠康下世，徐葳遂侍复老起居，成为伉俪。

他和张大千，彼此推崇，大千所用之印，颇多是他手刻的。大千赴巴西定居，邀他往游，并举行书画篆刻展，他却认为中国的艺术活动应当在中国，不宜在异域，婉言谢绝了。大千不以为忤。既而大千又赴台北，他系注于怀，做了一首诗，并一长函，托其侄子携往台北作一访问，大千甚为欣慰，并谓："俟身体转健，当复一信，更绘画以表意。"其侄告别，大千拄杖送到门口，目送他远去。奈此后大千病住医院时多，在家时少，即在家，亦少动笔，不到半年，大千与世长辞了。复老大为悼惜。闻昔年大千拜曾农髯为师，还是复老代为致贽的。

他晚年受病魔折磨，1979年初夏，经医生诊断为肺癌，他不信，另进一家医院化验，也查出有癌细胞，住院凡半年，多次化验，肺部未免受伤，致步履不便呼吸困难，也就回家休养了。但奇迹般地带病延年，居然给他拖长了十个寒暑，这时他住在沪西胶州路，屋很简陋，幸由他的朋友谭启龙等仗义疾呼，才得配给到愚园路的花园洋房，清静宽敞，大大地舒了一口气，可是享受了没有多久，他突然呼吸又感困难，发生窒息现象，由家人急送华东医院，抢救无效，生命告终，时为1989年11月12日，年九十岁。在这若干年中，他的饮食起居，都由他夫人悉心调摄，所以他对人说："我老来的生命，是我的夫人给我的。"

他的遗体举行火化，其夫人徐葳及其子女们，以市间的骨灰匣太简陋了，拟备一精致的花瓶以代用，可是在高要求下，这个瓶子，到处物色都难合意，既而想到复老生前，与青铜器有不解之缘，才决定把复老的骨灰装在他自己设计的中华鼎中，且加一盖，盖的纹饰，按他生前所喜爱的九龙图案，以为点缀。又由他的高足韩至诚镌刻铭文，鼎重十五公斤，高二十六余厘米，髹以金彩，当时艺术界电唁纷如雪片，挽联也有若干，兹录其二三如下：

瀛海钦迟今祭酒，
沪滨痛哭老郑虔。

（刘海粟）

本色天真，人生归有道；
笔精墨妙，艺术足千秋。

（苏渊雷）

彝鼎篆刻兼书画，艺苑久钦推祭酒；
高龄硕德望期颐，瀛海今悲失广文。

（吴青霞）

刘公鲁家藏双忽雷

谈到收藏，其收藏面是很广泛的，争奇炫异，或以质胜，或以量称。总之，各式不同，随人所喜。但我却认为其中当推文物为第一，文物具历史价值，远远在经济价值之上。在近百年内，藏文物而蜚声海内外的，寥寥没有几家，那刘聚卿、公鲁父子俩，是足资谈助的。

刘聚卿，安徽贵池南山人，生于清光绪乙亥（1875），字聚卿，一字葱石，号梅庵，得其父荫下之福。父瑞芬，字芝田，官苏松太道，江西按察使，曾经出使英、俄、法、意、比等国。又复风雅成性，擅画，著有《养云山庄诗文集》，那仁宦之途，诗书之泽，都影响及于聚卿。聚卿有一行状，旌德江慕洵撰，叙述极详，我在其后裔刘鼎川处见之，盖鼎川为聚卿弟诸卿之孙，搜罗先德的文献，不遗余力。诸卿名世瑗，治医，他也以岐黄世家。

聚卿弟兄较多，如世琪、世玮，为姚氏母所生，聚卿名世珩，与世琛、世瑛、世瑗同为继母傅氏所生，年十岁，即遭母丧，一心于学，十三补诸生，甲午（1894）举江南乡试。此后历任江南商务局，兼南洋保商事宜。癸卯春，日本于大阪设劝业博物会，聚卿征得物产，渡海而东，参与其盛，因赴东京、西京、名古屋、日光、北海道考察和游历，归请设江宁省商会，我国之有商会自此始。继之办南洋官报局、江楚编译官书局、两江学务处、裕宁官钱局、江宁马路工程局、两江师范学堂、实业学堂，一切开风气之先。尤其对于整理财政币制，更引为当务之急，由财政处奏调入都，派充提调，种种措施，颇得张之洞之信任，而延誉有加。乃以耳闻目睹之成规，以及专家揭发推阐之学理，并就我国国力之所能及与民生习惯之便利者，成《圜法刍议》一卷，谋根本之改革。先统一国家制币之局厂，继之则统一各地流通之银行，又继则统一各地收支之金库。欲与各国币制相折衷，以银一两为单数本位之起级，故施行初年，一度用单数本位重银一两之银币为暂代本位之需，一时国内外究心财政币制之学者，都翕然称善。侍郎铁良奉廷旨来江南，特召聚卿面谈，回朝以达枢要，复成《财政条议》一卷，奈妒者众，舍两而改从墨西哥流入我国七钱二分之银圆，去本国十进之旧例，而改从他国奇零之重量，他大不以为然，可是哓哓皆是，也就无可挽回了。

据《行述》，谓："辛亥（1911）主持汉口造纸厂，接近京汉铁路，兵烽所经，机屋两毁，日逡逡炮火间，仅以身免，自是意兴颓然，不复作用世想。次年，购地数亩于上海戈登路，筑屋十余幢以寓妻孥，贮藏书籍，种莳花木，与人尺牍往还，恒目署楚园，盖隐以楚左徒自喻也。恫心世变，伊郁寡欢，偶与二三旧友晤接，亦唯诗文书画相与商榷，绝口不复谈时政。章服祭腊，仍循先制。每岁值春秋两季，辄买扁舟，溯江而上，诣江宁西乡西山峡中丞公（指其考瑞芬）茔墓，酹酒拜奠，往往痛哭不能起，家人辈强挟以归，归则必病以为常，其余则闭户自休，足迹不恒出户。丙寅（1926）春三月，为中丞公修佛事于杭州，驻杭经月，归未久，忽触发咯血旧疾，医药缠延，遂竟不起。"可见他是以遗老终其身的。

楚园在沪市戈登路，今改称江宁路，但不知其确址所在，时隔数十年，亦无人补修地方志而谈及园宅掌故者，往事如烟，成为疑案。及我执教江宁路的模范中学，遂有人指该校为楚园故址，此中沧桑，却有可以一谈的。该校迄今已具八十多年历史，原为西人所办的工部局学堂，名华童公学，本设在北火车站相近，"一·二八"之役被焚，乃迁至戈登路，英国人康普、罗勃、麦佛托三人为先后校长，华教师背后戏呼之为"江北萝卜卖弗脱"，引为笑谈。俸给较其他学校为优，因此，胡适之、林语堂及南社耆宿李怀霜等都在该校执过教鞭，辜鸿铭亦来讲过学，该校声望很高。此后改校名为模范中学、陕北中学、晋元中学。当改晋元中学时，校园中建谢晋元将军石像，我参加植基典礼，谢晋元夫人及晋元后人均来举行仪式，距今不过七八年，那是较近的事。约在民初，聚卿嗣君公鲁，曾在楚园邀客夜宴，书家黄蔼农一署青山农，他和公鲁很熟稔，是晚亦座上客之一。我问楚园所在，他也以岁月太久，说不清楚了。公鲁耽烟霞癖，俾昼作夜，颠倒晨昏，所以宴客辄在晚上十时后，他吞吐之余，精神酣足，备了各种珍馐，肴核纷呈，酒香溢座，佐以管弦谈谑，非常欢畅，及收盘碟，东方已露曦光，惜没有红袖添香、黛眉秉烛，否则绝妙一幅韩熙载夜宴图了。这时客欲辞散，主人尚有余兴，谓："后池荷花，灿灿田田承露可喜，何不趋往一赏！"公鲁即导客同去，奈那儿的门，被铁将军锁着，不得入，公鲁嘱役者启锁，役者答："非奉主人命不得启。"客大讶，说："主人在前，尚有何请？"一时大家莫名其妙，及经解释，才知役者乃属新雇，主人夜兴夙寐，役者固未识得主人面目哩。

　　屋前多隙地，栽着樱花及他树，当春樱开放，我和诸同事，择一假日，备小酌以清赏，我曾撰一篇《赏樱小记》，以上情状，证诸《行述》所云种莳花木，且栽荷于池，为戈登路一带人家不易具备的条件，益信该校之为楚园故址了。

聚卿的收藏，《行述》也涉及之，略谓："性嗜古，凡书画器物出自古昔名贤之手者，咸以得集藏之为快。居金陵日，得山阴丁俭卿氏之所藏宋嘉祐汴学真篆二体石经，易、尚书、诗、礼记、周礼、春秋、左传、孟子，特绘图征题以张之。时诸名流纷集金陵，乃与缪荃孙、张季直、范当世、梁鼎芬、王鹏运、李瑞清、况周颐等往还结雅契。尤嗜校刊古书，刊《聚学轩丛书》凡五集。综所搜采，皆未经传播之遗稿。后流寓沪渎，复纂刊《贵池先哲遗书》，自唐以来，都三十一种，乡邦文献，征集无遗。其余篆刻，金元以来传奇附曲谱、曲品共六十余种，玉海堂景刊《宋元椠本丛书》三十八种，宜春堂景刊宋元巾箱本八种，又抚刊金石著录五种，均精审自序，谓无惭于汲古、秀野诸贤。"

收藏最珍希之品，乃官京师时，所得唐乐器大小两忽雷，遂自署为枕雷阁道士。历代以来，凡有关双忽雷之书跋考证，计千余件，装潢什袭，暇日玩索省览，引为至乐。我友彭长卿检得一本刘氏在天津付梓的《双忽雷本事》，外间绝少经眼，蒙他赠给了我，藏于纸帐铜瓶室，奉为至宝，且书中附有图片，标为唐大忽雷，下注："贵池刘氏藏器，器长营造尺二尺八寸五分。"左侧钤"双忽雷阁"四朱文印。列有引文，和《南部新书》《乐府杂录》《孔东塘自记》《桂馥记》《刘喜海记》《林纾枕雷图记》，《小忽雷传奇》出于孔东塘所谱，附诸书后。所谓忽雷，实乃鳄鱼皮所蒙的琵琶，原为唐代文宗宫闱禁物，大小二件，且有一段神秘离奇的故事。此物后流落民间。康熙辛未，孔东塘得其小者于燕市，称："质理之精，可方良玉，雕镂之巧，疑出鬼工。今八百余年矣，频经丧乱，此器徒存，而竟无习之人，伤哉！"桂馥见之，述其状："龙首凤臆，蒙腹以皮，柱上双弦，吞入龙口，一珠中分颔下，有小忽雷篆书嵌银字项，为臣滉手制恭献建中辛酉春正书（滉姓韩，称韩晋公，奉使入蜀）。"聚卿搜集元以来传奇，缪荃孙以孔东塘、顾天石合谱《小忽雷传奇》抄本为贻，乃知孔东塘得原物而作。宣统二年（1910），聚卿晤大仓陆应庵，谈及华阳卓氏寓京师，藏小忽雷，并有谱两本，聚卿亟托应春庵迹，始知所谱者，乃刘燕庭味经书屋校抄《小忽雷传奇》；后有《大忽雷传奇》二折，燕庭嫁女卓氏，取此为媵奁，因归卓氏所有。物既为聚卿所藏，得陇又复望蜀，以为小忽雷迭经劫火，并未遗失，则大忽雷或尚在人间世，不能恝然忘之。而事有巧遇，即在这年冬日，访大兴张瑞山琴师，与之纵谈古乐。为言三十年前，于京师市上得一古乐器为大忽雷，聚卿索观，则似琵琶而止二弦，凿龙其首，螳螂其腹，制极古雅，与小忽雷同牙柱，齟齬左右相向背，施朱漆，上加彩绘，有金镂红纹，蹙成双凤，瑞山能弹拨，声清越而哀，与小忽雷绝相类。大忽雷，元时犹存，见《铁崖逸编》，有"大雷怒裂龙门石，双丝同心结龙首"等句，形制更可想见，二器并陈，望而能识，且断纹隐隐，与彼所藏唐雷威、雷霄斫琴髹漆相同，其为唐物益信。瑞山以小忽雷在刘家，乐以大忽雷归为双璧。聚卿欣喜之余，请林琴南（纾）老人为作枕雷阁图，并名阁为双忽雷，复撰一记，有云："小忽雷以东塘传奇，始著于时，东塘得器制传奇，余刻传奇而得器，且复于无意中更得大忽雷，亦云奇矣。东塘得一，已足自喜，今余竟双得之，所遇不尤奇耶！呜呼！两忽雷制自晋公，藏之内府，时阅四朝，屡更盛衰兴废之故，其间隐晦不显者，又不知几何年，乃聚而散，散而后聚,先后卒为延津之合,向者考古家求一见面不可得者,兹并得摩挲叹赏考其源流,亦自幸古缘之不浅耳!"小忽雷,此前曾藏海帆相国,及伊小尹、陈黄楼吏部,叶志诜有小忽雷墨本,后归陶斋端方,端方知小忽雷已为聚卿所有,以墨本持赠聚卿,先后题识,如吴嵩梁、陈寿祺、端木国瑚、李葆恂、柯名彦、田雯、乐钧、陈文述、朱为弼、谭敬昭、王闿运、邓嘉缜、蒋湘南等,均一时名流。

聚卿卒于民国十五年(1926)十一月初九日,五十一岁,夫人先后有傅春娱、傅春珊姊妹,并能弹忽雷,吴昌硕为刻"贵池刘世珩、江宁傅春娱、江宁傅春珊宜春堂鉴赏"二十字白文印。春珊号暖红,公鲁为其所生。又妾柳氏,生一女名之清,为公鲁妹。

公鲁名之泗,乳名虎儿,《行述》称之为"文字斐然,能世其业"。他以遗少故,蓄发辫不剪,访黄蔼农,蔼农强欲剪之,此后常盘绕发辫于帽中,借以掩护,始终没有付诸并州一剪。又染烟霞癖,蔼农又劝其戒除,他婉拒。

我在苏州时,曾居我的同学袁丕烈家,乃一明代巨宅,那难以成长的黄杨,高出崇垣,尤为罕见。一次公鲁自沪来苏,承他见访,适我不在家,有失迎送,他留给我一纸名片,刘公鲁三字很是稚率,旁注吟鸿书,都属锌版所铸,吟鸿亦视公鲁为恩客,每思公鲁,往往在案头浸书"92"阿拉伯数号,人不之解,原来我国旧编的号数九十二为刘,恰似简写的刘字,因此吟鸿把"92"为公鲁的隐记,公鲁兄感之,为撰打油诗一首:

濡毫伸纸态轻盈,九二书来学蟹行。

为问画蔷缘底事,龄官似觉太多情。

公鲁某岁，又知一粲者，其貌类己，时玩世不恭的张丹斧，佐余大雄辑《晶报》，觅得公鲁照片和粲者倩影，并制版印在《晶报》上，右标刘公鲁，左标刘母鲁，且有一文记之，以博读者一笑，如云："刘公鲁，凡读本报者，皆知其辫发长垂者也。母鲁，其姓非刘，识者以其貌似公鲁，遂从而母之。公鲁以客之母之也，乃召之来，以验照会之符否？唯母鲁值公鲁，常默然而退，若甚含羞然，以是公鲁亦不欲过窘之。"一次，江龙渠宴客赛春楼家，公鲁亦在被邀之列，龙渠谓公鲁曰："君知楼下为谁？"公鲁笑不答。少顷，母鲁翩然登楼，坐公鲁后，龙渠曰："君等既以公母名，诚佳偶也，曷合摄并头影以证之！"公鲁回顾，耳语之余，唯见母鲁频颔其首，未几，二人同摄于心心照相馆，取心心相印之意。母鲁者，历树小金钢钻、幽情、丽卿、含媚诸艳帜，亦花丛之翘楚也。妆阁位于赛春楼下，故龙渠云云。

公鲁很健笔，《晶报》上登载他的作品，不下数十百篇。他喜评京剧，又谈梨园掌故，如《红线盗盒》，尤为详赡。公鲁能客串登场，无非玩世不恭，演长靠武生，崇拜杨小楼，我曾见他演《黄鹤楼》的赵云照片，扮相很英俊。

公鲁与《镜中影》《广陵潮》说部的李涵秋相交有素，涵秋捐馆，公鲁即取二说部名嵌入联中挽之：

一死真成镜中影，

三春怕听广陵潮。

公鲁能书，赠我友潘勤孟一联云：

论诗说剑俱第一，

心夷貌惠那可双。

公鲁得二石，嵯峨似金焦二山，有诗云：

佛以须弥藏芥子，我将盆盎纳金焦。

坐疑放棹瓜州渡，镜面双鬟倚碧霄。

敝笥藏有丁福保编纂之《重刻九僧诗杂识》，颇多公鲁亲笔眉批，补正考核，深中肯綮。公鲁喜从耆老游，如康有为、章太炎、周今觉、黄宾虹、宣古愚、褚德彝、章一山、冯梦华，以及梅畹华、俞振飞、郑振铎、潘景郑等，颇多往还。对于唐元素、李审言则拜之为师，督教甚严。李审言有一书致聚卿云："令郎（指公鲁而言）诗文颇有见地，奈每日到馆须十一点，请问日短尚有几何？夜间不睡，听好太多，常以东坡'多好竟无成，不精安用颗'戒之。"唐元素致公鲁一书在我处，谈书画如云："所示近作书画，黄庭比前固长进，然实未得法，凡临王宜以欧阳作底子，先临欧阳小楷一年，俟字有骨力，然后再入右军，则笔不软。书法不过转折而已，颜字善转，欧字善折，右军转折并用。今足下学颜而未学欧，所以能转而不能折。且学黄庭，又须学乐毅、曹娥、洛神，方有入处。所临黄鹤山樵之画，并未得形似，山樵画学之非过刚即过柔，否则模糊。昔王麓台云：学元人须从宋人入手，此真知言者也。盖宋人以笔胜，元人以韵胜，不能用笔，则韵亦无所附丽，若专取韵，又必致无笔，此诀不传久矣。盖摩诘、营邱、河阳，此山樵之来源也。学山樵，先明用笔，此定理也，公鲁仁弟清鉴。"金针度世之言，不仅公鲁一人得益而已，又章一山亦致函勉之云："英年岁月可贵，当努力从事其大者远者，立志求千载之名，不求时誉，斩去许多枝叶，方能成一大木。"公鲁写字，喜仿康有为，一山不以为然，力劝其学古碑帖。

聚卿的收藏，公鲁继承之，我的同学范烟桥，犹在公鲁处得见双忠砚与四古灯，有文记之，略云："甲戌（1934）元夜，贵池刘公鲁折柬招饮，云有古灯可观，至则公鲁方啸傲烟霞，半年不见，神采依然。案置书画累累，举室所陈，无一非古物，目不暇接。乃叩古灯之名，公鲁谓须于酒阑出示，先一瞻双忠砚如何？双忠砚者，岳武穆砚与文文山（天祥）砚也，岳砚已见《两般秋雨庵随笔》，文山砚为洮河石，按之冷气彻骨，谢叠山有跋锓其侧，正气浩然，令人肃然起敬。客毕止，入席欢饮，饮罢出楠木匣皿，一贮建昭雁足灯，公鲁谓历来藏家未及注意，足趾间划隶字二曰宣卧，灯下划隶字二曰东下，不知何义？意者出于宦者之手，记其置处也。一贮黄山第四灯，与雁足灯同其制，唯雁足之盘，中心尚有一小圈，黄山则无之。一贮汲绍家行灯，有盖可掀，反仰适以插烛，而中空之腹，用以贮油，置灯草可两用也。一贮永建吉羊灯，其制又同于行灯，为羊状，仰羊头使反，亦可插烛也。四灯皆古气磅礴，而题识以雁足为最多。"公鲁又喜藏印，有《畏斋藏玺》一书。其家一再移迁，北京居西堂子胡同（这屋先后居住有张季直、梁启超），南京为三铺两桥及一步三打桥，上海为戈登路二十三号，苏州为大太平巷等，文物颇有遗失。加之经过敌军侵犯，如周昉所绘《贵妃出浴图》，刘家数代相传，被日军掠至东北，又辗转至苏联，闻藏列宁格勒博物馆，《苏联大百科全书》列有条目。公鲁不事生产，家用匮乏，大小忽雷于抗战前，即抵押于中国实业银行，由刘晦之经手，后归北京故宫，今尚保全。又以宋版书一部分，抵押给何亚农（一度为网师园主人）。郑振铎为中央图书馆抢救古籍，如宋刻《魏书》，玉海堂善本，均刘家物。刘家又以聚学轩藏石拓片七千余件，包括叶昌炽五百经幢三千余份，让给潘景郑，后景郑慨然以他原有所藏，并刘氏所让计二万余件悉数捐献上海合众图书馆，今为上海图书馆所有。

公鲁之死，言之慨然，当敌军行将来苏，举家避往无锡乡间，公鲁坚不肯离，誓与残余文物共存亡。及沦陷，敌往叩门，公鲁自出启关，敌卒以枪上刺刀挑公鲁帽，帽堕地露发辫，敌卒作狞笑，公鲁惊悸成疾，犹强迫之作苦役，体力不支死！敌卒随意掠夺，金石书画被辇而去，不计其数，刘氏为书香门第，来往翰札，均出一时名彦之手，无人收罗，以充薪燃，我友彭谷声斥资购之，得留存一部分。书籍散佚于市，若干年后，转藏苏州市图书馆。当时尚有碑碣原石为数亦不少，以笨重难于搬运，捐献无机构受领，只得任委于地，有取去作洗衣板的，有附近居户取去铺路填坑的，能不令人嗟惜！

据我所知，公鲁尚有堂昆仲刘龙堪，诗在公鲁上，刊有《龙慧堂诗》上下集。当蒯礼卿官金陵，爱蒋山，于城北买地起一楼，落成之日，宴客于楼，诵黄山谷诗"万卷藏书宜子弟"句，以下联属龙堪集古句为对，当时无以为偶，后得元微之句"一家终日在楼台"，而礼卿已下世，不及见此联对成了。

公鲁一子名治涛，任职上海华东师范大学图书馆。公鲁侄鼎川最近赴贵池一探乡里，其地且有刘街，尚多世系，获得刘氏文物数种。又聚卿所辑《贵池沿革表》一书，上有张季直、缪荃孙题序，又得王源瀚诗集，源瀚秋浦人，曾参鼎川叔曾祖芗林之幕，与聚卿交密，诗中颇多涉及刘芳、刘芗林、刘聚卿事，并有识语。闻前年台湾曾为源瀚印《见朴楼诗钞》，可能亦有涉及刘家往事的。

一代词宗夏承焘

钱基博的《现代文学史》，列词为两大家，一朱祖谋，附王鹏运、冯煦。一况周颐，附徐珂、邵瑞彭、王蕴章、龙沐勋。晚近以还，永嘉夏承焘崛然而起，称一代词宗，这是足以一述的。

夏承焘，字瞿禅，晚以蓄髯故，易称瞿髯。浙江温州谢池巷人。邻近东山，有飞霞洞、春草池、永嘉诗人祠堂等胜迹。春草池相传是南朝诗人谢灵运梦中得"池塘生春草"句的遗址，因取谢邻为别号，表示对这位山水诗人的倾慕。1900年2月10日生。早年读小学，与郑振铎同砚。十四岁时，在二千余考生中，以第七名的成绩，考入晚清国学大师孙诒让所创办的浙江省立温州师范学校，当时，深受张震轩老师的赞赏。毕业后，从事教育工作。喜词学，从林铁尊游，着手撰写唐宋诸词人的年谱，及姜白石研究资料，得词学大师朱祖谋的称许，又请益于吴梅。1930年，任杭州之江文理学院国文系讲师，旋升教授。抗战军兴，之江迁沪，兼任无锡国学专修学校和太炎文学院教授，时与夏敬观、冒鹤亭、林子有、吴眉孙、龙沐勋等相切磋。1941年，任之江大学国文系主任，与上海著名学者共同发起"龚定庵逝世百年祭"。次年，上海沦陷，携眷入雁荡山，未久，出任浙大龙泉分校教授。抗战胜利后迁杭州，仍任浙大教授。此后任杭州大学语言文学研究室主任、中国语文学会会长、中国作家协会理事，又编《文学研究》《中国大百科全书·中国文学》《词学杂志》等。

温州是个水温山秀的好地方，一般知识分子，大都不愿远离故乡，因此有"温不出""十鹿九回头"（温州一名鹿城）等俗语，承焘却毅然到西北去，任课西北大学，得窥汉唐故都的雄伟、华岳连峰的峥嵘，扩大了他作词的境界，如"足下千行来白雁，马头一线挂黄河"简直可与前人诗"山从人面起，云傍马头生"相媲美。晚年流落北京，直至1986年5月11日病逝，年八十七岁。

和承焘相交六十年的王季思，又在浙大龙泉分校共事三年，知道承焘的往事特别详尽，他撰了一篇《一代词宗今往矣》，琐琐碎碎，却很耐人寻味。如云："龙泉分校设在浙南龙泉的坊下。万山丛裹，战时物资供应困难，教师待遇菲薄，生活相当艰苦，我们住在一座竹竿松皮搭盖的集体宿舍，照明只有桐油灯，夜读稍迟，次晨起来，满鼻孔都是烟灰。承焘生活有规律，早晨见曙光就起，晚上十时就上床，我往往迟至深夜，一天，他从帐子里探出头来说："季思！你还没睡，做学问靠命长，不靠拼命！'有一次，我灯下靠在椅子上睡着了。他用粉笔把我投射在板壁上的影子描下来，还题了睡虎图三个字，第二天学生到房里一见就认出来，从此王老虎就在师生中被叫开了。当时中文系教师同住在集体宿舍的，还有嘉善徐声越、如皋任心叔、寿县孙养癯，彼此志趣相投，又得文字商量之乐，物质生活虽很苦，精神上还愉快的。我们称坊下为'芳野'，宿舍名为'风雨龙吟楼'，多少表现我们的共同情趣。尤其我和他白天对桌夜间对床，他治词，我治曲，相约作读书笔记，有创作也互相交换看，有时我把自己的近诗，请他修改。"季思又谈到承焘在温州参加北瓯社，曾和季思的姐夫陈仲陶一同参加。这时林铁尊在温州做道台，为提倡风雅，倡办此社，社课由铁尊甄选，然后寄给上海朱祖谋、况周颐评定寄回，季思常在仲陶处看到朱况二老圈圈点点的社课卷子。承焘和仲陶得力于此,受到相当影响,但仲陶后来不专力于词,所以成就也较逊于承焘。季思年幼,未及参与其盛,且喜的是曲学,也就分道扬镳了。季思谓承焘的性格内涵,抱着于忍无可忍之处,存着若无其事之心。有时半日兀坐,如泥塑人,名心淡泊,对个人毁誉不大计较,但在国家民族存亡、社会风气等重大问题上,胸中了了,毫不含糊。

季思和承焘相交有素,故能得深知承焘之婚姻事。谓承焘的初恋对象是他邻居少女,他放学回来,常见她在门口等他。她是嘉善人,在她跟妹子一起回嘉善时,承焘正好同轮到上海,她叫妹子约承焘到她房舱里话别,后来就没有再见面。他当时为她写的《菩萨蛮》一词:

  酒边记得相逢地,人间更没重逢事,辛苦说相思,年年笛一枝。

还不无感憾。承焘前夫人游氏,没有生育,他在词里也"山妻""孱妻"提到她。20世纪70年代初期,游夫人逝世。(据闻,承焘夫妇,生活俭约,游夫人却喜金约指,节衣缩食之余,辄兑金约指以保值,逝世后,夜间捡得金约指一百余枚。)

他真正的美满家庭生活,是和吴无闻夫人结婚开始的。无闻是他在谢池港同住的好友吴天五的妹妹,承焘看她从小成长,后来又是无锡国学专科学校时的学生。曾任《文汇报》驻京记者,她国学有基础,两人结合不但是他生活上的好伴侣,还是他学问上的好帮手。他们的结婚,无闻的身影就多次在承焘的词里出现。1978年,季思到北京朝阳门去看承焘,他出门送季思,无闻说他忘了带手杖,季思对无闻说:"你就是承焘的手杖,还带什么?"他们夫妇笑得多欢喜啊！后来承焘的著作陆续整理出版，无闻为编《夏承焘教授学术活动年表》，她又搜集马叙伦、唐圭璋、汤国梨、王季思等的纪念文章，编为《长怀编》，又将苏仲翔、张慕槎、缪钺、吴小如、陈兼与、苏步青、徐震堮等庆寿文章为《祝嘏编》。又将冒效鲁、黄君坦、周汝昌、陈从周、王蘧常、萧劳、钟敬文、施南池、寇梦碧、张牧石等追念文章为《哀悼编》，又附从学者的杂文为《问学编》，合成《夏承焘教授纪念集》由中国文联出版公司印成巨册。于是无闻之名竟闻文遐迩，这好比著《水边》《竹林的故事》的别署废名，结果还是有人知道，他的真姓名为冯文炳。

季思又记叙了承焘的最后生活，摘录如下：

> 1978年后，承焘记忆力逐渐衰退，近几年来，连有些老朋友都不认识了。我每次到北京还是去看他，只要说起"王老虎"他就清醒了些，能点头示意或作简单的对答。今年我来开会，约同龙泉浙大分校的学生杜梦鱼去探望，他已双眸紧闭，卧床不起，我说："王老虎来看你了！"他微微张眼，似有反应，这是我留给他的最后一句话，也是这一代词宗留给我的最后一个印象。

翻到他的最后一页年表，"五月二日，以心肌梗死住进中日友好医院，十一日晨四点四十分钟逝世，视疾者甚多，叶至善代表乃父叶圣陶，殷勤问候。参加遗体告别仪式的，有周谷城等三百余人。"无闻夫人尚在多方征集遗稿及有关纪念性的文章，预备补充年表，日后编成年谱。无闻对于词学有相当的理解，如云："敦煌曲是词的初型，而敦煌曲又是从唐教坊出来的。这些民间小调，对社会现实生活有相当广泛的反映。"又云："晚唐以后，文人的香

483

艳词多起来，他们使词走上了歧路，它离开了词的正确发展的方向。"这些都是中肯之谈，可知她受到承焘的熏陶是很深的了。因为承焘也共同提到这些问题，如说："词起源于民间小调，六朝民间小乐府，是它的前身。到了晚唐五代，它落到封建文人之手，他们用齐梁宫体来填词，于是词便失去了民间文学的特色。前人都推尊温庭筠是词家始祖，其实他却是开始使词失掉民间文学本色的人。"

湖南人民出版社曾刊《夏承焘词集》，从1920年起，直至1980年止，整整六十年间，我国发生的一切重大事实，在他的词里几乎都得到了反映。徐朔方撰了篇跋语，认为："承焘的词，不但总结了宋代以来的词学家的经验，并为词家一个新的开拓者。"1984年，浙江古籍出版社出版了《天风阁学词日记》一巨册，但限于学词，那日记也就非完全整本了。承焘有一前言："予儿时读李莼客《越缦堂日记》，心甚好之。故自十余岁辄学为日记，迄今已七十年矣。中经兵乱，虽颠沛流离，而日记未尝中断，岁月既久，积稿盈箧，约有六七十册。今存日记，始至1916年丙辰正月初一日，时予肄业于温州师范学校，此儿时之言，嗣后涉足社会，饥驱四方，三十前后，始专攻词学，迨抗战爆发，时局动荡，陆沉之惧，旦夕萦心，自悔所学无济于时，尝思跳出故纸堆中，另觅新径，然积习既深，欲弃去终未能也。凡此种种矛盾苦闷心情，无可告语，夜阑灯下，一再诉之于日记。1981年，应施蛰存先生之嘱，始选抄部分日记，刊载于《词学》创刊号，名之曰《天风阁学词日记》。次年，浙江古籍出版社欲为之印成专册，爰选抄自1928年至1937年十年之日记为第一册，先付剞劂。此十年，正值予作

《唐宋词人年谱》及《白石道人歌曲科律》诸篇。在日记中，涉及读书，撰述，游览，诗词创作，友好过从，函札磋商等事迹，今日回顾，雪泥鸿爪，历历在目。吴无闻、周寿渠、胡君曼诸君参与抄写工作，并此致谢。"他刊有《天风阁诗集》《唐宋词论丛》，又刊有《夏承焘词集》，他作词主张"小、好、了"三个字，谓："长篇不是词的正经办法，但必须小中见大，小而出色，而且明了。"另有《瞿禅论词绝句》八十首。

有一位是水先生，对于夏老的词大为称赏，并比诸扬州八怪之画，颇有见解："夏先生的词，是无首不奇，无句不健，无韵不响，无字不炼的，避熟、避巧、避雅。避熟避巧是读者所能理解的，避雅则只能为知者言了。依常理说，诗词不同村言俚语的俗文学，应力求其雅。可是词如一味求雅，使陷于饾饤或者陈词滥调，书生气太重，这也是词学一大病。可把词和画作一比拟，工笔的仕女和四王的山水，当然是以秀丽见称，但美中不足的，是缺乏生趣。回过头来看看，扬州八怪，他们泼墨挥洒，笔势未到气已吞，远非工笔画所能及，它那种生趣盎然，愈是近俗，愈见其真。避熟、避巧、避雅，说穿了，其道一以贯之。"

承焘对于前人诗，也有独特之见，如谓："放翁有为，白石有守，合而为一，始为完人。"又云："我学古词，好捧韩、苏、黄三家，韩取其炼韵，苏取其波澜，黄取其造句。"他又涉猎近代当代人各种杂著，加以品评。如云："阅《浮生六记》，沈复以画名而无意中成此名著，醉人心魂，在《影梅庵忆语》之上。"又谓："李涵秋之《广陵潮》，洵近代一部佳著。"又："伍光建译法国大仲马《侠隐记》，较《水浒传》究相差甚远。"又："鲁迅《朝花夕拾》，疏快可喜。"又谓："胡适译拜伦《哀希腊》一首，甚爱之。"又谓："《苏曼殊集》嫌其有烂名士习气，绝句佳者十首左右而已。其译拜伦《哀希腊》五言诗，不若胡适以骚体行之，用古字太多，以曾受改削于章太炎也。"又读《钱名山集》谓："思想甚旧，而人品高，其诗稍逊于文而颇自负，论诗有云：'正当痛快忽支离，玉石纷陈未可师。安得数年天假我，闭门编改少陵诗。'令人咋舌。"又谓："购得叶德辉《书林清话》，甚喜。"又："阅苏雪林女士《李义山恋爱事迹考》，繁征博引，虽小品之作，无关宏旨，然依其说以谈李诗，胜旧注穿凿之谈，出于一女子之手，尤难能可贵。"又："阅近人顾颉刚《古史辨》，此君笃学可佩。钱玄同且以为胜崔东壁。"又谓："近日《时报》载老汉之《古城返照录》记北京旧官场佚事甚详，其书仿《孽海花》，而关系一代典故，价值在《孽海花》上。"又："阅郁达夫之《茑萝集》，比较《日记九种》诸书好。"

承焘日记慕李越缦，颇有神似处，如云："午后招三生导游九溪十八涧，半小时抵理安寺，小坐楠木林间，绿阴蔽地，盛夏不见天日，过九溪茶馆啜茗，自此至龙井，溪流愈入愈清，碎石齿齿，一径穿山峡行，清聪满耳，白云时起。再行抵龙井寺，一潭清澈，水作淡蓝色，可鉴毛发，即所谓龙泓也。"

又："夜雇舟游湖，月明如昼，水平若镜，过三潭印月，傍树阴行，漏光在衣，画不能到。自西泠桥入里湖，繁灯逾万，缀星不动。出玉带桥，水面闻少女歌声。"

又："游西湖，沿城墙行，日光水面返照，人有浓淡二影，一淡影如烟如梦，细谛模糊不可辨，行时则了了相随，予得淡影浑疑隔世人七字。"原来他执教之江大学约近十年，频频作湖上游，所记湖上景色也就较多，之江大学濒钱塘江，靠月轮山，他的诗即以月轮楼为集名，复有月轮楼填词图广征题咏，又调寄望江南，作月轮楼记事，凡观日坐雨，听风吟雪，悉以入诸篇章。广州中山大学拟聘之，以不忍舍离六桥三竺，未作粤东之行。

　　他交游甚广，频通函札或时相过从的，如陈倦鹤、任二北、龙榆生、唐圭璋、邵潭秋、李雁晴、李佩秋、唐玉虬、顾颉刚、赵叔雍、马孟容、赵万里、夏敬观、金松岑、冒鹤亭、卢冀野、曹穰蘅、钱南扬、陆丹林、孙德谦、程千帆、张尔田、汪辟疆、钟泰、郝昺衡、郭绍虞、钱仲联、潘景郑、陈寥士、汪旭初。又与前辈朱古微、吴瞿庵，通函论词，他辄以全函录入《日记》中。又邵潭秋为人直率，与承焘相龃龉者，承焘一无芥蒂，此后通问益勤。又以谢玉岑之介请益钱名山，彼此诗翰馈赠，常由玉岑转递，厥后玉岑病废，承焘时询玉岑病状，名山往往一一复告，名山诗，承焘赞誉备至，至于况蕙风，颇多指摘，不以为然。我和承焘初不相识，后同隶国学会，在席间把晤，当1984年，杭州大学、中国韵文学会、中国社科院文学所、浙江省作家协会等为之举行夏承焘教授从事学术与教育工作六十五周年庆祝会，在北京举行，到者三百余人，我嘱孙女郑有慧绘了一幅红梅，题上"梅花小寿一千年"，寄给他，他很欣喜，即书一册页寄邮。如云："一朵忽先变，百花皆后香。欲传春消息，不怕雪里藏。陈龙川咏梅五律之中四句，乙卯（1975）元旦为有慧小友作，瞿髯赠。"

　　又为余书一小幅，行书皆极秀逸，盖有人劝承焘致力于八法，谓：精于书法亦治生之一道。适承焘得马一浮楹帖，悬诸壁间，每日临之。又得黄石斋手札一巨册，兼以临摹，从此每日挥洒，上追古人，如此有年，书法大进，余绍宋力誉之。他经常为人书条幅，尤多为书册题耑，因此书名亦颇著。他有时作滑稽画，饶有讽刺意味，他对于戏剧亦殊爱好，且能结束登场，优孟衣冠，演来入妙，一度欲学佛，一度又欲治宋史，一度又欲为经世济时之术，但以深耽于词，始终未为动摇。

他为人和易，从无疾言厉色，一自抗日军兴，他慷慨激昂，大有为国捐躯之概，他以中日两国，同文同种，且一衣带水，又属近邻，应当礼尚往来，奈日本军国主义者，驱使军队，屠杀友邻百姓，这才使中国军民奋起反抗，他愤激之下，做了一首诗：

同气相残悯汝曹，东瀛妻母梦徒劳。

归来满袖黄人血，含泪灯前看大刀。

又做了通俗的《抗战歌》，均刊入《天风阁诗集》，致使日本学者清水茂为之感动，致书承焘，深表衷心惭愧，伤心不已，并和作一诗，随信附来，以示是非感及正义感，日本人民和中国人民是一致的。更说明中日两国人民的心声，是息息相通的。

关于夏承焘之杂碎，足以一述的。如入武夷山，啖虎肉，谓："香裂殊常。"他桃李门墙，弟子蔚然，尤以朱生豪为最杰出，谓为："才智超迈，不当以学生目之。"陈其美之子，亦曾读书之江大学，从之为师，他执教之江，其日记有云："楼前万绿填山，清晨鸟声满耳，之江真足留恋。"他的学生潘琦君力称他："授课时总是笑容可掬的，使满室散布温煦的阳光。讲解任何文字篇章，都和人生哲理、生活情趣，融成一片。他教《文心雕龙》，每每以铿锵有节奏的乡音高声朗诵。那优美的骈文，使我们对深奥的文学理论，好像已领会了一大半。诗词经他一吟诵，也就很快会背了。他教

《左传》《史记》，都予以独特的评价，他说：'左丘明与司马迁表面上是传史实，骨子里是写小说。但因中国在仕途得意的文人都不重视小说，小说只是落魄失意文学家写来作为消愁解闷工具的，因此传记即使有小说的味道、小说的娱乐性，文士们也不敢强调，连作者自己也不得不以究天人之际、通古今之变作幌子。'"又他的词，如"湖山信美，莫告诉梅花，人间何世"，人称绝唱。

又承焘逝世，埋骨千岛湖，大理石碑文即出其夫人吴无闻手笔。而无闻于1988年11月14日亦病卒，距承焘迟死仅二年。

谢闲鸥待友热情

丹青一道，就上海来谈，钱派画是具有代表性的。所谓钱派，祖师是赫赫有名的钱吉生，那时尚在清咸同年间，钱吉生便和王秋言、包子梁等组织萍花社于沪城关帝庙，成为风雅之薮。吴冠云撰了一篇《萍花馆雅集图记》，谓："秋言、吉生与朱萼庐抵掌道故。"盖其时钱吉生已以丹青驰誉了。吉生号慧安，别署青溪樵子，我藏有他一柄八骏扇，钤一印作金钱形，方孔上刻一"吉"字，方孔下刻一"生"字，以铜钱本身代替了"钱"姓，颇具巧思。对于他的画，评论者这样说："他吸收了历来人物画的精髓，创造出一种独特的风格，很生动地反映出民间风俗习惯，使人物的形象性格，栩栩如生，对之自有清新活泼之感。加之线条遒劲，寓柔于刚，耐人寻味。"那幅《萍花社雅集图》，便是他早期的杰构。又绘《红楼梦图》，把书中的婵娟粉黛，一一写出其个性和特色，似欲离纸而出，尤为治红学者所珍视。他的弟子很多，要以陆子万、曹蟠根、沈心海为首列，而沈心海能传其师的竹茎描法，更属难能。心海名兆涵，别署知还轩主。1855年生，1941年故世，享寿八十有六。晚岁所作人物仕女，尤具吴带当风、曹衣出水之妙。某岁之秋，黄岳渊在他真如园中，举行菊花展览会，品种多至一千有余，荧荧艳艳，清芬挹袂，我就在这众黄群白、姹紫嫣红中，赠谒了他老人家，承他不弃，取古人"云髻罢梳还对镜"诗意，为绘一纪念册，渲染鬓丝，罗罗清疏。

心海的桃李门墙，可数者，有朱良材、许韵庄、谢闲鸥等，而谢闲鸥更矫矫出群，堪称钱派的后继和发扬者。他名翔，号月斋，浙江上虞人，寓居上海数十年，因署海上闲鸥，简称闲鸥，其实他"鸥"则有之，"闲"则未也。原来他出身清寒，忙于衣食奔走，忙于从师习艺，忙于笔墨操劳，忙于金针度世，过其鸥鹭生涯，漂泊江头未享衣锦荣归之福，毋怪梁任公临终，有"人生不过如此"之叹了！

闲鸥生于1901年9月11日，卒于1979年9月27日，未及耄耋。自幼嗜画，对于乃师心海，追随杖履，唯恭唯敬，因此得传其衣钵，凡举人物的潇洒，仕女的娟秀，山水的浑厚，花卉的妩媚，无不兼有其长，且郁郁饶古泽，闯入元明人堂奥，有时作婴嬉图，儿童天真活泼的神态，经他勾勒渲染，便跃然纸幅，耐人玩赏。更有一种为旁人所莫及的绝艺，能在小小的扇面上，画五百罗汉、灵山大会，瑞气氤氲。每一罗汉，各有表情，各有动作，加之降龙伏虎，弄狮控象，又复点缀一二梵宇琳殿，那真妙到毫巅，不可方物。又曾作《螺壳幻景图》，亦绘于扇面上，山坡汀草间，着田螺二，以比例言，当然是很微小的，一释家，一道家，竟作道场，缁流羽士，分集壳中，贝叶蒲团，铙钹钟鼓，以及佛轴神幡，几椅杂器，无不应有尽有，鉴赏者必须用放大镜窥察，否则是难以辨别的，题句云：

众生渺小成何物，姑作蜃楼海市看。

这时尚没有人作微型画，闲鸥是一位先驱者，但他以颇费目力，画之不易，生平所作寥寥无几，此后他因所耗目力太甚，患视网膜剥离，动了手术，这类画就停笔不画了。现在微型书画及雕刻频见于市，以博特殊的润金，我却认为是残酷的艺术，是不宜提倡的，他的作画，勤力得很，寒暑不辍，治乱不辍，生活的安静和颠沛，在所不计，总是朝斯夕斯地挥毫濡染。在抗战时期他绘了许多行乞图，反映我国人民在铁蹄下所过的苦难生活，借以表示对敌人的仇视和痛恨。曾载在《中国生活》的大型画刊上。他又熟悉历史故事，画了《商山四皓》《龙女献珠》《垓下之战》《东方偷桃》《赤壁泛舟》《西园雅集》《十八学士》《钟馗嫁妹》《八仙渡海》《兰亭修禊》《武陵探胜》，以博雅俗共赏。其中尤以《竹林七贤》最为卓著。——在神情态度、服饰及手持物具上，可辨孰为王戎，孰为山涛，孰为刘伶，和千人一面的大不相同。又有一巨幅《众神图》，则与《罗汉图》均为宗教艺术而一大一小，交相辉映。《众神图》，他能历举神名并道其事略，非信手涂抹者所得比侔。其所绘者，或在坡麓，或在悬崖，或在林隙，或在云端，有昂首，有低眉，有啸傲，有闲眺，有三五成群，有孤立自适，无不尽错综变化之妙，又复点缀着青鸟紫鸾，翩翩欲舞，这一帧，也是他生平得意之笔。

他和我相处莫逆，结着金兰之契。我所通谱者，先后有屠守拙、赵眠云、范君博、谢闲鸥共四人，闲鸥为最后，相处亦最久。他好交友，我亦好交友，他在我处，结识了许多朋侣，且参加星社，同社请求他的法绘，他是有求必应的，如包天笑的《秋星阁图》，以陆廉夫为始，以他为终。又高吹万虽非同社，那《风雨勘诗图》，也是我为吹老所求的。我在他处亦认识了好几位良朋，如园艺家黄岳渊，即由他介绍，岳渊把种花的经验，编写《花经》一书，我和周瘦鹃为之加以润色，岳渊又约我每星期下午到园中疏散，且为其孙辈补习古文，因此又在座间，得晤了叶恭绰、于右任、陈景韩（冷血）、陈衡哲及蔡元培夫人周馥等。又我居住武定路的东端，其时吾母寓城南松雪街，母意颇欲我举家迁往城南，彼此都有照顾，闲鸥留意及此，适阜民路孙子山家有空屋，他即介绍了孙子山，我便赁居其家，始知搬去的是金石家朱其石和陆澹安之弟老若，对厢两居都是熟人。子山出生于上海，对于上海掌故能道其详，不亚于海上漱石生孙玉声。他和我很谈得来，可惜这许多当时没有记录下，现在茫然失忆了。他和任伯年曾有一面之缘，与伯年哲嗣堇叔很友善，即任家的事，便是很好的资料。我和朱其石相晤，也是出于他的介绍，某岁我和闲鸥作嘉兴鸳湖之游，时其石尚在家乡，闲鸥偕我同访其石，其石殷勤接待。晚上，且在菜馆设宴，肴馔很盛，宴罢不付款，复伴游市场，买物亦随手取携，不费一钱，我很诧异，后来才知其石在家乡名声很响，各店铺伙主，都认得他，他出门不带钱囊，什么都属赊欠，逢节统算的。又颍川秋水，陈姓，擅写考证笔记，助孙玉声，主持《大世界》报，报上著述，连篇累牍，颇受读者欢迎。我和秋水相交，也是闲鸥撮合的。在某一时期，我兼三四个学校的国文课，课卷太多，无暇批改，正在发愁，恰巧这时，秋水较为空暇，承他帮忙，为我代劳，解决了课卷问题。我与《新闻报》总主笔李浩然相交往，也是闲鸥介绍的，浩然卜居同孚路大均里，和章太炎同里，后来他的哲嗣和我同执教鞭于某校，成为世交。

我的师兄胡叔异，乃胡师石予先生第三子，是位教育家，办国华中学于戈登路上，一度，叔异赴重庆，把该校交托了我，我拉了谱弟赵眠云同主校政，我又邀了闲鸥来主总务，眠云爱好书画，把校长室布置一下，陈列谭延闿的书屏、陈伽庵、吴待秋的花卉山水张诸壁间，闲鸥且将画具移来，其时蒋吟秋、程小青同任校课，并擅文人画，便点绛渲青，染黄施紫，合作大小缣幅。挥就，亦悬壁自赏，范烟桥、程瞻庐和我，为作题识，一间校长室，顿为书画展览馆，这印象迄今尚在目前。某年暑假，我们借此闲暇，举行一次纳凉晚会，校园很宽敞，沿墙野花蔓延，饶有秋意。我们备了常熟山景园的菜肴，即在园中施宴设席，招来的宾客，大都是星社社友和报界诸子，约有二三十人，乘着夕照余晖，拍了一帧集体照，大家排列着，闲鸥谓服色深浅，必须调配一下，否则影响拍摄效果，说着，即由他亲来编排位置，范烟桥亦在行列中，笑道："究竟画家自有道理，花青赭石，白粉藤黄，是不能胡乱杂配的。"说得大家都笑了。

  闲鸥为人，对友竭尽忠谋，几乎忘了自己，品德是很高的，当"八一三"之役，我家在南市阜民路，他和小说家王小逸同赁二屋，与我家相去不远，名何家支弄。小逸多笔名，曾和鲁迅开玩笑，鲁迅有一笔名"何家干"以干字简作干，他便自称何家支，配合何家干，说"有了天干，不能不有地支"。这时敌军侵略，虽没有进入租界，而南市一带，已受敌氛的威胁，在南市的纷纷避往租界，他助我整理家具和书册，装成一大车，由小南门搬往新闸路赵眠云家，相距是较远的，他帮我一同押着车辆步行照料，这时我军和敌机在天空交锋，任何人都匿居家里，不敢外出，他却为了友谊，在所不顾。过了三天，风声紧急，租界封闭了铁门，和外界断绝交通，他被困在租界外面，不得越雷池一步，所有的东西，无从搬出，不得已，把细软的打成小包，由铁栅门授给我，代他保管，但越门授物也被禁止了。最后他为了生命安危，想尽办法，请求了租界与外界交界处的一家熟人，由前门偷偷地进去，由后门偷偷地投向安全地带的租界。其时查得很是紧密，发觉了要被抓去的，在逃避出来的那一晚上，何家支弄，即遭烽火，他所有的书画典籍，均付一炬。此后，闲鸥每一道及，犹心有余悸。

闲鸥具有奋斗精神，东山再起。凭他一手的好笔墨，也就解决了困难，几度迁移，终于定居于西康路的南端松盛里，据闻在民初，那《孽海花》作者曾孟朴亦居该弄中，旧式石库门，开间较宽的，闲鸥就办起"长虹画社"来，一时从之学画的也很多，获得很好的成绩，一再举行长虹师生画展，以售得之数，提取百分之二十，充《申报》《新闻报》两报所组织的助学金，以嘉惠清寒子弟的读书。又以珂罗版影印《谢闲鸥人物仕女画集》《长虹扇集》等等，声誉很著。恰巧在他所居松盛里弄口，开了一家饮食铺，名海鸥，装着灿烂的霓虹灯，那海鸥二字很能引人瞩目，不知者几疑为海上闲鸥用霓虹灯作广告宣传呢。

上海四大商场，发行大型刊物的，只有永安公司发行的《永安月刊》，我虽为局外人，亦被邀列为编辑之一，当出至一百期，为增刊专册，我向闲鸥商借他的杰作《麻姑献寿图》制彩色版以点缀，用后我向该社取回，由于我的粗枝大叶，把这画遗失在公共车辆上，懊悔不已，这怎能对得起闲鸥，但又不能不向闲鸥说明并道歉。及至闲鸥家，他看到我嚅嗫有难言之隐，立即说："画已在我家了，请释怀吧！"这一下，使我如坠入五里雾中莫名其妙。闲鸥便把其中始末讲给我听，我才知某君（已忘其姓名）从公共车辆上捡得这画，有拾物不昧之风，愿归回失主，但失主何在，无从寻访，幸他想得周到，画上既署作者之名，不妨询诸笺扇铺，因笺扇铺代书画家接受书画件，必然详悉的，结果给他探知了闲鸥的地

495

址，把画直接送至闲鸥家。这样的正人君子，实属稀有，他又不留其所居何在，我感激之余，在《月刊》上登了广告以致谢忱。闲鸥亦引为奇迹，索性把这画送给了我，作为特殊纪念。

闲鸥和我关系很多，牵涉面未免过于琐屑了。我的儿子汝德毕业于附近的生活小学，当然要投考附近的中学，最近的，便是西人工部局所办的华童公学，这时该校移设在新会路，我寓长寿路，相距密迩，数分钟即能到达，但投考该校，苦于没有熟人照料，闲鸥广交游，认识其中教师汤梦吾，为我作了介绍。一日，我持闲鸥名片，赴校访问，恰巧，汤教师外出，名片给别一教师陈葆藩看到了，葆藩素知我的微名，由他代为接待，我也知他曾在上海客串昆剧，又是集邮先驱者，两人一见如故，不仅为我儿子安排了投考入学手续，并为我推荐于该校当局，立聘我担任该校的文史教席。这时我任徐家汇天主教会代办的徐汇中学首席文史教师，文史课总是每晨第一节，实在相距太远了，赶第一节课，往往天未明即出门，大有"鸡声茅店月，人迹板桥霜"之概，此时，我还想应聘多所高等学院文学教授，担任课程，再需完成月尽数万言的写稿，深感十分辛苦，乃舍远就近，辞了徐汇，进入晋元中学（原工部局办的华童公学，一自西人退出改名"模范"，此后又由"模范"改为"晋元"，之后又改名"陕北"，之后我主持校政，近年为了纪念谢晋元将军，又恢复原名晋元中学），直至退休。此后校中树立谢晋元戎装石像，在植基和揭幕两次典礼上，晤见了谢晋元夫人凌维诚。凡此种种，都联想到了闲鸥。

闲鸥晚年，参加中华全国美术工作者协会上海分会，供职上海博物馆，鉴定书画，但一般鉴定人员，大都崇古而薄今，唐宋元明，视为瑰宝。清代乾嘉左右，即被轻忽了，实则这一时期，书画方面，呈蓬勃现象，是不容薄视的。闲鸥却注意于此，保存了很多的佳品。

我八十寿辰，闲鸥送了我一本空白锦面的纪念册，他首先在册端绘了红梅和白鹤，题云："天寒有鹤守梅花，逸梅老兄其哲嗣子鹤（汝德号）同居沪西长寿路养和村，乐叙天伦，榆境殊好，因绘此以博一粲，甲寅（1914）春日，弟翔。"曾几何时，而为此册作书画者，闲鸥外，如高络园、潘君诺、陶冷月、马根仁、胡亚光、朱诚斋、林石瓢、王蘧常、金问源、朱大可、吕贞白、潘勤孟，均先后下世，伤逝自念，能不怆然！

闲鸥喜蓄书画文物，悉失于兵燹中，仅存者一邹一桂用砚，一诗妓李蘋香书扇，一鸡血石，这石很大，若锯开来，可成鸡血石章十多对，可是浮面殷红，未知表里是否贯彻，不如任其自然，作为清供，配上楠木架，也是很足玩赏的。

闲鸥有三女，采琴、采文、采琪，都受家学，能画。采琴之夫为闲鸥高足，相偕赴美定居。采文作画较少，偶一涉笔，殊清逸可喜，随其夫黄济青在北京工作，采文和济青，都为电信方面高级工程师，伉俪甚笃，采文极为孝顺其父母，时时念及其父，甚为难得，曾认我夫妇为寄父母，每次来沪，必来问候。采琪作画很勤，成就很大，其夫邹宗孟为数学专家，同居松盛里，侍奉闲鸥夫人周杏兰，晨昏定省，颇得老人的欢心。采琪对于人物仕女，尤擅胜场，开相衣褶，融会古今，其他花卉山水，工笔和写意，相互为之，即泼墨泼彩，无不得心应手，纯任自然，曾挟艺赴德国和卢森堡，遍其游迹，其画亦深受彼邦人士的赏识。

闲鸥身后，采文、采琪以家中所藏遗画，假淮海公园举行谢闲鸥遗作展览会，凡一百数十件，其中尤以与马企周、张善孖、张大千等合作者最为精品。三姊妹画，亦附列其中，增辉呈彩，真可谓"芝兰玉树，生于谢氏庭阶"，良堪比美前人了。

在我敝箧间，尚有和闲鸥合摄的照片，一在黄岳渊园中，一星社雅集于威海卫路江梦花所设的京剧票房，一摄于长乐路王菊森宅，菊森与闲鸥为儿女亲家，华屋渠渠，花圃灿灿，济青、采文，侍立在后，也是很有纪念性的。

胡亚光为弘一大师画像

胡亚光画人像惟妙惟肖。据我所看到的，如章太炎、夏敬观、张大千、张公威、鲁迅、唐云、徐特立、高吹万、包天笑、朱大可、陆丹林、钱释云、梅兰芳等，所画的都是时代名彦。那幅梅兰芳的像，便服洒然，充满着书卷气，可是倩笑美盼，在眉宇间却隐隐流露出红氍毹上婵娟的美态来，他的个性和职业性，跃然缣素间。奈这画方完稿，而梅氏遽而谢世，致不及送往缀玉轩，结果归我纸帐铜瓶室保藏。我很喜爱这幅画像，题了一首诗："莫问今人犹昔人，唱残白雪值阳春。梅魂菊影商量遍，合配琳琅万轴身。"前二句集王荆公，后二句集龚定庵，似乎尚觉确切。年来杭之虎跑，闽之泉州，为弘一大师李叔同先后设立纪念馆，征求文物，蔚为大观，亚光又绘弘一缁衣戴帽半身像，慈祥悲悯，兼而有之。

江南蘋画从陈师曾

我生平认识了许多女画家，如周錬霞、顾默飞、庞左玉、项养和、李秋君、陈小翠、贝聿玿、吴青霞、吴曼青、谢翠琴、顾青瑶、杨雪玖、江南蘋等，其中少数健在，大都已辞世，我在这儿所谈的江南蘋，也在1986年12月15日卒于沪市富民路寓所。

我和丹徒诗人吴眉孙（清庠）同隶南社，眉孙有《寒芋室诗》，其弟吴静庵，斋名为寒匏簃，江南蘋即静庵的夫人，我在眉孙处，听得了静庵夫妇的一些琐屑事，最近又在南蘋的女儿江琦处，探悉南蘋的艺术生活，很为详细。江琦又把她家所藏的资料，供给我阅览和参考，在这有利条件下，我撰写了这一篇，左右逢源，也就丰富多彩了。

《中国美术家人名辞典》列江南蘋，很简略，仅云："江采，号南蘋，杭州人，陈师曾弟子。善画，写墨梅似陈玉几。"因《辞典》出版，南蘋尚在沪上，生存者，例从简略的。《朵云》杂志，却列举她的作品，1923年参加中日绘画联合展览会。1930年画黄月季，为日本购藏，印成美术明信片，在日本发行。又作品参加比利时莱奇万国博览会，获得奖章。1931年参加何香凝创办的中国女子书画会。1952年进上海博物馆，担任临摹古代书画工作。其时周錬霞亦在馆中任短期职务，錬霞因有打油诗云："您是长工我短工，短长同在一楼中。"相与大笑。

江琦供给我的资料，如茅子良的《槐堂女弟子江南蘋》、马家楠的《彩色的晚年》《南蘋八十自述》，由钟凤笔录，又《缅怀吾师陈师曾》，也是由钟凤笔录的。这都是第一手资料，十分宝贵。

我摭录她的《自述》，以见一斑，如云：

我于1901年冬生于河南，原籍是杭州，没有姊妹兄弟。父亲江焕宜，在外地教书，母亲冯汝兰，也出身书香门第。我七岁，母亲教我写字，只有三笔，第一笔是直线，第二笔是横线，第三笔是打圆圈，每天清早总得练习。此后描红、仿影，跳格临大字和小字帖，复认识方块字，母亲精于刺绣，外面找她绣花的很多，每逢有需要盘金线的活，她就叫我做些，有时叫我描绣花的花样，我渐渐有了作画的兴趣。我知道描花样与作画是有区别的，前者是依样画葫芦，后者却要靠自己创造。后来在邻家借来一本画谱，我空闲时就照着画。到了十七岁，这时我家住在苏州，母亲因多病，携了我到北京外祖家休养。那儿表兄弟很多，我告诉他们想从师学画，并想找点什么工作，不能老闲着。果然不久，表兄介绍我去拜陈半丁老师学画花卉。这时半丁住在上虞会馆，订润卖画，我去时他正在画扇面，临走，半丁老师给我两张画叫我临，一帧是牡丹，一帧是圈法画的梅花。我回到家里，很高兴向母亲说："我第一次有老师教我画画了。"这两帧画稿，先后临了几十次，带给老师指教，老师端详了一会说："这是你的初次临摹，画得这样就很好了，梅花比牡丹更好。"他又换了两张，叫我去临，一张是月季，还是用勾花点叶法，另一张是菊花。表兄的朋友又介绍我到冯家去教书，冯家有六个学生，教古文、书法，听说这冯家是冯国璋的后代。我一面教书，可是对于绘画，从不间断，老师那里，一星期总要去一次，老师常带我去参加一些画家集会。一次集会，诸画家合作一幅画，老师也叫我画上一枝花卉。一天，老师忽然对我说："陈师曾先生看你执笔，很有可造就之处，他要收你作他的入室弟子，你是否愿意？"当时陈师曾老师在北京艺坛，声誉颇高，我说："这是我求之不得的。"原来师曾师是一代文宗陈散原先生的哲嗣，擅金石诗文，又留学日本，回国后，执教北京大学，寓居北京新华街张棣生宅凡五年，院内有高大槐树，遂自号为槐堂。我很仰慕，随着半丁老师去拜他为师，师曾老师说："我是要到学校授课的，在家的时间没有一定，有空时，事先我会通知你的。"他叮嘱我，准备几幅画，下次带给他看。我盼望了好几天，师曾老师信来了，约明天下午二时带画去，其他什么都不要。于是第二天，我选了几张临半丁师的画，去拜老师及师母。老师的书房里，除了书卷就是画，墙上尚有几张没有裱过的画。我打开带去的画请老师指教，老师说："这几张临得很好，但以后也要自己创稿。你临画时，上面题跋款式，要一同临下来，字体与画要协调，总以行书题款为宜。所以作画还得多练书法，书法最好临石鼓文，这样能把篆书的金石气融化到行书里以及画里。山水画费时间，先不必要画大幅，可以多参考些珂罗版的，来利用它的章法。"老师取出自己画的两张小幅山水，给我临摹。不久，老师又叫我练习篆书，以备学刻图章。我写了一个时期后，就择两个字，写在石章上学着刻。一次，用力过猛，刻刀直下，刺破左手指，数月始愈，从此对于篆刻半途而废，一意绘画。老师督促我临摹外，要学得传统的经验，同时体验实物，画山水就要看山看水。画花卉就要看万紫千红的姿态，这样印象才会深，笔下就能随意点染。又要研究章法，章法虽没有固定的形式，但自有一定的规律。画山水，一般要注意三方面，即高远、深远和平远，但各幅画的具体布置，那是要随机应变的。画花卉的要求，颜色用得要活，就是所谓随类敷彩。每张画要把各种的特点画出来，所以说要多看实物。因此每逢下斜街开放花市，总得买些应时的花，插在瓶里，把每朵花的向背俯仰，尽收眼底，乘兴为之写照。又听老师说绘画要出门，体验自然生活，我知道书法家周养庵有一空屋在山水源头，得养庵同意，骑着驴，到那儿去歇足，接着上西山，又去寿安山、汤山、湘山，勾了许多画稿。

以上是我摘取《自述》浓缩的。其他尚有许多资料，换一笔调，来作补充。

南蘋是陈师曾第一个女弟子，所以非常喜爱她，亲刻一方白文印"槐堂女弟子"，给南蘋在书画上钤用，并加较长的边款："南蘋专心绘事，问道于余，为刻此印，以志不忘。若拟随园，则吾岂敢。壬戌（1922）八月师曾记。"茅子良于方去疾处见到这印的原拓，即制版载在《朵云》杂志上，因这印已失于"文革"中，南蘋不得已，乃请博物馆老同事篆刻家徐孝穆，依印蜕摹刻了一方，聊以应用。又袁寒云以书法名，间或作画，从不刻印，但破例为南蘋刻一名章，也在"文革"中失去，并印蜕都没有了。

南蘋从师曾学画，师曾说只须带画给他看，其他都不要，这所谓"其他"是指贽见礼物而言，南蘋家并不富裕，也送不起什么贽敬，可是耿耿于怀，总觉得失礼，师曾觉察到了，向南蘋说："礼字究竟作何解释？我的解释，礼即礼貌，不是礼物，只要尊敬老师，比什么都胜。"

一次，师曾要南蘋观看他本人所绘的十几幅画，指出哪些好，哪些不好，这使南蘋很为难，怕说错了得罪老师，讷讷不敢启口。师曾说："你不要以为老师画的什么都好，我的绘画也有些不好的。即使书法大师的法帖中，有时也会发现个别几个字写得有些不甚使人惬意的，绘画何独不然，有时构思不周到，有时用笔不审慎，稍一疏忽就会出错。你必须培养自己的观察力，懂得哪幅画好，好在何处；哪幅不好，为什么不好。"南蘋便壮着胆，勉强问："为什么有些花卉，枝茎间没有紧密的衔接？"师曾说："你提的问题很好，这在国画中叫笔断意不断。"这些言简意赅的话，给南蘋的绘画创作和鉴赏能力很大的启迪。

师曾对于南蘋，不仅把画理讲给她听，并当场画给她看，先在画桌上展开一张宣纸说道："绘画前要先有设想，就是古人所谓胸有成竹，这儿画牡丹，先向白纸一望，仿佛上面隐隐约约有着牡丹，牡丹是半草本半木本的，必须注意这个特点。"师曾持着笔，边讲边绘道："首先绘花朵，然后在花旁生叶，再把枝茎连起来，再画一朵花伸出去，添叶连枝。花、叶、枝、茎画好了，补上木本，上面再生出些嫩芽，要是觉得不够，不妨再添些蓓蕾。"南蘋一面全神贯注地瞧着老师挥毫，一面又开动脑筋体味老师每句话的意义。师曾难得画鸟，所以劝南蘋不必在画鸟上再下功夫，把精力集中在花卉、山水上，发挥自己的专长。一个人的精力是有限的，画家的时间是不够用的，不要趋时，不要见异思迁。由此可见师曾教导有方，脚踏实地。

临摹古画是大不易得的，往往备些珂罗版本，即当代的名画家程十发，也仅临摹珂罗版，所以他自称为"科班出身"，把珂罗版谐声为科班，借以取笑。因古画传世不多，藏家奉为至宝，不肯轻易出借的。南蘋辗转向人借来一幅文徵明的青绿山水轴，约定晚上拿来，明天一早送还，时间非常紧迫，画上的松树，郁郁苍苍，她上过浅绛色，已是深夜，连忙用熨斗烫平，再上青绿；然后再烫平，点苔，录原题，盖印章，完成时已黎明，正好友人前来取去，一夜未睡，给她印象是很深的。

南蘋奉父母之命和吴静庵结婚，时为1921年。静庵工辞翰，我处尚藏有一幅静庵残简。北京有中国画学研究会，画家经常在罗园雅集，园在东城，具亭榭水石之胜，主人罗雁峰擅画佛，常与陈师曾、齐白石、王梦白、金拱北、萧谦中、杨令茀、姚茫父、孙诵昭、丁闇公、凌直支、周养庵及静庵、南蘋夫妇合作，姚茫父且在合作画卷上题诗，有云："手杯请尽今日欢，腰笛未餍千钟侑。"注云："吴静庵善吹笛。"风流雅韵，可见一斑。南蘋曾撰《壬戌罗园雅集》一文，这幅合作画卷，南蘋珍藏六十年未失，茅子良往访，且曾出示。子良谓："南蘋居室及窗台间，供着二十盆左右的月季花，说爱种月季，为的是写生，一方面也是纪念师曾老师，老师说过：做人要像月季花那样，四时发荣长留香泽，这是值得效法的。"又谓："南蘋爱唱昆曲，晚年还是嗓音响亮，居住北京较久，京片子说得悦耳动听。"

静庵、南蘋伉俪甚笃。某年，静庵卧病于床，无以为遣，南蘋画了山水花卉春夏秋冬四景小册子，极精致，俾静庵倚枕翻阅。

当南蘋于归吴氏，其时尚在冯家处馆，吴眉孙为吴氏家长，认为吴氏的妇女，例不在外工作，南蘋不得不辞去馆职，在家读书作画，师曾且为南蘋订了绘画的润格，公开卖画。静庵供职金融界，1928年夏，调差赴哈尔滨，南蘋侍母同去东北，初时感觉人地生疏，既而遇到画友杨令茀，才解除了旅途中的寂寞。过了一年，静庵又调至长春，长春住屋颇宽敞，屋前空地，可种树养花，成一清静环境，颇有久居之意。1930年，静庵奉调上海，于是只好料理行装，侍母乘轮赴沪。从此在上海生活，开展了别一局面。

南蘋和师曾最后一面，是在1923年的秋天，这时，南蘋尚在北京，一天，她乘车到琉璃厂去，忽迎面见到师曾，急忙下车，向老师问候，师曾告诉她说："老母病危，下午就要乘火车到南京，大约不久就会回来的。"岂知师曾丧母，他自己亦感染了传染病，不幸病故，终年仅四十八岁。北京文化界发起举行追悼会，梁启超致悼词，谓："师曾之死，其影响于中国艺术界者，殆甚于大地震，地震之所损失，不过物质，而此损失，乃为无可补偿之精神。"南蘋也到场，深痛琉璃厂一别，竟成永诀。南蘋认识鲁迅，是师曾介绍的，师曾和鲁迅在日本为同学，回国后，又在教育部为同事，鲁迅经常访师曾，南蘋便在师曾家里见过鲁迅好多次，言语投机。鲁迅和郑振铎曾选辑了花卉画若干帧，成《北平笺谱》，作为版画研究，其中有陈师曾、齐白石、陈半丁、溥心畲等画，并选刊南蘋画有十幅之多，声价为之大高。从她学画的，亦纷至沓来，同时她还画了很多的花笺，不题款，不盖章，这可作信笺，亦可作画谱，放在几处店里寄售，买的人不少，因在抗战时期，物价飞涨，生活困难，不得不想些办法来维持。国难时度岁，正在仰屋兴嗟，忽来一位不相识的人，请南蘋画松鹤图，因他的母亲六十大寿，布置厅堂，尺幅是很大的，且日期急迫，请南蘋赶一下，边说边拿出一红封袋，这当然是润资了，她接来一看，封袋上却写着很刺目的两个字"代楮"，南蘋知"代楮"是送丧礼用的套语，但转念一想：这人能雪中送炭般送些度岁资来，也就原谅这人缺乏文化知识，就消释了忌讳，欣然应允了。这个笑话，迄今还有人谈起。

南蘋在北京，居前门外延寿寺街三眼井路南，上海居富民路古拔新村，都布置得非常雅致，尤其一些瓶花盆草，一片芳菲，什么文竹、菖蒲、常春藤、仙人掌等四时应景，配上红木小几，耐人玩赏。我看见她一纸遗札，有云："四季海棠，必然娇艳可爱，未知肯割爱一小盆否？"可见她对于栽供，是四方罗致，不遗余力的。据马家楠谈，她为了点缀居室，不怕麻烦，从屋角墙阴，剔取青苔，用泥浆拌和，然后以毛笔蘸着，轻轻涂在盆中的小假山上，不久，假山也就似春风绿遍的黄州岸了。家具自己设计，有一柚木橱，抽屉多到一二十只，装着各种精巧的小玩意。她又喜读袁中郎的《瓶史》，什么瓶插什么花，都有研究，所以瓶盎藏得很多，案上柜上，成为瓶的世界，也成为花的世界。她是能弹古琴的，一次，设计一琴桌，式样很特殊，可是木工自作聪明，认为空隙太多，有欠美观，为之改变一下，加以雕镂，及制成，南蘋置琴其上，一经转轴拨弦，厥音木然，有失绵邈旷远之概，不得不交给木工改制，以符虚实之道。又一琴，旧漆剥落，乃托人送往闽中重髹，闽漆是素负盛名的，讵知工竣送回，色泽固灿然照眼，但音响大为逊色了，幸她家蓄琴多具，也就废之改用他琴弹奏了。静庵多癖好，喜听京剧，因与梨园名伶，常相往还，梅兰芳、荀慧生、盖叫天、李万春等，有时访静庵闲谈，李万春且从静庵学书。荀慧生以演《卓文君》一剧，须弹琴，乃向南蘋学指法。盖叫天之子欲置一琴，物色无着，商诸南蘋，她即以一具赠之。静庵又喜摄影，家中有暗室，照片自己冲洗，其时尚没有彩色照，静庵复自己设色，居然绚丽生彩。又其时没有电冰箱，静庵就制一木柜，中置冰块，炎暑时也就能啖凉沁心脾的食品了。总之，静庵既喜古雅的东西，兼喜新颖的东西，举凡留声机、照相机、西洋瓷器和玻璃精雕品，无不尽量收罗。家中的杂物，实在堆得满坑满谷了，南蘋是爱整洁的，检出一些没用的物儿，售给附近一家旧货铺，不料静庵把南蘋售去的复买了回来，认为家中有相同的一件，可以配对成双，经南蘋说穿，才哑然失笑。南蘋治家，井井有条，任何用具，用后必归原处，再需要时，俯拾即是，从不找寻。她喜购各种不同的茶杯，人们问她为什么不备整套的？她说："客来多了，同式的未免误认，这样各认自己所饮的，不致混淆了。"她的画悬壁殆满，既是装饰，又便于自己细味其得失。且有一特点，这些画，老是走在季节的前面，冬则春光明媚，春则夏荫葱茏，夏则秋色萧瑟，秋则冬意蕴蓄，也是怪有趣的。一次，她给马家楠看一幅山水速写，笑着说："我在睡梦中见到大好山水，大喜而醒，不顾夜深天寒，披衣而起，在灯下绘成的。你看，我有多傻！"又一次，她想吃柿子，托家楠赴市购取，奈找了半天，市上无货，只得嗒丧而归，很觉难于报命，岂知她老人家莞尔笑道："已经有了！"指着墙上墨沈未干的一幅画，中间错落着三柿，碧带绛囊，似圆而扁，地上散着殷红嫩绿的菱角，其后斜茁一枝盛放的丹桂，说："借此可解馋吻了。"南蘋擅围棋，家藏一种名云南扁佳石所琢成的棋子，白子晶莹细腻如凝脂，黑子对光作墨绿色，装在雕花的楠木盒子中，她罕逢对手，便摩挲棋子以为乐事。她又精剪裁，家中的窗帘、沙发套、靠垫，以及自己、女儿、外孙的衣服，大都亲自缝制，别人劝她不必为此操劳，她答道："你可错了，这哪里是操劳，我把它当作杭州话所谓'耍子儿'，借以调剂精神而已。"她能饮，曾闹过笑话，其时她才八岁，一次，家中大人都不在家，她忽然仿效大人的样子，搬出几碟菜肴，家中常储整坛的佳酿，她即在庭除间，边画边饮，一杯又一杯，不觉烂醉似泥，倒在石阶下面，也不自觉，及大人回来，她正鼻息声声做着酣梦哩。她老来腕力尚健，上海电视台以"丹青妙笔江南蘋"为题材，派人到她家拍摄纪录片，她当场挥毫，居然一气写成苍劲潇洒斗大的字"满目青山夕照明"，我曾在荧屏上见到。

那位权威票友江子诚，一署紫宸，就是南蘋的叔父，星社有一次在沪市威海卫路举行雅集，并摄集体照，这个地点，即子诚所设的票房。又我们常在襄阳公园茗叙，子诚也在那儿憩息，因此我也和子诚有数面之缘。子诚有一妹名子美，高攀左宗棠的后人，做了旧礼教下的牺牲品。原来左氏后人患不治之症，临危结缡，名为"冲喜"，认为喜事临门，或得转危为安，抱着万一的希望，实则是不可能的。子美既嫔左氏后人，丈夫不久便死，守了一世之寡。子诚之子一平，为名律师，擅口才，发声又洪亮，每出庭，侃侃而谈，法官为之气慑。又百平、万平、兆平，均从尤彭熙学太极拳。

静庵逝世于1947年，南蘋寡居三十八年之久。静庵亦能书画，书法秀逸，山水萧疏，但不多作，传世寥寥，师曾为他治印数方，一朱文印"寒匏"，一白文印"寒匏簃"，一"静庵供养"，边款云："静庵得清河开皇两造像，请刻此印，以志佛缘。"师曾诗集，有涉及静庵的，如"过寒匏簃，与定之、谦中作五松图，寿陶子鹤亭""静庵道兄属谦中、茫父、定之、半丁四君合画山水，衡恪（师曾名）为补远山，戏题短句，以博一粲"。短句有云："遥岑添寸笔，已觉续貂尾。"静庵与鉴赏家徐森玉，结金兰契。

江琦出示若干照片，一帧为静庵、南𬞟合影，静庵立，南𬞟坐，静庵英俊，南𬞟娴秀，洵属一对璧人。又藻韵轩照，景色宜人，陈设古雅。又一照，南𬞟手持一折扇，江琦见告："这扇是湘妃竹的，当时请十位翰林书写扇面，这是很难得的。"我问江琦，十位翰林的姓名能记得否？她想了半晌，仅记起谭延闿、章一山、高振霄、宋育德，其余记不起来。之前家藏很多照片，生怕遭到牵连，自己忍痛撕毁，即名伶的照片，也有数十百帧，多么可惜啊！

写到这儿，还得补充一下，陈师曾的遗诗，有上、下两卷，补遗一卷，于1930年出版，贺启兰题签，吴眉孙跋，叶恭绰序，序云："师曾既殁之三年，恭绰从其家得遗诗两册，以属吴君眉孙，吴君属其弟妇江南𬞟女士手录付印。"眉孙跋云："爰依家稿次第，分为二卷。凡公湛所录诸篇，删其重出，益以他篇，汇为补遗一卷，寄弟妇江南𬞟清缮一本。"

南𬞟一生，以丹青为生涯，除早年处馆外，从不担任何种工作，直至1952年，始应聘博物馆，年龄恰为五十二岁。她晚年笔力犹遒劲，为锦江饭店、国际饭店绘一二丈的巨幅，以彰墙壁。大气磅礴，满眼烟云，外宾见了，无不啧啧称叹。海墨画社举行画展，她出品数十件，我携带了孙女郑有慧一同去参观，有慧是习画的，对于南𬞟的画，甚为倾佩，正拟登门请益，讵意天忽促驾，仙驭遐升，不及聆其清诲了。

南𬞟生前不断临摹，姚茫父藏有师曾的泼墨荷花长卷，南𬞟向茫父借来，对临一过，几可乱真。又刘定之，为海上装裱名手，设有装裱铺于跑马厅路上，一日，南蘋过其处见到明代江都李耳山临巨然大师所绘《千里横看图》，长七尺许，山川深邃，草木华滋，茅屋竹篱，渔舟停泊，尺幅具千里之势，并有钱玉鱼题记，书画双绝。南蘋寓目后，爱不忍释，乃请刘定之商借数日，南蘋按原件尺寸，竭两天之力，得告完竣，定之看到南蘋所临，赞不绝口，且欣然为之义务装潢，复特制紫檀木匣，俾得贮藏，也是奉赠的。

南蘋不喜简体字，那"蘋"字简体作"苹"，更为反对，说："蘋与苹意义不同，怎能混而为一。"所以她一再声明，凡给她的书札，千万不要把南蘋写作南苹。

又南蘋多才多艺，洗手作馔，兼色香味三者之长。孙中山先生把烹调列为艺术之一，女易牙如南蘋，更当之无愧的了。

我和南蘋同隶文史馆，却从未谋过面，只通过信，她寄给我的书翰，我都粘存着。江琦掌教海运学院，是教英文的，可是也爱书画，对于母亲的遗物，很珍重地保存不失。南蘋曩年为《北平笺谱》画过十幅画，承她把这十幅画复印了赠我，有竹，有兰，有芍药，有梅花，有芙蕖，有芭蕉，有丹桂，有黄菊，且题着诗句，《笺谱》我没有见到，观此聊以慰情，我是深表谢忱的。

我和赵眠云

赵眠云的家世，无须我来多赘，昆山胡石予先师曾为眠云的尊人撰有《赵书城家传》，略云：

> 胥江位吴门西南，逼近阛阓，百货骈阗，商贾舟楫之所凑，而溪山明秀，阡陌纵横，长桥跨波，茂林丰草相掩映。余尝步游登览其地，辄夷然旷然，一寄遐想，谓倘有宅心正直之君子，托迹其间，以应夫山水清淑之气者。既而闻松陵赵君书城实居于此，以教其子，能读书，亲正士，为知者所称。君名福麟，生吴江之平望里，年十二，以承祧大宗来吴门。嗣父煜，喜宾接文士，蓄古名人书画，娴吟咏，任萧山县丞。曾斥私财，为人偿逋负，息讼争，晚年尤多隐德。君继任先志，好施予，能画，顾自以读书未成，溷迹市廛，既生子，稍长，即俾之一意于学，又令纳老成厚重之士，今君之子绍昌者，彬彬佳子弟，出少年侪辈上，则君之教也。君既待人以厚，乡里推诚，性狷隘，年三十余，以抑郁事，遇心疾，时作时已，至四十有五，卒以此殒其生，闻者惜之。配氏秦，生子男三，长即绍昌，次某某殇。

传中所谓的绍昌，即赵眠云。后来眠云办书城小学，无非纪念他的先尊，可称孝思不匮。

写到这儿，就要叙述我和他是怎样相识的。这时他的尊人尚在，居于胥江的枣墅，席丰履厚，享着荫下之福，从宿儒费乃大、程得时学诗古文辞，凭着他的天资，不数年已有相当造诣。有一次，他易弁而钗，化装大观园中的潇湘妃子，摄成一帧《黛玉葬花图》，居然丰韵天然，有言愁欲愁之态。便广征题咏，并采及菲，我就大胆地胡诌了一首寄给他，不料很受他的称赏，特地亲镌了一小方鸡血石章见贻。隔了半年，他又和一位亲戚名红樵的，拟合办一杂志，取名《红云》，红是指红樵而言，云当然是眠云了，又复来信征稿，我的同砚友范君博也获征稿信。君博具诗书画三绝之才，张丹斧以"裙屐少年第一书家"称之。一天，我和君博闲谈，偶然谈到眠云办杂志的事儿，君博说："他既向我们征稿，我们不妨约他和红樵来一图良觌，倘意气相投，我们不妨参加合作。"岂知一晤之余，我们觉得红樵其人有纨绔气，没有怎样好的印象。眠云看出了我们的神色，便毅然脱离了红樵，和我们实行合作，且由他提议，我们三人居然契订金兰，结为异姓兄弟，在金阊市楼杯酒言欢，然后同赴虎阜，在点头石畔合摄一影，留为纪念。不久，这本杂志改名《游戏新报》，在上海印刷，也在上海发行，挺厚的一册，内容非常丰富，执笔者都是一时名作家。那发刊词，出于君博手笔，也谈及我们遇合的情况，如云：

庚申仲夏，予自海上还吴门，人事稍减，烦襟尽涤，因集朋从，放小舟虎阜韩塘，日夕容与，诗文间作，聊以写怀。余欢未尽，奇兴忽发，友人眠云、逸梅，顾谓予曰：今世何世，乃有吾曹闲人，偶尔弄翰，亦游戏事耳，乃可以却暑，岁月如流，凉飙且至，孰能知我辈消夏之乐，盍谋所以永之！予曰：无已，装一书册，署曰《新报》，不亦可乎！众曰善。海上尤多同志，尽人而求惠佳作，于是哀然成帙矣。编辑事竣，即发刊而有辞。

《新报》辟有剧坛一门，其时评剧方面的几位巨子，在《晶报》上大开笔战，闹得不可开交，未免波及《新报》，《新报》不愿卷入漩涡，出了一期，也就不再赓续了。眠云和我别辑《消闲月刊》，即在苏州印刷和发行，内容也很充实，共出了六期。

壬戌（1922）的秋天，范烟桥自桐花里移家吴中温家岸，吟啸余暇，和眠云合辑一七日报，名曰《星报》。我也赞襄其间，共刊行二十五期，改出杂志曰《星光》，以文会友，俊彦纷集，因组一社为星社，越岁双星渡河日，作第一次雅集于金阊留园，与会的为赵眠云、范烟桥、范君博、顾明道、屠守拙、姚赛夔、范菊高、孙纪于和我共九人。后来加入的由苏而沪，由沪而各地，一共有一百人。抗日战争胜利后，更由星社蜕化为怡社，社中不设社长，主持一切的，都是烟桥和眠云。

眠云豪爽好客，尤喜接待四方文士，凡来览胜灵岩支硎的，无不由彼款洽，尽觞咏之乐，甚至投辖设榻。原来他的宅第，有怡寿堂、晋思堂、心汉阁，甚为宽敞，使宾至如归。记得有一次，许指严来苏，眠云备汽艇直放邓尉，探梅香雪海。又一次，包天笑、周瘦鹃来苏，眠云和诸社友，伴游天平山，我也追随着，拍了许多照片，登在《上海画报》上，逸情韵致，迄今犹历历在脑幕中。又一次，张春帆和画家赵子云来苏，眠云设宴于他的枣花墅怡寿堂，遍邀同社和书画家，可谓群贤毕至，少长咸集。赵子云对客挥毫，作芍药立幅，陈迦庵补兰，成《采兰赠芍图》，眠云题一诗云：

　　采兰赠芍国风篇，画意诗情两茫然。
　　一曲胥江门外绿，春花秋月自年年。

岂知不到数年，眠云以业务失败，寄迹春申，胥江畔的屋舍，易了主人，洵非始料所及。

昆山胡石予师，眠云对他也是执弟子礼的。某岁，他邀了石予师和我同游梁溪，访江南老画师吴观岱。得晤诸健秋、胡汀鹭、孙伯亮、严思庵诸子。翌日，天忽下雪，我们冒着弥天大雪上惠山，登漪澜堂，饮第二泉。又赴梅园，石予师口占二绝：

十年忽忽成残叟，重到梅园兴转遒。
多感天工忙点缀，满山飞雪代梅花。

却喜同游尽少年，风流裙屐各翩翩。
追随着一苍髯客，霜叶来争桃李妍。

既而又到鼋头渚，渡太湖一览万顷堂、项王庙诸胜迹，这也是值得回忆的。

在编辑事务上，我和他合作的，有《星宿海》一书，都是星社社友的作品，由孙雪泥代为刊行。又《联益之友》，为一种旬刊，内容是注重书画美术的。他收藏的东西，一一地摄影制版，登在旬刊上。他的著作，印成单行本的，有《云片》，这是本笔记，《双云记》，是一部小说，都是我为他设计刊行的，他素性疏散，决不会自己整理校勘，几经变迁，可能遗佚殆尽，这是实在情形，并非我在这儿丑表功。

他的姑丈，是吴江老名士翁印若，印若名寿祺，写得一手很好的翁松禅字，眠云受着这影响，也喜写翁字。他对于艺术是有天才的，没有多久，居然临摹得很像，曾经写一副四言联给我："襟怀尔我，肝胆乾坤。"他又能画，梅菊松石，寥寥数笔，自饶清逸之气，这是受陈迦庵老师的熏陶。他临死的前十天，犹绘了一幅梅花扇面，由邮寄赠我，当然我很欣喜，连忙装配扇骨，用以拂暑。印若的哲嗣翁瑞午，为名票友，能画花卉，我和瑞午认识，即眠云介绍的。瑞午挥霍成性，入不敷出，但还备着汽车代步，眠云劝他节省开支，汽车不必坐了。瑞午说："别的可节省，汽车却不能不备，倘一旦不备汽车，那就暴露窘态，债户纷来索债，岂不更难解决问题。"我和眠云都为之失笑。

他业务失败，来到上海，这时我在沪北上海影戏公司工作，就卜居于公司附近的青云路。"一·二八"之役，事前已有风鹤之警，我又替他觅屋在新闸路的赓庆里安全地带，总算没有遭殃。可是我自己却一再延迟观望，战事突然爆发，不及迁移，家具文物，什九付诸劫灰。我和内人就在他家借住了半年，及形势稍为安定，才赁到新闸路仁济里某姓家的余屋，作为栖止之地。后来我家又迁到山海关路，更由山海关路迁到武定路，又由武定路迁到城南阜民路。恰又遭逢"八一三"事变，日军进攻，我带着内人和儿子汝德，仓皇出走。又向赓庆里眠云所住的二房东赁到楼下一小间居住，和眠云朝夕相见，对着满天烽火，兀是生愁纳闷。没有多久，我家搬到戈登路（今江宁路）国华中学宿舍里去，原来国华中学，是我师兄胡叔异办的，叔异拉我去担任高中国文兼校长室秘书。一自叔异伉俪西行赴渝，把校务委托了我，我就和眠云合作，由他任校长，我为副校长，谢闲鸥为总务主任，叔异的侄子胡思屯任教务及训育主任，通力为之，才把校务办得上了轨辙。未几，蒋吟秋自洞庭山来，就安排他住在校内，担任两班高中国文。程瞻庐、顾明道、程小青也都来到上海担任国华的课务，情形顿时热闹起来。闲鸥、吟秋、小青，擅于丹青，课余便在校长室调粉染丹，从事合绘，瞻庐、明道和我为作题识，由眠云挥写。这样的生活，大约有两学期，无奈校址给屋主颜料商奚萼衔售去开设工厂。我们在威海卫路和戈登路普陀路口，因陋就简地继续开办，校分两处，难于管理，渐呈涣散现象。加之眠云有几位戚族也在校中办事，为了琐事发生误会，致使我和眠云有些芥蒂。误会既经解释，眠云特地邀了吟秋、小青作为陪客，宴我于山景园。我从没有看见眠云流过泪，那天他却对我挂着双行热泪，我感情冲动，泪水也不觉夺眶而出，从此我们依然和好。可是不久，威海卫路的校舍，又复遭着同样的命运，给屋主售去，并且拆屋别建公寓，国华的寿命，就此告终。国华是附有小学的，眠云就把小学部的基本学生，在附近另设书城小学。我却受聘徐家汇的志心学院，无暇顾问了。

眠云的夫人宋宝环，是名绅宋叔琴的女儿，中年下世，这给眠云精神上一个很大的打击。且感到上海开支太大，为节流计，又复迁回苏州，赁居曹胡徐巷二号，度着窘困生活。幸而他不但善书，又复能画，便借书画以糊口，但在物价飞涨之下，凭着一支笔，仰事俯蓄，实在不是件容易的事。他焦急，他怅惘，他愤懑，他悲伤，病魔就乘此来袭！咳嗽咧，气喘咧，脚肿咧，时发时愈，他犹负病鬻艺，其苦万状，直至一病不起。

1948年农历五月十二日傍晚，我由学校回家，触目瞧到一纸丧条，惊悉眠云于五月初十日亥时寿终，择于十二日巳时大殓。我顿时神经似乎麻木了，吊了半天说不出话来，也没有一滴泪水，直至我带了这丧条到楼上小小的书室里坐定了，那悲哀的泪，汩汩地流着，湿透了我两方手帕。我和眠云的交谊，当在盖棺前，作最后的一面，那么须赴苏州，抚尸一恸，可是我阅到丧条已在十二日的傍晚，即使乘着快车赶，也赶不及了，这是生平遗憾。翌晨，就写了一信去安慰眠云的太夫人，并把赙金汇了去。

《永安月刊》的同事吴康，集藏不少时人书画册页，他知道眠云能画，颇以未得他的作品为憾。春间，托我去信代求，无奈当时的眠云已经抱病，难于握管了，承蒙他很热情地取出一帧松梅小立幅，趁他的女儿企文来沪之便带给我，我转致吴康，并说明："这是病前画的，俟腕力稍强，再为绘一册页。"想不到这一诺言，竟无可实践了。

眠云身后极萧条，我们几位老社友和一些书画家，发起为他征集赙金，这小启事出于范烟桥手笔。如云：

> 吴江赵眠云先生，好文艺，工书画，居吴门，春秋佳日，常开北海之樽，风雨故人，辄下陈蕃之榻。一时尊为祭酒，四方望属太丘。与朋好辑数种报刊，转移文坛风气。于地方公益，靡不量力匡襄，当仁不让，见义勇为。无如书生不善治生，慧业何补家业，以至视事弗周，蔽蒙于外，用人不当，侵蚀其间，于是毁家以偿逋，厚人以薄己。揭逢国难，避乱海滨，主国华中学，为储才之计，复以人事不臧，基础未固，仅如昙花之现，未成桃李之蹊。胜利以后，举室归来，怅触百端，益深孤愤。既不工于逐末，乃无术以资生，欲为儋石之储，只借砚田之获，忧伤憔悴，病骨支离，未届知命之年，遂辞尘以去。上有高堂，下遗弱息，一厘借托，数口零丁，际此米珠薪桂之秋，已至水尽山穷之境。仆等或因岁寒之盟，或共

苔岑之契，但有寸心，恨无片力，乃于斋奠之日，为将伯之呼，海内必有仁人，吾党宁无义士，凡为声气之同，何必曾谋一面，唯此恻隐之念，宜乎皆有斯心。请移鲁酒之酳，为麦舟之赠，俾亡友有安吉之慰，遗族得解推之霑，永扬仁风，藉励浇俗。谨启。

求助于人，这是多么可怜可悯啊！

这里补述一些遗漏的琐事，眠云早年喜搜罗书画，更喜藏扇，凡是海内有名的书画家，不论润例的多少，相距的远近，他总要设法求其一扇。若干年来，综合有数千把，他又觉得其中有纯盗虚声笔墨庸劣的，徒然惹人憎厌，就严格地选剔一下，把庸劣的付诸一炬，并撰了一篇《焚扇记》。他体弱多病，时常翻检医书，便通岐黄术，家人有些小病痛，他自己开个方剂，居然很应验。

难忘的赵景深

赵景深逝世,同人纷纷致以悼辞,我和他相交数十年,得噩耗不毋山阳闻笛之感。爰把我所知道的,摭拾一些,聊作寒泉秋菊之祭吧!

景深生于1902年,卒于1985年1月7日,享寿八十有二。他字旭初,早期写作,用冷眼、博量、邹萧、卜朦胧、陶明志、鲍芹村,不仅化名,且复化姓,甚至扑朔迷离,别署罗明女士,更使人无从测度了。他是四川宜宾人,可是我没有听到过他讲四川话。

他是多产作家,刊行单本达一百多种,那《近代文学丛谈》,还是他响应"五四"文化运动而写的。他的内戚李小峰,设立北新书局,更为他刊行了若干种,如《栀子花球》《作品与作家》《金雨》《猛鹰》《文学概论》《读曲随笔》《五十七勇士》《修辞讲话》《时事杂唱》《安徒生童话》《宋元戏文本事》等,他的写作面是很广的。

他寓居淮海中路,是三层楼的屋子,小峰住在底层,二楼三楼都是属于景深夫妇的。四壁图书,有书橱,有书架,尤以书架为多,因为书架容纳量大,实在他的书太多,难以寻找。他就分门别类,有条不紊,如文学史,便把各种各样的文学史,和各国的文学史集中于一处,小说稗史、古今笔记、戏曲说唱、诗文词集等,同样归在固定所在。最多的要算通俗文学,中国民间文艺研究会为他刊印了一本《赵景深民间文艺民俗学藏书目录索引》,分为民间文学理论、民间歌谣、民间故事、民间说唱和吴间戏曲、民俗学、民间艺术、民间文学刊物七大类，每一大类，又分若干小类和细目，恐一般图书馆所藏，尚没有这样丰富多彩哩。他的藏书，都是切合于实用的，所有宋版、元刻、明清善本，他却素不问津。他是上海复旦大学老教授，因倾蹶伤足，不赴学校，一些研究生，都到他家里受教，这些架上的书，一任研究生随意翻阅，翻阅乱了，他自行整理，面无愠色。友好向他借书，他从不拒绝，即遗失了，他设法补购，也不计较。总之，他家里满坑满谷都是书，可称书海。

他喜欢搜罗戏剧方面的书，由于他自幼即爱演戏，在芜湖小学读书时，曾和同学们演过《弱女救兄》，他饰儿童角色，很为成功。后来他到了上海，便和郑振铎等交往，注意到杂剧方面，撰了《读曲小记》，把戏曲研究概括为谈曲、作曲、度曲、谱曲，他的高足雷群明，称述他的老师为"立体的研究法"。有一次，复旦大学举行一个什么纪念会，当然有些文娱节目，他和夫人李希同在登辉堂上合演《长生殿》的《小宴》一出，夫人饰杨贵妃，他自己饰风流皇帝李三郎，儿女也同时登台，扮演宫娥和舆卒，演来矩度井然，声容并茂，博得满堂师生如雷的掌声，几震屋宇。

年来我很少出门，朋踪往还，未免较疏。记得前年，他为了注释鲁迅的《中国小说史略》，招了好几位同人在他家里讨论研究，我也叨陪末座，在他家午膳，肴馔很丰，都出于他夫人手制，我们为之大快朵颐。又记得去年，龙华古寺，整修完毕，邀我们游赏一番，我和他同席，并摄影留念。大约是一个秋天吧，我在市政协礼堂，又和他连座，谈了些生活和写作情况，岂料这是最后的一面，从此人天永隔了。

晤老画家陶寿伯

那是一个晴朗的晨间，我正在小室中整理几册旧书，突然来了一位苍颜硕躯的老人，他精神矍铄地问："您认识我吗？"我呆了半晌，才认出这是半个世纪没有晤见的画家陶寿伯。这一喜非同小可，双方紧握了手，久久不放开。

他携来一本挺厚的《陶寿伯书画集》，翻阅之下，顿时使我目所见、耳所闻与回忆所及，一时交织萦系在一起，不知其所以了。"乡音未改鬓毛衰"，这句话可以移用到他老人家身上。他的斋名，依旧是"万石楼"。夫人强淑萍，与他伉俪白头，还曾举行过金婚嘉礼。他的书画润例，那题署还是于右任的手笔。他的《书画集》上，尚留曾农髯、溥心畬、吴稚晖、钱瘦铁、郑曼青、黄君璧、吴子深、张谷年、高逸鸿、唐云、陈定山及他老师张大千的题识，他都金瓯无缺地保存着。其中题识特多的为陈定山，原来定山年逾九十，尚侨居台北，以丹青遣兴，唯双足蹇厄，不良于行罢了。

寿伯多才多艺，刻印四十余年，所刻逾三万方；画梅三十余年，所画达四万幅。这个数字，多么惊人啊！画的有墨梅、红梅、绿梅、月梅、雪梅、红白梅、红绿梅、松竹梅等，对之似身临罗浮、香雪海，人与梅混化为一了。

犹忆当时吴稚晖称誉寿伯为"梅王"，那么同称"梅王"者凡二人。上海有高野侯，台湾有陶寿伯。但野侯的"梅王"，以所藏王元章画梅而名，不若寿伯的"梅王"，点染疏影，飘拂暗香，完全出于自创，二者相较，未免具有轩轾，野侯不及寿伯了。因此彼方名宿陈瞻园为作《梅花引》以张之。

他也常画松,有高标劲拔之致,山水得疏野秀逸之趣。

有人这样品评说:

一丘一壑,妙机其微,凝静处,如孤僧入定,一空尘障;潇洒处,如散仙游行,了无滞碍。

我开着玩笑地对他说:"您以前写给我的《好大王碑》,有'大王陵'等语,我把这幅悬诸卧榻之旁,朋辈不是呼我为'补白大王'吗?也就聊以'大王'自充。至于陵寝与卧榻,只一尊一贱、一生一死之别,那是无所谓的。可惜这幅字失掉了。"他允回台重写一幅,并媵以画梅,付托邮使,传递一枝春。

我很欣赏周碧初的油画

在我的朋友中,有很多负盛名的画家。其中有画国画的,有画西洋油画的,我很欣羡他们的妙笔,具有造化功能,一经点染,什么都能涌现在人们的眼前,给人一种精神上的享受。

绘西洋油画的,我钦佩作家杜宇,我和他同事有年,他所绘的人体、曲线之美,达到高峰,惜逝世九龙。始终绘油画不改弦易辙的,为颜文樑和周碧初。文樑和我幼年同学,作品的光线和色彩,精妙入微,今年已九十四岁了。碧初我认识较迟,记得赴某处的约会,同车都是熟人,关良先在座,继而接来了碧初,邵洛羊开玩笑说:"关公和周仓,你们并坐吧!"我欣然和碧初握手,深叹相见之晚。(旋闻"关公"已逝,令人饮泣。)此后一再晤叙,当然欣赏了他的油画,感觉到别有一种风格。

原来他留学法国,受印象派画界权威约乃斯·罗隆的熏陶,又复辛勤钻研库尔贝的写实手法,锲而不舍,精益求精。他又寓居印尼及新加坡,异域风光,尽收笔底。回国后,更把祖国的万千景色,扩大了他的题材,如《西湖之雨》《虞山道上》《南湖烟雨楼》《新安江水电站》《太湖工人疗养院》等,赋予艺术的新生命和新气象。这些画,着笔都是平平的,设色都是淡淡的,可是平淡之中自有刻削之势、鲜丽超逸之意,正是所谓"缘景会情、曲折善肖、灵心映照、藻采纷披",这几句话,不啻为他而发。他为什么有这样的造诣,则是得力于国画,他潜心丹青,从中取得营养,所以有人称他的油画，"似明代的龚半千、谢时臣和清代的石涛"，在这糅合交融中，成为国画中的异军，西画中的别派。他富于创造性，放开步子走他的路，不亦步亦趋跟随人们的后头，就产生了不可思议的魅力，引人入胜。这次他有感身逢盛世，愿把新旧所作，近日在上海艺术馆举行较大规模的展出，以笔杆代替了管弦来颂唱新中国和新社会，载歌载舞。我也由衷地感到喜悦。

马万里的艺坛生涯

自马万里粤西逝世，各地报刊纷纷刊登悼念文章。我与万里相交逾半世纪，于其逝世也深为痛惜，爰记往事以悼之。

1930年，万里寓上海白克路。我主编《金钢钻报》，馆内附设"艺海回澜社"，这是万里、谢玉岑、朱其石等切磋艺事、文酒之会的组织，四壁书画琳琅，灿然照眼。万里隔数日必携新作来相与评论，一时俊彦云集，如张善孖泽，符铁年铸等。我亦参与其间，不觉乐甚，惜1934年，万里远走西南，遂疏音问。直到抗战胜利，才得互通翰札。这时他画兴飙举，画的都是花卉，成束地寄我转送友好。其画浓艳中有清气，清丽中又具有苍劲，得者无不欣喜若狂，赞赏不已。1949年后，他取名涤甦，以示新生。作画之外，诗兴很浓，歌颂新社会，赞美新人物，蕴藉出之，颇为得体。后来，我为写《海外东坡的马万里》在报上发表，又致函道我契阔，大有不知从何说起之概。通信不到半年，噩耗传来，他于1979年10月26日竟尔病逝。艺星殒落，画坛同悲！

万里原名瑞图，字允甫，别署曼庐，晚号大年。斋名有拏云阁、紫雪仙馆、曼福堂、百花村长、去住随缘室、九百石印精舍等等。光绪甲辰（1904）正月十一出生于江苏常州孟河镇，乃19世纪我国医学史上异军突起的中医界孟河派代表人物马文植（培之）的曾孙。万里三岁父亡故，依母张氏归常州舅家成长。常州是画家白云外史恽南田的故乡。南田开一代画风，其花卉禽鱼，斟酌古今，以徐崇为嗣师，天机物趣，毕集笔端，别开生面，形成了常州画派，钟毓所及，垂苕千代。万里生长其间，也就耳濡目染，成为突出的继起者。

万里自幼即聪颖殊常，拜江南三大儒之一钱振锽为师。振锽所著《名山集》为士林所重。谢玉岑是振锽女婿，与万里友善。玉岑工诗文能书，造诣极深，万里每有所作玉岑辄为题咏。壬申年（1932）谢曾为万里撰小传，此为万里在世第一篇传。

万里十七八岁考入南京美术专科学校，攻习国画，深得校长沈溪桥的赏识。当时任课的老师如萧俊贤（厔泉）、梁公约（茭）均一时名宿。公约工花鸟，有陈白阳、李复堂韵味，画芍药更有名，人称"梁芍药"，又善辞翰，所著《端虚堂稿》为陈散原、张啬公、康更生、梁任公所击节赞赏。而梁公约更重视品德修养。万里的诗和画以及为人处世，受公约的熏陶最深。梁曾贻万里精品数十帧，为万里所作题画诗更不计其数。有诗云："马生作画冠时辈，处处春风绕笔吹，池馆新阴微醉后，与君细细数花时。"这诗既称赞万里的落笔不凡，又抒发了师徒间的真挚情谊。他教育万里读书、作画、尚友，首在立志，期之尤切。尝云："当如独登百尺楼，应以天地为怀，常感不足，以期大成。"万里终身服膺，易箦前犹恨满腔画稿，未能画出，以求天下识者明教，而抱憾终天。

在金陵时学友如常书鸿、闻钧天、周桢、王霞宙、王野萍、黄学明等，风雨同窗，乐数晨夕，曾结"旭社"钻究文艺。万里白发盈颠，还常吟哦野萍诗句："往来结社共言欢，未许寻常画师看，同辈纷纷矜怪技，此身珍重挽狂澜。"这也就是后来（1936年）徐悲鸿赠序所提到的"在此末世，凡其颓废与所因循苟且而同流合污，靦然苟全于人世之文艺，允宜悬为厉禁，孤诣独往，冀其高远，乃吾党之事。马君必当与不佞共勉且不计世人之接受与否者也"。悲鸿还说："他日与文艺复兴之业者，微斯人其谁与归乎！"不是梁师的谆谆教诲，南美同学的期许，万里的写实践履，岂能受到悲鸿如此的器重。

1924年，万里以"一马当先"的美誉毕业，而留校任教。年逾古稀的南京老画师李味青看了他的遗作展，犹津津乐道当时万里的循循善诱，盖子李乃亲沐教诲者之一。那时仇述庵（埰）主持校政，仇的书法有骨秀神怡之誉，又工诗词，著有《鞠宴阁词》，脍炙人口。乙亥年（1935）赠万里《鹧鸪天》二首。跋云："万里仁兄，十年前同事锺山精舍，屋泉公展昕夕相与，谈艺之盛，冠绝一时，及门弟子，多已成材，眷念师门，至今不置，瞻望风仪，真买丝欲绣也。"（这是题在一帧万里画像上的。）

而早在1925年春天，万里曾假南京中央饭店举行盛极一时的个人画展。这年夏天万里又与舅氏张仲青举行扇页联展于常州。去年（1981）九十二岁高龄的董庵还能回忆出当时主持扇展的是先进人物庄思缄（蕴宽）。庄赠诗是："游倦归来识马周，清才几欲冠吾州，百年琴隐余韵在，继起应争第一流。""老去维摩病里身，挥毫无复旧时神，看君点染湖山色，乱落天花丈室春。"振锽老人的高兴，更不待言，即将袁枚的名句"秋月气清千处好，化工才大百花生"书赠之，并加跋注："允甫的画绚烂峥嵘，得未曾有，其才之大，见者莫不知之，而其气之清，则人未必知之。气不清则为粗才。允甫之才，大而不粗，吾无间然。"前辈对万里的奖掖，坚定了他终身探讨艺术的信心和决心。"文革"中，万里韬晦一时，并未放下画笔。1979年，为庆祝新中国成立三十周年，他绘了《松柏长春图》，为纪念敬爱的周恩来总理，绘了《高风亮节图》。这图画的是一幅墨竹，他的竹向为张大千所欣赏。20世纪60年代，万里与邓粪翁同客北京时，邓散木也最爱他的竹，有"竹奇佳"的赞语。这幅纪念周总理的墨竹，虽寥寥几笔，却是他晚年的杰作。

上海为书画家云集之地，形成我国近代绘画的一大主流。执画坛牛耳的是安吉吴昌硕。万里到沪也就很虚心地将二十四画屏就教于缶老。缶老极为激赏，挥笔写了"活色生香"四字，这就是画屏印行成册时的扉页题字。与李梅庵（清道人）齐名的曾农髯，书法得黑女神髓，在海上有曾、李同门会组织，门弟子都一时俊才，张大千亦曾之门生。农髯看到万里的作品，喜出望外，欣然为题："万里贤棣以妙龄所为书画，其骨韵之清丽，当压倒一切，老髯亦当引为畏友。"因此万里亦尊髯为师。石门吴待秋亦当时尊宿，为万里画屏题道："马君笔墨超逸，所作花卉娟秀绝伦，有飘飘欲仙之致。"

1934年，万里与老画师黄宾虹联翩赴广西举行联展于南宁，受到热烈欢迎，获得"马君以其艺倾倒南中名流"的美誉。

万里与大千颇多翰墨缘。早岁玉岑为介绍订交，同客上海时，过从更频。万里西行后，大千、悲鸿亦先后到南宁，曾多次合作。其中《岁寒三友图》，大千写松、悲鸿画梅、万里补竹，就是此时所作。它标志着他们之间的情谊，成为艺林佳话。其后在桂林三人又两次同登独秀峰。大千签署的《曼庐大千合写桂林独秀峰》手卷，即第二次下山后所作。悲鸿为写引首，并有诗记其事，一时名流，多有题咏。万里且将悲鸿在南宁为他个展赠序之手迹，一并装裱成一长卷。现广西博物馆已作为文献珍品收藏。其后两年，万里、大千又相聚于蜀。是年大千四十二岁,曾自画像一帧,题曰:"奉贻万里老友,时同在春城山中,庚辰六月十日也。"又刻白文三字印"不犹人"赠之,此印边款:"大千为万里刻"。俗话说,有来必有往,何况万里是个多产作家,他画了精品赠给大千,一定不少;至于为大千治的印,现在看到的已有六七枚之多。

万里的书法功力很深,童年学柳,中年加米的纵肆,笔力极健,兼行、楷、篆、隶之胜。以隶参入篆意,他自称他的隶书是"篆之孙,隶之祖"。抗战时曾书一篆联:"忍令上国衣冠,沦于夷狄;相率中原豪杰,还我河山。"用陈联表达作者的爱国热情,激起读者共鸣。"文革"中,他又以隶字写了"醴泉无源,芝草无根,人贵自立;流水不腐,户枢不蠹,民生在勤"以寄意。这些对联笔力刚劲雄壮而组织严谨,在展出中受到好评。

万里的篆刻更是独辟蹊径,卓然成家。他从小勤奋练字刻石,家中悬挂书画,潜用小刀把印章挖出,集辑临摹。1938年张大千为作《九百石印精舍图》,万里手拓一百六十八印于其后,大千复将其首印"陶铸吉金乐石"朱文印写成"引首"冠于图前。著名学者马一浮先生赠长题,一时名流,竞相跋识,遂成长卷。己卯立夏前三日,日军轰炸渝城,廛市焚荡,万里所居,适丁其厄,平生所作画印尽毁,而此卷幸存。

万里在上海曾刻一朱文大印:"吉金寿石藏书绘画校碑补帖珍玩弄玉击剑抚琴吟诗谱曲均为曼公平生所好"累累三十二字一气呵成,识者赏之。

万里治印初得祝子祥指授,其后取法于邓石如、吴让之、赵之谦、吴昌硕诸家。1949年后,寓京中十年,所见益广,钻研更勤,所诣愈深。曾撰《小中见大说治印》刊于报端。

万里不但治印功夫极深，用印及印泥尤为讲究，认为中国画就是要诗书画印面面俱到，既发挥各自特色，方可相得益彰。1981年其遗作在南京博物院展出，江苏国画院院长钱松嵒亲临观看，对万里的笔墨、用水用色、构图、字、画、印赞不绝口。对一幅《事事如意图》，尤致倾倒之忱，认为两个鲜红柿子，几片柿蒂和一支古色古香的如意，用了浓淡适宜的墨色，画在仿古宣纸上，色彩似乎很简单，柿和如意在幅式的下半部，左侧长题，其余全是空白，右侧顶端却钤了一个小圆形朱文印。整个画面有很大部分是空白，读来却是十分丰富灿烂，美感无穷，这样的布局、敷彩，既合古法又别具匠心，真是高手，遂即席赠二绝句。

1979年夏秋间，万里已重病在身，其妹想为他写一小传。他说："你又不是搞这一行，写不好的。'并世未应无巨眼'（现已查悉这是其舅氏毗陵诗人吴镜予的赠诗），我有作品在，会有人给我评价的。"

其实早在20世纪30年代悲鸿赠序时已作过评价："马君画格清丽，才思俊逸，有所创作，恒若行所无事，书法似明人，得其偬傥纵横之致，而治印尤高古绝伦，余昔所未知也。"书法家潘伯鹰读后又得出徐序"陈义甚高，洵是笃论"的结语。

万里有女名慧先，花卉能承父业，尤工仕女，据她说是取法大千伯伯的。

万里作品散见国内外，有《万里画集》《万里墨妙》《马万里写杨千里诗意册》《万里印存》《曼福堂篆刻》等先后行世。

他把自己的印与杨天骥的印汇装一匣，以天骥别署千里，匣面标签"千里万里之印",亦怪有趣。

万里逝世后,其同窗好友闻钧天(尊)为补荷花巨幅并赋诗悼之:"秦淮梦雨漓江月,旭社风华念故人,留补残伤填砚海,出泥无滓此亭亭。"诗后并附长跋。

1980年,广西为他举办遗作展,故宫博物院鉴赏家徐邦达公出差过邕,亲临观看,留言写下四个字:"万古长存。"又作《鹧鸪天·题万里马兄遗作独秀峰》,词中有"悔我行程此日迟,西州肠断马和之",闻者酸鼻。商承祚为遗作展赠句云:"书画篆刻皆精湛,妙手长留天地间。"钱松喦的二绝句之一是:"万里奋飞我自迟,多君笔健墨花腴。吉光片羽传千载,不见故人见旧图。"

万里遗作在他的故乡展出时,名山先生的哲嗣小山先生赋诗倡导:"奇骥能为万里行,气清才大笔纵横,良工心苦昌真迹,不负平生受重名。"笔者闻之,就把龚定庵的名句"东南绝学在毗陵"写了一横幅以寄,聊以点缀。

殷明珠的晚年生活

凡谈到电影往史，总要提及殷明珠吧！她的享名，尚在胡蝶、阮玲玉之前，一度轰动了整个银台，各报刊纷载其绰约多姿的倩影，借以增美其版面。

她原名尚贤，吴江黎里人，出身书香世家，为太史第。祖父梦琴，官浙江乌镇，辑《乌镇志》，父星环，有名画坛。她读书上海中西女学，成绩斐然，尤长英语。具新头脑，什么舞蹈、歌唱、游泳、骑马、驾自行车等，她样样都属能手，在当时一般名门闺秀，对此是决不敢尝试的。她课余喜观西方电影，深慕美国白珍珠在《宝莲历险记》中的表演，便仿做了一套宝莲式的服装。

她和名导演但杜宇相识，拍了一部《海誓》影片，为国产爱情片之首创。这时上海的第一轮影剧院夏令配克，专放西方名片，国产片是被摈不能上银幕的，《海誓》欲在该院放映，又是破题儿第一遭，也就为国产片提高了声誉。此后她和但杜宇结成一对银色夫妇。开办了上海影戏公司，也在大规模的明星影片公司之前。她连续在诸片中充饰主角，博得很高的评价。不料"一·二八"之役，公司被敌机炸毁，他们夫妇俩才过着流离失所的生活，也就一蹶不振了。

最后，他们寓居香港，寄人篱下，无从发展。既而杜宇患病逝世，她孀居当然更为艰苦，可是山穷水尽，转为柳暗花明，她的儿女，都成材有所作为，散在欧美各邦，创立事业、月致外汇，且时常迎母亲领略异域风光，又复常常来港探亲，颇解寂寞。我的儿子汝德，自幼认她为寄母，春初，我的孙女有慧和有瑛，旅游港九，特地前往拜谒，在她家中合拍了一帧照片。她神采照灼，婉秀依然，真可谓驻颜有术了。孙女见告，她居室宽敞，几净窗明，又复点缀着瓶蕊盆花，饶有清趣，案头累累的照片，配着小镜架，都是儿女寄来的。客厅中悬着一幅具有文献性的画轴，那是吴湖帆的手笔。原来当时雕塑家江小鹣，卜居沪北八字桥畔，避绝尘嚣，取名静园，略有水石竹木之胜。他的夫人擅制西肴，一日，邀客谈酌，我和杜宇夫妇，应邀同往，而冒老鹤亭及吴湖帆、潘博山等，早已在座，相晤欢然。杜宇更为高兴，谓："群贤毕至，盛会难逢，我携有电影机，来拍摄纪录片吧！"为求充溢着生活气息，湖帆拈毫作画，我等站在左右，观其挥洒，拍摄竣事，画亦完成，冒老为作长题，把观画者一一列名其中，以留鸿雪。岂知仅隔月余，日军侵华，沪北沦为战区，纪录片没有放映，已消失在烽烟硝火之中，这幅画我也付诸淡忘。此次二孙女拜谒寄祖母殷明珠，却见到这个遗墨。我在此一提，或许堪为艺林掌故、画苑轶闻吧！

凋零了两位绝艺老人

艺人是难能可贵、值得尊重的，何况是绝艺老人，尤足动人敬仰。一旦化为异物，离世而去，使致今后继承成为问题，这不但是个人的不幸，简直是整个国家和社会的不幸。可是这不幸的事均发生在本年的春和夏间，又都是我的友好，我岂能默尔而息，不致悼惜啊！

一位艺人为黄怀觉，江苏无锡人，1904年生，学艺苏州征赏斋，兢兢业业于碑帖金石领域七十余年，为刻碑圣手，陆俨少称他为"名与金石同寿"。他所刻的碑，多得难以计算，1923年，即应南通状元张謇（季直）的邀请，刻《家诫碑》及《倚锦楼石屏铭》，季直大为欣赏，继之又请他在观音岩上刻历代名画家所绘的三十二幅观音像。季直之兄张詧逝世，为刻《张詧墓表》。黄怀觉来沪后，又在吴湖帆家，为湖帆夫人潘静淑刻墓表及静淑遗作《千秋岁》词稿。湖帆好事，请当代的张继重录唐代的张继《枫桥夜泊》，也请怀觉镌刻。他刻的像，有孙中山、鲁迅、齐白石、吕凤子等，又为刘海粟刻一幅五尺的巨杆老梅，气势很足。杭州的岳王墓，在"文革"中被毁，重行修复时，那岳飞所书的《前出师表》，怀觉摹刻了二十块碑，《后出师表》，摹刻了十七块碑，都能得其神髓，刀法佳妙，令人莫测，为近百年所未有。据闻他的死是很惨的，当三月五日，气候很冷，他为了取暖，拥了炭盆，闭了窗户，从事刻石，不料炭气中毒，失掉知觉，扑身炭火中被灼死。

另一位为杨为义，江苏南京人，5月17日，消渴疾不治死，年仅六十有五。他多才艺，为摔跤健将，这是武的方面。文事能书能画能篆刻，在微雕上起着先导作用。此后转向刻瓷，用钻石刀，在茶杯酒盏上刻山水花卉、人物禽鸟，无不细到毫米，而栩栩如生。他担任美术研究室的瓷刻工作，有二三十年，带了四名艺徒，由于刻瓷难度太高，有的徒弟眼力腕力不堪胜任，便舍此改业，他始终抱后继无人之叹。他这刻瓷，以昼间不易聚心，总在晚上奏刀。这时群动俱息，万籁无声，一灯耿然，凝神致力，经常刻到三更半夜。隆冬严寒，致两膝和筋骨患关节病。又拇指用力过度，弯了一时伸不直，必须用左手慢慢地把它拨开，揉了再揉，始复原状。又拇指和食指，常有因神经拘搐而发抖的现象，右肩骨略呈畸形，心脏也感觉不舒服，这种职业病，比什么都严重。如此成名，真是艰苦卓绝。

逝者如斯施叔范

我不谙吟咏，却认识了许多诗人，余姚施叔范，便是其中之一。后来彼此音讯断绝了十多年，又复通信，才知他诸多诗稿失去，因托我代为留意他散刊在报章杂志上的旧作，可是我所藏所录无多，引为遗憾。不意最近其哲嗣为桑，自乌鲁木齐铁路局邮来乃翁诗一巨册，出于油印，标为《施叔范遗诗》，始知施叔范已于余姚朗霞乡离世而去了。能不为之嗟悼。

叔范多髭，自号施髭，晚年又称老髭、衰髭。生平喜遨游，如宿横峰，棹南湖，上泰山，登八达岭，观五泄瀑，七过钓台，拜史可法祠，访昭明文选楼，云龙山吊范增，玲珑山遇雨，自胥口入太湖、桐君山夜眺等，都咏之以诗。又复好饮，与倪轶池、郁达夫、姚鹓雏、曹聚仁、沈禹钟、孙雪泥、余空我、杨达邦、唐大郎及白蕉等，酒痕墨迹，于雅扬风，为一时所称道。

在20世纪30年代，他和沈轶骝、邓粪翁（散木）、火雪明等结诗钟会，诸子均喜诵易哭庵（实甫）诗，遂名之为哭社。某次，火雪明值社，以课卷邮寄余姚，县政府当局以社名的奇特，加之火姓很少见，疑为异党集团，星夜派防军索捕，如临大敌，适叔范不在家，幸免逮系，越宿即谒县具陈，才得息事。可是叔范的白发双亲和妻孥辈，都饱受惊恐了。这时我主辑《金钢钻报》，登载了一篇《哭祸记》。丙戌春暮，叔范重游沪南内园，回溯当时哭社同人集会于此，有诗云："栖鸦踏叶散流尘，下有腐儒负手吟。十五年前事成梦，监园谁识社中人。"不胜感慨系之了。

一自日军侵华，邑城沦陷，他愤懑填膺，奔走呼号，策动乡勇，锄除奸暴。敌伪恨之切齿，悬重金以购其首，他过流浪生活，所到的地方更多，在诗歌中也更充溢着激昂的气概。

他和唐云画师交谊很深，唐云偶于冷摊获得古砚，即赠叔范，叔范大为喜悦，成一长诗为谢，并加以考证，知这砚出于明季黄鹧鸪所手制。鹧鸪名宗炎，字晦木，为志士黄宗羲（梨洲）之仲兄，抗清不仕，南都既陷，迎鲁王于蒿坝，率家丁荷戈前驱，妇女执炊以饷。旋事败被缚，临刑之顷，由义尼劫法场，万斯程负之疾走，匿白云庄，为之置酒压惊。既醉，他自谱一曲。晚年贫困，卖药于海昌石门之间，不足，以古篆为人刻印，又以李思训、赵伯驹画法为人作丹青，琢砚饶古泽。凡此都属南明史料，但不知此砚现犹存天壤间否了。

张大千和陈巨来的友谊

陈巨来认识大风堂主人张大千，已有六十多年了。这六十多年，风云变幻，世事沧桑，他们俩却友谊不断。当时大千和其兄善孖同寓沪上西门路西成里，楼上住的是老画师黄宾虹。有一天，巨来去访宾虹，适宾虹外出，善孖热情接待了巨来，和巨来交谈起来。当他知道巨来是赵叔孺的门人，学习刻印，就问巨来从师的经过，巨来对答了几句，善孖许为可造之才，大千亦在座，这是巨来认识大千的开始。

大千早年所用印，大都自刻，中年印便是巨来镌刻了。抗日战争胜利后，大千重来上海，举行画展。大千有一习惯，每隔五年，必将所用印章全部换过，不但一新面目，也防着有人制造假画，鱼目混珠。这次携来画件较多，大都没有钤上印章，因请巨来在半个月内刻到六十方，以应急需。巨来瘁力尽劳，竟于两个星期，刻竣报命。大千大为高兴，许巨来今后索画概不取酬。大千多才多艺，他自以为诸艺中以烹调为第一。的确他是鼎梅高手，宴请巨来，巨来朵颐大快，深认大千所煮的鸡及炖青鱼，别饶风味。

巨来早年曾恋一异性，未能如愿，乃请大千绘一仕女，聊以寄意。大千早有诺言，慨然应允，画一女凭轩远眺，窈窕多姿，双袖为古锦阔边，花纹极工细，背景为六扇朱漆屏风，仅露其半，屏面玉嵌芙蕖，翡翠作叶，上端雕花，亦殊雅丽，大千自己也认为是生平得意之作。

1948年，巨来的父亲渭渔老人病重，每日需服羚羊角，这是很贵重的药剂，颇感力不能胜，大费踌躇。大千闻知，立绘一仕女、一山水见赠，都是单款，便于善价而沽。这山水为一手卷，用的是元人写经纸，水墨不设色，很为高古，以纸色灰暗，题为《岷江晚霭图》，渭渔老人爱不忍释，曾说："其他画都可割让，这画留以自赏了。"

从1975年起，大千每年辄寄小照给巨来。1977年，大千在美国，把巨来为他所刻的印章，亲自整辑，成《安持精舍印谱》付印出版。又以近画及所印的画册辗转寄赠巨来，巨来深盼大千能早日归来，握手言欢，定有万语千言，难以尽罄哩。

微雕元老薛佛影

这真是一件出人意料的事,那位具有龙马精神、老而弥健的特级工艺美术大师薛佛影,遽尔下世了,年八十有四。

佛影在上半年五月,尤应日本的邀请,举行细雕展,作为中日双方艺术的交流和研究。他很兴奋,挟着杰作东渡瀛岛,参加盛会,并当场表演:在一粒米大小的黄金小丸上刻上《心经》全文,顿使彼邦人士大大惊叹,引为奇迹。NHK电视台摄入荧屏,广为映播。岂知他载誉归来,经过炎暑,忽患胆总管癌,不治而死,闻者无不痛惜。

他是无锡玉祁乡人,生于1905年,父亲叔衡,是岐黄家,所以教他学医。可是他嗜好篆刻,由刻石而刻竹,又复从事细雕,其时尚在1920年,为我国细雕工艺的开国元老。我和他很熟稔,他为我在一极小的象牙片上刻上陆放翁一首律诗,比蚁足还要纤细,我目力不济,用上显微镜窥视,也辨不出是陆游的哪首诗。我曾到过他的家里,看到他很多精萃作品,如水晶插屏上细刻滕王阁图,高二英寸、阔一英寸半的白玉版上刻全部《圣教序》。又在一枝明代的象牙洞箫上刻着《洞箫赋》。他最得意之作,是临摹故宫所藏十二月月令中的"端阳竞渡",他花了十五年断断续续的时间,才得完成,为他生平唯一的代表作,配着红木箱,外加玻璃面,是非常爱护的。他和丰子恺很契合,子恺曾有一篇称述他的短文如云:"上海薛佛影,擅长雕刻,驰名中外,初治金石竹刻,继而刻牙,以至水晶翠玉,无所不精。最神妙者,乃在一粒米大小之象牙上,刻王右军帖,在半方寸之内,刻《滕王阁序》全文,以显微镜窥之,笔笔生动。其书法摹祝枝山、文徵明,惟妙惟肖。花甲后,他致力画苑,宗八大、石涛,得其真趣,乃文艺界之奇才也。"从目前来讲,细雕不乏其人,可在当时确是凤毛麟角,且他在细雕上,讲究风格、气韵和流派,不仅一味求其纤细,足为后起者的楷模。

若干年前,送给美国总统里根的礼物,其中就有佛影的细雕,里根笑逐颜开,欣赏不置。1986年,英国女王伊丽莎白二世访华,来到上海,在豫园周游了一遍,市长赠送女王的牙雕微型插屏,也是佛影刻的豫园鱼乐榭全景,是事前准备而精心刻之的。这使女王对实景发生情趣,极为喜悦,一再表示谢意。

佛影有子万竹,也擅细雕,可谓箕裘克绍,后继有人。且能细刻外文,那么在国际上更起着相当作用了。

相见恨晚说寒月

寒老于1905年诞生在苏州齐门外，和我是同乡，那么一定把袂相稔的了，岂知彼此闻名而不相识，及我饥驱海上，同社蒋吟秋，始以寒老所刻的苏州名胜印拓见赠，深佩他篆法刀法、章法的三结合，有些端肃如硕彦君子，有些妩媚如婵娟美人，有些刚挺如介夫毅士，有些潇洒如遁世隐逸，且在名胜上更勾起我莼鲈之思，乡心之切，但还是相识而没有相见。直至我九十寿辰，魏昆小友，请寒老刻了印章见贻，因此寒老才和我音讯往还，但彼此还是没有见过面。

事有凑巧，去秋，苏州草桥中学八十周年校庆，我是唯一的老校友，参加了这个庆祝典礼。翌日顺便一瞻文衡山的手植紫藤及鹤园朱古微所种的榆树，又蒙谢孝思邀观俞樾的曲园，即在"春在堂"堂上和寒老握手言欢，诉不尽的衷曲，谈不完的契阔，引为生平难得的快慰。素知寒老家中，陈列着古垒汉甗，吉金乐石，无不彪炳照眼，我心向往之，奈匆促未及一叩大雅之门，这又引为莫大的遗憾。

友人潘慈中，苏沪时常往来，我和寒老借此为青鸟使，寒老为我孙女有慧刻了一方"余事画梅"，又为我刻了"三千弟子半红妆"的朱文印，由慈中带来。他是吴昌硕的得意弟子，治印苍莽浑厚，得其神髓，我视为瑰宝。

最近，寒老在苏州碑刻博物馆举行金石篆刻展，印以万计，洵属洋洋大观。他刻有"苏州园林""苏州石桥""紫金庵十六尊者""戒幢寺五百罗汉""灵岩三十景"等故乡风物，一一呈现在方寸之间，具芥子须弥之妙。深惜我杜门养疴，未能一饱眼福。

还有一点，可作谈助。寒老八十高龄，腰脚犹健，徒步而行，不假车辆。有人问他养身之道，他说："这和运用腕力有关，所以我的健康，不是服着参茸补品，而是刻印刻出来的。"这和我友贺天健说："我的白发是做诗做白的，不是作画画白的。"寒老又说："刻印兴趣无穷，即使双目失明，印还是要刻的。"这又和我友谢刚主喜买书，说："即使我知道明天要死，今天的书还是要买的。"与寒老行径，同饶风趣。

谈申石伽画竹

在传统花卉画中，把梅菊兰竹，称之为四君子，这四种植物具有高风格、高标致，命名为君子，是当之无愧的。在画家笔下，为兰竹写生，难度更在梅菊之上。原来梅菊尚得渲红染紫，兰竹则疏澹无华，色泽较为单调，要突出它的精神形态来，那是谈何容易啊！可是东瀛人士，却有适当的评价："白蕉兰，石伽竹。"把两人相提并论，确有一定的见解。可惜白蕉下世有年，仅申石伽的画竹，享着半个世纪的盛名。

石伽家学渊源，其祖父宜轩老人即擅丹青，父亲亦清季学者，石伽十二岁便擅篆隶刻印，并画梅花。十四五岁，作诗填词，俞陛云太史南来，见其倚声，颇加赞许，石伽乃绘《俞楼请业图》为贽见礼，陛云收他为弟子，遂和俞平伯为师兄弟。从此他为人画扇，画隙辄题词一阕。他经常涉足于翠竹之间，看了晴的，又看雨的，看了雪的，又看雾的，如此累年累月地探索，简直把竹画活了。他还以为不足，复观各种舞蹈，从俯仰上下，屈肢腾足，以及扬袂飘裾中取得姿妙。其他如跳水、骑射、演剧、歌唱种种活动，他都喜欢观赏，认为这些兄弟艺术，是和画竹一脉相通，对于画竹有相当营养，可供吸收。当他执笔凝思之际，便浸入竹的境界中，这时他心目中只有竹，旁边有什么人，室中有什么东西，外间有什么风声、雨声、车马声、扰攘声，他都没有看到和听到，似乎偏于盲、偏于聋了，在偏盲偏聋中，他的灵感特别充溢，不但画出了竹的形态、竹的精神，并竹的人格化的品质，也活跃于纸墨间。

记云间白蕉

我是喜欢写人物掌故的，大都采用横断面的写法，不是原原本本的整体。这儿来谈白蕉，先做一下"誊文公"，从《中国美术家人名辞典》抄那"白蕉"的一条，整体的浓缩，作为前奏曲吧：

　　白蕉（1907—1969）别署云间、济庐、复生、复翁。名馥，字远香，号旭如，上海金山县人，本姓何。曾任上海中国画院筹备委员会委员兼秘书室副主任、中国美术家协会上海分会会员。书法宗王羲之、献之父子，始从唐欧阳询入手。行草笔势洒脱，小楷特胜，多参钟繇法，大字俊逸伟岸，亦具风致。工写兰，无师承，所作秀逸多姿。篆刻取法秦汉印、泥封，而又参权量诏版文字，有古秀蕴藉之趣。能诗文，著作有《云间谈艺录》《客去录》《济庐诗词》等稿。

　　白蕉和邓散木，为一时瑜亮。我既记散木，不能遗漏白蕉，可是因循没有涉笔，直至最近承散木夫人张建权偕白蕉夫人金学仪来访，畅谈往事，得悉白蕉生前的种种情况，增添了我的撰述资料，且这些资料属于第一手的，是多么可喜可珍啊！

　　白蕉的尊人何宪纯先生，是一位中医，悬壶金山，于1939年10月逝世。我曾在讣告上见到他的遗容，陈陶遗为题，姚石子为赞，这两位都是金山同乡，以辈分来讲，较长于白蕉，又陶遗、石子，同为南社社友，白蕉参加新南社，在社友中也较为后起，当时石子的像赞有云："猗欤君子，恺悌慈祥。其言蔼然，其德孔彰。栽花种竹，敬梓恭桑，岂伊独善，肘后有方。四十余年，民用寿康……"这数语概括了他老人家的容态、品德、嗜好和业务。至于白蕉为什么弃其何姓而不用,径称白蕉,这是有小小原因的。一则白蕉二字很潇洒有致,冠上何姓,便觉得不那么自然有风度了。况其时社会上有此习惯,如画家刘海粟,一度废去刘姓,而仅标海粟,仿佛和东瀛艺术家争胜。诗人范君博,是范烟桥的族叔,所刻名片,也仅君博两字,似乎爽快利落。所以白蕉废弃姓后,镌一闲章"有何不可"。此外别有一原因,他思想很新,反对旧礼教,早年即和诸有志青年,创办一刊物《青年之声》,投入报国爱国的新浪潮,担任了金山县的青年部长,提倡做白话诗,曾刊印过他的白话诗集,我曾见到这本集子,以越年久,已不忆其集名和内容了。可是他的堂上双亲,生在旧社会,一切思想认识,都脱不了旧的框框,他便来沪,较少归家,弃姓不用,带些革命反抗精神,听说其女白雪,亦废何姓。此后白蕉在上海,遇到了金学仪女士,情意相投,结成了夫妇,鸿案相庄,唱随为乐。学仪通文翰,能诗,犹记其悼念白蕉有句云:"西窗明月窥孤影,忍忆当年双照时。"原来她和白蕉常相唱和,又复请益于沈禹钟、陆维钊二诗翁,深受二翁的赞许。

　　和白蕉交往的,都一时名流,除陶遗、石子、散木外,据我所知,如姚鹓雏,和他更为莫逆。一次,鹓雏鬻书海上,白蕉为他宣传介绍,不遗余力,并托我在报刊上撰文揄扬,这时鹓雏生活奇窘,不得不赖此挹注,况两人都是我的好友,自当乐为之助哩。鹓雏卒于1954年,我和鹓雏最后一面,即在沪西愚园路连升里白蕉寓所,白蕉请鹓雏便膳小酌,谈笑甚欢,不意仅隔一年,鹓雏竟赴玉楼之召了。又徐悲鸿和他以绘事相切磋,战争时期,人民陷入水深火热之中，一些难民，流离失所，他和悲鸿各出画幅，开书画展览会义卖以赈灾。又和邓散木举办杯水书画展，支援抗战，所谓"杯水"，无非取杯水车薪之意，虽无济于事，聊表一片报国之心而已。又和叶楚伧、杨千里、唐云、王蘧常、胡云翼、陈定山、应野平、周鍊霞、柳亚子友善。亚子回国，即约白蕉。同往江南地区观光视察，在旅途中，谈艺论文，甚为相得。白蕉返沪后，亚子致书白蕉，并附一信给执政当局，介绍白蕉工作，信中对白蕉深加推许，请畀以要职，结果此信没有寄出，今尚留在其夫人金学仪处，作为纪念。因白蕉具有清高思想，不欲借重亚子的大力而有所营谋。厥后，沈子瑜、沈志远往访白蕉，聘白蕉在文化局任职，白蕉在填写工资要求的项目中，只填极普通的生活费。白蕉任职期间，为上海图书馆的恢复，为上海中国画院、上海美术馆、上海书法篆刻研究会、上海美术研究室的创建和筹备，费了很大的力量。先此，教育家黄炎培，重白蕉的人品和才华，委为上海鸿英图书馆，任《人文月刊》的编辑，旋升为主任，在这时他发表过不少文章和诗词小品，切中时要，博得广大读者的赞赏。

白蕉的书法，我对之有特殊的喜爱，在当年平衡（襟亚）所辑的《书法大成》上，影印了白蕉的行书小简，不但运笔飘逸，措辞又复隽趣，如云：

> 白蕉顿首：暑气毒人，不堪作事。且摒妇子，谢客裸卧，真人间适意事也。昨奉来书，欢然如面，扇已书就，乏人送上。此间西瓜尚存四五枚，两三日可尽，足下有意接济，可来一担，谢谢。

他论书，颇多妙语：

运笔能发能收，只看和尚手中铙钹，空中着力，只看剃头司务执刀。

又云：

包慎伯草书用笔，一路翻滚，大是卖膏药好汉表演花拳模样。康长素本是狂士，好作大言欺俗，其书颇似一根烂绳索。

又云：

学书始学像，终欲不像。始欲无我，终欲有我。

又云：

笔有缓急，墨有润燥，缓则蓄急成势。润取妍，燥见险，得笔得墨，而精神全出。

又云：

稳非俗，险非怪，老非枯，润非肥，审得此意，绝非凡手。

著有《书法十讲》：一《书法约言》，二《选帖问题》，三《执笔问题》，四《工具问题》，五《运笔问题》，六《结构问题》，七《书病》，八《书体》，九《书髓》，十《碑与帖》。这是白蕉徇学书者之请，讲解书法，成此讲义，当时上海书画社曾拟出版单行本，旋以抗战爆发而未果。由其子民生重录，散木女邓国治整辑，其夫人金学仪保存，在《书谱杂志》连续登载，的是度世金针。

白蕉的画，以兰为主，当时画坛上绘花卉的，有高野侯的梅花、吴湖帆的荷花、谢公展的菊花、符铁年的苍松、申石伽的竹枝、白蕉的兰草，是相提并论的。白蕉画兰，着笔不多，风神自远。以水墨为多，题句又复疏宕清放，若即若离，不接不离，恰到好处，他自道甘苦，谓："花易叶难，笔易墨难，形易韵难。势在不疾而速,则得笔,时在不湿而润,则得墨。欲在无意矜持,而姿态横生,则韵全。"又云:"蕙一箭数花,出梗之法。昔人多顺出,总不得力。不如逆入用笔作顿势,始见天然茁壮。"题兰句,有云:"一两朵花,三五张叶,笑口忽开,频年心力。"又题云:"赵子固写兰,未脱和尚气,文徵仲涓涓如处子,八大韵高,石涛气清,明清间可观者,唯此二家。"又:"十笔百笔,只是一笔。"又:"兴来一二箭,鼻观已千年。"

我一度向白蕉建议,您名白蕉,为什么不备一蕉叶白砚,作临池之用,不是名宝相符吗!果然不久,抗战胜利,日本侨民被遣返国,尽鬻其所有。日侨蓄蕉叶白砚二方,白蕉以廉值得之,一有青花火捺,很发墨,一亦有火捺纹,较次,白蕉既如愿以偿,书兴画兴更高,曾为我用朱笔书扇,别用墨笔画扇,兰芯极淡雅。一般习惯,折扇是两面的,书画必须配合,轻逸的画,大都配合轻逸的书,我却一反其道,把白蕉的画,配上谭泽闿凝重的书,认为如此才得平衡。我迄今犹奉为至宝。沈禹钟对于白蕉画兰,称赏不置,因此禹钟家中,藏白蕉画独多。

白蕉在艺术上,是多面手,复擅铁笔,所刻无论白文、朱文、半朱半白文、方印、圆印,都各有风格,或如古贤道貌,或如时女靓妆,或如王郎拔剑,或如屈子搴芳。他和邓散木相稔熟,或许他的篆刻,多少受到些散木的影响吧。他间事吟咏,具晚唐人神韵,颇自负,钤一印"传诸千秋"。尝云:"诗已清腴书瘦硬。"又云:"诗成或在宋元时。"其岁,白蕉北上访齐白石,白石见白蕉题画诗,大加赞赏,即伸纸为作画屏以赠,白石画不轻赠人,这是破例。白蕉诗喜为五言,有"五字长城"之目。但白蕉有时却又自谦，称云间下士。云间为松江的别称，金山属于松江，而唐代王之涣的《出塞诗》有旗亭画壁的传说，首句即为"黄河远上白云间"，白蕉巧取之为白云间了。

他喜饮酒，又喜啖鸭肫肝，认为此物为佐酒妙品，有馈此者，辄以书画为报，甚至载诸润格单上，为从来所未见。他酒量不宏，不数杯，便醺然而醉，子女劝谏之，谓"酒性强烈，有损体健"，适其友钱定一往访，他独酌兴酣，伸纸自书一诗："不许爷多饮，娇儿知爱爷。未谙饮中味，不独我儿差。"跋云："此帧饮余涉笔戏与老妻对话之词也。"他和夫人金学仪伉俪甚笃。有一次，其夫人偶与之相忤，他愤而击碎一烟灰缸，既而白蕉深自懊悔，出语人曰："天下无不是的老婆。"其风趣有如此。尚有足资谈助的，自称"懒汉"，又称"天下第一妄人"，更称"蕉老头"。他作书画，往往刻意经营，结果未必佳胜，随意出之辍笔自视，却惬心贵当，因此他镌有一印"凿着法"，钤于惬心贵当的纸幅上。又有一印"死不变香"，一方面指兰而言，一方面又标示自己品德的高峻，含有双关的意义。他又说："甚矣哉！艺之使人傲也，此昔贤语。大概所谓傲者，自视天下第一，视人皆二三等，或未入流也。余谓傲不可无，然宜在意而不宜在容，在意者必有成，在容者徒取厌。"又云："观花赏叶足清娱，然观花人多，赏叶人少。"又云："聪明人，必须有笨相，若满面孔聪明，则比愚者更愚。"又云："心中模模糊糊，笔下清清楚楚。"又云："天地之大，容我伸手放脚。"又云："砚有好墨，情动于中，握管伸纸，遂有南人操舟，北人使马之乐。"又云："从天入者圣，从人入者奴。"又云："心为名利萦绕，则艺事扫地。"又云："不宜不看，不好不谈，不可不想，不能不画，此亦夺关斩将之意。"又云："未饮如饮，已饮如醒，宇宙洪荒，一日三省。"这一系列的片言只语，都足耐人寻味。那是一本杂乱无章的册子，白蕉用钢笔书写，草草率率，是随意记录，尚未整理，而已成为遗墨了。

白蕉生于1907年11月3日，卒于1969年2月3日，年六十一岁，仅及中寿。金学仪夫人又补告我白蕉生平的琐事，虽点点滴滴，却也值得记述的。如云，柳亚子有鉴白蕉的才艺，曾说："松江自古出人才。"沙孟海称许白蕉题兰杂稿，说："行草相间，寝馈山阴，深见功力，三百年来能为此者，寥寥数人。"又王蘧常赠白蕉诗："三十书名动海陬，钟王各欲擅千秋。如何百炼功成后，傲骨难为绕指柔。"唐云赠诗有曰："万派归宗漾酒瓢，许谁共论醉良宵。凭他笔挟东风转，惊倒扬州郑板桥。"

白蕉画兰，常钤自刻之"不入不出翁"印，意谓纯任自然，不入何家之门，不出何家之派，他知道刘季平自号"江南刘三"，便镌印为"江左白蕉"。作书画经常通宵达旦，自己立一规例，墨不尽不止，一夜下来，狼藉满地，又复满壁龙蛇飞舞，因又号"废寝忘食人"。又云："兰天蕙地，不问门外阴晴，不闻孩子叫跳。"他对于自己的创作，一向是严格的，稍不合意，便撕去，毫不足惜。一段时间，积累起来的作品，几经挑选，往往所留寥寥，这寥寥者，尚须张之壁上，近观三日，远观又三日，反复审核，征询友好意见，方作定论。有时整理旧作，不满意的，又要撕掉，连他的儿子都说他浪费，他感叹地说："狠不易，对自己狠，更不易。"有时朋友来访，见他壁上的新作，挟之而去，他从不介意。1966年，有一老友，出其所藏白蕉的画兰册，请他添画几幅，不料他见到了自己早年不够成熟的作品,竟撕去了好多页,说一定补作较好的画给他,可惜所许未竟兑现,致成残册,其友引为遗憾。白蕉为人实事求是,黄炎培为书"求是斋"三字匾额,他又别题"有所不为斋"以明其行径。学仪夫人又提到他平素脱略形迹,什么都无所谓,我就联想到郭琳爽所主持的《永安月刊》,出满百期,举行庆祝会,设盛宴于旧时的楼外楼,我是编辑之一,白蕉是撰稿人之一,就邀了白蕉参与其盛,白蕉这天穿了件长衫,脚上是一双僧侣所穿的镂空布鞋,且赤足不御袜子,其时赤足穿皮鞋的,只有摩登女子,以蔻丹涂了趾甲,显其六寸圆肤光致致,男子赤足,出入交际场中,是从来没有的,白蕉成为创举。

艺坛多面手钱君匋

钱君匋在艺坛知名度很高，虽年届耄耋，精神矍铄，还能从事于艺，他能书画，能刻印，能作曲，能装帧，的确是位多面手。

他祖父半耕翁，治岐黄。晚年由海宁迁至桐乡赁屋屠甸镇，便定居于此。父熙林，母程雪珍，夫妇称贤德，熙林擅烹饪，设一酒肆，善于经营，家道渐裕。君匋出生于1907年2月12日，他所居的屠甸镇和丰子恺的缘缘堂所在石门镇，以及沈雁冰家乡乌镇，三镇很相近，呈犄角形。有"桐乡三秀"之称。

桐乡多文人，他自幼受钱作民、徐菊仙、孙增禄三先生的启蒙，旋从吴梦非学装帧、刘质平学音乐，又从丰子恺学书画，吴、刘、丰均为弘一法师李叔同的门人，君匋乃再传弟子，触类旁通，所作多少染有禅意。

君匋十六岁来到上海，和江阴陈学鏧女士结婚。为谋生活，进入开明书店，从事书面设计，凡该店所出版的书籍，大部出于他的装帧。他和陶元庆为同学，陶认识鲁迅，遂由陶伴同去见鲁迅，鲁迅给他们观赏了汉代画像石、画像砖拓片，谓中国书籍装帧，必须注意民族风格，这话影响了君匋艺术活动的一生。他先后为叶绍钧、鲁迅、沈雁冰、谢冰心、丰子恺、郭沫若、郑振铎、刘半农、赵景深、陈望道、胡愈之等新文艺著作设计封面。又商务印书馆发行的刊物，如《小说月报》《东方杂志》的封面，也由他设计，无不一洗陈腐，现新面目，当时有"钱封面"的称号。

邵洛羊是君匋的友好，也是我的友好，可是洛羊认识君匋较早，且很熟稔其往事，以上种种，都是由洛羊处得来的。我和君匋神交已久，直至画家陶冷月移居淡水路的丰裕里，和君匋所居成都南路相距不远，才由冷月介绍，得与君匋把晤，时有画家陆抑非，亦居淡水路，我们也就经常聚会了。

1984年，我和君匋同应杭州虎跑李叔同纪念会之邀，参与揭幕典礼，盘桓多天，同寓一个旅邸，乐数晨夕，谈笑畅洽，陆抑非亦来话旧。晴天，相与领略水光潋滟之好；雨天，又相与领略山色空蒙之奇，君匋兴至挥毫，顷刻数纸，此情此竟，追忆犹新。但我已颓然一叟，罕与朋好接触，彼此徒凭鱼雁往来，把晤较少了。

君匋和我同患白内障，我双目茫茫，阅书看报和写稿，都非借着强烈灯光不可，是何等费力啊！恐不久将来，势必与文坛告别了。君匋患目病也多年，他是艺人，更仗目力，幸于数年前夏天，他飞往美国讲学，遇到一位专治白内障的美国医生，为他动了手术，仅半小时，即重见光明，神速有如此。君匋把携去的自己所作的书画酬答了这位专家，否则这笔诊金，是难以负担的。

君匋经此治疗，欣喜欲狂，认为延长了他的艺术生命，誓把所余的岁月，献出更令人惬意的作品，供人欣赏。

他致力于刻艺是下了很大的功夫的，且为了刻艺，必先从事书法以植基。他幼年作正楷，学陆润庠，用棕帚蘸着清水写在方砖上，既而上趋柳公权，旋写《石门颂》《西狭颂》，其母为购《龙门二十品》，便爱写汉简，并揣摩罗振玉所辑的《流沙坠简》，他好古也不薄今，学赵㧑叔得其秀，学沈寐叟得其拙。篆籀学吴昌硕得其浑逸，草书学怀素，也留意于当代的于髯右任，以怀素真迹难得，而右任易求，遂搜罗了很多的髯书。他和于素有因缘，他家的堂匾，即出于氏题写。一自陈望道介绍他晤见了于氏，于氏是不吝笔墨的，当场即写了两副对子赠给他，以后续有所贻，他认为于氏在继承传统基础上，创造出20世纪中国书坛的"于草"来，复作了标准化和规范化，也是可以取法的，因此他所藏的于书，数在百件之上。曾假座上海文史研究馆，举行一次于右任书法展览会，博得很多观众的赞美。

总之，他的书法汇集众长，别成风格，亦颇自负，书一联云：

千秋笔墨惊天地，

万里云山入画图。

书与画是息息相通的，他善书，也就悟了画理，他肄业于艺术师范，作画露了头角，后来他对于画所走的路子，是由吴昌硕、齐白石、蒲华、赵之谦、虚谷、扬州八怪、石涛、八大，而上溯徐青藤。画的长松、古柏、玉兰、牡丹、山茶、水仙、红梅、紫藤、万年青、芙蕖寿石，秾艳而不俗，疏野而不犷，我爱梅，更爱他画中的红梅，可是他忙于笔墨，我是不便有所干扰的。

他的刻印，是他艺术的终身事业，收藏名人的刻印，也较他人为多。他的书室名无倦苦斋，取意是他的藏印而言，他在这方印的侧面，刻着行书长跋，如云："余得无闷（赵之谦）、倦叟（黄牧甫）、苦铁（吴昌硕）印，数均逾百方，堪与三百石印富翁齐大（齐白石）比美，乃珍护之于一室，沈韵初（吴湖帆之舅）灵寿花馆，缀三家别署之首字以为名。且《战国策》有无劳倦之苦语，益喜其巧合，此亦好古之乐也。"

他又有一巨印，七厘米见方，印面"钟声还尽流光"六字，跋文较长。绕印顶及四围刻之殆满。如云：

余幼居屠甸寂照寺西，昕夕必闻寺钟。及长客杭之吴山，山寺钟声，或透晓雾而荡漾枕衾，或随暮霭而飘堕几席。期年，徙沪之澄衷中学，讲舍之侧，有层楼巨钟，憩居其下，至移十稔，报时之音，晨昏不息。1937年秋，日军侵凌，仓皇离校，奔波湘鄂等地，不复再闻钟声。翌岁返沪，寓海宁路，每值南风，江海关钟犹可隐约入耳，溯自幼而少而壮，钟声送尽流光，回首一事无成，今已垂垂老矣。

又有"广州三月作书贾"亦属巨印，作篆文长跋：

1938年3月抵广州，所经冰雪载道，奇寒切肤，至此花叶弥望，暖气袭衣，与作家巴金、茅盾开书铺，出杂志，宣传抗日，沪上文人云集。5月16日，敌机投弹寓外，未发，得免于难。是夕即与巴金、靳以诸人别广州，赴九龙，计为书贾之日，适得三月。

从这些跋文中得悉君匋经历，那就成为印史了。

又有一印，历三十寒暑，求者始得寓目，这是李一氓在抗战时期，从敌后方托友人到上海求君匋所治，这印经过三十年之久，才由郭沫若代转到李手边，这也足资一述的。

君匋一次为画家朱梅邨治姓名印，而以图案出之，不着朱字，因印属朱文，即足以代表，梅邨二字，巧为配合，别出心裁，见者无不叹为佳妙。

又他喜旅游，游踪所至，辄记一诗，诗刻在印上，甚至在美旧金山游金门公园，也刻了一印，印跋云："晚上游海边，礁石错落，在水中海豹栖息其上，惊涛汹涌，别有风味。"

他有些惬意闲章，都留存着。一"冷暖自知"，取纳兰容若

"如鱼得水冷暖自知"词语。一"著书都为稻粱谋"取龚定庵的诗句。一"云黯风凄寂照西",这是记述他的父亲钱熙林逝世于故乡寂照寺西,以志哀怀。一"白石老人称我为君匋",他席间出明文徵明山水卷,请老人题识。又出《君匋印选》,请老人写一封签,时老人年已九十三岁,目力较逊,况平素对于吴昌硕署名老缶,印象很深,竟信手写为《君缶印选》。他求老人重写改正,老人说:"缶、匋两字相通,可不改。"也就算了。一"倩庵日利长年",这是为吴湖帆刻的。一"立异标新二月花",这用郑板桥、李清照祠堂句。一"衡阳雁去无留意",这是范仲淹成句,他的弟子吴颐人,生于衡阳回雁塔畔,当他离湘来沪,请君匋奏刀,乃以诏版文字入印。一"豫则立",君匋原名玉棠,别号豫堂,玉与豫谐音,取《中庸》"凡事豫则立,不豫则废"意,来楚生刻,君匋珍藏。一"学到老"为五面印,印顶为行书双款,盖为王一亭哲嗣季眉所刻,印侧四面刻有朱屺瞻为王季眉所绘梅兰竹菊。季眉故世,印流至香港,君匋以屺老大幅山水易归。一"藕花深处",用的是李清照词句"常记溪亭日暮,沉醉不知归路。兴尽晚回舟,误入藕花深处"。此印于1976年应朱屺瞻嘱刻的。屺瞻印大都由齐白石手镌,先后七十八钮,白石称屺老为"不出白石知己第五人"。后请君匋补刻名号印闲章二百余钮,蔚为大观。一"夜来清梦落潇湘",这是冷月刻的,冷月执教湘中雅礼大学有年,其先室娄新华女士固湘人,逝世三十四年,冷月犹怀念不已,遂刻此印以为永悼,并撰一小文嘱刻于印侧,如云"残宵灯灺,清梦虚堂,眉妩衫痕,仿佛如故,几不知隔世之窅冥也!奈触绪纷来,悲怀难遣,潇湘渺渺,追忆喟然,乙卯(1975)冬陶冷月记,时年八十又一"。一"更能消几番风雨"，这是借辛弃疾词句以寄慨的。一"犹读大痴画卷还"。他在武夷山道中，所赋诗云："飞车尽日随溪转，犹读大痴画卷还。"似得见黄公望手迹，刻此以志眼福。

君匋由刘质平的启迪，潜力于音乐，颇有心得，此后任浙江省立第六中学的音乐课，上海音乐出版社编辑。章锡琛等创办开明书店，他担任装帧及编辑音乐和美术方面的刊物，一方面他自己深造，购了《世界音乐全集》，又一架五组风琴和钢琴，作出了许多歌曲，出版《中国名歌选》《钢琴名曲选》。又为丰子恺编刊《音乐入门》，为吴梦非编刊《和声学大纲》，为朱稣典编刊《作曲法初步》，以及开明音乐教本，凡此类的书达五六十种之多。当他执教澄衷中学，适上海沦为孤岛，学生锐减，工资受到影响，乃与诸同事李楚材、陈恭则等谋生活之道，不久便在海宁路咸宁里办起万叶书店来，由于刻苦经营，居然逐渐发展。及抗战胜利，大量出版音乐方面的书，如马思聪小提琴曲《故乡》、郑晓沧译的《贝多芬》、丁善德的《钢琴曲集》、贺绿汀的《晚会》。且为丁、贺的音乐刊物，亲自设计封面，可见他提倡音乐还是不忘装帧的。

君匋喜韵语，他病目后犹用放大镜读《全唐诗》，把自己诗一百九十一首和词二十七页编成《冰壶韵墨》。他生于丙午年，冰壶为丙午谐音。又有《水晶座》，那是他的新体诗，和《冰壶韵墨》的旧体诗，两相辉映。

君匋勤奋了一生，事迹很多，不妨补述一些，作为谈助。

他在病目时，视力仅及咫尺，朋好较远招呼他，他茫然不知，有谈为自高自大，也就和他疏远了，他既得悉，便刻了"目中无人"一印以自谤。

他喜清代华新罗花卉,收聚百余件,取斋名为"抱华精舍"。又"新罗山馆",又有"丛翠堂",及常用的"无倦苦斋"等,昔文徵明自谓他的书屋,大都造在印章上,君匋的这些屋舍,可能也是有名无实的。

他见吴昌硕,年只十八岁,时在艺术师范肄业,由其师吕凤子带领他去的。

当他和陈女士结婚,文艺界如施蛰存、戴望舒等都往道贺。陈铭枢撰联为祝。沈从文以古瓷枕作为礼物,君匋奉为瑰宝。

他于丹青,推崇赵之谦,特辑《赵之谦书画集》,花了很大的精力。亲往故宫博物院,把院藏赵氏书画百余件中摄录了一部分,又在上海博物馆遴选了若干件。又访诸赵氏故乡绍兴,赵氏孙辈赵而昌、著名藏家钱镜塘,罗致殆遍,为一巨册。

他和郁达夫相交有素,郁达夫为了刊印自己的集子,踵门请他设计封面,后又求他刻印和绘画,关系很深。他生平装帧书,综计一千数百种,经过变迁,现所存尚有三四百种。

"文革"迫使他放下了笔,但还努力练字,不能伸纸挥毫,便用指头在衣服上、大腿上不停地写看不见的字,内容不外唐诗宋词,这样做,务使思想集中,不想个人得失,又温习了前人的范作不致忘却。可是这些指头小活动,终于被红卫兵发觉了,厉声斥问他搞些什么名堂,好在这些活动,不着痕迹,抓不到把柄,只得不了而了。

1965年,他一次去访刘海粟,海粟拿出一卷自己的画来任他挑选一帧,作为纪念,他取了一帧《奔马》。不久,把这画带到北京,给叶恭绰看,恭绰即在画上,写了一首五言古诗。

他和钱镜塘是远房昆仲，镜塘把所藏的书画名迹，如于谦的书件，王伯谷与马湘兰彼此往来的书札，王石谷画如《陈天龙像》及任伯年、赵之谦、吴让之等作品约一千多件，捐献公家。君匋认为镜塘的度量是宽的，气派是大的，心是爱国的，是向着广大群众的，大大受到了镜塘的影响，君匋亦把自己所藏的大量书画文物归给桐乡，桐乡人士为建君匋艺术院。

君匋有弟三人：一君玲，嗣给马家；一玉如，卒于抗战中；一君行，现在北京音乐出版社工作。尚有一妹在上海。君匋有子三人，都已成家立业，长大绪，次正绪，再次为茂绪，孙辈大都在美国亦有声誉。其夫人江阴陈学罄，贤淑治家，与君匋相偕白头，唱随为乐，朋好欣羡不已，称之为神仙佳侣。

张充仁为吴湖帆塑铜像

以雕塑驰誉海外的，据我所知，有江小鹣、李金发和张充仁。小鹣、金发，先后离世，充仁侨寓法国，去岁举行八秩大庆，举觞上寿，春满华堂，极一时之盛。

充仁的雕塑艺术，卓有成绩。前些年在比利时时，为百年宫塑一巨型像，屹立宫顶，震动全欧。此后荣获比利时国王亚尔培奖和布鲁塞尔市政府奖章，比国皇后法比奥拉亲自拜访他于爱尔席画室，交谈两个半小时。

新中国成立，创作大型群雕《无产阶级革命创造中华人民共和国》《上海第三次工人武装起义》等，都是辉煌人目的。以往所塑的，有蔡元培、齐白石、于右任、聂耳、冯玉祥、臧伯庸、茅盾、唐绍仪、居觉生、马相伯。原来马相伯是他的外祖父，他幼年从外祖父学书法及古诗文辞。他出国留学，还是仗着外祖父的助力。当他结婚时，又为夫人塑了像，以为纪念。我友书画篆刻家钱君匋的家里，有一塑像，也是出于充仁之手，曾刊印《张充仁雕塑选集》。港报连载过龙飞立的《张充仁传奇》，陆忠文编过《张充仁先生美术年表》。

不久前，充仁发愿为吴湖帆塑一铜像，那是凭着照片塑的，闻轮廓已成，留在细加琢磨，拟从貌似进一步追求其神似，以符顾长康颊上添毫之秋。湖帆一代宗匠，借此树型艺林，立范画苑，比诸丝绣平原，金铸少伯，益具意义。但不知所凭的是哪帧照片，我所见湖帆代表性的照片，一是集体的，那是他大衍之庆，和汪亚尘、郑午昌、梅兰芳、周信芳、范烟桥等，合做生日，称为甲午（1894）同庚会，合摄于沪西五枫园，他与范烟桥并肩坐在凳上，穿着长衫，意态潇洒。一是半身的，戴眼镜，面庞较丰腴、神采奕奕。其一很别致，由照片翻成画像，再由画像摄成照片，时为丁亥正日，不但强于真实感，又复雅韵欲流，气息盈足，凡此种种，今日已为陈迹。

胡蝶与《明星日报》

在数十年前之电影界，有两位"电影皇帝"，一是王元龙，一是金焰。又有两位"电影皇后"，一是张织云，一是胡蝶，这几位影星，先后下世，现尚健在，远居海外的，则为胡蝶，真可谓硕果仅存的了。年来各刊物，纷纷记述胡蝶，冷寂多时的胡蝶，顿时热闹起来。我在这儿凑着热闹，把我所知，也来谈一下吧！

胡蝶早年曾进洪深、陆澹安等所办的电影讲习班，胡蝶和徐琴芳同时就学。当时徐琴芳很活泼，胡蝶较为矜持，澹安告诉我："徐琴芳将来大有出息，可成名演员，非胡蝶所能企及。"此后两人同进友联影片公司，演《秋扇怨》，琴芳为导演陈铿然所垂青，当然琴芳的地位，较高于胡蝶。及胡蝶进入明星影片公司，大大地发挥其潜才，也就露其头角，出于澹安意料之外。

同时有一家《明星日报》，那是沈秋雁、胡佩之合办的。为了打开该报的销路，动了脑筋，投机一下，在报上辟一专栏，选举电影皇后，经过提醒，居然选出一名皇后胡蝶，且举行典礼。当时该报也就随着胡蝶轰动起来。

我和秋雁佩之，都是相稔的，曾拉我去相助辑务，所以我对该报略知其概况。原来创刊于一九三三年，社址设于沪市汕头路八十二号，在名医陆士谔诊所的楼上。第一版为《情报司》，苏三主编，他每天写一篇《访余随笔》，及小虎的《宦海逸话》。第二版为《碧纱笼》，陈蝶衣主编。载刘云若的《红杏出墙记》及赵焕亭的《侠骨红妆》等，为小说专栏。第三版为《银色界》，张超主编，当然是电影新闻了。第四版为《锦绣谷》为我主编,大都为散文杂札,我每天写一短文,标题《清言霏玉》,所载的有范烟桥的《文徵明佚事》、陶冷月的《与江小鹣论画》、金东雷的《与赛金花谈话》等等。当时我曾把该报汇订成册。

吴中老画家张辛稼

吴中多名胜，吸引了许多游客，所见匾额市招，大都出于张辛稼之手笔，无不惊叹为具回鸾顾鹤、坠露漫云之妙。画以花卉为多，间作山水，亦为有目者所共赏。任苏州国画馆馆长，当然奉为丹青祭酒了。我和他籍隶吴中，乡邦文献，自当有所点缀。他逝世于辛未一月十二日，承他后人及其忘年交潘慈中见供第一手资料，又其高足弟子章志忠出示《张辛稼先生年表》，足资证考，我是非常感谢的。

辛稼生于苏州阊门内河沿街，此处原为画家王筑岩旧居，与大名鼎鼎陆廉夫之破佛龛为毗邻，时为清季宣统元年己酉（1909）九月二十一日，祖父朝钧，父恩藻，字紫霞，兄弟姊妹凡八人，辛稼行五，取名国枢，字星阶，厥后谐声为辛稼。其父紫霞亦士林中人，雅好书画，箧中积存画幅甚富。辛稼五岁，即取以临摹，但不以示人，逾三年，始从陈冬心，读启蒙书，冬心为清识生，邃于旧学，辛稼之诗文，即植基于此。后肄业江苏省立工业专校，常熟名画师陈摩号迦仙来校教国画，辛稼大为钦敬，对花卉山水，潜意钻研，成绩优越，深得业师青睐，许为后起之秀。同学有吴作人，今为北方画坛权威，时予读书草桥中学，教国画者亦迦仙老师，奈予拙钝一无所成，对之愧恧不已。工业专校校长蒋企范，为吴中书家，辛稼于书画二道，熏陶由此。他又谙英文，原来是校数理化等课，均用原版西书，固习之有素。又擅拳术，因山东著名拳师马承胜、马永祥兄弟，一度应专校之聘，授少林拳，辛稼好学多师，亦得窥见门径。专校后改为苏州高级中学，校长汪典存博学邃古，又赴西欧，深明科学。（典存名懋祖，我亦从之学文，彼为我所批改之课卷，今尚留得部分，确属良师。）校长奖掖后进，认辛稼为可造之才，加以特殊教育和识拔，辛稼益自奋勉，毕业名列前茅。

辛稼绘画深佩陈迦仙，陈乃陆廉夫弟子，为画学正宗，前在学校，虽得其指导，略得一二，尚未深入堂奥，便具帖正式拜迦仙为师。时迦仙在十梓街组织冷红画会，会员有樊少云、顾墨畦、汪君硕、陈子清、管一得等，得以相互切磋，获益良多。初从迦仙画花鸟，继画山水，迦仙居护龙街饮马桥畔，画寓为松花石室，桃李门墙，学生以千百计，而辛稼笔墨清雅，最为杰出。

辛稼以学无止境，不自满足，在临摹创作上，颇有成就，声誉亦震。苏沪间，时有所谓"三吴一冯"者，吴为吴湖帆、吴待秋、吴子深，冯则为冯超然，均画坛高手，那吴子深筑室间门的桃花坞，号桃坞居士，知辛稼名，聘之为西席，课其子女，如是者四年。子深富收藏，因得览赏前人书画，泽古探幽，更扩大了眼界，而子深门人朱竹云，名鼎，字铸禹，善丹青，与辛稼尤为投契，朝夕相见，辄谈六法。且以恽王相况，盖恽南田以山水不及王石谷，遂多绘花卉少绘山水，王石谷以花卉不及南田，遂多绘山水而少绘花卉，俾得各成一家，辛稼自感山水逊于竹云，乃专于花鸟，而竹云颇喜辛稼作画，富书卷气，乃博览典籍，研习书法，两人彼此琢磨，成为莫逆。子深又组织桃坞画社，社员有蔡震渊其人，名铣，号玉蝉研斋主，山水、花卉、人物、虫鱼、走兽等，无所不能。辛稼、竹云与之相交甚密，并在北局青年会举行画展，艺名益著。未几又参加苏沪名人纨扇展，苏沪名流如张仲仁、余觉、吴待秋、贺天健、周赤鹿等，都有精品陈列，声气相通，遂及春申江上无不知震渊、竹云、辛稼三人，三人尤以辛稼为翘楚，争求其一花一卉，户限为穿。在这盛时，才与吴中淑女孙钰秀结婚，大有随园袁子才所谓"惭愧少年贫里过，玉堂春在洞房先"之慨。同时有一陶氏女，擅唱昆曲，辛稼固喜昆成癖，亦能高歌《牡丹亭》之《返魂》、《长生殿》之《重圆》，时相往来，一自辛稼与孙钰秀结为伉俪，为了切磋曲艺，仍不断过从，但两人发乎情，止乎礼，始终如辛稼珍藏陶氏所书之曲谱，蝇头细楷，秀丽异常。及辛稼逝世，陶氏犹亲往哭拜，青春老去，尚未嫁人，里巷传为佳话。

辛稼由吴子深之介，而得识其介弟似兰，亦擅花卉，行六，家人呼之为六爷，彼乃谐声为绿野，尝署名于画幅上。得印度娑罗花奇种，植之园圃间，名其画室为娑罗花馆，复组娑罗画社，吴瘿庵、刘临川、颜纯生（文樑之父）、朱梁任、柳君然、蒋吟秋、蒋宜安及迦仙辛稼师生等，群贤毕至，少长咸集，每半月聚会一次，展出佳作，标值出售，所得悉充慈善事业。壬申中秋节，国学大师章太炎，由李根源、朱梁任陪同下，莅临娑罗花馆，举行雅集，欣赏辛稼与颜纯生、吴秉彝、蔡震渊、柳君然合作之五色牡丹，大加称誉。时章门弟子纷纷来会，聆太炎讲学，极一时之盛。群众在娑罗树下合摄一影，以留纪念。娑罗画社在沪亦举行一次展览会，兼列前人作品，有沈三白之山水堂幅及行书楹联，我非常喜爱，奈涩于阮囊未能购得，迄今尚有失之交臂之感。这次画展，假上海北京东路湖社礼堂举行，观众云集，王一亭、冯超然、谌则高、钱瘦铁、郑曼陀、张石园、熊松泉、马企周等画家，亦来参与其盛，且加入该社，筹建娑罗画社上海分社。并发行《娑罗画刊》，辛稼与吴似兰为主编，又出版了《娑罗画集》。

辛稼和朱梁任也很相契，梁任闻苏乡甪直镇保圣寺有唐代杨惠之所塑罗汉像十八尊，现残存三尊，叶恭绰致书文物保管会拨款，请美术家江小鹣整理修葺，日本人前往摄影，有《塑壁残影》一书。梁任好古敏求，心焉慕之，乃约辛稼同往观光，辛稼已同意，不料届期其姑母突然病故，甪直之行，只得爽约，梁任临时偕其子世隆乘舟前往，舟至太湖浩波中，突起大风，舟覆，梁任父子，俱遭没顶死。辛稼幸而未往，否则亦随屈大夫而去。又痛悼故人之罹灾，亲至胥门接官厅迎灵，参加了追悼会，为之沮丧累旬。

他又参加在青年会举办的百乐艺术书画展，陈列作品以萧退庵、顾墨畦、余彤甫、蒋吟秋、朱竹云、吴待秋、蔡震渊为多，而辛稼的花卉，姹紫嫣红最为突出，他逸兴飚举，更和朱竹云合办中国画研究社，社址先后设于南园燕家巷及西百花巷，分面授、函授两种，来受学者除本地外，尚有浙江、安徽、巴蜀、京津等处远来寄宿社中，孜孜书画，成绩斐然，人数以百计。苏州《明报》为出《中国画研究社特刊》，载辛稼所作之《花卉浅说》，以示典型。

一自张善孖、张大千昆仲来吴中，寓居网师园，善孖且蓄一虎，辛稼得与善孖、大千相识，大千能饮，又善烹调。常亲下庖厨，制肴以饷宾朋。辛稼于此二者，与大千为同好，更相契合。

敌军侵华，他避难苏郊香山朱西村家，遂改名为张撷薇，以寓夷齐采薇蕨不食周粟之意，后朱西村迁沪，辛稼亦来上海，赁庑亚尔培路以居。谌则高聘为西席。谌家收藏历代书画，更得窥探名迹，引为眼福。既而朱竹云被其同族朱缙侯邀请临摹及鉴别书画，缙侯为风雅巨商，筑屋玉佛寺相近，人称叉袋角朱家，小有园庭之胜，紫藤一树，交荫数架，花时垂垂似璎珞，芬气袭人。浚一小池，碧藻红鳞相映成趣，竹云推荐辛稼、震渊，亦受朱氏之聘，三人同事一处，我居长寿路，相距不远，因得常往聚谈。蒙三人合作一花卉立幅见赠，三人体格，辛稼肥瘦适中，竹云较肥，震渊较瘦，人以西方影剧艺人劳莱、哈台目之，竹云为哈台，自谓"哈得不够"，闻者为之大笑。其时辛稼高足王西野亦在沪执教，频与三人及朱西村相叙，赏画论书，畅谈竟日，颇不寂寞。

辛稼父紫霞在苏病逝，时辛稼已还苏，料理丧葬，深抱风木之悲。既而江苏美术协会成立，出版《美术月刊》，辛稼助之甚力。后又与朱西村、朱竹云设怡园画厅，假座怡园拜石轩，四壁书画，琳琅满目，且挥毫泼墨其间。是年八月，日军降服，辛稼和竹云、西村，在画厅纵酒放歌，唱杜甫名作《闻官军收河南河北》，歌罢热泪盈眶，把张撷薇一方石章，向窗外掷去，又在画厅联络吴中画家，捐助书画，以充施剑翘女士（刺杀孙传芳，为父报仇之奇女子）办从云小学（即今苏州第十五中学）经费，又张大千自渝赴沪，顺便来苏，一探网师园的殿春簃故居。辛稼与西村等设宴怡园，款待大千，且举行雅集。大千兴酣挥毫，作竹石图一幅，合摄一影，影中人大千、辛稼外，尚有樊少云伯炎父子、彭恭甫、周瘦鹃、徐新夫、张叔良、朱西村等，及河南大学迁苏暂借怡园，画厅乃停办，苏州美专学校复课，仍请辛稼任花卉课教授，先后任课八年。学生数千人，其中颇多负盛誉于国际者。

民国三十六年（1947）八月，辛稼业师陈迦仙逝世，为之大恸，辍画数月，以志哀痛，师生之谊有如此。

所居庭园中，辛稼亲植之木芙蓉两株，无端枯萎，适其次女家曼客死东鲁，睹物思情，不胜悲切，因木芙蓉一名拒霜花，遂将画室改名为拒霜老屋，简称霜屋。他喜收藏名人所刻印章，拓之为《霜屋藏印》一巨册，自书标签。所藏的印如陈曼生为小桐所刻"延年益寿"白文印。又赵次闲为香圃所刻"香圃所藏"白文印，次闲为西泠八家之一。又赵之谦所刻"跌宕冰史"，边款："戊辰九月，扔叔手治，时客雪川。"扔叔亦西泠八家之一。又一扔叔印"汉后隋前"白文，边款云："世人学书，多瓣香唐宋诸名家，予则独好六朝人画，如郑文公等碑，尤属临抚不辍，因自制印章曰：'汉后隋前，以明不落唐宋诸贤窠臼也。同治纪元冬十月扔叔。'""恬然自适"白文印，出于郑板桥之手，四面皆边款，极雅逸可喜，如云：

三间茅屋，十里春风，穿里幽兰，窗外修竹，此是何等雅趣，而安享之人不知也，唯劳苦贫病之人，忽得十日五日之暇，闭柴扉，扫草径，对芳兰，啜苦茗，时有微风细雨，润泽于疏篱仄径之间，俗客不来，良朋辄至，亦自诩此日之难得也。凡吾画兰画竹画石，用以慰天下之劳人，非以供天下之安享人也。燮记。

苏州市书法印章组成立，辛稼与蒋吟秋、祝嘉、张寒月、费新我、矫毅、汪星伯、范烟桥等，同参其事，收罗印章甚多。

他喜漫游写生，所到之处甚多，最早与朱竹云、仇昆庵赴莫干山、黄山，及苏州国画馆成立，辛稼偕同诸画师赴太湖、虞山，得写生稿百余幅。时吴作人患病，在太湖疗养，得晤故旧，为之欣慰。又与谢孝思、费新我、柳君然、吴砚士等，由苏州而绍兴，而金华，而新安江，而淳安，而温州，而雁荡山，而四明，历时一月，收获更富。沪上王个簃作吴门之游，吴羖木知之，邀辛稼为陪客，欢宴于装驾桥巷之残粒园，园为吴待秋故居，羖木为待秋嗣君，山水花卉，克绍箕裘。且彼和个簃、辛稼均酉年生，生肖属鸡，个簃最长，八十八岁，辛稼次之，七十六岁，羖木最小，六十四岁，不期而遇，引为巧合。

听枫园修葺，辛稼为之布置安排，恢复旧状。是园虽占地不大，但池馆亭榭，曲折幽邃，原为清光绪年间吴云所居，园有两罍轩，藏金石书画，盈橱满架，为一风雅之薮。吴云常与吴大澂、吴昌硕等作诗酒之会，既修葺一过，苏州国画馆迁入其中，辛稼任馆长，吴羖木为副馆长。馆长办公室，即两罍轩之原址。吴永字平斋，著有《两罍轩彝器图释》，摹录商周至汉唐铜器铭文共一百一十器，两罍轩尤为杰出，古香古色，犹留余泽，辛稼居处其间，与古为缘，颇自欣幸，书画兴趣益高。叶浅予画家游苏，特去访问，并一观两罍轩，发思古之幽情，欢谈永日。

我和辛稼不见数十年，恰巧1987年，苏州草桥中学举行八十周年校庆，遍邀著名校友参加。奈越年久，诸校友纷纷逝世，叶绍钧、颜文樑患病，顾廷龙在北京开会，均未能应邀，无佛处称尊，我列为首席，在首席台上晤见了辛稼，相与握手，各惊白发苍颜，不无世变沧桑之感，他旋即与谢孝思合作了梅菊扇见贻。我有"梅魂菊影"印，那是有寓意的。

眉山三苏祠及河南包孝肃祠修缮，辛稼均有书画点缀。尤其吴中名园到处挥洒，使一丘一壑，一亭一轩，更为生色。俞樾在苏之故居曲园开放，辛稼为乐知堂书一长联，苍劲渊雅，游客无不驻足赏览。

网师园重建虎儿碑，原来张善孖所喜虎，死于园中，亦即埋葬其间，立虎儿碑。大千弟子糜畊云自沪函沈苇窗，恳老师命笔，大千怀念之余，重写新碑，自台北经香港遥寄畊云，苏州市园林局重行刻石，举行揭碑仪式者，为张辛稼、徐绍青、张寒月、曹逸如、曹大铁等，极一时之盛。

又应中国书店之约，作《拙政园紫藤图》，题云："苏州拙政园，有文衡山手植紫藤，额曰'蒙茸一架'，花时香溢数里，余常游憩其下，戊午初夏张辛稼写一角。"此作被选入《当代中国画》巨册，对外发行。

他七十五岁，犹与费新我、沙曼翁、吴䍩木、张继鳌等游徐州、曲阜、孔林、东岳，此后又游桂林、遵义、黄果树、三峡、宜昌、武汉等处写生。不久他体力日呈衰颓，出必携杖，忽患急性肺炎，入医院治疗，辞去国画馆馆长之职。

他喜昆曲，苏州大学举行昆剧艺术本科开学典礼，他尚出席，唱《浣纱记·寄子》一折，博得全场喝彩声。娑罗画社成立五十八周年纪念，辛稼与朱西村等合作《松柏长春图》，回忆当时社员共四十八人，今仅剩陈昭新八十六岁，朱西村八十四岁，张辛稼八十二岁，姚明梅八十五岁，王子振七十六岁五人而已，不胜感慨系之。这年七月，为上海教育机构绘《松鹰图》，为他生平最后一幅作品。以双目模糊，患白内障，动了手术，于静养中，其弟子章志忠侍奉病榻，辛稼口述其生平往事，志忠一一笔之手册，加以整辑，成为年表。9月28日，发高热，进苏州市第一医院，经诊断为肺癌，治疗七十天，再行诊察，肺癌似已消失，便出院返家。12月高热复发，进中医医院，病情日转危急，延至1991年1月

12日，一代画宗，遽尔离世，享年八十三岁，葬于太湖之滨香山公墓，吊唁者数千人。吴门画派，失此典型，无不为之哀悼。

其夫人孙钰秀，抑郁伤感旋即病逝。生一子，有所建树。三女最幼者，张钟，从吴羖木画山水，继之从父画花卉，兼其师其翁之长而有所创造，自成一家，声誉鹊起，遂为吴门女画家中之佼佼者，真可谓"中郎有女"了。

辛稼遗画，有《蝴蝶花》《雁来红》《牡丹》《燕子蔷薇》《燕子》《云龙》《火鸡》《花雨万家》等。江苏省美术馆庋藏其《梧桐》《红梅》《樱花》《浴日扬波》《秋声图》《秋风瑟瑟吹寒湖》及书幅。苏州留园楠木厅、怡园湛露堂、狮子林格柏轩、北京人民大会堂等，都悬有他的巨帧，引人瞩目。凡此种种，亦足传世了。

吴青霞善烹饪

我的朋友中书画家不少，在书画家中，长寿的又居多，吴青霞女史即其中之一。1991年，青霞从事画艺七十周年纪念，画苑以及社会名流为之举行庆祝会，极一时之盛。我因年衰，塞于步履，未克前往，殊感歉疚。

青霞祖籍江阴，寄籍为常州人。父亲仲熙名撰，喜艺事，时黄山寿驰誉苏常一带，擅书画，画则人物仕女、青绿山水、双钩花鸟及墨龙、走兽、草虫、墨梅、竹石，无一不能，乃从之为师。如是者三越寒暑，后又经自己探索，临摹前人笔墨，博采众长，成为一位造诣很高的书画家兼收藏家、鉴赏家。这使青霞当时学画有着优越的条件。

青霞名德舒，号龙城女史，别署篆香阁主，生于1910年2月1日。自幼聪颖，在家时由父亲指导六法，父亲嗜饮，浅斟细酌，持杯二三小时，边饮边教。青霞十二岁时，即画名传布乡里，十九岁来上海卜居，定润卖画。当时人有比诸南楼老人、恽清於、马江香的，但以上女画家，虽各有所擅，未能奄有众长，而青霞于人物、花卉、翎毛、草虫以及山水，无不精妙，尤以鲤鱼，推为独步。一次我访画家赵半跛，正谈笑间，吴仲熙携青霞来，时青霞尚属少女，我得睹风采之始。今则大家都老了，能不起今昔之感？

某次，仲熙携来日本人所绘的游鱼二帧，惟妙惟肖。她认为前人形容美貌女子，称为"沉鱼落雁"，觉得鱼和雁各具美质，既以雁付诸丹青，当然鱼也得入于缣素，始成两全其美。乃在家中备着巨盎，蓄鲤鱼其中，每日观其游潜上下，领略濠上庄惠之趣，把活泼泼的真鱼作为画范，日事写生，大笔点染，细笔勾勒，成为画鱼第一手，不论大小，均擅其胜。曾为上海延安饭店绘过一丈九尺的巨幅鲤鱼，鱼凡九尾，在藻依蒲，险喁吞吐，对之如处身北滨南海间，见到龙的腾云掀浪。1990年新春，青霞应邀为北京天安门城楼作画，二十天告成，画的也是鲤鱼，运用夸张鱼尾的技法，使游鱼更加传神。外宾到此，无不引颈瞩目。

青霞母善制菜肴，每当运勺调羹，她辄侍立以观。仲熙嘱其致力丹青，心无旁骛，她却认为孙中山先生说过"烹调亦属艺术"，也值得一学的。经过学习，居然成为鼎鼎妙手了。又出入京菜馆、川菜馆，就仿制京肴和川肴。尤其是家乡的常州馆，最拿手的为糟扣肉，食之齿颊留芳。张大千喜入庖厨，亲自燔炙。一次，青霞备了家宴，邀大千及梅兰芳、周信芳同来品酌，大千朵颐大快，自叹不如。

青霞今已八十有二，曾患白内障，经美国眼科专家为之施行手术，遂得挥毫如常；又参加社会活动，跳迪斯科舞，颇具姿态，几忘其耄耋之年。凡此均属寿者的征象，年逾期颐，成为当代人瑞，这是可以预卜的。

赵冷月的书艺

我生平的朋友，艺术界的占绝大多数，赵冷月便是其中之一。

他生于1915年，原名亮，一丸寒魄，照耀九州，明月俗称月亮，因此取名冷月。月是有盈亏的，所以又署缺圆斋主。他幼年随祖父孝廉公介甫老人学书法，介甫以八法有声苏浙一带，赵冷月得此熏陶，崭露头角。后又从名书家徐墨农游，加之经过数十年的潜心研究和努力揣摩，迄今成为上海书法家协会副主席，荣誉特级书法技师，那是芝草有根，醴泉有源的了。

冷月作书，初期自欧、褚楷书及二王行草入手，嗣又宗法颜真卿，晚年则沉酣于汉隶及北碑，虽年逾古稀，每天临池，犹达八九小时，孜孜矻矻，寒暑不辍，倘一天未亲笔砚，就深惜这一天是虚度浪过了。他喜收藏古碑拓片，含英咀华，故其书法充溢着碑版的气息。且善于接受古代的书法及碑版的精髓，一经消化，成为自己的养料，他作书力主苍劲古拙，渊雅浑厚，务使结体章法生动活泼，天真烂漫，然后创作出具有强烈性的独特风格。

他在书法上，是宽于对人，严以责己的。时常否定自己的作品，经过一次否定，在书法历程上就迈进了一步。且由否定推动了变化，由变化越发加强了否定，直到现在，还是在否定中，变化和否定，循环中起着相互作用。

他把数十年来的书法经验，作电视讲座《书法艺术的继承与创新》，条分缕析，金针度人，博得社会一致的好评。

1984年，为了庆贺上海大阪建立友好城市十周年，他和上海诸书法家代表访问日本，并作了书法交流，彼邦人士称叹冷月书法艺术的深化为不可及。

他早已准备七十五岁办一次个人书展，以多样性、高水准问世，如今竟践言实行了。这次展出，篆隶正草行，无所不备，尤突出的大行草榜书"多闻阙疑"及"投书寄石友，白首同所归"及八尺对联，大气磅礴，自省前人所谓"雕鹗向风，自然骞翥"之概，成就如此，确非幸致。书与人俱老，而人寿百岁，书寿千年。

运刀如笔，浑成自然

书画流传，有千百年的历史，刻竹与书画有密切的关系，但年代较晚，大约起始于唐宋时代。金元钰著《竹人录》，褚礼堂有《竹人续录》，秦彦冲有《竹人三录》，金西厓有《刻竹小言》，都足以传竹人的艺名。徐孝穆撰《刻余随笔》，涉及的面更为广博。上海电视台且摄为纪录片，放映荧光屏上，与观众见面，影响也遍及各地，启迪了许多艺坛后进。

孝穆是江苏吴江县黎里镇人，生于1916年，迄今双鬓渐斑，在刻竹家中成为老前辈了。他是南社祭酒柳亚子的外甥，自幼颖慧殊常，深得亚子的喜爱，教以诗古文辞，具此渊源，旁通艺事，载更寒暑，清韵斐然，尤其刻竹，深窥堂奥。孝穆早年毕业于上海新华艺术专科学校，他八岁开始学刻印，十岁学刻竹，后又刻砚、刻紫砂壶。刻竹则追摹明代朱氏三家的刻工，又研究清代周芷岩的刀法，积数十年的经验，所有作品，无不运刀如笔，浑成自然。凭着他掌握的一柄小刻刀，把各派书画家的笔法气韵，全部表现出来。不必见款，人们一望而知这是某名人的书和某名人的画。

他在上海，居住进贤路，既而移居沪西万航渡路。赖少其访问他，因所居为第十二层楼，适于高瞻远瞩，便为他题"凭栏阁"三字。他刻竹之余，又复刻石，自称"竹石斋"。

我到他寓所，触目都是刻件，举凡矮几笔筒、杯盘皿匣以及手杖文镇，大都是唐云为他画由他自己刻的，可谓集唐画之大成。而唐云家里的玩赏陈设品，多是孝穆所刻，也可谓集徐刻之大成。沿壁设一玻璃长橱，专列他竹刻臂搁。这许多东西，有平雕的，有浮雕的，阴阳深浅，各极其妙，平刀直入，薄刀斜披，各尽其法。有刻名人像，如柳亚子、鲁迅、邹韬奋、梅兰芳等，还有刻自己的侧面像，神态宛然，而鬓发纤细，罗罗清疏，洵属难能可贵。

1940年，他随着亚子，旅居九龙，这时亚子忙着编撰《南明史稿》，约百余万言，孝穆为之抄录。及香港沦陷，仓皇出走，他的早期刻件及在港名人为之题诗，全部散失，这是他非常痛惜的。

1949年后，他又随着亚子，因得识何香凝、叶遐庵、郭沫若、沈雁冰、傅抱石及老舍等，都为他题竹刻拓本册。1963年，老舍夫妇宴请唐云、黄胄、傅抱石、荀慧生于东来顺肴馆，他也在被邀之列。流杯飞觞，朵颐大快，老舍索他刻竹，翌日他即把这晚宾主尽欢之状，撰一小文，并将刻就扇骨相赠，遒劲婀娜，兼而有之。老舍得之大喜，为题八字"有虚有实，亦柔亦刚"。

他的儿子维坚，女儿培蕾、培华都是竹刻能手。他的弟子詹仁左、钱明直，女婿张竞南，孙儿晓东刻艺亦佳。这几位所刻的，一股拢儿陈列在这长橱中，形形色色，令人目不暇接。

前年，英国李约瑟博士八十寿庆，国际科技史研究所通讯院士胡道静特请谢稚柳画小竹枝，更请孝穆刻一臂搁，为李约瑟博士的寿礼。博士得之，喜出望外，欢然握手，赞不绝口，从此孝穆的竹刻震动了西方艺坛，各刊物纷载其事，这个荣誉，确是名实相副。

这是多么兴奋人心的好消息啊！出版社搜集孝穆的精品杰作，汇刊为《徐孝穆雕刻选集》，公之于世。美玉腾辉，玫璇呈采，一编在手，似登宝山。

陈从周与纽约明轩

谈到上海同济大学教授陈从周，他也是艺术界的名流。他有多方面的艺术修养，早年曾从大风堂张大千学画，画几笔兰竹，清韵潇洒，翛然别具神态。又画芭蕉，自题一诗云："夺得青藤笔势骄，亦狂亦侠亦妖娆。秋风吹裂鹅溪绢，乱画窗前破叶蕉。"

前天潘勤孟出示从周绘赠陈哲明的一幅六尺兰竹中堂，仿着石涛的竹石，也有希踪凌驾之概，以视他往年所刊的珂罗版画册，那魄力之大，又今更胜昔了。他的旁艺，如制缠枝杖，独运匠心，修短适度，且刻铭识，以贻朋好，大有庾子山所谓秋藜促节，白蘁同心之致。又琢砚，造型古雅，云龙瓜果，随材为之，不拘一格，都能达到最高的造诣。又客串演京剧，饰雉尾生吕布，英姿奕奕，不啻温侯再世，真所谓能者无所不能。

他是浙江杭州人，毕业于杭州之江大学，和新诗人徐志摩为表昆仲。由志摩而从梁任公游，任公之子思成是古代建筑学的权威，从周对于古代园林建筑很感兴趣，也就请益于思成。更师事中国研究古建筑奠基人、中国营造学社社长朱桂辛，力求深造。孜孜矻矻钻研了好几年，后任同济大学建筑系教授，带学生实地测绘。

他既能画，复善诗词，把诗情画意和园林结构三者综合起来更饶审美的见解。哪些应虚，哪些应实；哪些取其动，蓄着池水；哪些取其静，列着岩峰；哪些要清旷，哪些要幽玄；哪些为杨柳楼台，哪些为梧桐庭院，以及三径黄花、一庭江雨，都能把位置安排得妥妥当当，舒舒适适。一自思成下世，南方建筑学家刘敦桢相继作古，他在古建筑方面成为鲁殿灵光。各地修建园林都要请他去设计鉴定。甚至有些名迹，淹没于荒烟蔓草间，也请他去访考发掘。他披荆斩棘，不辞瘁劳，骑马摔伤了腿，乘船遇大风浪，几乎逐波臣而俱去，也毫不畏惧。那苏州虎丘塔，自洪杨以来，堵塞至今，从没有人攀登过，他却用竹梯上登，一架不够，接了若干架，颤巍巍地冒险终于登上塔巅。人们都为他捏一把汗，他却不当一回事。

他天南地北到过许多地方，凡可以记录的都记录下来，凡可以摄影的都摄影下来，编成《苏州园林与住宅》《扬州园林与住宅》《园林丛谈》等书，先后刊行。另《梓室余墨》已撰成七卷。原来他取意柳宗元的《梓人传》，自号"梓翁"，并以"梓室"为斋名。

他的声誉愈传愈远，远至西半球的美国。那纽约大都会艺术博物馆主持人邀彼西行。于是晤见了普林斯顿大学东方美术系教授方闻，及纽约大都会艺术博物馆董事明斯托夫人，谈到东方古典园林，美方拟把这种园林移筑到纽约博物馆的大平台上来，并请从周为顾问。从周认为这是一件具有国际意义的任务，就一口答应。园林以苏州为多，他就想到老师张大千所住过的网师园，园中有座"殿春簃"，玲珑精巧，曲折回环，那是极好的蓝本，便提出移筑"殿春簃"。经明斯托夫人和方闻教授同意，双方订立合同，成立专家小组，由苏州园林处承包施工。他们更亲访苏州，观赏之下，为之赞不绝口。那些湖石青砖、楠木栋梁等建筑材料，就一股拢儿运往美国，就地装置构筑起来。

听说从周过一时又有纽约之行，海天万里，铁翼飞行，盛誉满载，这是何等的兴奋和快慰啊！

先后两位程十发

程十发是当代名画家，上海中国画院院长。他擅画各具民族风格的人物、花卉。我翻检到《儒林外史》英译本，插图出于程十发之手，工致绝伦，尤其范进、马二先生的神态，栩栩欲活。他是松江人，他和南社诗人姚鹓雏相邻，当然年龄相差甚远，他呱呱坠地时，鹓雏来见之，及鹓雏病死医院，十发往瞻遗容，为生死之交。

普通的姓名，容易相同，较僻冷的也就"只此一家，别无分出"了，程十发这个名字带有僻冷性，想来是不致重复的，岂知清季即有程十发其人。原来古代量器："十发为一程"，是很现成的，犹诸朱祖谋词家号古微，取"朱古微国也"，同一机杼。这位老牌程十发，名子大，鄂中鹿川人，既能书，也能画，尤工词，刊有《定巢词集》《鹿川田父集》，况蕙风很为称赏，谓："酷似清真，是不为南北宋所拘囿。"间作联语，亦极错综映带，如挽易实甫云："本神童孝子隐居谪宦儒林文苑者流，事变生前皆可笑；极贵介乞儿揭客残髡伎妾伶工之盛，名高南海亦何为。"潜于佛学，尝谓："非实不空，非空不实，能实故空，能空故实，愈实愈空，愈空愈实。"真如前人所云"超以象外，得其环中"了。

人们认为他是一位旧型文人，岂知他又熟谙新工艺。清代监督湖北高等工艺学堂，兼主工艺局事，创造新织机，并可浆洗绸布。既而督修武昌上游江堤，以堤屡筑屡溃，乃创横牛扯马之法，西方工程司见之，亦为叹服。

后 记

先祖父郑逸梅先生（1895—1992），一生爱书、爱写作，"涉笔生花八十春"。20世纪80年代，上海唱片厂录制密纹唱片，有关部门领导，在上海市文化艺术界选定四位先生（贺绿汀、曹禺、刘海粟、郑逸梅）录制唱片以保留抢救文献资料，祖父前后去了两次，唱片里录制四十五分钟的自述，题目即"涉笔生花八十春"。

先祖写作始于20世纪20年代初，在《民权报》上发表作品，曾经也发表过翻译文字《克玛湖游记》，之后的几十年间，不断在各大报刊上发表文章，出版单行本，他在八十六岁高龄时仍日均写作三四千字，《南社丛谈》五十五万字就是在该年完成的，此手稿在1991年捐赠上海图书馆近代文化名人手稿陈列室。

祖父的写作确实是个奇迹，老人家八十六岁至九十八岁之间每年都有二至三本书出版，每本书字数在十万至二十多万之间。老人家对书籍的珍爱是"不可一日无此君"。1972年后，书橱内新添置的工具书有戈公振的《中国报学史》、方汉奇的《中国近代报刊史》、黄浚的《花随人圣盦摭忆》、于安澜的《画史丛书》《画论丛刊》《画品丛书》及祝嘉的《书法史》、郭绍虞的《中国文学批评史》、罗根泽的《中国文学批评史》、刘大杰的《中国文学发展史》《谢玉岑诗词集》、汪东的《梦秋词》、谢无量的《词学指南》等等，不胜枚举。

文史类辞典也满满当当地排列在书橱内，如《词林辑略》《清代七百名人传》《清代文集分类索引》《四库全书学典》《佩文韵府》

《渊鉴类函》《中国历史人物生卒年表》等等，他曾说："书是要买的，我宁可备而不用，也不可用而不备。"

他老人家生前酷爱书籍，我作为后代，当仁不让应做些力所能及的事情。自2015年起至2019年，中华书局、北方文艺出版社、上海文化出版社、上海书店出版社等，已经出版了十五种。每年在书展期间签售，读者踊跃，诸多的"郑粉"读者不但买书，还把家中珍藏先祖以前出版的书籍，甚至于是1949年前出版的书籍均拿来签名，使我感动不已。

这次承蒙西泠印社出版社邀请，编选《艺林人物琐记》一书，收入艺术家百余位，均为学术界、艺术界的骄子，人品、学术、艺能超绝。先祖和这些人士都较熟悉，又承亲友见告，因此先祖在撰写时，信息丰富，记录下了很多不为人知的事迹和宝贵的一手资料。他一生交往的朋友数以千计，本书挑选出的这些人物及事略，对读者均有借鉴意义。在此，笔者对西泠印社出版社各位领导及编辑梁女士，表示深深的谢意。

《艺林人物琐记》涉及百余年历史，史海钩沉，艺林漫步，读之可以让今人了解前尘，了解近代学人、艺术家的风貌。

先祖撰写人物时，虽说力求下笔公允，但毕竟带有个人喜好，文字风格带有其时代性，也可能存在误记的细节，如有疏漏、偏差之处，希望读者包涵和指正。

最后，对一贯以来喜爱我先祖书写的文字、著作的读者，及支持出版事业的亲朋好友们表示衷心的感谢，有慧在此鞠躬。

郑有慧

图书在版编目（CIP）数据

艺林人物琐记 / 郑逸梅著；郑有慧编. -- 杭州：西泠印社出版社，2021.7（2022.10重印）
ISBN 978-7-5508-3456-9

Ⅰ．①艺… Ⅱ．①郑… ②郑… Ⅲ．①艺术家－生平事迹－中国 Ⅳ．①K825.7

中国版本图书馆CIP数据核字(2021)第139468号

艺林人物琐记

郑逸梅 著　郑有慧 编

出 品 人	江　吟
品牌策划	来晓平
封面绘画	郑有慧
责任编辑	梁春晓
责任出版	冯斌强
责任校对	徐　岫
装帧设计	王　欣
出版发行	西泠印社出版社
	（杭州市西湖文化广场32号5楼　邮政编码　310014）
经　　销	全国新华书店
制　　版	杭州真凯文化艺术有限公司
印　　刷	浙江海虹彩色印务有限公司
开　　本	889mm×1194mm　1/32
字　　数	460 千
印　　张	18.75
印　　数	2001—3000
书　　号	978-7-5508-3456-9
版　　次	2021年7月第1版　2022年10月第2次印刷
定　　价	108.00 元

版权所有　翻印必究　印制差错　负责调换
西泠印社出版社发行部联系方式：（0571）87243079